U0530914

中国哲学原著导读

吴根友　秦平　刘乐恒　编著

图书在版编目（CIP）数据

中国哲学原著导读 / 吴根友，秦平，刘乐恒编著 . —北京：商务印书馆，2024（2025.3 重印）
ISBN 978-7-100-23119-0

Ⅰ. ①中⋯　Ⅱ. ①吴⋯ ②秦⋯ ③刘⋯　Ⅲ. ①古典哲学—著作—介绍—中国　Ⅳ. ① B211

中国国家版本馆 CIP 数据核字（2023）第 193482 号

权利保留，侵权必究。

中国哲学原著导读
吴根友　秦　平　刘乐恒　编著

商 务 印 书 馆 出 版
（北京王府井大街36号　邮政编码100710）
商 务 印 书 馆 发 行
北京新华印刷有限公司印刷
ISBN 978 - 7 - 100 - 23119 - 0

2024年4月第1版	开本880×1230　1/32
2025年3月北京第2次印刷	印张 11⅜

定价：60.00元

凡　例

一、本书是精读本，供大学本科生和研究生公选课——"中国哲学原著选读"课堂上的学生使用。选择内容不在于全面，而在于具有典型性。所选篇章和人物的哲学思想片段，可以说是精华中的精华。以传世文本为主，未选入近些年出土的哲学文献。

二、本书所选的人物、著作、篇章，由人物与著作选篇理由的扼要介绍、篇章题解、正文注释三个部分组成。篇章题解与正文注释是主体部分，人物、著作与选篇的理由介绍，努力做到简明扼要，不做长篇论述与考证。选文或为整篇，或为节选，均在题解中说明，不再在目录及标题中注出，以免累赘。

三、本书注释以贯通义理为主，以疏解字句为辅。侧重于注释在理解上有难度和解读上有分歧的地方，以及认为有必要作注的字、词、短语和句子。对字、词的注释，活用戴震"由字通词，由词通道"、"一字之义，当贯群经"的经学解释原则，努力坚持"一字（主要是哲学概念与观念）之义，当贯整体"的经典解释学原则。希望通过此方法，让学生初步培养出属于自己的经典阅读方法。作为教材，这是本书最希望达成的教学目标。读者可从注释中关注此方法。

四、本书的性质是学生教材，坚持传信阙疑的原则，有关学术史上一些重要哲学问题、概念争论的相关内容，不在注释中详加讨论，一般只是概括性地加以介绍，具体争论的内容由学生自己课后去阅读相关的文献。

五、本书所选的文献，主要是儒、道和佛三家的哲学文献，先秦墨家、法家、汉代诸子、魏晋玄学、唐代哲学与经学的诸多内容均没有选入。全面了解中国哲学史，可由"中国哲学史"的教材和课程去承担此任务。

六、本书以原创性为选文的第一原则。有原创性的著作、文章很多，不能尽选。然所选文字、文章，一定被看作是原创性的。

七、本书虽然由一人统稿，但在一些具体而关键的篇章主旨、义理的理解上，尊重具体注释者的学术观点。全书仅在注释的方法论原则上具有相对的统一性。

目 录

导言 ··· 1

一 《尚书》选 ·· 7
   洪范 ·· 7

二 《周易》选 ·· 15
   乾卦经传 ·· 16
   系辞（上传） ·· 27

三 《论语》选 ·· 49
   学而 ·· 50
   为政 ·· 52
   八佾 ·· 54
   里仁 ·· 56
   公冶长 ··· 58
   雍也 ·· 59
   述而 ·· 61

泰伯 …………………………………… 62

子罕 …………………………………… 64

先进 …………………………………… 65

颜渊 …………………………………… 66

子路 …………………………………… 67

宪问 …………………………………… 69

卫灵公 ………………………………… 70

四 《道德经》选 ……………………… 72

一章 …………………………………… 73

二章 …………………………………… 75

三章 …………………………………… 76

四章 …………………………………… 77

五章 …………………………………… 78

八章 …………………………………… 79

十章 …………………………………… 81

十一章 ………………………………… 82

十三章 ………………………………… 84

十四章 ………………………………… 85

十六章 ………………………………… 87

十九章 ………………………………… 89

二十一章 ……………………………… 90

二十五章 ……………………………… 92

二十八章 ……………………………… 94

三十八章 ····················· 96
　四十章 ······················ 97
　四十二章 ····················· 99
　四十五章 ···················· 101
　四十八章 ···················· 103
　五十一章 ···················· 104
　七十七章 ···················· 106
　八十章 ····················· 107

五　《孟子》选 ··················· 109
　公孙丑（上）·················· 110
　告子（上）··················· 115
　离娄（下）··················· 122
　尽心（上）··················· 124

六　《庄子》选 ··················· 128
　逍遥游 ····················· 129
　齐物论 ····················· 137

七　《荀子》选 ··················· 158
　解蔽 ······················ 158
　性恶 ······················ 170

八 《礼记》选 179
大学 179
中庸 190

九 《肇论》选 210
物不迁论 210
不真空论 219

十 《坛经》选 230
般若第二 230
定慧第四 241

十一 张载著作选 246
太和篇 246

十二 朱熹著作选 259
仁说 259
观心说 265
朱子语类 268

十三 王阳明著作选 278
传习录·答顾东桥书 278

十四　黄宗羲著作选 ·········· 308
原君 ·········· 308
明儒学案序 ·········· 313
明儒学案序（原稿） ·········· 316

十五　王夫之著作选 ·········· 318
周易外传 ·········· 318
　大有 ·········· 319
　系辞（上传）第十二章 ·········· 322
　说卦传 ·········· 327
尚书引义 ·········· 330
　太甲二 ·········· 330
　说命中二 ·········· 335

十六　戴震著作选 ·········· 340
孟子字义疏证·理 ·········· 340

后记 ·········· 351

导　言

　　面对浩瀚的中国古代典籍，先择一些典型的篇章来教育青年一代，一直是中国古代官私教育的常规手段与方法。五经之中的《尚书》，大约就是东周以后周王朝高明的政治家从皇家的政府档案中选出的重要篇章，以教育周王朝的贵族公子及官员，要求他们从前朝政治和自己先人的政治活动中，汲取有益的政治管理智慧。

　　春秋末年，孔子在政治上失意后，周游列国而无法施展自己的政治抱负，晚年退居鲁国，删《诗》《书》而作《春秋》，整理夏商周以来的重要治国典籍，大体形成了后来的《诗》《书》《易》《礼》《春秋》的五经格局。而在五经之中，"《诗》三百，一言以蔽之，思无邪"的选本《诗经》，可以说是历代经典选集的权威文本。

　　降及魏晋南北朝，文学自觉，萧统以皇族之贵，亲自选文，遂成《昭明文选》，以明确的新文学观，选文定篇，将思想极强的先秦诸子类作品，摒弃于《文选》之外。刘勰不欣赏东晋大诗人陶渊明的诗文。与刘勰征圣宗经的文学评论立场相左，萧统在《陶渊明集序》中，对陶的诗文与人格则予以高度的赞美，曰：

> 有疑陶渊明诗篇篇有酒。吾观其意不在酒，亦寄酒为迹焉。其文章不群，词彩精拔，跌宕昭彰，独超众类，抑扬爽朗，莫之与京。横素波而傍流，干青云而直上。语时事则指而可想，论怀抱则旷而且真。加以贞志不休，安道苦节，不以躬耕为耻，不以无财为病，自非大贤笃志，与道污隆，孰能如此乎？①

而且萧统也讲"风教"，认为渊明的诗与为人，都是一种别样的"风教"："尝谓有能读渊明之文者，驰竞之情遣，鄙吝之意祛，贪夫可以廉，懦夫可以立，岂止仁义可蹈，亦乃爵禄可辞！不劳复傍游太华，远求柱史，此亦有助于风教尔。"②可见《昭明文选》除了要表达萧统的文学观之外，也表达了他自己独特的道德教化观。

隋唐以降，各种经典选本多矣，不可胜数。而其影响最大者，莫过于两套选本，一是朱熹、吕祖谦合编的《近思录》，二是朱熹本人集注的四书——合称《四书章句集注》。《近思录》是理解北宋新儒学之绝好教科书类的原著选读，依照北宋新儒学之主题，从道体、为学，最终归结为人格气象，共十四卷。认真研读《近思录》，北宋新儒学之规模、体系之轮廓，则了然于心。自元代延祐以后，朱子付出终身努力而集注的四书遂成官方科举考试的定本，对其后约一千年的读书人，产生了深刻的影响。可

---

① 萧统：《陶渊明集序》，见于《陶渊明集》，中华书局2018年版，第2页。
② 同上。

以说，自孔子以来，能够在官方系统里深刻影响读书人的，非朱子莫属。而朱子对后世读书人产生直接影响的，则是他花费了巨大心血而集注的四书经典选本。

明末清初学人十分重视选诗，如黄宗羲。除哲学性的经典选集之外，诗歌与广义的散文类选集，影响最大的当属《千家诗》。清人吴楚材选编，吴兴祚审定并作序的《古文观止》一书，影响也十分巨大。此书虽然是科举考试的士子们学习写作，特别是学习策论的教科书，在今天看来，对于我们研习古文、鉴赏古文，仍然具有一定的学习价值。

现代新式大学建立以来，为适应高等教育的需要，文史哲各大门类的经典教育，都有形式繁多的经典篇章选本。仅以中国哲学史为例，北京大学主持的《中国哲学资料选编》，最具有代表性，影响了数代学人。如今各高等院校的中国哲学专业，似都有适合于自己学科点的哲学著作选本。武汉大学哲学学院的中国哲学专业，有唐明邦、程静宇二位前辈选编简注的《中国古代哲学名著选读》，后来者有郭齐勇教授率领自己的学生选编简注的《中国古典哲学名著选读》，先后几易其版，至今仍在使用之中，成为此领域不可多得的中国古典哲学名著选读的善本之一。本选本正是基于武大中哲学科点固有的两种"中国古代哲学名著选读"的基础，再加以精选精注，要求本科生、公选课的研究生对所选文本内容全部掌握，从而为了解中国哲学的核心思想，打下最为基础的文献根基，并在精读这些选文的基础上，对中国哲学经典的阅读、诠释方法，有一个最为基本的了解。

《昭明文选》虽是中古社会狭义的文学类作品总集，然有明确的选文标准。本选本虽不敢与前贤各著名选本相提并论，然亦有自己的选文原则：那就是以原创性为第一原则。中国哲学史、思想史上的原创文章甚多，本选本无法一一囊括。然所选之文字，或整篇选入，或选择部分片断，皆为原创。两汉思想，多为先秦五经、诸子思想之综合，魏晋玄学虽有创思，然皆是注释先秦经、子作品而表述自己之思想，故未选入。僧肇入选两篇，《不真空论》是代表汉语佛教"解空第一"的名篇，《物不迁论》一反中国古老《周易》哲学以"唯变所适，不可为典要"的崇变思想，将印度大乘佛学认定现象"无常"是假象，性空不动是真谛的思想巧妙地引入中国。唐代哲学思想史中，韩愈、柳宗元、刘禹锡在哲学思考方面均有原创性的思想，然而相对于慧能《坛经》的系统创新，以及对后世思想的深刻而广泛的影响而言，则略为逊色，故唐代仅选《坛经》十品中的两品——《般若第二》《定慧第四》。两宋明清诸人诸篇，莫不遵循此一尊重原创的原则，选人定篇，力求精粹，张载《正蒙》以《太和篇》为其代表，朱子以《仁说》《观心说》为其典型，至于《语录》，于理气、心性诸论，或完善二程之说，或发前贤之未发。阳明心学，以"致良知"为核心，以"知行合一"为工夫和境界，综括孟子与陆九渊之学而自成系统，完整体现其思想者，以《传习录》中《答顾东桥书》一文为要。

明清鼎革之际，儒家思想家痛定思痛。"原其所剧"，哀其所亡，借六经开生面，是衡阳王夫之后半生的坚贞追求，《周易外传》《尚书引义》诸经学著作，皆能纠理气、道器之旧论，阐"性日生日成""习成而性与成"之新思。黄宗羲的著作颇丰，然从中国传统政治哲学的角度看,《明夷待访录》无疑是一部极富原创性的著作,故选入《原君》一篇以为代表,《明儒学案》为皇皇大著,亦极具原创性,但篇幅太大,无法选文,故只选了《序》文的二稿与初稿,以展现黄宗羲重视学术原创性的思想倾向。而整个乾嘉时代最具哲学新气象的人物,当非戴震莫属,其晚年《孟子字义疏证》一书,可以说是新哲学之旗帜,故选出其中"理"之一段,作为该时代新哲学之代表。

借用现代逻辑学的"一阶"概念,我们可以称此《中国哲学原著导读》精选文本为哲学专业本科生和非中国哲学专业的硕士研究生所需要了解与熟悉的"一阶"文献。其中较难的"二阶"文献需要到博士生阶段去了解,或者由中国哲学专业的硕士生和博士生去了解。举例言之,明清之际方以智的《易余》《东西均》等相关篇章,虽然非常具有哲学意味,但对于本科生和非中国哲学专业的硕士研究生而言,理解起来就非常困难,非专门从事中国哲学研究的硕士生、博士生,暂时可以不去了解。而先秦时期之所以未选墨家与名辩学家的著作,一是因为篇幅问题,二是因为这些思想可以由中国哲学专业的硕士生或博士生去了解。

如果将客观的中国哲学史材料比作一张美丽的锦缎,那么任何关于中国哲学史的叙事都是在裁剪一个理想的图案或服装,虽然具有客观性,但包含着裁剪者的个人主观理想与追求。本选本虽然以"原创性"为第一观念来裁剪中国哲学史史料,但究竟什么样的思想算是原创,不同的研究者有不同的看法。本选本所选文本是否都十分恰当,实在不敢完全自信。所做的注释是否都十分恰当,更不敢自专。戴震在给姚鼐的信中,曾经对经学研究提出了一个十分理想化的目标——追求"十分之见"。但在其学生段玉裁的思想中,后学焦循的著作中,就深刻地意识到"真是日出"("真是"不是一下子达到的)的现象了。因此,本选本的选文与注释,虽然以"原创性"为理想性原则,注释强调"一字之义,当贯整体",但由于选文者注释者的思想水平与学术水平有限,不当之处,很难避免。也真心希望学界同仁赐教,若有修订和再版的机会,再行修改、补正。

一 《尚书》选

洪　范

题解：《尚书》，上古之书也，分今文与古文两种。今文《尚书》二十八篇（一说二十九篇），相传为伏生口授。此处所选文字为今文《尚书》中的一篇。洪范，大法也。此篇借周武王访问箕子之事，通过箕子之口，高度凝练地阐述了商周之际治国理政的大纲大法。此篇既是古典政治学的经典文献，也是古代政治哲学的经典文献，其中涉及的天道与人道关系——五行、五纪、庶征，皇极、王道、政治决策程序——稽疑、五福、六极等方面的思想，比较真实地体现了商末周初中国古典政治学由神权政治向人文的王权政治过渡的历程轨迹。其中的王道公正、正直的理想，在今天看来仍然具有启迪意义。如果借用雅斯贝尔斯"轴心时代"的说法，中国古典社会的"轴心时代"恐怕要上推到公元前12世纪末与前11世纪之交。

惟十有三祀①，王访于箕子②。王乃言曰："呜呼！箕子，惟天阴骘③下民，相协厥居④，我不知其彝伦攸叙⑤。"

箕子乃言曰："我闻在昔，鲧陻⑥洪水，汩陈⑦其五行；帝乃震怒，不畀⑧洪范九畴，彝伦攸斁⑨。鲧则殛死⑩，禹乃嗣兴⑪；天乃锡⑫禹洪范九畴，彝伦攸叙。

"初一曰五行，次二曰敬用五事，次三曰农用⑬八政，次四曰协用五纪，次五曰建用皇极，次六曰乂用⑭三德，次七曰明用稽疑，次八曰念用庶征，次九曰向用五福，威用六极。

---

① 十有三祀：十三年。有，又也。祀，年也。
② 箕子：商纣王的叔父。箕，音jī。
③ 阴骘：庇护。阴，通荫，引申为覆盖。骘，定也，音zhì。
④ 相协厥居：辅助协调他们的日常生活。相，助也。协，调节也。厥，其，代指上文"下民"。居，平居。日常生活也。
⑤ 彝伦攸叙：彝伦，常规的法则。攸叙，所以叙，即变得有秩序的理由。
⑥ 陻：塞也。意为填土作堤以堵洪水。
⑦ 汩陈：打乱了秩序。汩，乱也。陈，排序也。
⑧ 不畀：不给。畀，予也，音bì。
⑨ 攸斁：变坏的理由。斁，腐坏，音dù。
⑩ 殛死：殛，殊也，音jí。殊，古代指隔绝。此处指将某人流放异地，与人隔绝而死。
⑪ 嗣兴：继承而复兴。
⑫ 锡：通赐字。
⑬ 农用：农，实为古醲字，本意为酒很浓厚。此处引申为慎重使用之意。
⑭ 乂用：乂，治也。用，因也。乂用，即治以。后文"明用""念用""向用""威用"句法同此。向：古作飨，本义为提供酒食，与享字义可通。此处引申为以五福作为一种赏赐、激励的手段。

8

一 《尚书》选

"一,五行:一曰水,二曰火,三曰木,四曰金,五曰土。① 水曰润下,火曰炎上,木曰曲直,金曰从革,土爰②稼穑。润下作③咸,炎上作苦,曲直作酸,从革作辛,稼穑作甘。

"二,五事:一曰貌,二曰言,三曰视,四曰听,五曰思。④ 貌曰恭,言曰从,视曰明,听曰聪,思曰睿。恭作肃,从作乂,明作哲,聪作谋,睿作圣。⑤

"三,八政:一曰食,二曰货,三曰祀,四曰司空,五曰司徒,六曰司寇,七曰宾,八曰师。⑥

---

① 此为传世文献中"五行"最早出现之文本。五个"曰"字均作系动词,类现代汉语是、称作之意。后八畴解释五事、八政的"曰"字,句法结构相同,意思相同。均为是、称作之意。

② 爰:乃也。此句前四句中的"曰"字,实即"爰"字。下一段"貌曰恭"五句中"曰"字,依语法亦当作"爰"字解。

③ 作:产生也。下文诸"作"字均有产生、兴起、引起之意。

④ 五事:是就执政主体行为的五个方面要求而言,貌是指整体形象,以恭敬为其正常形象;言是指说话的方式与态度,以让人听了愿意顺从为要旨;视是用眼睛和心去看事情,以看清事情真相为目标;听是用耳朵听取各方面意见,以听得懂意见的要旨为目标;思是指用心去综合所看所听,然后谋划,以通达天地人之精神为最高目标。

⑤ 此五句话总结上面五项要求的后果,行政过程中的貌恭、言从、视明、听聪、思睿将达到一种政治效果:即肃穆、安静、明断、敏捷、圣明。哲:晢也,音亦哲。思睿:睿,通达也,不局限于一隅,或不固执。或作思容,意谓经过深思而考虑问题周到。容,全面而周到,故而有包容、宽容之意。老子有"公乃容,容乃王,王乃天,天乃道"之说。且"容"字与前面的四个字押韵,非常有说服力,可从。

⑥ 八政:八个方面的政务,后来政治依此而设立相应的部门,选择官长以之作为专业来对待。食、货、祀为前三种最为重要的政务,食、货是政治的物质基础。祀是精神方面的要求,即今日国家的意识形态,古人主要是宗教行为。司空、司徒、司寇:分别管理国家大型土木工程、居民教育和徭役、国家治安等事务。宾:外交以及各诸侯来朝等事务。师:军旅之事。

"四,五纪:一曰岁,二曰月,三曰日,四曰星辰,五曰历数。①

"五,皇极②:皇建其有极,敛时③五福,用敷锡厥庶民④。惟时厥庶民于汝极,锡汝保极⑤。凡厥庶民,无有淫朋⑥,人无有比德,惟皇作极。凡厥庶民,有猷有为有守,⑦汝则念之⑧;不协于极,不罹于咎,皇则受之⑨。而康而色,⑩曰:'予攸⑪好德。'汝则赐之福。时人斯其惟皇之极。⑫无虐茕独而畏高明。⑬人之有能

---

① 五纪:纪,丝之别组也,即分组也。引申为类别、纲纪、条理。五纪,即五种类别、纲纪。后文以风、月、日、星辰分别象征君王、卿士、师尹、民等,即此意也。历数:节气运行之数度。

② 皇极:王极。皇之本意为大,此处依上下文以及语法,当训为王。皇极与王道相应。

③ 敛时:敛,紧握,收聚。时,是也。代词,类似现代汉语这、这些。

④ 敷锡厥:敷锡,广泛赐予。敷,广布之意。厥,其,这些。庶民:众人。

⑤ 保极:安极、守极。保,安也,守也。此一句"时厥"二字联用,意思仍然为"这些"。

⑥ 淫朋:过分友好的人,属于结党营私一类人。下文"比德"一词与淫朋意思相近。比:无原则的追随,不遵循皇极的要求。

⑦ 有猷有为有守:有猷,有谋。猷,谋也,音yóu。有为,有所作为。有守,即安于皇极。

⑧ 念之:识录,即记下来。

⑨ 受之:容纳。意谓那些与皇极不是很协调,但又没有达到违反皇极的人,王者应该容纳。这表明《洪范》篇已经涉及政治宽容的问题。

⑩ 而康而色:指本句中"凡厥庶民"当中"又康又色"的一类人。此句中两个"而"字,作"又"字解。康,安也。色,和颜也。

⑪ 攸:由也,遵循之意。

⑫ 时人斯其惟皇之极:此句没有谓语动词。惟皇之极,即唯以王极作为自己的行动准则。时人,这些人,代指而康而色,发誓遵循好德的那些人。

⑬ 无虐茕独而畏高明:无虐茕独,不要残害没有兄弟的独子与没有儿女的孤老。虐,残害。茕,音qióng,无兄弟曰茕,无子女的曰独。畏高明,敬畏有智谋的贤达之士。下文对于高明之人,采用柔克的方法与此相通。

有为，使羞①其行，而邦其昌。凡厥正人，既富方谷，②汝弗能使有好于而家③，时人斯其辜④。于其无好德，汝虽锡之福，其作汝用咎⑤。无偏无陂，遵王之义；无有作好，遵王之道；无有作恶，遵王之路。无偏无党，王道荡荡；无党无偏，王道平平；无反无侧，王道正直。⑥会其有极，归其有极。⑦曰：皇极之敷言，是彝是训，于帝其训。⑧凡厥庶民，极之敷言，是训是行，以近天子之光。⑨曰：天子作民父母，以为天下王。⑩

---

① 羞：晋也，提升也。
② 既富方谷：既富又善。谷，善也。
③ 家：家邦也。指王者之家邦，非今日之家庭也。
④ 时人斯其辜：这些既富又善的人反而被辜负了。辜，本意为罪。此处作被亏待解。
⑤ 作汝用咎：作汝，促使你。用，因也。用咎，因之而产生过失。
⑥ 此六句诗歌颂王道正直公平，没有偏颇，是"皇极"内容的正面表达。每两句换韵，第一句押e韵。义，古文作義，从"我"得声，古属哥麻韵。侧、直，为促音字，古属质部。
⑦ 会其有极，归其有极：依郑玄之意，此句分两方面来解读。会其有极，指王者当以"极"为标准团结众人。归其有极，众人以皇极为最高准则团结在一起。
⑧ 此一句是对上两句话的拓展性解释。曰：这即是说。皇极之敷言：展开来说的皇极之意。之，介词，取消"敷言"的谓语动词性质。彝：常也。训：教也，即教训、教诫之意。训：今文作顺。此句中"是"字为代词，代指皇极。于：源于。全句意谓：以之为彝与训。作为一种教训的皇极，不是来自于人，它来源于上帝。
⑨ 此句意谓：展开来的皇极，对普通民众而言，当以此为教诫，为行为之准则，进而靠近天子的恩宠。光，宠也。
⑩ 曰：总结之词，要而言之的意思。作：始也。意谓始于为天下民众担当起父母的责任，然后凭借这一责任而可以成为天下的王者。以为：实为"以之为"的省略，即凭借始于为民父母的责任担当为先决条件。王：动词，成为王，音wàng。

"六，三德：一曰正直，二曰刚克，三曰柔克。① 平康，正直；强弗友，刚克；燮友，柔克。② 沉潜刚克，高明柔克。③ 惟辟作福，惟辟作威，④ 惟辟玉食⑤。臣无有作福作威玉食，臣之有作福作威玉食，其害于而家，凶于而国⑥。人用侧颇僻，民用僭忒。⑦

"七，稽疑：择建立卜筮人⑧，乃命卜筮：曰雨、曰霁、曰蒙、曰驿、曰克、曰贞、曰悔，⑨ 凡七。卜五，占用二，衍忒⑩。

---

① 此句"三德"，即三种品质，并非今日所讲的道德。此处泛指具备三种品质的人。

② 此三句意谓：平康之人，以正直之品质对待之。上文"而康而色"者自称遵循好德，王者当奖赏、鼓励这些人。强悍而不容易团结的一类人，用刚克的品质对待之。柔软易于团结的一类人用柔克的品质对待之。燮：柔顺，音 xiè。

③ 此两句意谓：对于刚克之德，不宜张扬，要让它处于沉潜状态；对于柔克之德，要让它充分彰显出来，以展示王者的仁慈。

④ 惟辟作福，惟辟作威：辟，君王。作，创生，始起。威，则也。此两句意谓：只有君王能够赐福给百官、百姓，只有君王才能制作法则。

⑤ 玉食：精美的食品。

⑥ 而家、而国：而，你的，代指君王所主政之家、国。

⑦ 人用侧颇僻，民用僭忒：人，民众，包括大臣。用，因此。侧颇僻，侧，摇摆；颇，偏颇；僻，行为怪异。僭忒，僭越、犯法。

⑧ 卜筮人：即龟占和筮占的两种神职人员。用龟甲预测吉凶的行为叫卜。筮，音 shì，用蓍草预测吉凶的行为叫筮。

⑨ 雨、霁、蒙、驿、克、贞、悔：此为卜筮时所要问的七大类问题。雨、霁、蒙、驿、克皆为气象状态，当然不只是简单的问天气，这是传统哲学象思维的萌芽状态，根据此五种天气状态及其所象征的意味，来作军国大政实施时的参考因素。蒙，多云的天气。驿，阴天。克，乍晴乍雨的天气。贞，正也。悔，吝也。传统注释贞、悔二字，多以内卦外卦释之，不确。以上七者，皆为卜筮者所要遇到的结果。

⑩ 衍忒：推演变化。忒，变也。音 tè。

立时人①作卜筮。三人占，则从②二人之言。汝则有大疑，谋及乃心，谋及卿士，谋及庶人，谋及卜筮。汝则从，龟从，筮从，卿士从，庶民从，是之谓大同。③身其康强，子孙其逢④，吉。汝则从，龟从，筮从，卿士逆，庶民逆，吉。卿士从，龟从，筮从，汝则逆，庶民逆，吉。庶民从，龟从，筮从，汝则逆，卿士逆，吉。汝则从，龟从，筮逆，卿士逆，庶民逆，作内吉，作外凶。龟筮共违于人，用静⑤吉，用作凶。

"八，庶征⑥：曰雨，曰旸⑦，曰燠⑧，曰寒，曰风。曰时五者来备，各以其叙，庶草蕃庑⑨。一极备，凶；一极无，凶。曰休征⑩：曰肃，时雨若；曰乂，时旸若；曰晢，时燠若；曰谋，时寒若；曰圣，时风若。曰咎征⑪：曰狂，恒雨若；曰僭，恒旸若；曰

---

① 时人：这些人。时，是也，这，这些的意思。指龟占与筮占这两类神职人员。

② 从：顺也。

③ 此一段叙述古代君王做政治决定时，如何听取不同类型人的意见，以及做决定或决策时的原则，颇有点古典决策民主的意味。此句中的"大同"应该是中国古典文献中第一次出现大同的词汇，但与后来作为一种政治理想的"大同"概念基本上无关。

④ 逢：大也，即兴盛的意思。

⑤ 用静：凭此而安静无为。用，介词，凭借，以之。下文"用作"的句法结构同此。

⑥ 庶征：众多的征候。庶，众也，多也。征，候也，表象也。中国传统哲学中的象思维，以及《周易》一书系统化的象思维，在此可以体现出来。卜筮时的七类询问及其回答，五类是气象，两类是实质性判断（贞悔）。而五类的气象并非是真正的问天气，实际上是借天气之象来隐喻军国与祭祖之事是否可以去做。

⑦ 旸：本意为日出。此处为太阳长时间高照，干旱之状也。

⑧ 燠：音 yù，热也，暖也。当指暖冬一类的天气。

⑨ 蕃庑：繁盛之意。庑，通芜。

⑩ 休征：好的征兆。休，美也。

⑪ 咎征：不好的征兆。咎，过失也。

豫，恒燠若；曰急，恒寒若；曰蒙，恒风若。曰王省惟岁①，卿士惟月，师尹惟日。岁月日时无易②，百谷用成，乂用明，俊民用章，③家用平康。日月岁时既易，百谷用不成，乂用昏不明，俊民用微，家用不宁。庶民惟星，④星有好风，星有好雨。日月之行，则有冬有夏。月之从星，则以风雨。⑤

"九，五福⑥：一曰寿，二曰富，三曰康宁，四曰攸好德，五曰考终命。六极⑦：一曰凶短折，⑧二曰疾，三曰忧，四曰贫，五曰恶，六曰弱⑨。"

----

① 王省惟岁：省，示也。此句意谓：王象征一年。下文两句蒙上文省"省"字，全句当为"卿士省惟月，师尹省惟日。"三句皆喻词也。省，传统经注多作眚，病也。

② 无易：不改变。意谓当阳则阳，当雨则雨，当暖则暖。不合节气的阳雨暖的气候，对于农业与畜牧业都是不好的。

③ 俊民用章：俊民，有才能的人因之而被发现，被重用。俊，千里挑一之人曰俊。下一句"用微"，因此而被埋没，或者亡而退隐。

④ 庶民惟星：实为"庶民省惟星"的省略句，意谓庶民就像众多的星星一样，性情不一不恒。

⑤ 月之从星，则以风雨：意谓卿士追随庶民私人性的意见与偏好而非关乎公共需求，即通常意义上的民心、民意等，则政治就会像天气有不适当的风雨天气与节候一样，容易陷入混乱。传统政治学中的民心、民意是关乎民众公共需求的内容，概言之是民之福祉——物质的利益与特殊但合理的宗教信仰、民俗、民风等。

⑥ 五福：古人有关好的生活观念，因而也可以视之为五种值得追求的生活样态，亦可以视之为商周之际的五种核心价值观。考终命：即寿终正寝。商周之际的人们不忌讳死亡，但希望能在寿终正寝的时候死亡。这实际上反证了当时很多人夭折的生活常态。

⑦ 六极：此处极字当通作"殛"，与"皇极"之"极"不同。下文"六殛"，实际上即是六种人生的不幸，统治者以此来作为对人的一种惩罚的手段，负面的价值，让人产生畏惧。

⑧ 凶短折：未龀（chèn），即未满七岁而亡曰凶，未到成人行冠礼时而亡曰短，未到结婚年龄而亡曰折。

⑨ 弱：不壮实，不刚毅之状。

二 《周易》选

题解：《周易》分经、传两部分，经的产生时间相传为伏羲时代，传的产生时代学界比较普遍的意见为战国前中期，但也有不少学者认为《彖》传《大象》传可能与孔子有关。经的部分主要由六十四卦和卦辞、爻辞构成，传的部分共有十篇，分别为《文言》传、《彖》（传上下）、《象》（传上下）、《系辞》（传上下）、《说卦》传、《序卦》传、《杂卦》传，共七种十篇，经学史上称之为"十翼"。《周易》虽分经、传两部分，但其基本的哲学思想是探求变化的道理。如何在变动不居的世界中实现人的意图，是《周易》所体现的积极哲学态度。但经过《易传》德性论思想的改造，这种知变、驭变而处变的哲学精神变成了"天行健，君子以自强不息""地势坤，君子以厚德载物"的人生哲学与社会政治哲学。东汉古文经学兴起以后，《周易》成为五经之首，深刻地影响着以后两千多年中国社会上至朝廷、下至民间的中国人的思维方式。直到今天，《周易》中许多哲学原理仍然闪耀着真理的光芒。此处仅节选了乾卦的经文、《彖》传、《象》传、《文言》传和《系辞》（传上）的部分内容。

乾卦经传①

乾卦本经：

☰乾，元亨利贞。②

初九③，潜龙，勿用。④

九二，见龙在田，利见大人。⑤

---

① 《周易》经文共有六十四卦，乾卦为第一卦，象征天，其动态的性质则象征天道及其运动，其社会政治的象征意义是君和君道。普遍的哲学意义则象征着阳刚、主动、进取、主宰等德性和性质。乾卦的传文有《彖》传、《象》传、《文言》传三个部分。其中《彖》《象》二传相对于坤卦的《彖》《象》部分而言分别称之为《彖》传上、《象》传上。《文言》传亦只取了乾卦部分的内容，《坤》卦的《文言》传内容没有选入。

② 元、亨、利、贞：此四字为卦辞，总论此卦卦德。意思是说，乾卦具有开端、通达、有利、端正诸美好之意义。整体上象征天道的美好。这是古人歌颂具有人格神之天的宗教意识在哲学思想中的转化。乾卦卦辞在整体上颂歌天德的美好，然而在具体的爻位上，如上九爻，当事者亦有需要加以注意的地方。

③ 初九：初，第一也。《易经》全书叙爻之次第，第一曰初，后面二、三、四、五以阳爻之名号九，阴爻之名号六置于数字之首，分别称之曰九二、九三、九四、九五，六二、六三、六四、六五。第六爻则分别称之为上九、上六。九代表阳数，六代表阴数。在易哲学传统里，九代表老阳，六代表少阴，皆具有易变的特性，故分别用以命名阳爻与阴爻。在细节处彰显变易的根本特性。

④ 潜龙，勿用：龙，上古传统中代表神圣之物，非专以言帝王也。以气言之为阳气，以德言之，为大有为之君子。但即使是大有为之君子，在德业未成，或羽毛未丰的阶段，亦不宜肆意妄为，而当以潜伏、积蓄力量、人气、势能为目标。故有潜龙之形象。

⑤ 见龙在田，利见大人：见龙，相对于潜龙而言，即已经获得一定的社会公职，在基层工作中崭露头角，故此时若能遇到德高位重的大人赏识，则将是有利的。第一个"见"，音xiàn；第二个见字，即今"看见"之见。利见，利于见到。上古汉语介词"于"字省略。

二 《周易》选

九三，君子终日乾乾，夕惕若，厉，无咎。①
九四，或跃在渊，无咎。②
九五，飞龙在天，利见大人。③
上九，亢龙有悔。④
用九，见群龙无首，吉。⑤

---

① 此九三爻的整体意思是：虽然已经是见龙了，但距离大成就还很遥远，故应当整天保持一种昂扬向上的精神状态，到傍晚也不懈怠。在这样的精神状态下，即使遇到不好的事情，也不会有什么过失。乾乾：乾其乾也。刚健不已的样子。类似之词有神神、物物。前一个字为动词，后一个字为名词。夕惕若：夕，傍晚。此处指到傍晚，直到傍晚的意思。惕，保持高度警戒之状态。若，助词。类似于"啊"，以延缓语气。《尚书·洪范》有"时雨若""时风若"之句式，可证。厉：危也。咎：过失也。《周易》爻辞"无咎"，均表示逢凶或遭遇灾难，因人的努力或在天道的佑助下而无灾祸之意。

② 此句整体上意思是说，当见龙处于九四爻之位时，经过九三爻位上的努力，达到一种相对自由的状态。或继续向前进，或小功成而身退，都是可以的。传统解卦的说法是：六十四卦中的三爻与四爻都是难处之位。然此卦的整体卦德是元亨利贞，故九四爻之位虽难处，或跃或在渊的两种状态，都是无咎的。

③ 从"见龙"到"飞龙"，有德君子的事业获得了巨大的发展。正如今天的一些大企业家，在全国乃至全世界都非常知名了，但此时仍然需要更高德位的大人的欣赏与庇护。若是新的储君，亦当得到有名望有德有能力的大臣帮助。

④ 此句意谓发展至极点的有德之君子，可能会做出物极必反之事，故会有悔吝之事出现。亢龙：即龙德至极高之位置。李鼎祚《周易集解》引王肃注云："穷高曰亢。"有悔：可能会出现悔吝之事。有悔，亦是《周易》全书表述做事有过错而生悔吝的通用语，如豫六三爻"盱豫悔，迟有悔。"蛊卦九三爻"干父之蛊，小有悔"等等。

⑤ 此爻之用九，坤卦之用六，是全书的特例。只有乾坤两卦有此用九、用六之辞，从占筮的实用角度看，占得乾卦或坤卦，均以用九、用六之辞用之，不必细究。因乾卦纯阳，坤卦纯阴，皆是吉卦。因群龙出现，而无一龙为首，是大吉大利现象。正如理想中的共产主义，人人皆为君子，皆无物质生活之忧。故吉。

《彖》①曰：大哉，乾元！②万物资始，乃统天。云行雨施，品物流形；③大明终始，六位时成；④时乘六龙，以御天。⑤乾道变化，各正性命，保合大和，乃利贞。⑥首出庶物，万国咸宁。⑦

① 彖：传统注释为断，即下断语之意。彖音tuàn，团，攥紧之意也。引申为概括、总结之意。《彖》传，实际上是对《易经》之卦、爻辞所表达的意思作哲学的概括、总结之辞。从今人的角度看，是哲学的解释之辞。

② 此一句为诵辞，歌颂作为开端的乾伟大而神圣。故用倒装句以提起惊讶的语气。意谓：伟大啊，神圣啊，乾元。下一句承此句，讲万物皆从乾元处获得自身，故作为开端的乾，具备统括天下万事万物的天然资格与地位。资始：凭借此乾元而获得开端。全文可视为诗之颂体。

③ 此句意谓：云行于天而雨从天降，万物因此而展开。品物：万物也。流行：流布而成形，即广泛展开之意。

④ 此句意谓：太阳决定一日和一年的结束与开始，易之六爻也因模拟太阳的运动而得以完成。大明：指太阳。终始：即结束与开端。昼夜与春冬，都与太阳的运动相关。

⑤ 此句意谓：乾元顺六爻的变化而统领天道的变化。时乘：因时而顺变也。乘，顺也。六龙：即乾卦之六爻，依卦辞，每一爻即是一龙，如潜龙、见龙、飞龙、亢龙等。三、四爻虽未直接讲龙之名，而实际上亦是夕惕龙，升降龙。御天，即指乾元之卦，以人道合天道而后统御天道，以实现人的意志。天为自然之总称，实含地也。乾元乃是《易》的卦爻体系中之象征天的卦象，是圣人借此而把握天道的一种思维产物。天之体实即大自然，乾元是对天的模拟符号，即由六爻构成的乾卦来模拟天德。

⑥ 此句意谓：乾道变化的实质，是让万物各自获得自身的规定性而成为他们自身。乾道让整个世界保持着一种大和谐的状态，于是万物获得属于自己的利益而表现为正当不偏。乾道：乾卦所显示出的天地运行的根本法则。各正性命：万物从乾道变化的过程中获得自己的本质属性与被给予的规定性，此为万物之应得，不偏不倚，故曰正性。保合大和：即乾道让万物各得自己应得之性命，故没有矛盾与冲突，因而整个宇宙保持一种最高的和谐状态。大，极也。大和，即乾道运行时万物自然而然的和谐状态，亦可以称之为原初的和谐状态。

⑦ 此句意谓：乾卦之初爻作为万物之中首先出场之物，它一出现，秩序因此而定，故万物皆安宁而有序也。《彖》传借歌颂乾卦之卦德，而歌颂天德也，亦即歌颂理想中的圣王之德也。《彖》传开《易经》解释学的政治解释之先声。使《易经》的经文意义朝向古代圣王治理天下的政治学方向发展，使得卜筮的多义性传统开始向单义性转化。

二 《周易》选

《象》^①曰：

天行健，君子以自强不息。^②

"潜龙勿用"，阳在下也。^③

"见龙在田"，德施普也。^④

"终日乾乾"，反复道也。^⑤

"或跃在渊"，进无咎也。^⑥

---

① 象：动词。此处本意为象征，拟象也。象之为传，即作为解释《易经》的另一种方式，《象》传主要从象征的角度来解释《易》之卦、爻变动所体现出的抽象意义。《象》传之象征，既以《易》之卦爻变动比拟君子之德，亦借《易》之卦爻变动阐述带有普遍性的哲学道理。在《易经》的解释学史中，《象》有大象、小象之别。解释每卦之象辞，是为"大象"。解释每爻之象辞，称之为"小象"。象思维方式，是《易》之经、传哲学所给予的中国人的特殊思维系统，言、象、意三者构成易哲学认识世界的三重架构。《易》之象既指物象，又指《易经》之卦象，即人为营构的符号化体系的象征之象。人对于世界向我们敞开的意义的领悟，并不只是通过语言工具，当语言不足以表达人类对于世界向我们敞开的意义之领悟时，可以通过建立象的符号化系统来表达这种领悟。这种"以象尽意"的哲学表达方式，即依托象征符号系统表达哲学的思维方式，从根本上规定了中国哲学所具有的诗性特质。

② 此句意谓：天之运行表现出刚健不已的品性，作为人群中的君子当从天道运行的现象中体悟出自强不息的人生在世的根本道理。天行健，实即《诗·周颂·维天之命》"唯天之命，於穆不已"的哲学表达。

③ 从此句开始，以象征的思维解释乾卦各爻辞所呈现之易象包含的普遍哲学意思。"潜龙勿用"意谓：阳气或者君子在下位时，不便于实施自己的理想。暗示有德欲有为，必借势位而行。

④ 此句仅是《象》传作者对此爻意思的解释，并不能作为唯一正确的解释。《象》传作者仅解释了前半句，认为"见龙在田"，已经是君子之德广施于天下了。至于后半句"利见大人"作何解？《象》传作者并未关注。

⑤ 此句《象》传作者认为，乾乾为君子的反复之道。反复的具体内容是什么呢？原文并未清楚交待。依《周易正义》的解释，是指君子反复实践普施德惠的行为。

⑥ 此句《象》传作者亦只就"跃"字做了解释，认为君子继续前进而无过失。"或在渊"一句则未加关注。

"飞龙在天",大人造也。①

"亢龙有悔",盈不可久也。②

用九,天德不可为首也。③

《文言》④曰:

元者,善之长也;⑤亨者,嘉之会也;⑥利者,义之和也;⑦贞

---

① 此句《象》传作者认为,飞龙在天,象征着大人兴起了。造,作也。

② 此句《象》传作者认为,亢龙之形象预示着,事物的充盈与饱满状态是不可持久的。意谓物极必反。此道理,《老子》一书亦三致其意,表明上古中国哲人对于事物变化的规律,形成了比较理性化的共识。但他们对于物极必反的原理的应用,则又是保守的。上古哲人并不知道如何利用规律,让事物向更高的位阶发展,而只是想保持一种不盈的状态,被动地延缓事物达至极点以避免发生变化的可能性。因此,老子与易学的辩证思想均带有保守的特征。

③ 此句意谓:用九之辞,揭示天德不能作为开端。《象》传作者认为,天德为阳刚之德,不可作为开端。对经文的"无首"做了颇有浓厚主观倾向性的解释。此句与对第一爻"潜龙勿用"的解释是首尾呼应的。这实际上表明,《象》传的作者采取的是另一套思想体系来解释《易》之经文的。《周易》中的各传,其解释的体系并不完全相同,《易》之"七传"实际上是七种解释体系,表明《周易》是一个充满着内在张力的经学文本。

④ 文言:传统注释一般释为文饰之言,即文饰乾、坤两卦之内容。实际上,上古语言中,文乃美好之意,与后世所谓美之义相近。文言,美好之言也。何谓美好之言? 进德修业之言。因此,乾坤两卦的《文言》传,皆是进德修业之言。故《文言》传,实际美德之言,即从人如何获得并保持美德的角度阐述乾坤两卦的意义。

⑤ 此句意谓:作为万物开端的乾元,是一切善之领导者,故称之为"万善之长"。《系辞》传讲:"一阴一阳之谓道,继之者善也,成之者性也。"所继者,乃天道。此天道,单言之为乾元,合言之为乾坤。所继之善即《文言》传阐发的乾元为善之长的道理。

⑥ 此句意谓:亨通的状态,即各种美好会合在一起。众美和合则通达无碍。嘉:美好也。

⑦ 此一句深刻地反映了《文言》传作者的义利观。所谓的"义,即是各种利益体之间的和谐状态。义,并非一般的抽象道德原则,而是社会各利益体之间的和谐。以利之和谐规定义之正当,是《文言》传的道德哲学与伦理学思想。亦可以视之为中国古典的正义观。

者，事之干也。①

君子体仁足以长人，②嘉会足以合礼，③利物足以和义，④贞固足以干事。⑤君子行此四德者，故曰："乾，元、亨、利、贞。"⑥

初九曰"潜龙勿用"，何谓也？子曰⑦："龙德而隐者也。⑧不易乎世，不成乎名，⑨遁世无闷，不见是而无闷，⑩乐则行之，忧

---

① 贞：正也。事之干，即事之主干或主体也。引申为事之本质属性。正，应当如此，合于天道之正，是一切事情之主干。否则不足以称之为事。《文言》传用合道性规定了事情之本质。

② 此句是《周易》一书比德说之应用。从元为善之长，类比推出，君子只有体现仁德，才配得上领导众人。

③ 此句意谓：诸美好会合在一起，才能合乎礼之精神要求。按照《周官》吉凶宾军嘉之"五礼"说看，礼并非皆是嘉礼，然即使是凶、军之礼，相见者所言均当体现善良、美好之意。故礼为众美好之会合，否则凶、军之事无需以礼文饰。

④ 此句意谓：只有让万物获得应得的利益，义之原则方足以促成和谐的状态。

⑤ 此句意谓：只有天道之正能够稳定不可动摇，方才可以成就一番事业。反之，得天道之正而不能固守，亦不可成就事业。

⑥ 《文言》以四德的解释模式训释元亨利贞，与《彖》传《象》传对元亨利贞的训释有相同之处，又有不同之处。《文言》传着重从君子进德修业的解释框架来训释乾卦之卦辞。

⑦ 此一段的"子曰"，一般以为是孔子之言。《帛书易》中的"子曰"，学界主流意见亦认为是孔子之言。故本书亦将《易传》中的"子曰"当作是孔子之言。

⑧ 此句借孔子之口，说"潜龙勿用"之爻辞，实际上是说具有龙德的君子处在隐逸的状态。后文即是阐发隐逸的君子高尚其志的坚定意志与实际行动。

⑨ 不易乎世，不成乎名：不被世之污浊所改变，不被名号所束缚。易，变也。乎，通于，此处作介词。易乎世，即被世所改变。成乎名，即被名号所束缚。

⑩ 此两句意谓：逃离于此世而不感到窒息，不被世人所肯定也不感到窒息。

则违之,^①确乎其不可拔,^②潜龙也。"九二曰"见龙在田,利见大人",何谓也?子曰:"龙德而正中者也。^③庸言之信,庸行之谨,闲邪存其诚,善世而不伐,德博而化。^④《易》曰'见龙在田,利见大人',君德也。"九三曰"君子终日乾乾,夕惕若,厉,无咎",何谓也?子曰:"君子进德修业。忠信,所以进德也;修辞立其诚,所以居业也。^⑤知至至之,可与言几也;知终终之,可

---

① 此两句意谓:心乐某事则实行某事,心以之为担忧之事,则远离它。由于君子依道行事,故其心之乐与忧非个人情绪的表达。故此处乐、忧,皆是以某事是否合道而表现出的心理状态。

② 此句讲君子之志坚固而不可动摇。确:紧固之意。拔:由外力引而去之曰拔。

③ 此句是从卦爻所处下卦九二之位而言。九二是中位,虽不如九五爻至尊之位,然亦是正位。故曰龙德中正。

④ 此五句话意谓,九二爻展示龙德的中正品性,在日常生活中守信、谨慎,主要是防止各种邪僻侵入而不间断地保存诚实的美德,凭借自己美德感化世道而不自我夸耀,美德广泛影响而慢慢地促使世道向善的方面转化。庸:平常也。闲邪:防止邪僻,阻止邪僻。闲,动词,使一物与另一物隔开,意为阻止。存诚:诚为人性之真,与天道相通。《文言》传作者认为,人性之诚容易在日常生活中丧失掉,故通过阻止邪僻而让人性之诚得以在日常生活中不间断地保存下来。这是在承认有先验之诚的理论前提下,主张"积善成德"扩而充之的人性修养论。孟子"性善论"中的存养工夫论与此观点相似。《文言》传作者将九二爻的龙德解释成国君之德。这与《象》传"德普施"的抽象化解释稍有不同。

⑤ 此一句着重讲君子的处世原则就是进德居业。何以进德?以实践忠信道德规范作为进德的方法;何以居业?通过审慎的语言表达方式确立诚之天性。进德:使德有所增益。古人认为,德由薄至厚,由少到多,故德需要不断地增加,然后才有可能产生影响力。居业:古训以为蓄业也。每个人的事业也需要积累。《文言》传作者认为,居业是通过修辞立诚的方式实现的,而不是通过做具体的事情来守住事业或已经拥有的家业。

与存义也。① 是故居上位而不骄，在下位而不忧。② 故乾乾因其时而惕，虽危无咎矣。"九四曰"或跃在渊，无咎"，何谓也？子曰："上下无常，非为邪也；进退无恒，非离群也。君子进德修业，欲及时也，故无咎。"③ 九五曰"飞龙在天，利见大人"，何谓也？子曰："同声相应，同气相求。水流湿，火就燥；云从龙，风从虎；圣人作，而万物睹。本乎天者亲上，本乎地者亲下，则各从其类也。"④ 上九曰"亢龙有悔"，何谓也？子曰："贵而无位，高而无民，贤人在下位而无辅，是以动而有悔也。"⑤

---

① 这两句话的意思是：只有那些知道目标所在并能有实现目标的意志与手段、知道一件事该终止的时候就当机立断的人，才可以与他讨论事物变化的先机，可以与他以义相处。知至至之：知道要到达的目标而努力实现目标。可与言几：一个人只知道自己做事的目标，才可能与他讨论实现目标的过程中所遇到的先机。几，先机、征兆。知终终之：知道某件事应当终止之际断然终止。可与存义：可以与这样的人长期以义相处。

② 此一句承接上句，意谓君子拥有上述美德，就可以做到处于高位不骄傲，处下位而不忧闷。

③ 《文言》传对九四爻的解释，是君子应时而变，故有上下无常，进退不恒的现象，但都不是出于邪念或离群索居的目的。

④ 这一段阐发了同类相互吸引的哲学道理，与后来辩证思维强调相反相成的哲学道理不同。这即是后来民谚中所说的"物以类聚，人以群分"的道理。圣人作：作，兴起也。万物睹：睹，出现，显现。本乎天：本于天，即从天开端，发端。下文"本乎地"类此，即从地发端，开端。亲上：向上靠近。亲下：向下靠近。此两句表本乎天、本乎地两类事物的运动趋势。

⑤ 此一段着重解释"亢龙"何以有悔的道理，《文言》传的作者将"亢龙有悔"作了明确的政治性解释。处于高位的执政者严重脱离人民，又不能获得贤人的辅佐，故而动辄得咎。

"潜龙勿用",下也①。"见龙在田",时舍②也。"终日乾乾",行事也③。"或跃在渊",自试④也。"飞龙在天",上治⑤也。"亢龙有悔",穷之灾⑥也。乾元"用九",天下治也。⑦

"潜龙勿用",阳气潜藏⑧。"见龙在田",天下文明。⑨"终日乾乾",与时偕行。"或跃在渊",乾道乃革。"飞龙在天",乃位乎天德。"亢龙有悔",与时偕极。乾元"用九",乃见天则。⑩

乾元者,始而亨者也。⑪利贞者,性情也。⑫乾始,能以美

---

① 下也:指潜龙居于下位也。
② 时舍:依王弼注,因时而通也。故舍通舒字。
③ 行事:勤勉于某项事业。
④ 自试:自我努力,有上下求索之意。此处与《象》传《文言》传解释有所不同。
⑤ 上治:君子所治理的地方出现了最好局面。
⑥ 穷之灾:达到极点之后而引发的灾难、祸患。此是对上九爻爻辞的象征意义之解读。
⑦ 此一整段对于乾卦六爻之动,暨"用九"的解释,与上一段的解释方向和整体上的意思,有一定的差别,表明乾卦六爻之意具有多维的解释可能性。但仍然是紧扣君子行事的主题而展开的。最后一句"天下治",仅是对用九爻辞的善意解读,认为此爻辞寓意天下大治的局面。
⑧ 阳气潜藏:此处从气论的角度解释潜龙之爻象。
⑨ 此处从政治形态学的角度解释"见龙在田"的爻象。只有当天下政治秩序文明灿烂,才有龙现于田的现象出现。
⑩ 此一段对乾卦六爻的解释,与上一段又有诸多的不同,展示了乾卦暨六爻的多维解释的可能性,然都与君德、政治美好状态有关。与时偕极:指与阳气鼎盛状态一致。此句的解释未着眼于悔字。天则:具有神圣意味的大自然的最高法则,非现代自然科学意义下的自然法则。
⑪ 此一句赞扬作为开端的乾元所具有的万物相通的美好状态。亨:通也。
⑫ 此一句认定,作为乾之正利即是性与情之本质。《文言》传开头将元亨利贞看作是君子四德。此处以性情来引申性地解释利贞即是天之性与情,而情实即性之表露。

二 《周易》选

利利天下，不言所利，大矣哉！①大哉乾乎！刚健中正，纯粹精也。②六爻发挥，旁通情也。③"时乘六龙"，以御天也。④"云行雨施"，天下平也。⑤

君子以成德为行，日可见之行也。⑥潜之为言也，隐而未见，行而未成，是以君子弗用也。⑦君子学以聚之，问以辩之，宽以居之，仁以行之。⑧《易》曰"见龙在田，利。见大人"，君德也。

---

① 此一句所言乾始，即乾元也。乾之开端即以美好来利益万物，然而又不去追求自己的利益。这是多么伟大的情怀啊！这是赞美乾元绝对无私、完全利他的美好品性。美利利天下：美利，美好而有益处。后一个"利"字为动词，有益于，利乐也。所利：属于自己的利益。

② 此一句赞美乾卦具有刚健、中道、正直、纯粹而无一丝之杂质的美好属性。故乾卦实际上是上古中国哲人将对于具有宗教人格神意味之天的崇拜，转化为一种对大公无私之美德的歌颂。故对乾元的歌颂是一种道德化的宗教情感之体现。

③ 此一句意思是说，六爻的展开，即是乾元之性情的广泛展开。发挥：生发而展开。旁通：广泛流行之意。

④ 此句意谓：乾卦通过具体的情境而驾驭六爻，以实现统帅天地万物之效果。此统帅即是通过乾之卦象来把握实体性的天地变化。

⑤ 此一句意思是说：天地及时行云下雨，象征乾元世界天下太平。

⑥ 此一句从君子之德的角度再一次阐发"潜龙勿用"之意。以成德为行：以德之养成作为君子人生的主要目标。日可见之行：表明君子之德非内在的不可见的私密性的德性，而是在每天的行为中可以看得见的德行。

⑦ 此处以德行未成而君子不能用其德，解释"潜龙勿用"的意思，与前此三段对此句话的解释的角度不同。这种不同，一方面体现了《易经》之爻辞具有多义性的特点，另一方面也反映了《文言》传可能并非作于一人之手，而是上古诸多释易家思想的集合。

⑧ 此四句阐述君德的内涵，以学习聚积知识与经验，以好问求得对不同事物之辨识，以宽裕的心态来涵养知识与德性，不急功近利，以仁德来行事。能够做到此四点，则九二爻辞就是国君之德的象征。依此义，上一句断句，当从本书之断句。此一段可与《中庸》"博学，审问"句相参。

九三重刚而不中，上不在天，下不在田，故乾乾因其时而惕，虽危无咎矣。① 九四重刚而不中，上不在天，下不在田，中不在人，故或之。或之者，疑之也，故无咎。②

夫大人者，与天地合其德，与日月合其明，与四时合其序，与鬼神合其吉凶。先天而天弗违，后天而奉天时。天且弗违，而况于人乎？况于鬼神乎？③ 亢之为言也，知进而不知退，知存而不知亡，知得而不知丧。④ 其唯圣人乎！知进退存亡，而不失其正者，其唯圣人乎！⑤

---

① 此一段是从乾卦爻位和阳爻的阳刚之性来解释的。九三爻下交九二与上交九四，皆为阳爻，故曰重刚。九三爻非居中之位。故其所处的环境与位置皆不好。又易卦上、五之爻代表天，四、三爻代表人，二、初之爻位代表地。故曰上不在天，下不在田。因此，处于九三之爻位的君子要保持一种因时而警惕的心理状态。惕：心理处于警醒的状态，不敢懈怠。

② 此段释九四爻之爻位的思路与释九三爻的思路一致，然九四爻下远于地，上近于天，虽在爻位的人道之位，然离地过于远而近于天，故曰中不在人当处之位。以怀疑之心态来释此爻两个"或"，表明处于此状态的君子应保持一种警戒之心，凡事皆有准备，故最终无过失。

③ 此一段文字是解释九五爻之爻位。九五之尊，位当而合德，故纯为赞美之辞。此"大人"者，即圣王之代名词。能配称为大人者，其德与天地之德性相一致，其光明如日月光辉普照，无所偏私，明察秋毫，其做事能合乎四时变化的秩序要求，春生夏长秋收冬藏。与看不见的神秘的鬼神制造的吉凶结果一致。先于天时而动，而天时最终不乖他的行动，是因为把握了先机；后于天时而动则遵循天时之规律。由于神圣的天都不违拗他的行为，更何况人，更何况鬼神？一切都支持他。由此爻的解释可以看出，《文言》传中的"天"是最高的神圣，具有宗教意味，然而又不是人格神。

④ 此一段对亢龙之"亢"做了非常哲学化的解释，批评了"亢"的形而上学的僵化思维形式。

⑤ 此一段文辞为倒装句，将结论提前，并以感叹句的形式表现出来。意谓：只有圣人才能知道进退存亡的深奥道理，而且还能够采取正确的措施当进则进，当退则退，固存而免于灭亡。

二 《周易》选

系辞（上传）

天尊地卑，乾坤定矣。卑高以陈，贵贱位矣。①动静有常，刚柔断矣。②方以类聚，物以群分，吉凶生矣。③在天成象，在地成形，变化见矣。④是故刚柔相摩，八卦相荡。鼓之以雷霆，润之以风雨。日月运行，一寒一暑。⑤乾道成男，坤道成女。⑥

---

① 此两句以自然哲学的形式阐发了天尊地卑，阳尊阴卑的哲学道理。此一道理为秦汉以后等级制的社会结构提供了直观而又具有极强迷惑性的哲学理论。西汉以后，这一尊卑、贵贱的哲学理论既给两千多年的传统社会奠定了顽强的哲学基础，也严重地束缚了人们的思想。乾坤两卦象征天地、父母、君臣、男性与女性，乾坤定矣，即乾尊而地卑的秩序确定了。在此秩序里，贵贱的秩序也自然得到了安排。陈：展示。位：动词，获得位置。

② 由于动静有常，故阳刚阴柔之意的区别也形成了。断：分也。此句实际上是讲阳动阳刚而阴静阴柔，是自然之理。

③ 此句意谓，吉凶是从万物类聚和群分的形态中产生的。方：品性也。虽然不同品性之人与不同类型之物，各以其同类相聚合，然异同攻取之事则因之而产生，故吉凶即从这种异同攻取的过程中产生。

④ 此句省略主语，意谓阴阳二爻在天则形成各种天象，在地则形成万物之形，抽象的变化道理（易之理）因天象与物形而呈现出来。

⑤ 此一段文字进一步阐述阴阳二爻的相互作用与变化的具体形态。刚柔相摩：指阴阳二气相互作用。八卦相荡：指易之八经卦所代表的八种物——天地风雷山泽水火之间相互作用。雷霆在其中起催化作用，风雨在其中起滋润作用；加上日月的运动，一年四季，寒暑交替的自然节奏就因之而形成了。看起来颇为复杂的自然现象，实际上只是阴阳两种属性的气的交互作用，在"易哲学"的视野里，即是阴阳二爻的作用而已。《易传》中的阴阳与五行尚未结合在一起。

⑥ 乾道：乾为阳爻，乾道则为阳爻之运行法则。坤道：坤为阴爻，坤道则是阴爻运行的法则。按照《系辞》传作者"方以类聚"的思想原则，则乾道成男，坤道成女。由此，人间的男女性别，在抽象的哲学层面分别与乾坤两卦联系起来了。传统思想中男尊女卑的性别不平等也由此而得以彰显。

乾知大始，坤作成物。①乾以易知，坤以简能。②易则易知，简则易从。③易知则有亲，易从则有功。④有亲则可久，有功则可大。⑤可久则贤人之德，可大则贤人之业。⑥易简而天下之理得矣。⑦天下之理得，而成位乎其中矣。⑧

圣人设卦观象，系辞焉而明吉凶，刚柔相推而生变化。⑨是

---

① 此两句话之意思应当联系乾坤两卦的"彖辞"来加以解释。乾知大始，其主要意思即是"大哉乾元，万物资始"的意思。然"彖辞"又说乾卦是"大明终始"。大明乃指太阳，引申为光明。而作为人的认知总是与光联系在一起。故乾为万物之开端，实亦可以说是乾之大智——太阳，或日光作为万物之开端。坤作成物：坤代表地，坤即大地发挥其功能，则万物得以产生。

② 此两句意谓：乾凭借易而智慧，坤凭借简而具备可能性。易：日月交替之变化也。因日月交替而讲变化，人皆可见可知，故易又包含着平易、容易，不深奥等义项。简：约也。约为何反而具备多种可能性？乃因为坤之约实为"顺"，即顺从天之道，故因简而能也，有所不为而后有所为也。此两句中"以"作介词，凭借之意也。

③ 变易的可见性与平易性则可以容易被普通人所认识，简约（实顺天）而没有复杂的法则就容易让人跟随。

④ 此两句意谓：因为容易被认识就有人亲附，因为容易跟随就有功绩。

⑤ 此两句意谓：有人亲附就可以长久，有功绩就可让事业做得很宏大。

⑥ 此两句意谓：可以持久就是贤人的美德，可以宏大就是贤人的事业。此一句中"则"字后面跟的是名词，与前述几句中"则"字后跟谓语动词不同，然从上下文看，其词意与语法作用，与前述几个"则"字相同。

⑦ 此句着重强调"易"之原理具有简约易晓的特征，故而能够把握天下万事万物的道理。

⑧ 成位乎其中：意指在天地万物之间总能够获得适当的位置，意指处事得当，做事适宜。这是懂得天下根本道理的好处。此处"理"字，即道也。《易》特别强调"位"的重要性。此位既可指爻位，也可象征现实的权位，作为具有普遍哲学意味的"位"，则是指适当的处境。"位"是"易哲学"的一个极其重要的概念。

⑨ 此句意谓，圣人通过创设卦象这一象征的符号系统来审视天地万物之形象，附上言辞以阐明吉凶的道理，阳刚阴柔相互作用而产生变化。

故吉凶者，失得之象也。悔吝者，忧虞之象也。变化者，进退之象也。刚柔者，昼夜之象也。①六爻之动，三极之道也。②是故君子所居而安者，《易》之序也；③所乐而玩者，爻之辞也。④是故君子居则观其象而玩其辞；动则观其变而玩其占。⑤是以"自天祐之，吉，无不利"。

象者，言乎象者也。爻者，言乎变者也。吉凶者，言乎其失得也。悔吝者，言乎其小疵也。无咎者，善补过也。⑥是故列

---

① 此四句主要是阐发《周易》中卦爻辞中的断辞与一些固定的概念所要表达的实际意思。此处所讲的言与象的关系，实际上包含着言与意的关系。吉凶寓得失之象，悔吝寓忧虞之象，变化寓进退之象，即是说吉凶之断辞表达的是得失之意，悔吝之断辞表达的是忧虞之意，变化的概念表达的是进与退之意，刚柔之辞表达的昼夜之现象。

② 每卦的六爻位置与阴阳性质之变动，象征的是天地人三极的变化之道。三极：即指天地人三才。极，端也。

③ 此句意谓：君子日常以之为当然而心安的生活法则，是《易》所指引的变化之秩序。其未言之意即是说，君子不苟安于世俗人们以之为安的生活秩序。可参《论语·里仁》"君子怀德，小人怀土"章。

④ 此句意谓：君子所乐于把玩研究的，不是其他的东西，而是爻辞。因为爻辞里面有精微的意思，故君子需要反复、深入的研究。

⑤ 此处将君子日常安于一地的生活与将要有所作为的时候对于《易》的态度进行了区别。日常无事的状态，仔细研究《易》之象和其中卦爻辞的精微意蕴，有所作为的状态下则仔细推演《易》的变化奥妙和其中的占筮方法。《易》道即象征天地之道，而研究《易》道，获得帮助，也是老天的佑助，一切都会大吉大利。

⑥ 此一段，亦是阐述《周易》的一些体例，对象辞、爻之性质，以及吉凶、悔吝、无咎等断辞的意思，做一个统一性的解释。"象辞"被《系辞》传的作者视为解释卦象的言辞，故文中说"象，言乎象"。六十四卦的每一爻，都是在表达变的意思。故研究《周易》考察爻位与爻辞，都应当从"变"的角度对其加以考察。此段认为，"悔吝"是仅就出现的小疵而言所下的断语，"无咎"之断辞是象征一个人善于补过而已。

贵贱者存乎位，齐小大者存乎卦，辩吉凶者存乎辞，忧悔吝者存乎介，震无咎者存乎悔。①是故卦有小大，辞有险易。②辞也者，各指其所之。③

《易》与天地准，故能弥纶天地之道。④仰以观于天文，俯以察于地理，是故知幽明之故。⑤原始反终，故知死生之说。⑥

---

① 以上五句意谓：展示贵贱的不同是通过爻位来体现，校正大小是通过卦来体现，区分吉凶结果是通过断辞来体现，表达忧虞之思想是通过小事来体现，警示无咎结局的人是通过"悔"这一断辞形式体现。列：展示也。齐：校正也。小大：指卦体之小大。某卦以阴为主，则为小，如否卦。以阳为主，则为大，如泰卦。类似的，如剥、复二卦，皆以阴为主，于卦体均为小。而观卦，九五阳爻居正位，以阳为主，则为大。小大之卦的分别，亦服从《周易》贵阳而贱阴之整体意义。上述五句中"存乎"一词，本意"在于某某"，依现代汉语习惯一律解释为"通过某某体现"。

② 此两句解释《周易》中卦体有刚大柔小之分、卦爻辞有艰险与平易之区别的原因。

③ 此句解释《周易》卦爻辞的功能，意谓《易》之卦辞、爻辞各有其所指引的方向，吉则指出当趋之方向，凶则指出当避之方向，悔吝之辞则指出要保持警惕之意，无咎之辞则指出补过之功，亦有提醒之意向。故玩辞即是研究这些卦爻辞的意味或意旨。

④ 此句意为：《周易》全书的构思与符号象征体系，是以天地及其运行作为模拟对象的，因此它本身能够涵盖天地变化的道理。准：古注为等。依现代汉语之意，即以天地之形象与运行为准则。弥纶：涵盖也，囊括也。

⑤ 此三句意思是说，《周易》的作者通过仰观天象法则，俯察地貌法则，因此能够知晓看不见与看得见之诸事。天文、地理：互文也，即指天地的内在法则。幽明之故：幽明之事也。此"故"字，传统训释皆训为事。故，已经发生的事情曰故。故与事可以互训。

⑥ 此两句意谓，通过对开端与结束的过程研究，因而知晓万事万物有死有生之道理。原始反终：字面意思是，上溯于开端又推知其结局。实际上是推究事物发生与结局的过程，是一种历时性的哲学思维方式。关注始终，是易哲学的一种思维方式，《彖》传有"大明终始，六位时成"之说。

二 《周易》选

精气为物，游魂为变，是故知鬼神之情状。① 与天地相似，故不违。② 知周乎万物，而道济天下，故不过。③ 旁行而不流，④ 乐天知命，故不忧⑤。安土敦乎仁，故能爱。⑥ 范围天地之化而不过，曲成万物而不遗，通乎昼夜之道而知，⑦ 故神无方而《易》无体。⑧

---

① 此一句意谓：通过对精气、游魂的研究，故可以知晓鬼神的实际状况。此处强调的是：依据"易道"，可以知晓极其精微不可见与不可测的世界。鬼神之情状，大抵指不可见、不可测，代指偶发性的世界与事件。

② 此两句讲《周易》的整个卦爻符号、言辞体系与天地相似，所以其所言与天地变化之实际不相违离。违：乖离也。

③ 此一句意谓《周易》知晓万物的情状，其所体现的根本法则是帮助天下万物实现自己的目标，所以没有偏差。道济天下：此处指《易》所体现出的根本法则。天下，实指天下万物。过：偏差。

④ 旁行而不流：广通于万事万物之中而不淫滥。旁行，广泛流行也。流，无节制的泛滥状态。

⑤ 此两句意谓：懂得"易理"的人，乐于与天道变化同行并理解必然性的天命，故没有额外的人生忧思。儒家讲乐天知命，道家讲道法自然，二者皆含有顺应绝对超越者的意思。但先秦儒道两家哲学所讲的超越者都不是人格神。

⑥ 此两句意谓：懂得"易理"的人，一定安于自己所处一方的土地而厚植仁德，故能爱及万物与万民。

⑦ 此三句讲懂得"易理"的人，能够周知天地变化而没有偏失，周细曲折地成就万物而没有遗漏，通晓昼夜变化的根本精神而变得智慧。范围：动词，囊括也。曲成：以各种变通的手段而让万物有所成。知：通智，即今日的智慧之意。

⑧ 此为总结前一段论《易》文字的精神，《易》所言之神妙不拘泥一种具体的方所，而《易》的变化也不局限于任何具体的事物。这即是说，《易》所讲的神妙与变化，虽然需要借助于具体的时空和事物来加以论述，但又不能拘于某些具体的时空与事物。故《易》之神妙与变化，是纯粹哲学性的神妙与变化。无体，无固定之体。无固定之体，则皆可体。

一阴一阳之谓道，继之者善也，成之者性也。①仁者见之谓之仁，知者见之谓之知，百姓日用而不知，故君子之道鲜矣。②显诸仁，藏诸用，鼓万物而不与圣人同忧。③盛德大业，至矣哉！④富有之谓大业，日新之谓盛德。⑤生生之谓易，成象之谓乾，效法之谓坤，极数知来之谓占，通变之谓事，阴阳不测之谓神。⑥

---

① 依戴震的语言学观点，"一阴一阳之谓道"，即是说，道也者，一阴一阳之谓也。故《周易》一书的形上之道，总是包含阴阳两个部分及其相互之间的作用。人遵循此道而行则为善，将此道完整地贯彻于个人身心则成为人之性。继之者：遵循道的人。继，遵循。之，代指上文所言之道。者，指遵循此道之人也。成之者：圆成此道于自己一身者。成，圆成也。之，代指道。者，指将此道用于一身而圆成之人。

② 此四句讲易道广大、精微而难知，因而会出现仁者把易道就当作是仁，智者就将易道理解成是智慧，而普通百姓每天都在依易道行事但他们根本不知道有"易道"这一回事，因此能够知道君子之道的人就很少。鲜：少也。

③ 此三句意谓：易道通过仁德而展现出它自己，但它潜藏在诸多日常生活的行为之中。鼓动万物使之化育而成长，但不像圣人那样有对事物进行经营的主观想法。不与圣人同忧：即与圣人忧思万物的方式不同。此处实际上讲道无思无虑而无为，圣人有思有虑故而有为。此处与老子哲学有所不同。

④ 此为倒装句，即歌颂圣人的大德大业已经达到了极致。

⑤ 此两句中"之谓"动词，与上同，亦可以换成"大业者，富有之谓也，盛德者，日新之谓也。"此为《系辞》作者对于大业、盛德的自我规定，非当时社会之共识也。凡"之谓"句，皆为作者之认定。下文六句的句式与此同。

⑥ 此六句是《系辞》传作者对于易、乾、坤、占、事、神等六个概念的自我规定，非当时流行之共识。与上一组"之谓"句式用法相同。生生：不断地产生生命。第一个字为动词，第二个为名词。成象：形成万物之象。乾卦的性质是形成万物，《彖》传认为乾卦具有"万物资始"的功能。效法：模拟另一物的行为与动作，称之为效法。此处将坤的本质属性规定为效法而不具有自主性、创生性。极数知来：即通过充分地运用蓍策手段推演并探知未来。故占的行为实际上是通过蓍策的数与术的方法而试图把握道的变化。通变：完整的领悟变化。通，彻悟也。阴阳不测：即阴阳交替变化而人无法完全把握的现象。此处既是对"神"的特殊规定，也与上文所讲的"神无方而《易》无体"的意思一样，天地变化之奥妙并非都通过具体的形象可以直接把握。这虽然指出了人的认识的有限性，但并不表明《系辞》作者主张神秘主义的认识论，而只是提醒人的认识有局限性。

二 《周易》选

夫《易》广矣大矣,以言乎远则不御,以言乎迩则静而正,以言乎天地之间,则备矣。①夫乾,其静也专,其动也直,是以大生焉。②夫坤,其静也翕,其动也辟,是以广生焉。③广大配天地,④变通配四时,阴阳之义配日月,易简之善配至德。⑤子曰:"《易》其至矣乎!夫《易》,圣人所以崇德而广业也。知崇礼卑,崇效天,卑法地。天地设位,而易行乎其中矣。成性存存,道义之门。"⑥

---

① 此一段文字歌颂《易》这本书伟大、深奥。以言乎远则不御:此句"以"字后省略"之"字,意谓通过《易》来讨论遥远与久远之事,则没有不能驾驭的。不御:没有不能驾驭的,引申为极遥远之事亦可被易所驾驭控制。依文意,"则"字后当有"莫"字。下面两句的语法相同。通过《易》来讨论身边之事,则安静而端正。言乎迩则静而正,实际上是说运用易来处理身边的事情,可以消弭矛盾,使事情高度有序化,故曰静而正。通过《易》来讨论天地之间的事情则完全可以涵盖。备:无所不包,无所不有曰备。

② 此一句与下一句,皆是就乾、坤二卦卦象的象征意义而言的。大:张大、使之大、歌颂之意也。大生,即歌颂生的伸直状态。《论语》:"人之生也直,无之生也幸而免。"孟子亦强调大丈夫人格。都是以正直来歌颂人生在世的应然状态。卑躬奴颜的样子不是儒家理想的人生在世状态。专:当是古文"抟"之误。

③ 此句亦是就坤卦卦象的象征意义而言。广生:使生命在大范围里展开。

④ 广大配天地:意谓以坤卦之广生与乾卦之大生的属性与地和天的生生之德相配合。下文三句亦是相同的语法形式。

⑤ 此三句的意思是:《易》通过卦、爻之变通与天地的四时节气变化相配合,以体现变化,以阴阳二爻之当处位置与关系来匹配日月二者之间的实际位置与关系。故曰阴阳之义配日月。义者,宜也,包含伦理学上应当的意思。通过"乾之易知"与"坤之简能"所体现的善与美好来匹配天地好生之至德。

⑥ 此一段通过孔子之口,赞颂《易》这部书的伟大,达到极致的状态。圣人凭借它来让自己的美德变得更加崇高,事业变得更加广大。知崇礼卑:依古注,意谓智以崇为贵,礼以卑为用。智以崇为贵,即以天为贵;礼以卑为用,即礼以大地顺

圣人有以见天下之赜，而拟诸其形容，象其物宜，是故谓之象。①圣人有以见天下之动，而观其会通，以行其典礼，系辞焉以断其吉凶，是故谓之爻。②言天下之至赜，而不可恶也。言天下之至动，而不可乱也。③拟之而后言，议之而后动，拟议以成

从天为其功能。下文"崇效天，卑法地"，即是解释为何要"知崇礼卑"。天地设位，即天尊地卑的秩序安排妥当之后，《易》所讲的变化就在天尊地卑的大框架内展开了。《系辞》是在天尊地卑的根本原则上来讲易之卦爻变化的。依据"继善成性"的基本人性论思想，《系辞》强调人性之善的实现是通过不断地保得之于"一阴一阳之道"的先天之善。这一人性的修养过程，也是人在社会生活中通向道义的基本路径或门径。在今天看来，也是通向道义的基本方法。此一人性论思想与孟子的思想类似，即承认人有先验善性，在生活中不断存养扩充，以变成现实善性。

① 此一句与下一句，主要从思维方式的角度来揭示《易》中"象"与"爻"的意思。《易》之象有二义，一是将幽深不可认知的事物，以某一种形象的方式表征出来，此为"拟其形容"。二是指与物之动态的性质相类似的"符号"。因此，此一层意义上的"易象"又并非事物静态的形象，如乾卦之六爻象征有德君子在不同的情况下所应当采取的一种作为与态度，故"物宜"始终是在时间与空间中所应当采取的恰当姿态。赜：幽深不可见之状态。

② 此一句是从语言的角度解释何谓"爻"。《系辞》作者认为，"爻"是圣人观察天下万事万物之变动，在变动之中推行典礼的秩序，然后用语言附着在每一爻之上以推断吉凶的可能结果。故此处之"爻"即是效法变化以探知吉凶的意思。会通：是一种整体性的理解与领悟，亦可以视之为圣人对于变动不居世界的一种系统的解释。

③ 此两句，均承上文之象、爻二意而言，意谓圣人通过象、爻的手段分别帮助人们认识幽深难知、变动不居而不易把握的世界，让人们对于幽深难知世界不产生厌恶的情绪，让人们在面对变动不居的世界时，不至于惊慌错乱。恶：厌恶。依上下文，指人们对天下之赜可能产生的厌恶畏难的情绪。至动：乾坤象征天地生生不已的状态与过程，故曰至动。乱：产生混乱。

其变化。①

"鸣鹤在阴,其子和之;我有好爵,吾与尔靡之。"②子曰:"君子居其室,出其言善,则千里之外应之,况其迩者乎?居其室,出其言不善,则千里之外违之,况其迩者乎?言出乎身,加乎民;行发乎迩,见乎远。③言行,君子之枢机。④枢机之发,荣辱之主⑤也。言行,君子之所以动天地⑥也,可不慎乎?"

"同人,先号咷而后笑。"⑦子曰:"君子之道,或出或处,或

---

① 拟:就天下之至赜而以象的方式把握而言。议:就天下至动通过爻变及爻辞以准确领悟、理解这种变动而言。因此,《易》这本书实际上是通过拟、议两种方式完成对天地幽深、变动现象的认知与把握。

② 此两句话为中孚卦第二爻的爻辞,是古代逸诗的片断。"鸣鹤在阴,其子和之"句,取其同类所处虽远而可以相应之意。在阴:山之北水之南为阴。此句从诗的比兴手法来看,又是起兴,以引起下句"我有好爵,吾与尔靡之"之意。靡,本义为费或消费,此处为共用之意。亦是同志相求之意。然下一段引孔子曰则主要讲"同气相应,同类相求",虽远而必有应和,故君子慎其言行的道理。引文与阐述之间,意思有一些细微的不同。

③ 此两句话要求君子谨慎其言行,说出的语言会影响到民众,行动虽然在身边发生,但其影响会播及远处。

④ 《系辞》作者将君子的言行看作是关键。机:本为门橛,即让门得以固定的大柱子。枢:门之转轴。机枢,合称为门开合的机要。

⑤ 主:主宰也。

⑥ 动天地:使天地会产生相应运动。《系辞》实亦提出了"天人感应"的思想。但此处的天人感应还没有达到后来董仲舒论述的那种非常具体化的程度,还只是哲学化的说法。

⑦ 此两句话出自同人卦九五爻辞。意谓君子若能团结他人,则能反败为胜,先哭而后笑。下文引孔子言着重阐发"二人同心",团结一致的重要性。

默或语，二人同心，其利断金。同心之言，其臭如兰。"①

"初六，藉用白茅，无咎。"②子曰："苟错诸地而可矣，藉之用茅，何咎之有？慎之至也。夫茅之为物薄，而用可重也。③慎斯术也以往，其无所失矣。"

"劳谦，君子有终，吉。"④子曰："劳而不伐，⑤有功而不德⑥，厚之至也⑦。语以其功下人者也。德言盛，礼言恭。⑧谦也者，致恭以存其位者也。⑨"

"亢龙有悔。"子曰："贵而无位，高而无民，贤人在下，位

---

① 此一段话借孔子之口说明团结的重要性。君子在世，无论是出仕还是隐居，是说出自己的意见还是保持沉默，如果两人同心协力，两人的力量合在一起，其锋利的程度可以斩断金属制品。而同心协力的语言，其味道如兰草花一样的芳香。利：刀刃之锋利也。喻词。臭：气味也。通嗅。兰：兰花也。

② 此为大过卦初六爻爻辞。意谓以白茅草铺地以盛祭祀之物，表慎重之意，故曰无咎。下文借孔子之口阐发阴柔之物以柔顺谦卑的态度处下，则无过失。

③ 茅草在古代是极普通的东西，没什么价值，故曰"为物薄"。但它的功能可以发挥出重要作用，故曰"而用可重也。"

④ 此为谦卦九三爻爻辞，意谓一个人辛劳但又保持谦逊的态度，这样的君子之辈一定有好的结局。下文又借孔子之口，进一步阐发劳而谦之美德的重要性。

⑤ 不伐：不夸耀也。

⑥ 不德：不以德而自居。

⑦ 厚之至也：德之敦厚达到极点。

⑧ 德言盛，礼言恭：有德之言美盛，有礼之言恭谨。

⑨ 此句话解释君子为什么保持谦德？因为只有保持谦德，才能让自己能够保持所拥有的能够做事的位置。致恭：意为在实际的生活中致力于恭谨的态度。

二 《周易》选

而无辅,是以动而有悔也。"①

"不出户庭,无咎。"②子曰:"乱之所生也,则言语以为阶。君不密则失臣,臣不密则失身,几事不密则害成。是以君子慎密而不出也。"③

子曰:"作《易》者,其知盗乎?④《易》曰:'负且乘,致寇至。'⑤负也者,小人之事也。乘也者,君子之器也。小人而乘君子之器,盗思夺之矣。⑥上慢下暴,盗思伐之矣。⑦慢藏诲盗,

---

① 此处对"亢龙有悔"的解释,与《文言》一处的解释意思相同。表明《系辞》可能承袭了《文言》的解释。然《文言》没有直接说此段话为孔子所说,《系辞》则直接肯定是孔子之言。

② 这是节卦初九爻之爻辞。意谓初九之阳处于弱势,不走出自己房屋庭院之门,居于家中,则可以平安无咎失。这颇类似乾卦初九所言"潜龙勿用"。然下文借孔子之口阐发的思想,则是着重阐发政治生活中君臣之间要注意语言所说之事的保密性。此处的解释,颇为典型地体现了《系辞》中有些地方对经文的解释过于带有解释者的"前见"。联系节卦的卦辞,六爻之辞,以及彖辞、象辞,都无法看出君臣之间要密于言的内容。

③ 此一段借孔子之口阐述君臣之间策划大事要善于保密的道理。作者将未能坚持保密的语言视为产生动乱的台阶。国君不坚守密言,就会失去臣下的信任,臣下不坚守国君的密言,就会有杀身的灾祸。几事:事之初,即还处在酝酿之中的事情。《系辞》作者认为,这种事情如果不能保密,则会酿成大祸。故君子对于此类事情要慎守密言而不能泄露。

④ 知盗:理解了导致盗抢之原因的道理。

⑤ 此为解卦六三爻之爻辞。原文的意思是:背负着重物而又乘着大车,招摇过市,自己引来强盗的注意而被抢劫。然下文借孔子之口说出的道理,与《易》之经文意思有较大的出入。

⑥ 此一段从德不配位的角度来阐发遭盗抢的原因。小人乘君子之器,是引发盗抢的根本原因。

⑦ 上慢:居上之尊位者轻慢,不配其位,不敬其业。下暴:居下位则侵凌而施暴。伐:侵伐也。

37

冶容诲淫。①《易》曰'负且乘，致寇至'，盗之招也。②"

大衍之数五十，其用四十有九。分而为二以象两，挂一以象三，揲之以四以象四时，归奇于扐以象闰。五岁再闰，故再扐而后挂。③天数五，地数五，五位相得而各有合。④天数二十有五，地数三十，凡天地之数五十有五。⑤此所以成变化而行鬼

① 慢藏：无原则地聚敛。冶容：过分地化妆让自己变得很妖艳。诲盗、诲淫：告诉别人，让别人来抢劫、行淫。这是古代没有财产权、人身权的时代，故有此说。老子亦有"不见可欲，使民心不为乱"之说。

② 盗之招也：招盗也。招，引诱。德配其位，是古典身份制占有的理想性观念。其世俗化的表达则是依身份占有财产及一切其他美好的东西，如权力、机会、美食等。不合身份的占有，则容易引来抢夺的行为。这一说法实际上又为抢夺行为提供了一种理论上的合理性。天命转移，革命的合法性是这种身份理论的上位理论。此处是身份拥有论的下位理论，即有关世俗财富占有合法性的理论。

③ 此一段文字介绍古代筮法的原理与方法。大衍之数：即用来象征性地模拟天地变化的数字总和为五十根蓍草，其中参与实际推衍的数字为四十九根蓍草。此蓍草古代称之为策。把拿出来的一策放在小指与无名指之间，称之为挂一象三，即以一策象征天地人三才。然后把剩下的四十九策随意的分成左右两堆。在左右两堆的策中，按照四策一堆再分下去，以象征一年的四季。左右两堆的策以四为单位分堆，两边必有余数，然后将此余数先后又夹于无名指与中指，中指与食指之间，象征五年之内有两次闰月。揲：音dié，又音shé。意谓用手成束地分蓍策。扐：音lè。夹于手指之间曰扐。

④ 天数五、地数五：此处是指以十为数的单位，天地之数各占奇数、偶数的五个部分。一、三、五、七、九，天数；二、四、六、八、十，偶数。五位相得而各有合：指五个奇数与五个偶数相配合而各得其所。但具体怎么配？古代经学家依据不同的理论，有不同的说法，但基本的原则是一六、二七、三八、四九、五十两两相配。河图、洛书、五行等学说中的具体解释，又各成体系，非常复杂。

⑤ 天数二十五，地数三十：即分别以天、地的奇数、偶数相加而得出的具体数字。一三五七九相加，等于算术中的二十五；二四六八十相加，等于算术中的三十。故后文称天地之数五十五。上文"大衍之数五十"是指《周易》筮法所运用的

二 《周易》选

神也。①《乾》之策二百一十有六,《坤》之策百四十有四,凡三百有六十,当期之日。②二篇之策,万有一千五百二十,当万物之数也。③故四营而成易,十有八变而成卦,八卦而小成。④引而伸之,触类而长之,天下之能事毕矣。显道神德行,是故

蓍策之数目。经学家一般原则上都认同此大衍之数本于天地之数。但对于为何只取五十而不取五十五,各家说法不一,且都没有充分的根据。本书认为,这是源于《周易》不同的解释系统所导致的。筮法传统应当早于天地之数的说法。殷商时代龟占处于主流的时代就有筮法,而以数字来解释天地之数的变化或晚于筮占传统,或本是分开的两个思想系统,后来才与筮法传统结合起来了。故"大衍之数五十"的说法不受"天地之数五十有五"的说法之影响。"天地之数"的说法或是后起,或是独立的以数解易的新传统,大约与五行学说,河图、洛书学说的发展有关。

① 此:代指天地之数。五十五个数字的相互作用而构成变化然后通行于鬼神的活动与变化之中。

② 此两句话的意思是:乾所象征的阳爻共有二百一十六策,坤所象征的阴爻共有一百四十四策,总共加起来三百六十策。当期之日:大约象征一年三百六十天。期,音jī,一年也。一年实际为三百六十五零四分之一天。此处取其整数,约略象征也。阳爻之老阳为九,成一爻需要四变,故四九三十六。而六爻才能成一卦,则共二百一十六策。阴爻之老阴为六,成一爻需要四变,故四六二十四。而六爻才能成一卦,则共一百四十四策。

③ 二篇:指《周易》六十四卦分成上下两部分,故称二篇。六十四卦阴阳之爻各有一百九十二爻,阳爻乘以三十六,阴爻乘以二十四,两数相加共得一万一千五百二十之数。以此数象征万物。故曰当万物之数也。古人称物之数谓之万,即此意也。此仅象征物之多也,非实指具体物之数。

④ 四营而成易:即上文挂一象三、分二、揲四、归奇四个步骤而成易之卦形。十有八变而成卦:意谓通过十八次的四营过程,而完成六十四卦之一卦的卦形。每一爻的完成需要经过三次的四营过程,六爻的完成故需要十八次。八卦小成:指八经卦——乾坤坎离震兑巽艮之三爻的完成,只需要九次变化,此为八卦之小成。

可与酬酢，可与祐神矣。①子曰："知变化之道者，其知神之所为乎？②

《易》有圣人之道四焉：以言者尚其辞，以动者尚其变，以制器者尚其象，以卜筮者尚其占。"③是以④君子将有为也，将有行也，问焉而以言，其受命也如响，无有远近幽深，遂知来物。⑤非天下之至精，其孰能与于此？⑥参伍以变，错综其数，通其变，遂成天地之文；极其数，遂定天下之象。非天下之至变，其孰能

---

① 此一段总结《周易》通过数的变化，模拟天地万物的变化。触类而长：即依类而推衍，刚类依刚类而推衍，柔类依柔类而推衍。能事：可能出现或可能去做的事情。毕矣：尽矣。即囊括于《周易》这部书依数而推的系统之中。显道神德行：显、神，均为动词。显道，彰显道。神德行，使圣人的美德与行为都具有神妙莫测的特征而能成事。可与酬酢：可以用来应对万事万物。可与祐神：可以佑助神灵之活动。与，助也，音yù。

② 此句将"知变化之道"上升到"知神"的极高境界。"知神"之神，非后世的人格神，而是"阴阳不测之谓神"的意思。故此处"知神"即是指把握神妙的变化世界、可能趋势之类的预知能力。

③ 此处总结易有合乎圣人之道的四个方面，然圣人之道又非囿于此四个方面。上一段中以言者、以动者、以制器者、以卜筮者四句中的"以"字后面，皆省略了"之"字，"以之言者"，即以之指导言辞表达的，下三句语法结构相同。尚：推崇也。

④ 是以：所以，质此之故。

⑤ 由于易具备圣人之道的言辞、行动、制器、占筮四个方面的内容，故有所行动之人，事先都将通过《周易》一书来咨询事情是否可做。其受命也如响：意谓通过咨询《周易》，而立即会得到明确的回应，正如敲击某物，其回响必能应声。来物：事物将来之情状。

⑥ 非天下之至精：承第一句主语，此处当指《易》一书能通晓天下极为精深的事物道理。孰能：哪里能。反问句表肯定意思。与于：及于。与，音yù。

与于此？^①《易》无思也，无为也，寂然不动，感而遂通天下之故。^②非天下之至神，^③其孰能与于此？夫《易》，圣人之所以极深而研几也。^④唯深也，故能通天下之志；唯几也，故能成天下之务；唯神也，故不疾而速，不行而至。^⑤子曰"《易》有圣人之

---

① 此三句的主语皆指《易》一书。参伍以变，错综其数：参伍、错综一词的确切所指不明，此处意为三番五次，纵横往返的复杂、多次的意思。通其变，遂成天地之文：通过往返复杂的过程而通晓变化的奥旨，然后圆成了天地的文采。圆成的天地之文并非自然而然的天地文采，是经过圣人加工之后的人文化的天地之文，即指《周易》的言辞与卦爻之体系，是"《易》与天地准"的另一种说法。极其数，遂定天下之象：穷究《周易》蓍数的变化，最终完成了表征天下万事万物之易象。易以六十四卦的卦象与三百八十四爻的爻象，来象征性地表达天下万事万物的器象。经验世界的物象无穷，不可定也。然卦爻之象是基于蓍数而可定也。非天下之至变：意谓《易》之书通过蓍数而穷尽变化的可能性，故能达到"定天下之象"的完美境界。此两段文字赞美《易》一书至精、至变的真理属性。

② 此四句解释《易》虽参伍以变，错综其数，但并不是人为苦苦思索、殚精竭虑的结果，恰恰是最大限度地消除人的主观性的作为，而与阴阳相感应，然后通晓天下之事。故，事也。《系辞》（上传）的无思、无为，寂感之应，与老子提倡的尊道贵德，涤除玄览的认知方式，在原则上是相通的。

③ 非天下之至神：与上两句非天下之至精、非天下之至变的句法结构相同，皆称赞《易》之书穷尽天下最神妙莫测的原理，故而运用它可以通晓天下之事。

④ 此一句为总结陈词，概括《易》之书的性质是：圣人穷极最深奥的变化之道而研判天下万事万物发生、变化之端倪。极深：穷尽深奥。研几：研判事物变化之端倪。韩康伯《注》："极未形之理曰深。适动微之会曰几。"

⑤ 此三句集中阐释圣人为何要极深、研几、达到至神的所以然的道理。唯深：唯，当且仅当，只有如此。下文两个"唯"字的语法意思同此。深，上文"极深"之省略。意为只有通过穷极深奥，方才能怎么样。理论只有彻底，才能把握世界的某方面真相，才能有价值、效用。"极深"亦即深刻、透彻之意。通天下之志：通晓天下人的心志，即天下人带有共识性的向往与目标。唯几：唯有"研几"之省略。天下之务：天下之事务。唯神：唯有达至神妙莫测。不疾而速：无须主观上的着急而因为顺应了事物发展的趋势，顺势而成，故速也。不行而至：无须自己忙碌操持而因为"研几"，使万事万物自然地达到预期的目标。此处与老子侯王守道，万物自化、自宾，"道常无为而不无为"的思想极其相似。

41

道四焉"者，此之谓也。

天一，地二；天三，地四；天五，地六；天七，地八；天九，地十。①

子曰："夫《易》何为者也？夫《易》，开物成务，冒天下之道，如斯而已者也。"②是故圣人以通天下之志，以定天下之业，以断天下之疑。③是故蓍之德圆而神，卦之德方以知，六爻之义易以贡。④圣人以此洗心，退藏于密，吉凶与民同

---

① 此一段文字，朱熹据《程氏易传》认为，应将此段论天地之数的文字全部移到"大衍之数五十"之前。笔者认为朱子、二程的看法是合理的。天地之数为自然之数。《易》所使用的大衍之数只取五十，而非五十五。而五十的大衍之数实际只用四十九个数，将"一"拿出来象征大自然与人类之整体，故有"挂一象三"之说。但在行筮的过程中，实际上还是依据天地之数，五年有两个闰年，故有"再扐"的反复过程。《易》是象征体系，而非实际的描述天地变化的体系。由此可知天地之数与大衍之数的不同。

② 此一段借孔子之口，阐发《周易》这部书创作意图。开物成务：开物，通过《易》的象数辞体系打开物之理而完成人的事务。冒天下之道：冒，囊括、涵养。

③ 是故：因此。承上之辞。以通天下之志：此三句中"以"字后均省略"之"字，之，代指《易》这本书。即通过《易》这本书来通晓天下民众的心志，通过《易》这本书来确定治理天下的伟业，通过《易》这本书来决断治理天下过程中遇到的疑难与疑问。

④ 此三句的意思是说，《易》的蓍草之数具有反复使用而有效的神妙，六十四卦体方正而象征智的确定性，每一爻之意皆有变化以显示吉凶的道理。蓍之德圆而神：指蓍用来占筮的五十根蓍草，反复可以使用，故曰圆。神，用蓍草占筮的方式占得一卦，通过卦象爻义而预测不确定的未来，且能有效，故曰神妙。德，品性。下文"卦之德"的"德"字，意思相同，均指品性。卦之德方以知：知，通"智"。方以知，方而知。六十四卦皆有自己的卦之品性，如乾卦象征天德、君王之德、刚健之

患。①神以知来,知以藏往。②其孰能与于此哉?古之聪明睿智神武而不杀者夫!③是以明于天之道,而察于民之故,是兴神物以前民用。④圣人以此齐戒,以神明其德夫。⑤是故阖户谓之坤,辟户谓之乾,一阖一辟谓之变,往来不穷谓之通,见乃谓之象,形乃谓之器,制而用之谓之法,利用出入,民咸用

德等;蹇卦、困卦、井卦等象征困难、不通、曲折等。泰、复卦等象征美好、安宁;否卦象征不好的状态与局面等。因此卦与蓍之数不一样,它有相对明确的内容,即有相对固定之相,给人以相对确定的认知,故曰方而智。六爻之义易以贡:易,变化。贡,告也。每一爻皆告人或吉或凶或无咎的结果,故曰易以贡。

① 此三句意思是说,圣人凭借《周易》一书的圆而神、方以智、易以贡三种功能来洗濯净化自己之心,将自己建立功业的雄心退藏在不可见之中,与广大民众忧患吉凶的心意保持相同。洗心,古代很多版本作"先心"。尚秉和认为古洗与先相通,故仍作"洗心"。《老子》第四十九章:"圣人无常心,以百姓心为心。"或可与此"圣人洗心"说相互发明。

② 神以知来,知以藏往:蓍之德圆而神,可以凭借占筮而预知未来。卦之德方以知,可以凭借卦之知而贮存过往的历史经验,以之作为当下行动的参考。

③ 此一句是对上面一段话的总结,问谁能做到"吉凶与民同患。神以知来,知以藏往"呢?只有古时候的聪明、睿智、神武而不动用刑杀手段的伟大君王,才能做到啊!

④ 此一句省略主语,意谓圣人明于天道,察于民故,创发出蓍占的神妙之物,以引导百姓趋利避害,趋吉避凶。民之故:民之事也。兴神物:兴,兴起,创发。神物,指蓍筮之物与方法。以前民用:前,动词,引导。用,百姓日用活动,泛指百姓的行为。

⑤ 此两句承上一段意思,意谓圣人凭借易蓍易卦之德,易爻之义而斋戒其身其心,让自己的政治之德变得更加的神妙而有智慧,合乎天道的要求。齐戒:古文作斋戒。神明:动词,让其德变得更加神明。《易传》之中的"神"字,既有作为名词的鬼神之神的意思,亦有阴阳不测之谓神的神妙莫测之意。此处神明连用,当作动词,使之神明。

之谓之神。①

是故易有太极,是生两仪。②两仪生四象,四象生八卦。③八卦定吉凶,吉凶生大业。④是故法象莫大乎天地,变通莫大乎四时,县象著明莫大乎日月,崇高莫大乎富贵。备物致用,立成

---

① 以上八句中"谓之"一词,表明以主语来解释宾语,类似的句式有"形而上者谓之道,形而下者谓之器"。道、器为通行语,以此通行语来让人明白形而上、形而下之意义。乾、坤、变、通、象、形、法、神八个名词或曰概念,亦为当时人们所熟悉的通行语,作者对这些通行语汇赋以新内涵,故以谓之的动词表述之。阖户:关门。辟户:开门。抽象而熟悉的乾坤名号,实际上类似日常生活中的关门与开门。而将此开门、关门不间断、无穷尽的行为或活动,称之为"通"。通的抽象性因此得到感性的认识。见乃谓之象:即人眼所看到的均可称之为象。然而《周易》之"象"的深刻内涵并不止于所见。形乃谓之器:有具体形状的就可以视之为器,然器亦不止于有形之物。制而用之谓之法:制器而用其器的行为就称之效法。效法是一抽象的模仿、学习行为,但制器、用器都是跟着他人学习,故这一具体的学习行为就是效法。神:《周易》中的"神妙莫测"意义上的神,虽然是熟悉的名号,但具体内容不容易把握,此处以民众反复利用圣人制造的器物而并不知这些器用的所以然、所当然,故可以称之神妙。《中庸》"百姓日用而不知",即此意也。

② 易有太极,是生两仪:指《易》这部书在构思的时候,有一"太极"的观念和概念。太极表世界混沌不分而实有的状态。两仪,指阴阳。此处"生"字,非母生子之"生",是逻辑上的展开之意,与老子"道生一,一生二,二生三"所说的"生"字意思相同或相近。

③ 两仪生四象,四象生八卦:四象即指太阳、少阳,太阴、少阴。八卦,即八本卦,乾坤震巽坎离艮兑,分别象征天地雷风水火山泽八种事物。此处是从《周易》卦象与卦画的象征角度解释《周易》展开的思想原理。阳爻为"—",阴爻为"- -";太阳为"⚌",太阴为"⚏";少阳为"⚎";少阴为"⚍"。由此四象重叠而分别组成乾坤震巽坎离艮兑八个卦象,故曰四象成八卦。

④ 八卦定吉凶,吉凶生大业:此为简略性的说法。八卦展开为六十四卦,六十四卦之相互递转,六十四卦每一爻之变动,都会生产生吉凶悔吝之状态,故曰八卦定吉凶。定,由推衍而判定。吉凶生大业:即是指通过对吉凶的正确判定而展开为古代圣王治理天下的伟大事业。

二 《周易》选

器以为天下利,莫大乎圣人。探赜索隐,钩深致远,以定天下之吉凶,成天下之亹亹者,莫大乎蓍龟。① 是故天生神物,圣人则之;② 天地变化,圣人效之;天垂象,见③吉凶,圣人象④之;河出图,洛出书,圣人则之。⑤ 《易》有四象,所以示也;⑥ 系辞焉,所以告也;⑦ 定之以吉凶,所以断也。⑧

《易》曰:"自天祐之,吉,无不利。"子曰:"祐者,助也。

---

① 以上六句中"莫大于",主要阐述天地、四时、日月、富贵、圣人、蓍龟六种东西的重要性。法象:仪象也。仪象即作为表率之象。《周易》即以天地空间形象及其运动为模拟对象。故曰法象莫大乎天地。变通:变化而流行不已。大地四季交替流转,无有停息。故变而通之的现象没有什么东西能超过四季的变通。县象:即悬象,高悬于天空的形象。著明:彰显出耀眼的光亮。古人并不太了解现代天文学的恒星,直观地认为太阳月亮是天空中最明亮的星辰,故曰悬于天空中发光的星体没有哪一个比太阳月亮更明亮了。崇高:指人生地位的显赫与荣耀。《易传》的作者认为富有与高贵是人生最值得追求的目标。立成器:创立完好的器物。此处《易传》歌颂的圣人还不是人伦的表率,而是"备物致用,立成器以利天下"的物质财富的创造者与精巧工具的制造者。探赜索隐,钩深致远:探,索也,皆指具有创发性的研究。赜,隐也,皆指直观不易发现的自然事物和人类事务的物理与事理。钩,钓取也。致,追求也,皆有求取之意。深,远也,时间和空间上与眼前之情状相隔很大的距离。成天下之亹亹:亹亹,音 wěi wěi。依古注,意为勉勉。意谓没有什么东西超过龟蓍活动勤勉不已地帮助人们判定吉凶,完成事业。
② 神物:指筮草和灵龟。则之:以之为法则。之,代指筮草与灵龟。
③ 见:通现,展示之意。音 xiàn。
④ 象:动词,效法也。
⑤ 此为传说。河:黄河。洛:洛水。黄河出现龙图,洛水出现龟书,圣人根据龙图、龟书,创立了八卦、九畴。
⑥ 四象:两仪生四象之四象。所示之:显示出变化的征兆。
⑦ 系辞:在每一卦一爻下面附着语言文字。所以告也:用来告诉人们变化的情状。
⑧ 定之:判定。吉凶,或吉或凶。所以断也:用于判断得失,进而让人们对行动有所选择。

45

天之所助者，顺也；人之所助者，信也。①履信思乎顺，又以尚贤也。是以自天祐之，吉，无不利也。"②

子曰："书不尽言，言不尽意。"③然则圣人之意，其不可见④乎？子曰："圣人立象以尽意，设卦以尽情伪，系辞焉以尽其言，变而通之以尽利，鼓之舞之以尽神。"⑤乾坤，其《易》之缊邪？⑥乾坤成列⑦，而《易》立乎其中矣。乾坤毁，则无以见

---

① 此两句解释获得天助与获得人助的不同根据。获得天助之人，是因为顺应天道之正。获得人助之人，是因为取信于人。

② 此处，孔子对"自天祐之，吉，无不利"一句做了新的阐发，没有单纯地依赖天祐，而是强调了取信于人，又能尚贤，三者合为一体，方是此句话的正解。可见，《易传》的作者与孔子一样，已经不相信单纯的天祐思想了。这与西周以来"以德配天"的主体思想是一致的。古注以为此段为错简，与上下文不相属。权放于此。

③ 书不尽言，言不尽意：书，指书面语言，即有文字有记录的言语。言，泛指一切说出来的有声言语和书面言语。意，即深邃而幽隐的直觉性认知。此处主要是借孔子之口阐述一切现成的书面言语的局限性，和一切有形言语在达意方面的局限性。可说与不可说，言外之意等问题，一直是语言哲学中的重要问题之一。

④ 见：通现，意为展示，表达。

⑤ 此一段话非常重要，体现《系辞》传作者在克服言意矛盾时提出了另一套方法，即通过立象、设卦、系辞、变通、鼓舞等综合性手段，以展示圣人之意。立象以尽意：建立象的体系来充分表达圣人对于天地人三才及其变化的复杂关系、趋势的认知与把握。设卦以尽情伪：即通过六十四卦的错综复杂关系来充分展示天地人变化的真实情况与虚假表象。系辞焉以尽其言：在卦、爻下面附着语言充分发挥语言的效用。变而通之以尽利：通过三百八十四爻的变化而通行于万物之中然后充分发挥万物对于人之益处。鼓之舞之以尽神：鼓之舞之，指圣人辅万物之自然而推动天地人三才和合，故能尽阴阳不测之神妙。之，代词，代指易思想体系中的天地人"三才"。

⑥ 乾坤，其《易》之缊邪：乾坤，莫非《易》的奥府呢？缊，通蕴，此处指蕴集，全句以反义疑问的句式表达肯定的意向，即指乾坤是《易》展开的时空场所域。《易》（即变化的代名词）必在乾坤的场域里展开。

⑦ 成列：即指乾坤的秩序已经展开。

《易》①。《易》不可见，则乾坤或几乎息矣。②是故形而上者谓之道，形而下者谓之器；③化而裁之谓之变，推而行之谓之通；举而错之天下之民，谓之事业。④是故夫象，圣人有以见天下之赜，而拟诸其形容，象其物宜，是故谓之象。⑤圣人有以见天下之动，而观其会通，以行其典礼，系辞焉以断其吉凶，是故谓之爻。⑥

---

① 见《易》：展现《周易》所体现的变化。

② 此一句强调《周易》一书的重要性。《周易》所体现的变化精蕴如果不能展现出来，乾坤差不多也就变成死寂状态了。言下之意，没有人体认的乾坤自在变化，是没有意义的、盲目的。宋儒强调人为天地立心，在《周易》中已有此观念之萌芽状态。乾坤可以视为变化之体，变化可视为乾坤之用，无其用，则其体亦将死亡。可见"体用一源，显微无间"。

③ 此两句对于后来中国哲学的道器观影响极大，但对于此两句的解释则有程朱式道器二分的解释，王夫之、戴震等人"道器一体"的解释。此处的道，指《周易》一书所阐发的变化之道。此处的器，指乾坤以及由乾坤衍生出的四时、万物、万事等。形而上，无形之道也。形而下，有形之器物也。戴震将而上、而下释为以前、以后。可备一说。

④ 此三句中"谓之"，与前面提及的"谓之"，在句中的语法结构相同，均以作者特殊理解之义解释通常之名词或概念。变、通、事业，世人皆知何意，然《系辞》传作者认为，天道渐变而人能顺应并加以裁剪叫变，将此化变的结果推广于人事之中叫通，合称变通。将这一"变通"的道理施行于天下百姓之中而有成效就叫做事业。

⑤ 此一句从哲理的高度来解释《周易》中的象，此象不只是平面化的卦、爻符号之象，而是有深刻的思想内容，即是圣人探索到天下最深奥的道理，而以可操作的具象方式模拟出来，与事物之恰当的存在与运动方式相类似，所以称之为象。因此，《周易》中的"象"，其表现形式是圣人主观建构的符号化之具象，但其内容是"物宜"。因此，"易象"实即对"物宜"把握后的具体真理。此"象"既是具体的，但又不是僵化的、固定的。

⑥ 此一句亦是从哲理高度解释《周易》中的爻，此爻并不只是六十四卦中的阳爻或阴爻这些平面化的抽象符号，而是圣人通过综合性的思维，会通天下万事万物的变动，以有利于法典礼仪之展开，附上言辞而给出或吉或凶的判断。故爻具有可效法的意义。

47

极天下之赜者存乎卦，鼓天下之动者存乎辞，化而裁之存乎变，推而行之存乎通，神而明之存乎其人，默而成之，不言而信，存乎德行。①

---

① 此六句解释卦、辞、变、通、人、德行的重要性。极天下之赜者存乎卦：圣人穷极天下最深奥意蕴的精神成果，保存在六十四卦之中。可见六十四卦的重要性。鼓天下之动者存乎辞：鼓动天下人从事于伟大事业的精神保存于卦辞与爻辞之中。化而裁之存乎变：化裁、推行的手段保存于变和通的观念之中。神而明之存乎其人：让易道发挥神妙功能而彰显其精蕴，依赖适当运用《周易》的人。《周易》作为大经大法已经非常完备了，能否运好这一大经大法，则就要看具体运用的人了。后来一切理论与运用理论的人之间所出现的法病与人病问题，皆可从此处看出端倪。默而成之，不言而信，存乎德行：意谓学习《周易》而自觉潜修有所成就，不用言辞夸耀《周易》和进行自我表扬而能取信于人，关键在于学易用易者自己在实际生活中所展示出的美好德行。

三 《论语》选

  题解：《论语》是儒家的重要典籍，也是研究孔子思想的主要资料，宋代后被列入四书。"论"指"论纂"，"语"指论难性的语言，"论语"就是论纂先师孔子及其与弟子之间讨论问题的语言。《论语》是一部语录体著作，是孔子的弟子和再传弟子编纂、整理的关于孔子与学生日常言行的著作，比较集中地反映了孔子的思想。《论语》涉及的内容十分广泛，涵盖了当时社会生活的很多方面，对汉以后中华民族精神气质的形成和道德行为的塑造产生了重大影响。直到今天，学习《论语》，对于提高个人的身心修养仍然具有积极的作用。《论语》共有二十篇，每一篇的具体内容不等，此处仅从《学而》到《卫灵公》的十五篇中择取了比较有哲学性的章句，以供研习。

学 而

题解：《学而》是《论语》的首篇；根据杨伯峻先生《论语译注》，全篇共十六章。此处选了八章，其中三章讲学习的乐趣和重要意义；四章讲孝悌、忠信等修身立德的根本；一章讲礼乐的功效和运用。所选内容对我们思考"为学""务本"均有启发价值。

子①曰："学而时习之，不亦说乎？② 有朋自远方来，不亦乐乎？③ 人不知而不愠，不亦君子乎？④"

有子⑤曰："其为人也孝弟，而好犯上者，鲜矣；⑥ 不好犯上，

---

① 子：西周的爵位之一。此处表尊称，意指老师，先生。《论语》中凡称"子曰"均指孔子。

② 学：模仿，效仿。《说文解字》："学，觉也，效也。后觉习效先觉之所为也。"一说诵读、练习皆为学。时：按时。习：实践，演练。说：通"悦"。

③ 有朋：古本亦作"友朋"。包咸注云："同门曰朋"，即在同一老师门下学习的人；宋翔凤释"朋"为"弟子"；引申为志同道合之人。《论语·颜渊》云："君子以文会友，以友辅仁。"《礼记·学记》云："独学而无友，则孤陋而寡闻。"友朋可以切磋学问、增益德性，故喜形于色。

④ 愠：怨恨。一解接上句，即远方友朋来切磋问学，我告诉他了，他却不能明白，我也不因此恼火。另一解独成一句，即别人不能了解我，我也不因此心生怨恨。可参《论语·宪问》"古之学者为己"。君子：本义为有地位者，即贵族；孔子将之改造为"有德者"。

⑤ 有子：有若，孔子早期的学生。《论语》中有不少重要语录出自有若，可见其地位的重要。

⑥ 孝：子辈事父之道。弟：通"悌"，弟行事奉兄长之道。犯：抵触、冒犯。鲜：稀少，罕见。

而好作乱者，未之有也。君子务本，本立而道生①。孝弟也者，其为仁之本与？②"

曾子③曰："吾日三省吾身④：为人谋而不忠乎？与朋友交而不信乎？传不习乎？⑤"

子曰："弟子入则孝，出则弟，⑥谨而信，泛爱众而亲仁。⑦行有余力，则以学文。"⑧

子曰："父在，观其志；父殁，观其行；三年无改于父之道，可谓孝矣。"⑨

---

① 本：根本，犹树木之本根。可参《大学》"壹是皆以修身为本"句。道：仁道。
② 为仁之本：共有三解，一解"孝悌是仁的要义"，将"为"训为"是"（汉唐儒的观点）；二解"孝悌是做人的根本"，将"仁"通作"人"，"为仁"即"做人"；三解"孝悌是行仁之本"，将"为"训为"行"（宋儒的观点）。综合《论语》中"孝悌"与"仁"的关系，第一解与第三解各有侧重，皆有胜义，可以合而观之。
③ 曾子：曾参，孔子的重要学生。相传《孝经》为其所著。
④ 三省：依下文，当是从三个方面省察。句谓：从三个方面省察自己一日之所为。
⑤ 忠：尽己曰忠。信：诚信无欺。传：老师传给自己的学问。在这三个方面是否竭尽全力做到了极致？旁人是无法查知的，只有自己反躬自省时才能察觉。
⑥ 弟子：此处指年纪幼小的子弟。入、出：一说相对于父母所处的"父宫"而言（命士以上，父子异宫而处），入父宫事父母则以行孝为主，出父宫待兄弟则以友悌为主。一说分指在家与出门在外。前一说为历史性解释，弟子专指贵族子弟。后一说为泛化的解释。
⑦ 谨：一解"寡言"，二解"谨慎"。二说有相通之处。
⑧ 文：文献，古之遗文。尹焞（程颐弟子）云："德行，本也；文艺，末也。穷其本末，知所先后，可以入德矣。"清人李毓秀据《论语》此章编撰《弟子规》一书。
⑨ 三年无改于父之道：西周早期之孝，是君王对逝去老王的祭祀行为。大约至孔子时，孝转向对在世父母之敬重、事奉。钱穆《论语新解》认为，此处三年专指君王，言新君即位三年不言政事，以学习经验、观察形势。可从。

有子曰:"礼之用,和为贵。①先王之道斯为美,小大由之。有所不行,知和而和,不以礼节之,亦不可行也。"②

子曰:"君子食无求饱,居无求安,敏于事而慎于言,就有道而正焉,可谓好学也已。"③

子贡曰:"贫而无谄,富而无骄,何如?"④子曰:"可也,未若贫而乐,富而好礼者也。"⑤子贡曰:"《诗》云:'如切如磋,如琢如磨。'⑥其斯之谓与?"子曰:"赐也,始可与言《诗》已矣!告诸往而知来者。"

为　政

题解:《为政》是《论语》的第二篇;根据杨伯峻先生《论语译注》,全篇共二十四章。此处选了八章,其中五章讲"为政"的原则和方法;两章讲学习的正确态度以及"学"与"思"的辩证

---

① 用:功用,作用。和:和合,和谐,调和。制度形式上,"礼以别异",然其社会功能仍然是导向和谐。

② 斯:指"礼"。节:节制,规范。此句意谓,不能为了"和"而丧失礼的原则。和是行礼的自然结果。

③ 就:至其所,靠近。有道:如上文所言"仁"。正:匡正,判其得失。

④ 谄:谄媚,讨好于人。骄:骄狂,傲慢。贫穷者基本欲求不得满足,故易陷于谄媚讨好于人;富裕者有所依仗,故易陷于骄矜傲慢。此皆为常人容易犯错误之处。

⑤ 可也:还行。未若:尚不如,比不上。乐:一说后当有一"道"字,即"贫而乐道",与"富而好礼"对应。钱穆《论语新解》云:"贫能无谄,富能不骄,此皆知所自守矣,然犹未忘乎贫富。乐道则忘其贫矣。好礼则安于处善,乐于循礼,其心亦忘于己之富矣。故尤可贵。"可从。

⑥ 切、磋、琢、磨:以治玉为例,喻证人格修炼的方面应当精益求精。

关系；一章概括孔子的心路历程。所选内容对我们了解儒家的政治思想，掌握合理的学习方式，均有一定价值。

子曰："为政以德，譬如北辰，居其所而众星共之。"①

子曰："《诗》三百，一言以蔽之，曰：'思无邪'。"②

子曰："吾十有五而志于学，③三十而立，四十而不惑，五十而知天命，④六十而耳顺，七十而从心所欲，不逾矩。⑤"

子曰："学而不思则罔，思而不学则殆。"⑥

子曰："攻乎异端，斯害也已。"⑦

---

① 北辰：北极星。古人认为北极星亘古不动，故将之视为德性贞固的标志。共：通"拱"，环绕，拱卫。"为政以德"，即为"为政以仁"，是儒家的核心政治理念，孟子"七十里而王天下"的仁政理想与此相关。

② 蔽：遮蔽，引申为涵盖、概括。思无邪：本为《诗经·鲁颂·駉》篇中的文句，"思"为句首语气助词，无实义；"无邪"，一说"纯正无邪"，一说"诚直，不虚伪"。此章的解读关涉到经典诠释过程中的"断章取义"与"创造性诠释"之间的界限问题。

③ 志：有志于，立志于，心所欲往。学：广泛学习周礼和古代文献。

④ 立：立于礼也。"立"则知所定、有所守。惑：犹豫，动摇。知所取舍，则不易为外物所左右、动摇。天命，《说文》云："天命者，言天使已如此也。"钱穆《论语新解》云："天命指人生一切当然之道义与职责。"知晓天命不意味着推脱责任，对于孔子而言是承担使命。

⑤ 耳顺：即前文"人不知而不愠"之义，钱穆《论语新解》云："耳顺者，一切听入于耳，不复感其于我有不顺，于道有不顺。"意谓由于通达生命的意蕴，能够宽容异己的意见，不再为形式上的逆耳之言和虚荣的面子而动怒。从：随顺。逾：逾越，超过。矩：本义为曲尺，引申为法度准则。经过"学""立""不惑""知天命""耳顺"的德性修养，至七十岁时，达到心之所欲即礼之所定自由而自律的境界。

⑥ 罔：迷惘、困惑也。殆：精神疲惫、倦怠而无所得。

⑦ 攻：治也。异端：异于己的另一方，引申为一切事物的对立面均称之为异端。已：停止。全句意谓：不仅要知道己方，还要研究异于己的一方，如此可以避免偏见，消除固陋之危害。此处包含辩证思维的萌芽。

子曰："由！诲女知之乎！知之为知之，不知为不知，是知也。"①

哀公问曰："何为则民服？"孔子对曰："举直错诸枉，则民服；举枉错诸直，则民不服。"②

子张问："十世可知也？"子曰："殷因于夏礼，所损益，可知也；周因于殷礼，所损益，可知也；其或继周者，虽百世，可知也。"③

八　佾

题解：《八佾》是《论语》的第三篇；根据杨伯峻先生《论语译注》，全篇共二十六章。此处选了七章，其中四章讲"礼"的原则、精神，以及"礼"与"仁"、"礼"与情感的关系；两章讲祭祀活动中主体的心理状态；一章可以看作是孔子自况。所选内容主要涉及"礼"的本质、祭祀的实质，以及孔子在逆境中坚

---

① 由：孔子学生子路的名字（仲由）。诲：教导，教诲。知之：知道。最后一个"知"字，作"智"解，意谓真正的聪明。

② 举：举而用之，提拔，任用。直：正直之士。错：放置于之上。枉：邪曲不正之人。此章体现了孔子的用人原则。

③ 世：古人以三十年为一世。因：因袭，继承。革：变革，改动。"革"又包含"损"（删减）和"益"（增加）两种具体形式。钱穆《论语新解》云："此章孔子历陈夏、殷、周三代之因革，而特提一礼字。礼，兼指一切政治制度、社会风俗、人心之内在，以及日常生活之观于外表，而又为当时大群体所共尊共守者。故只提一礼字，而历史演变之种种重要事项，都可综括无遗。"章末"继周者"一词，体现了儒家政治思想的开放性，不为一姓天下服务，承认并接纳革命。

守的意义。

孔子谓季氏,"八佾舞于庭,是可忍也,孰不可忍也?"①
子曰:"人而不仁,如礼何?人而不仁,如乐何?"②
林放问礼之本。子曰:"大哉问!礼,与其奢也,宁俭;丧,与其易也,宁戚。"③
子夏问曰:"'巧笑倩兮,美目盼兮,素以为绚兮。'④何谓也?"子曰:"绘事后素。"曰:"礼后乎?"子曰:"起予者商也!始可与言《诗》已矣。"⑤
祭如在,祭神如神在。子曰:"吾不与祭,如不祭。"⑥

---

① 八佾:祭祀活动中在宗庙里举行乐舞的行列,不同等级对应不同的礼数。纵列与横列各八人,是为八佾。此为天子之礼。忍:容忍。此章为有感而发。如朱熹《四书章句集注》(下文简称《集注》)云:"季氏以大夫而僭用天子之乐,孔子言其此事尚忍为之,则何事不可忍为。"

② 如果做人却不讲仁德,礼乐对他又有什么作用呢?此处强调"仁"对于人而言,处于更根本的位置。

③ 与其……宁……:一方面表明后者好于前者,另一方面表明两者都不完美。即两害相权取其轻。《礼记·檀弓上》云:"子路曰,'吾闻诸夫子:丧礼,与其哀不足而礼有余也,不若礼不足而哀有余也。'"

④ 倩:口旁两颊长得美好。盼:眼珠黑白分明。素:未曾染色的洁白丝帛。绚:色彩斑斓。意谓:脸颊长得美好,方可巧笑动人;眼珠黑白分明,方可顾盼生辉;丝帛的底色纯净洁白,方可在其上渲染五彩的图案。

⑤ 礼后乎:"礼"为"文",当在"质"之后。上文三者均言需先有好的材质、底色,方能成就美貌和色彩;故子夏引申出作为形式的"礼",也应当建基于质朴的底色之上。正如人必具仁德,行礼乐方才为美。

⑥ 如:仿佛。在:受祭祀的对方降临于祭祀现场。"祭如在"既体现了一种宗教的虔敬,也凸显了参祭者的主体意识。与:亲身参与。意谓:倘若无法亲身参与祭祀,而是让人替代,则不如不祭祀。

王孙贾问曰:"与其媚于奥,宁媚于灶,何谓也?"①子曰:"不然;获罪于天,无所祷也。②"

仪封人请见,曰:"君子之至于斯也,吾未尝不得见也。"从者见之。出曰:"二三子何患于丧乎?天下之无道也久矣,天将以夫子为木铎。"③

里 仁

题解:《里仁》是《论语》的第四篇;根据杨伯峻先生《论语译注》,全篇共二十六章。此处选了六章,其中四章讲"仁",涉及"仁"的环境、功效,以及"行仁"所需要面对的困难与挑战;一章讲"忠恕"之道;一章讲义利关系。所选内容涵括儒家哲学和伦理思想的多个重要方面。

---

① 王孙贾:孔子游卫时的卫国大夫,掌实权。媚:谄媚,献媚。奥:屋内西南角之神,名位最尊。灶:厨房里的灶神,名位低贱得多。然而,奥神空有尊贵之名,却无实际权力;灶神名位虽低,却掌实权。王孙贾故意引古代俗语,暗示孔子与其去谄媚迎合徒有虚名、毫无实权的卫灵公(似奥神),不如来谄媚讨好王孙贾(或南子)等卫国的实权人物(似灶神)。

② 祷:祈祷。孔子看穿了王孙贾的险恶用心,睿智地回应:自己对卫灵公恭敬行礼并非刻意谄媚,而是依礼而为;自己的言行乃是对上天负责的(亦即"祷"),因而不需要刻意地谄媚讨好任何权贵。

③ 仪封人:仪地镇守边境的官员。见之:让他见孔子。丧:丧失官位。木铎:古代官方宣教时摇动的铃,铜制木舌。天将以夫子为木铎:仪封人很有远见,认为孔子之所以丧失官位,是上天有意为之;上天不欲孔子之宣教仅惠泽一地,故令其周游四方而撒播教化。此语虽安慰孔子弟子之语,然亦批评现实政治秩序混乱,体现了仪封人远大的政治眼光。

三 《论语》选

子曰:"里仁为美。择不处仁,焉得知?"①

子曰:"不仁者不可以久处约,不可以长处乐。仁者安仁,知者利仁。"②

子曰:"富与贵是人之所欲也,不以其道得之,不处也;贫与贱是人之所恶也,不以其道得之,不去也。③君子去仁,恶乎成名?君子无终食之间违仁,造次必于是,颠沛必于是。④"

子曰:"我未见好仁者,恶不仁者。好仁者,无以尚之;恶不仁者,其为仁矣,不使不仁者加乎其身。⑤有能一日用其力于仁矣乎?我未见力不足者。盖有之矣,我未之见也。⑥"

子曰:"参乎!吾道一以贯之。"曾子曰:"唯。"子出。门人问曰:"何谓也?"曾子曰:"夫子之道,忠恕而已矣。"⑦

---

① 里:邑,住所,此处作动词,以仁为里。处:以仁居处。人若不能居于仁道,怎么称得上是最明智的。

② 约:贫困,困厄。乐:富贵,安乐。

③ 欲:希望,欲求。处:接受,安然处之。道:此处指正当的方式。第二个"得"字:一说当为"去";一说仍为"得",钱穆《论语新解》认为应句读为:"富与贵,是人之所欲也,不以其道,得之不处也;贫与贱,是人之所恶也,不以其道,得之不去也。"可备一说。

④ 违:离开。造次:急遽、匆忙。颠沛:颠仆、困顿。必于是:一定因为这。是,代指"仁"。

⑤ 好仁者、恶不仁者:"好仁者""恶不仁者"是两类人,"好仁者"可对应"仁者安仁","恶不仁者"似可对应"知者利仁",然不必皆是智者。

⑥ 盖有之矣:意谓"也许有肯用力于仁然而力不足的人",然未见之。孔子以谦辞表达自己的观点。实际上孔子认为,人若致力于仁,就不存在力不足的问题。

⑦ 此章论及孔子的"一以贯之"之道。曾参将孔子的一以贯之道解读成"忠恕"。曾参的解释是否符合孔子本意,学术史上存在两种截然相反的评价:一种观点认为曾参勤学精思,故而能够与孔子达到高度的默契。另一种观点认为曾参的总结并不能代表孔子的本意。孔子之道博大精深,"仁爱""好学""重礼""孝悌""正名"等,无不是孔子终身行之的重要价值观念,不能片面地举出"忠恕"作为唯一答案。

子曰:"君子喻于义,小人喻于利。"①

公冶长

题解:《公冶长》是《论语》的第五篇,根据杨伯峻先生《论语译注》,全篇共二十八章。此处选了三章,一章讲为学为人的态度和观察人的方法;一章讲孔子的"性与天道"思想高远难及;一章通过孔子与众弟子的对话,阐明孔子博大的人文理想。所选内容虽不多,但对我们了解孔子思想的很多重要方面极有帮助。

宰予昼寝。②子曰:"朽木不可雕也,粪土之墙不可杇也;于予与何诛?"③子曰:"始吾于人也,听其言而信其行;今吾于人也,听其言而观其行。于予与改是。"

子贡曰:"夫子之文章,可得而闻也;夫子之言性与天道,

---

① 喻:喻晓,明白,引申为"更看重"。此章多认为是处理"义利之辨"问题。朱熹《论语集注》云:"义者,天理之所宜。利者,人情之所欲。"实际上,以喻义、喻利辨君子、小人也。当遇到一件事情时,君子更看重义,小人更看重利。并非说君子不要利,小人不懂得义。

② 宰予:字子我,亦称宰我,孔子的学生。昼寝:白天睡懒觉。《韩诗外传》说卫灵公昼寝而起,志气衰弱。古人认为,白昼为进德的时光,不应该"昼寝"。可备参考。

③ 杇:粉刷泥墙的工具,引申为"粉刷墙壁"。诛:责备。意谓:朽坏了的木头,再好的木匠也无法将其雕刻成材;粪土之墙:毛坯之土墙,若不加工整平,则不可粉刷也。

不可得而闻也。"①

颜渊、季路侍。子曰:"盍各言尔志?"子路曰:"愿车马、衣轻裘,与朋友共。敝之而无憾。"颜渊曰:"愿无伐善,无施劳。"子路曰:"愿闻子之志。"子曰:"老者安之,朋友信之,少者怀之。"②

雍 也

题解:《雍也》是《论语》的第六篇;根据杨伯峻先生《论语译注》,全篇共二十八章。此处选了四章,其中两章涉及颜回,分别讲颜回所达到的"仁"的境界和"居仁"的艰难,以及颜回安贫乐道、怡然自得的精神世界;一章讲"文"与"质"的辩证关系;一章讲学习的三种境界。所选内容既有感性的体悟,又有

---

① 文章:指经过孔子编次整理的《诗》《书》《礼》《乐》等古代文献。夫子之言性与天道,不可得而闻也:此语有多解,仅取两种解释以备参考:其一,子贡过去一直没有听到,现在听到了,不禁发出赞美之辞。朱熹《论语集注》云:"至于性与天道,则夫子罕言之,而学者有不得闻者,盖圣门教不躐等,子贡至是始得闻之,而叹美也。"其二,孔子所讲性与天道主要指《易》学。邢昺《疏》云:"孔子五十学《易》,惟子夏、商瞿晚年弟子得传是学。然则子贡言'性与天道,不可得而闻',《易》是也。"

② 盍:"何不"的合音词。轻:轻而暖,裘之佳者,《论语·雍也》云:"赤之适齐也,乘肥马,衣轻裘。"或云"轻"为后人所补,当删。伐:矜夸,夸耀。施:张大,表白。皆指自我吹嘘貌。老者安之,朋友信之,少者怀之:三句中安、信、怀,皆使动用法。"之"分别代指上文老者、朋友、少者。此处含蓄地体现了孔子的社会理想,老年使之安度晚年,朋友之间交往而有信任,少年人得其所教而有所寄托。此实际上是辅政者,如宰相之所为。

理智的辨析，颇能启人深思。

子曰："回也，其心三月不违仁，其余则日月至焉而已矣。"①

子曰："贤哉，回也！一箪食，一瓢饮，在陋巷。人不堪其忧，回也不改其乐。贤哉，回也！"②

子曰："质胜文则野，文胜质则史。文质彬彬，然后君子。"③

子曰："知之者不如好之者，好之者不如乐之者。"④

樊迟问知。子曰："务民之义，敬鬼神而远之，可谓知矣。"⑤问仁。曰："仁者先难而后获，可谓仁矣。"⑥

---

① 三月：虚数，指较长时间，朱熹《论语集注》云："三月，言其久。"日月至焉，朱熹《论语集注》云："或日一至，或月一至焉，能造其域而不能久也。"

② 此章与《论语·述而》篇"子曰：饭疏食，饮水，曲肱而枕之，乐亦在其中矣"一章相互辉映，描绘了儒家极为看重的"孔颜乐处"。颜回所乐者何？不管贫富而安于仁也。

③ 质：朴实，质朴。文：文采，华饰。《论语》中"文"有多种意义，但在与"质"相对时，专指被礼乐化、修饰过的言行；而"质"则意味着较多地保留了非礼乐化的质朴本性。野：粗鄙，鲁莽。史：过多华饰而缺乏实诚。彬彬："物相杂而适均之貌"，指"文""质"配合恰当。对于"文"与"质"二者，孔子既见其长，又见其短，故主张二者调和匹配，方为君子。

④ 知：知晓，了解。好：喜好。乐：以之为乐。之：一说指"学"，一说指"道"。亦可泛指一切的认知对象。此章阐述了孔子论学的三种层次。程颐云："知之者，在彼，而我知之也。好之者，虽笃，而未能有之。至于乐之，则为己之所有。"可备参考。

⑤ 知：明智。古人往往将"知"与鬼神卜筮之事联在一起，如《论语·公冶长》记载："子曰：'臧文仲居蔡，山节藻棁，何如其知也。'"故此章孔子亦从鬼神的角度论知。务：专注于，致力于。敬鬼神而远之：一则"敬"，对鬼神仍保留"敬"的态度；二则"远"，对鬼神表现出一种客气、疏离的态度。此句可与《论语·先进》"未能事人，焉能事鬼"一句相互发明。

⑥ 先难而后获：此句有两解，一解就为政者自身而言，"治己当先事后食"，即：难事做在人前，获报退居人后。二解就为政者对待民众而言，治民不以姑息为仁，必须先令民众为其难者，后方可得其功效。依孔子时代而言，当以第二解为优。

三 《论语》选

子贡曰:"如有博施于民而能济众,何如?可谓仁乎?"子曰:"何事于仁,必也圣乎!尧舜其犹病诸!① 夫仁者,己欲立而立人,己欲达而达人。能近取譬,可谓仁之方也已。"②

述 而

题解:《述而》是《论语》的第七篇;根据杨伯峻先生《论语译注》,全篇共三十七章。此处选了七章,其中四章讲"为学",涉及学习的目标与境界、好学的态度等;一章讲安贫乐道、坚守理想的心志;一章讲对荒诞不经之事的理性态度;一章讲"仁"的内在性。所选内容包罗广泛,但均有重要价值。

子曰:"述而不作,信而好古,窃比我于老彭。"③
子曰:"志于道,据于德,依于仁,游于艺。"④

---

① 施:给予。济:救助。何事于仁:并非仅有"仁"就能做到。病诸:病之于,即受到指责。关于"圣"与"仁"的关系,一种看法认为"圣"才是孔子所主张的最高道德境界,"仁"则在其次;另一种看法则认为"圣"与"仁"并非割裂开来的两种境界。

② 己欲立而立人,己欲达而达人:此句与"己所不欲,勿施于人"一句经常合用,以之来概述孔子的忠恕之道。能近取譬,可谓仁之方也已:"近"指"己",能由己之所欲立、欲达,譬之他人,进而辅助他人成就其所欲立、欲达,这其中即蕴含着成就仁德的途径。仁之方,行仁的途径、方法。

③ 述:整理,传述,即"循(古)"。作:创新,制作。我:自谓也。窃:自谦之辞。述而不作:夫子自谦,虽有创新制作,但并不夸耀,突出"述"的重要。老彭:包咸云:"老彭,殷贤大夫,好述古事。"

④ 志:立志,心所存向。据:据守,固持坚守。依:依从,不违。游:游憩。

子曰:"饭疏食饮水,曲肱而枕之,乐亦在其中矣。不义而富且贵,于我如浮云。"①

子曰:"加我数年,五十以学易,可以无大过矣。"②

子曰:"我非生而知之者,好古,敏以求之者也。"③

子不语怪,力,乱,神。④

子曰:"仁远乎哉?我欲仁,斯仁至矣。"⑤

泰 伯

题解:《泰伯》是《论语》的第八篇;根据杨伯峻先生《论语译注》,全篇共二十一章。此处选了四章,一章为孔子弟子曾子所言,讲"弘毅"的精神;一章讲政治的运作原则;一章讲

---

① 饭:吃。疏食:粗粮,糙米。肱:胳膊。此亦"孔颜乐处"的一种体现。浮云:有二解。其一解作"缥缈而遥远,与己无关",其二解作"聚散无常,无法把捉"。皆可。

② 加:增加;或曰通"假",给予。此章有两种版本:《鲁论》作"子曰:'加我数年,五十以学,亦可以无大过矣。'"认为此章泛论治学,与《易》无关;而古文《论语》则作"子曰:'加我数年,五十以学易,可以无大过矣。'"言孔子论学《易》,可与《史记·孔子世家》"假我数年,若是我于易则彬彬矣"一语相互印证。

③ 生而知之:朱熹《集注》云"生而知之者,气质清明,义理昭著,不待学而知也"。孔子时代已有人称许他为"生而知之者",故孔子做出回应,不认为自己是生而知之者。

④ 怪:怪异之事。力:勇力之事。乱:悖乱之事。神:神异之事。此章体现了孔子的人文理性精神。

⑤ 此段义理,朱熹《集注》云:"仁者,心之德,非在外也。放而不求,故有以为远者;反而求之,则即此而在矣,夫岂远哉?"我们认为,孔子当是世界上最早认识道德主体性和道德自由的文化伟人之一。

士君子如何身处乱世；一章批评有缺点而自暴自弃之人。所选内容中，"弘毅"之说影响久远；其余亦对人们立身行事不无裨益。

曾子曰："士不可以不弘毅，任重而道远。仁以为己任，不亦重乎？死而后已，不亦远乎？"①

子曰："民可使由之，不可使知之。"②

子曰："笃信好学，守死善道。危邦不入，乱邦不居。天下有道则见，无道则隐。邦有道，贫且贱焉，耻也；邦无道，富且贵焉，耻也。"③

子曰："狂而不直，侗而不愿，悾悾而不信，吾不知之矣。"④

---

① 士：《白虎通》云："士者，事也，任事之称也。"此处"士"指以德、学为追求目标的儒家知识分子。弘：宏大。毅：强毅。朱熹《集注》云："非弘不能胜其重，非毅无以致其远。仁者，人心之全德，而必欲以身体而力行之，可谓重矣。一息尚存，此志不容少懈，可谓远矣。"

② 此句历来分歧颇多。我们认为应句读为"民可使由之，不可使知之"。意谓：对待民众，可以让他们遵从执政者指导的道理去做，不必要让他们懂得为何要这样做。但这并非上智下愚的愚民之术，而是源于政治行动的不得已。

③ 笃信：信道笃诚。守死：执守至死。皇侃《义疏》云："此章教人立身法也。宁为善而死，不为恶而生，故云守死善道。"然孔子时代的士人，只辅佐有道的君主，故乱邦不入，危邦不入。然而他们有士格，处无道之邦若是富贵，处有道之邦若是贫贱，两者都是可耻的。

④ 侗：幼稚无知。愿：老实，朴实。悾悾：一说"无知，无能"，一说"表面诚恳"。朱熹《集注》云："侗，无知貌。愿，谨厚也。悾悾，无能貌。吾不知之者，甚绝之之辞，亦不屑之教诲也。"此章斥责自弃之徒。

子 罕

题解：《子罕》是《论语》的第九篇；根据杨伯峻先生《论语译注》，全篇共三十章。此处选了五章，其中两章讲孔子所绝禁之事；一章讲孔子在困境中的信仰；一章讲求知解惑的方法；一章讲"志"的重要价值。所选内容中，"四毋"之说令人警醒，"匹夫不可夺志"之论使人振奋。

子罕言利与命与仁。①

子绝四：毋意，毋必，毋固，毋我。②

子畏于匡，曰："文王既没，文不在兹乎？天之将丧斯文也，后死者不得与于斯文也；天之未丧斯文也，匡人其如予何？"③

---

① 罕：很少。此章的解读争议颇多。我们认同的句读是："子罕言利，与命与仁。""与"作"赞许"解，句谓：孔子很少讲授如何获取功利，而是赞许"命"和"仁"。

② 绝：杜绝，堵塞。此章突出了德性修养的动态过程。意：同"臆"，妄自臆测，凭空猜测。必：一说"固必"，如"言必信，行必果"之"必"；一说"期必"，即目的性过强，过分执着。固：固执己见，执滞不化。我：自以为是，自私利己。

③ 畏：一说"拘禁，囚禁"；一说通"围"，被围困。文不在兹：文，指文化传统，包含礼乐制度、典章文物。兹，此，我这里。与：音yù，参与之意。后死者：一说指孔子，则全句意谓："倘若上天真的要毁灭文王开启的文化传统，那么我这个后来者也就不可能接受掌握了这一传统了。既然现实中我已经接受掌握了这一传统，则反过来表明'天不欲丧斯文'。既如此，匡地之人能奈我何？"二说"后死者"指后于孔子之人，则全句意谓："倘若上天真的要毁灭文王开启的文化传统，后来的人们将没有机会了解、接受这一传统。但是，倘若上天不希望毁灭文王开启的文化传统、让后来的人们能够了解、接受这一传统，匡地之人又能奈我何？"二说皆通。

三 《论语》选

子曰："吾有知乎哉？无知也。有鄙夫问于我，空空如也，我叩其两端而竭焉。"①

子曰："三军可夺帅也，匹夫不可夺志也。"②

先 进

题解：《先进》是《论语》的第十一篇；根据杨伯峻先生《论语译注》，全篇共二十六章。此处选了两章，一章讲对待人与鬼、生与死的明智态度，很好地体现了孔子的人文理性精神；一章借评价两名弟子，阐述了"过犹不及"的道理，这也是孔子"中庸"思想的重要组成。

季路问事鬼神。子曰："未能事人，焉能事鬼？"曰："敢问死。"曰："未知生，焉知死？"③

---

① 鄙夫：乡野之人。空空如也："空空"通"悾悾"，虚心诚恳之貌。叩：敲击，引申为叩问。两端：两头，事物之正反两面。朱熹《集注》云："两端，犹言两头。言终始、本末、上下、精粗，无所不尽。"竭：穷尽、尽力。

② 三军：《周礼·夏官·序官》云："凡制军，万有二千五百人为军。王六军，大国三军，次国二军，小国一军。""三军"言诸侯大国之军伍。匹夫：古制，平民百姓一夫一妻，两厢匹配，故称"匹夫匹妇"。郑玄云："匹夫之守志，重于三军之死将者也。"孔安国曰："三军虽众，人心不一，则其将帅可夺而取之。匹夫虽微，苟守其志，不可得而夺也。"高度肯定了普通人志向的重要性。孔子学说的恒久价值，亦体现在此种尊重普通人精神追求之处。《庄子·齐物论》篇亦有"以隶相尊"之说，可互参。

③ 事：侍奉，对待。鬼神：指包括天神、地祇、人鬼等在内的超自然力量或存在。刘宝楠《论语正义》引陈群注云："鬼神及死事难明，语之无益，故不答也。"钱穆《论语新解》主张从"学不躐等"的角度理解："人鬼一理，不能奉事人，何能奉

子贡问："师与商也孰贤？"子曰："师也过，商也不及。"曰："然则师愈与？"子曰："过犹不及。"①

颜　渊

题解：《颜渊》是《论语》的第十二篇，根据杨伯峻先生《论语译注》，全篇共二十四章。此处选了两章，一章通过孔子和颜渊有关"仁"的深层次讨论，讲了"克己复礼"的总原则，以及"四非四勿"的实践条目；一章借回答齐景公问政，阐述了"君君、臣臣、父父、子子"的政治原则，这是孔子"正名"思想的核心，是他为"拨乱世、返诸正"拟定的策略。

颜渊问仁。子曰："克己复礼为仁。一日克己复礼，天下归仁焉。为仁由己，而由人乎哉？"②颜渊曰："请问其目。"子曰：

事鬼。死生一体，不知生，即不知死。"但也有学者质疑：《论语》中"生"字出现十六次，而"死"字出现则达三十八次之多，远超过"生"字。回应者称此章或专对子路而言。此章可与《雍也》篇"务民之义，敬鬼神而远之"一章及《述而》篇"子不语怪，力，乱，神"一章相呼应，体现了孔子的人文理性和对现实的关切之情。

①　师：子张，名颛孙师，孔子后期重要学生。商：子夏，名卜夏，孔子后期的重要学生。二人在孔子后期的学生中比较有代表性，但各有褊狭。《礼记·仲尼燕居》记载："子曰：'师，尔过，而商也不及。子产犹众人之母也，能食之，不能教也。'子贡越席而对曰：'敢问将何以为此中者乎？'子曰：'礼乎礼。夫礼所以制中也。'"

②　克：克制，约束。《左传·昭公十二年》记载："仲尼曰：'古也有志：克己复礼，仁也。'""克己复礼为仁"之说或许是孔子之前即已存在的古语，孔子赋予其新的含义。皇侃《义疏》云："言若能自约俭己身，返于礼中，则为仁也。"为仁由己：与《述而》篇"我欲仁，斯仁至矣"参看，突出了道德的主体自觉性与能动性。

"非礼勿视,非礼勿听,非礼勿言,非礼勿动。"①颜渊曰:"回虽不敏,请事斯语矣。"

齐景公问政于孔子。孔子对曰:"君君,臣臣,父父,子子。"②公曰:"善哉!信如君不君,臣不臣,父不父,子不子,虽有粟,吾得而食诸?"

子 路

题解:《子路》是《论语》的第十三篇;根据杨伯峻先生《论语译注》,全篇共三十章。此处选了四章,其中两章讲政治的核心,包括"正名"的价值、"庶""富""教"的政治理想;一章通过孔子与叶公的对话,阐发了孔子"父子相隐"的伦理原则;一章讲"仁"的品质。所选内容对我们深刻理解儒家的政治理想,分析儒家面对伦理困境所做的选择,均有重要意义。

子路曰:"卫君待子而为政,子将奚先?"子曰:"必也正

---

① 目:条目。视、听、言、动四者,人之所易肆纵悖礼也。钱穆《论语新解》云:"视、听、言、动皆由己。约束己之视、听、言、动,使勿入于非礼,使凡视、听、言、动皆礼,是即为复礼。此亦不专指社会外在之种种俗礼言。"此章将道德的自主性与遵守他律高度结合起来。

② 对于此段文献,朱熹《集注》云:"此人道之大经,政事之根本也。是时景公失政,而大夫陈氏厚施于国。景公又多内嬖,而不立太子。其君臣父子之间,皆失其道,故夫子告之以此。"此章与《子路》篇"必也正名乎"一章相互呼应。

名乎!"① 子路曰:"有是哉,子之迂也! 奚其正?"② 子曰:"野哉由也! 君子于其所不知,盖阙如也。名不正,则言不顺;言不顺,则事不成;事不成,则礼乐不兴;礼乐不兴,则刑罚不中;刑罚不中,则民无所措手足。故君子名之必可言也,言之必可行也。君子于其言,无所苟而已矣。"③

子适卫,冉有仆。子曰:"庶矣哉!"冉有曰:"既庶矣,又何加焉?"曰:"富之"。曰:"既富矣,又何加焉?"曰:"教之。"④

叶公语孔子曰:"吾党有直躬者,其父攘羊,而子证之。"孔子曰:"吾党之直者异于是:父为子隐,子为父隐,直在其中矣。"⑤

---

① 卫君:卫国国君,或为卫出公。鲁卫是兄弟之邦,故孔子周游列国十四载,其中在卫国就有六年。待:即"虚位以待"的"待"。为政:犹执政。奚:何者。先:首要,当务之急。必:一定,想必。正名:以礼制的"名号"、身份为准,来纠正当时越礼逾制的社会危机,即先正其"名",然后以"名"正"实"。

② 有是哉,子之迂:倒装句,即"子之迂也若是哉!"迂,迂腐,不当世用。朱熹《集注》云:"迂,谓远于事情,言非今日之急务也。"子路性情耿直,以为夫子"正名"之说无益于为政,故直言其迂。

③ 野:粗鄙,鲁莽,即"率尔而对",未加深思。君子于其言,无所苟而已矣:苟,苟且,随意。孔子认为,乱世为政之先在于"正名",许多今文经学家认为《春秋》经文的褒贬进退、扬善黜恶,都体现着孔子的"正名"理想,即由"名"而"实"地改变礼崩乐坏、上下失序的混乱局面,重新建构起以礼乐为核心的等级化的政治秩序与伦理秩序。

④ 仆:驾驭马车。庶矣哉:人口众多啊! 何加:即如何。意谓再怎么做呢? 富之:使动用法,使之富裕。后文"教之",让他们接受教化。庶、富、教三者的先后顺序体现了孔子政治治理思想及其先后次第。

⑤ 党:乡党,家乡的人。直:直道。躬:行。直躬者:依直道而行的人。攘羊:即隐没别人家误入自家羊圈的羊。证:举证告发。隐:隐瞒,隐忍。皇侃《义疏》云:"夫所谓直者,以不失其道也。若父子不相讳隐,则伤教破义,长不孝之风,焉以为直哉? 故相隐乃可谓直耳。今王法则许期亲以上得相为隐,不问其罪,盖合先王之典章。"《论语》此章和《孟子》"窃负而逃"一章,涉及现代语境下儒家伦理与社会公义之间的复杂微妙的关系,也引发了21世纪初学术界儒家伦理的大讨论。

子曰:"刚、毅、木、讷近仁。"①

宪　问

题解:《宪问》是《论语》的第十四篇;根据杨伯峻先生《论语译注》,全篇共四十四章。此处选了五章,一章讲"为己之学"的意义;一章介绍了儒家的"智""仁""勇"三达德;一章讨论"以德报怨"和"以直报怨";一章讲"下学而上达"的进德之路;一章讲"道"与"命"的关系。所选内容中,"为己之学"在今天仍颇有启示意义;"以直报怨"之说可与老子的"报怨以德"思想进行比较。

子曰:"古之学者为己,今之学者为人。"②

子曰:"君子道者三,我无能焉:仁者不忧,知者不惑,勇者不惧。"子贡曰:"夫子自道也。"③

或曰:"以德报怨,何如?"子曰:"何以报德?以直报怨,

---

① 古注以四种品质近仁,何晏《集解》引王肃:"刚无欲,毅果敢,木质朴,讷迟钝。有斯四者近于仁。"李贤云:"四者皆仁之质,若加文,则成仁矣。故曰近仁。"

② 此章以古之学者讽谏今之学者。朱熹《集注》引程子言:"为己,欲得之于己也。为人,欲见知于人也。"孔子所谓为己,殆指德行之科言。为人,指言语、政事、文学之科言。此章可与《学而》篇"人不知而不愠""不患人之不己知"二章相发明。

③ 虽"仁""智""勇"三者并列而有次第,如朱熹《集注》引尹焞之言曰:"成德以仁为先,进学以知为先。故夫子之言,其序有不同者以此。"夫子自道:朱熹认为此乃夫子"自责以勉人也"。

以德报德。"①

子曰:"莫我知也夫!"子贡曰:"何为其莫知子也?"子曰:"不怨天,不尤人,下学而上达。知我者其天乎!"②

公伯寮愬③子路于季孙。子服景伯以告④,曰:"夫子固有惑志于公伯寮,吾力犹能肆⑤诸市朝。"子曰:"道之将行也与?命也。道之将废也与?命也。公伯寮其如命何!"⑥

卫灵公

题解:《卫灵公》是《论语》的第十五篇;根据杨伯峻先生《论语译注》,全篇共四十二章。此处选了三章,其中两章讲"仁",涉及"杀身成仁"的牺牲精神,和"当仁不让"的担当意

---

① 以德报怨:一般认为是老子道家的主张,《老子》云"大小多少,报怨以德";也可能是春秋时期已流行的观念,为老子所继承。以直报怨:直,直道,直于理、顺于心;"应然原则",如"子为父隐,父为子隐,直在其中",就是伦理学上的应然原则,有学派性。正面如"投之以桃,报之以李",反面如西谚"以牙还牙,以眼还眼",亦是应然原则。

② 春秋时期曾出现怨天尤人的思潮,孔子对此做出回应。皇侃《义疏》云:"下学,学人事;上达,达天命。我既学人事,人事有否有泰。故不尤人。上达天命,天命有穷有通,故我不怨天也。""下学而上达"体现了孔子思想由经验而至超越的特质,可与《中庸》"极高明而道中庸"相互发明。

③ 愬:通"诉",毁谤。

④ 子服景伯以告:子服景伯是鲁国大夫,名何。以告,将公伯寮毁谤子路的事情告诉了孔子。

⑤ 肆:朱熹《集注》云:"陈尸也。言欲诛寮。"

⑥ 此处体现了孔子对自己之道的高度信任,认为像公伯寮、季孙氏等人不足以阻止他的政治之道的实现。

识，对后世中国士大夫精神起到了重要的塑造作用；一章讲"谋道"与"谋食"的区别，今天的人们依旧能从中获益。

　　子曰："志士仁人，无求生以害仁，有杀身以成仁。"①

　　子曰："君子谋道不谋食。耕也，馁在其中矣；学也，禄在其中矣。君子忧道不忧贫。"②

　　子曰："当仁，不让于师。"③

---

　　① 朱熹《集注》云："志士，有志之士。仁人，则成德之人也。"此处孔子对志士仁人提出了应然的道德取舍原则。汉武帝以后，儒家思想逐渐成为中国社会的主流思想，杀身成仁、舍生取义就成为儒家知识分子的生命哲学与核心价值原则。

　　② 谋：图谋，谋求。馁：饥饿。禄：俸禄。此章是对君子的劝勉之辞，可与《里仁》篇"君子喻于义，小人喻于利"一章相互发明。

　　③ 当仁：面对仁。当，音dāng。邢昺《疏》云："弟子之法，为事虽当让于师，若当行仁之事，不复让于师也。"朱熹《集注》云："以仁为己任。虽师亦无所逊，言当勇往而必为也。盖仁者，人所自有而自为之，非有争也，何逊之有？"

四 《道德经》选

题解：《道德经》是道家学派的创始经典，一般认为是老子的作品。该书目前使用的通行本，以王弼本《老子注》为代表。另有帛书《老子》甲乙本，楚竹简本《老子》，目前还有北京大学的汉简本七十七章《老子》。本书以王弼本《老子》为底本，间或参阅其他版本的个别文字，不以版本考校为主。《道德经》一书的主要思想是尊道贵德。在这一核心的思想前提之下，衍生出贵柔守雌，为无为，道法自然等原则性要求。与这些原则性的要求相一致，在人生哲学、政治哲学诸方面又提出致虚守静、爱民、贵和、崇尚公平、提倡小国寡民等社会理想和政治理想。伴随着近现代中国与欧美文明的强烈碰撞与交融，现代西方的哲学学科进入中国并扎根以后，从哲学的角度来研究老子其人其书与其思想，产生了众多新说。古老的经典突然焕发出巨大的生命力。"老子不老"（曹峰语）成为中华文明复兴的一个典型个案，值得认真的回味与反思。本书着重从哲学的角度选择其中的二十三章，约占原文八十一章的四分之一略强。

一　章

题解：本章主要从语言的角度揭示道不可命名的根本属性，要求人们不要执着于道之名，而是要通过道之名理解万物开端时的状态。此章可从三个层次来理解，第一层从开头到"有名万物之母"止，主要讲命名的局限性，同时又肯定了命名对于人类认知的重要性。第二层从"故常无欲"开始，到"同谓之玄"结束，主要是从人的两种认识动机出发，考察人所能看到的不同内容。但这两种不同的认识内容，就道本身而言，是一体两面，是统一整体的不同面向而已。这一点在哲学认识论上非常重要，将人的认识动机与目标，与人对对象性世界认识的结果联系起来。这是一种深刻的哲学洞见。第三层就是最后两句话，揭示出人类认识的局限性，而在人的认识不能抵达的幽深黑暗的开端之处，恰恰具有一种巨大的产生万物的可能性。正如今天的宇宙学向我们揭示出的科学道理，在无限的宇宙之中，有很多恒星星系在生灭。老子以直观的、体知的理性直觉揭示了人类认识的有限性，同时又与《周易》哲学揭示出宇宙本源生生不息的哲学意识相通，表明老子思想与中国哲学的源头之一—《周易》哲学之间有一种内在而深刻的联系。

道可道,①非常道。②名可名,③非常名④。
无名天地之始;⑤有名万物之母。⑥
故常无欲,以观其妙;⑦常有欲,以观其徼。⑧
此两者⑨同出而异名,同谓之玄⑩。
玄之又玄,⑪众妙之门。⑫

---

① 道:第一个"道"字,指第二十五章"有物混成"之道,是道之体。第二个"道"字是动词,意思为"言说"。

② 常道:即第二十五章作为天地之前"独立不改"之道。

③ 名:第一个"名"字指一切有名号之物。第二个"名"字为动词,意思是"命名"。

④ 常名:权且用于指称道的名号。道、大都是权且指称先于天地的混成之物,相对"常道"的实体而言,"常名"特指用于指称"道"的字与名,故相应地称之为"常名"。

⑤ 无名是天地的开端状态。换句话说,天地开始时,万物皆无名。

⑥ 有名是万物的开端状态。换句话说,因为命名的缘故,万物得以被称谓,故有名可视之为万物在人的认识世界的开端。无名即无"万物"之现象,而只有混沌一片的物象。

⑦ 无欲:没有任何特定的认知目标与要求。妙:奥妙也。物之深邃不易认识之处。一本作眇,细小、微小也。意可相通。宋儒程颢有诗"万物静观皆自得,四时佳兴与人同"两句,可以与此句相互发明。

⑧ 有欲:有一定的认知目标与要求。徼:边界。表明人在认识的过程中,由于受认知主体特定的价值目标限制,我们只能把握物的有限功能与价值。

⑨ 此两者:代指上面两句话所讲的认知活动与结果。

⑩ 玄:其名词意思为黑色。作为动词,玄还指由可见的红色慢慢地变成黑色,如人体流出的鲜血由红色变成黑色的过程与结果。

⑪ 玄之又玄:此句中两个"玄"字均作动词,意谓由红色变成黑色的过程。之:虚词,而也。整句意思为:玄而又玄的过程不断加深。

⑫ 众妙:众多奥妙或细小之物。门:通道也。

二　章

题解：本章主要阐述经验世界里万事万物相反相成的道理，最终归结到圣人依道处事的原则上来，进而实现长久地主导万事万物的大目标。全章可从两个层次来理解，第一层是讲美与丑、善与不善相反相成的普遍道理，要求人们不要刻意地追求美与善。第二层由此普遍的道理、原理出发，圣人坚持道的原则，处无为之事，行不言之教，不从美丑、善与不善相对立的角度出发来处理万事万物，故而能达到功成而不居功，万物不离圣人之掌管的境界与目标。

天下皆知美之为美，斯恶已。①皆知善之为善，斯不善已。故有无相生，②难易相成③，长短相较④，高下相倾⑤，音声相和，前后相随。

---

① 恶已：恶，丑也。已，语气词，通矣。此句与下一章尚贤而使民争、贵难得之货使民为盗的主张相互参阅。人皆知美而尚美，则使天下人争相致美，则恶就因此而产生；人皆知善而争相求善，则不善因此而产生。故老子要求社会管理者不要刻意彰显美与善，从而避免人们因为追求美善而人为的作伪，产生相反的效果。

② 有无：即"有之以为利，无之以为用"（第十一章）两句的"有"与"无"之意。有为实有，无为虚空。相生：相伴而产生，此为语言与逻辑上的相伴而并生的意思，但可以恰当地揭示存有的真相，即虚空与实体相伴而在。

③ 相成：相反而相成。与上文"相生"的意思相通。

④ 相较：对比也。

⑤ 相倾：相夺也，即相比较而显示出高与下也。

是以圣人处无为之事，行不言之教，万物作焉而不辞①，生而不有，为而不恃，功成而弗居②。夫唯弗居，是以不去③。

三　章

题解：本章老子从负的与正的两个方面阐述无为、尚俭、尚朴的政治治理方法。可从两个层次来理解，第一层即从负的方面入手，三个"不"的方法排列在一起，强化无为的政治治理方法。第二层则是以理想中的圣人为标准，将其"三宝"的政治原则具体化，虚心实腹，弱志强骨，其实是尚俭政治的具体化表达，而使民无知无欲则是尚朴的政治理想。结尾的"为无为"一语颇为吊诡，老子一再讲"无为"，此处讲"为"而又以"无为"作为"为"的内容，恰恰表明，老子的"无为"是一种有意识的克制自己不作为，不是简单的袖手旁观。

不尚贤，④使民不争⑤；不贵⑥难得之货，使民不为盗；不见⑦可欲，使民心不乱。

---

① 作而不辞：作，兴起。不辞，不辨别也。
② 弗居：不以之为凭借。
③ 不去：不离开。此处可与孔子"为政以德，譬如北辰，居其中而众星共之"的思想相参阅。
④ 不尚贤：不推崇贤能之人，是老子反对以智治国主张的具体化。
⑤ 不争：不相互争夺。
⑥ 不贵：贵，以动用法，以某某为贵。不故意抬高某物的价值。
⑦ 不见：见，读作 xiàn。不展示，不呈现。

是以圣人之治，虚其心，^①实其腹；弱其志，^②强其骨。常使民无知无欲，使夫智者^③不敢为也。为无为，^④则无不治。

四 章

题解：本章主要从两个方面讲道的特性，一是讲道之体具有冲虚的形态，但从道用的角度看，它不会达到极盛的状态。二是讲道虽然像深山里的渊泉之水，体量很小，但却是万物的开端；它是清澈、透明的，看起来好像是存在的。我们无法知道"道"是谁家的孩子，但它好像比古之上帝还要早一些。第二个方面的意思与第二十五章的意思相通。第二十五章讲道先于天地，此处讲道早于上帝而出现。都是要确证道是绝对的开端。

道冲^⑤，而用之或不盈。^⑥

---

① 虚其心：虚，使动用法，让人心变得虚淡，不要充满各种欲望。
② 弱其志：弱，使动用法，让人追求某物的意志弱化，不执着。心、志与名、利有关，而腹、骨与俭、朴有关。
③ 智者：智巧之人。
④ 为无为：第一个为字，动词，致力于。无为，不凭借主观欲念行事。
⑤ 冲：虚也。此"虚"非空虚无物，而是如只盛有半杯水的状态，是实而不盈的。
⑥ 用之或不盈：譬喻性说法，即如果要向这个半杯水状态的道注入更多的水，却不会盈满、涨出，引申意为刻意不达到鼎盛状态。意谓"道"始终保持一种无限性与可能性。

渊兮，①似万物之宗；②湛③兮，似或存④。
吾不知谁之子，象帝之先⑤。

五　章

题解：本章可从两个层次来理解，第一层以天地不仁为价值的原点，进而阐发"圣人不仁"的道理。"天地不仁"，即是"天道无亲"的另一种说法。此处着重点在于阐述天地法则具有公正无私的品性，警告人们，如果有所偏爱，表面上是好的，实际上会引出无穷的麻烦。第二层以形象化的方式说明天地之间隐藏着无穷的奥秘，看起来虚空无物，但如果一旦用人为的方式搅动它，就会产生许多意想不到的事情，人为的手段很快就暴露出他的局限性，并陷入束手无策的困境。

---

① 渊兮：渊，山泉之源头。兮，啊。

② 似万物之宗：似，好像是。此为老子用辞的审慎风格，非独断语，与第二十五章"可以为天下母"句中"可以"一辞相参酌。宗，祖也。祖为一族之开端，引申为一族之神主。而道亦为"天下为物之母"的意思。

③ 湛：透明状。以渊泉之透明状喻道体之实有而又不易从视觉上去把握的特征。

④ 存：在也。《庄子·齐物论》："道恶乎在而不存？"

⑤ 象帝之先：此句话在思想史上具有革命性的意义，否定了皇天、上帝的绝对性。老子其实是春秋末年思想界的革命家。他要以自己发明的"道"来取代皇天、上帝的绝对性与神圣性，以之作为万物的开端，以之作为价值的根源与大自然、人类一切秩序的根源。而将秩序的本身也命名为道。

天地不仁①，以万物为刍狗②；圣人不仁，以百姓为刍狗。

天地之间，其犹橐籥③乎。虚而不屈④，动而愈出。多言数穷⑤，不如守中⑥。

八　章

题解：本章主要以水为喻，揭示道以巧妙的方式给人以好处，而又不与人发生争抢的给予性智慧，进而又提出了七种为人处世的原则。最后得出结论：只有不挑起争抢，才不会做过头的事情。

上善若水。⑦水善利万物而不争⑧，处众人之所恶，⑨故几于

---

① 不仁：没有仁爱的意识。
② 刍狗：古代祭祀时所用的用草编织成的狗。此类祭品在祭祀活动结束后即成为无用之物。以此喻万物皆随时节而生其用，时节已过，其用则消。
③ 橐籥：橐，排橐也，即古代冶铁时使用的牛皮质地的风箱，以增加火力。籥，古代的管乐器。二者皆内虚而含潜能。
④ 屈：穷尽、短缺也。凡"屈"之类皆具有短之意也。
⑤ 言：政令文告也。数，一训作速，一训作术数。此处选"术数"之意，即今日所言手段、方法也。
⑥ 守中：守冲。冲，虚也。
⑦ 上善：最高的善，即德善。若水：像水的某些特性一样。
⑧ 不争：不与物发生争抢，故不产生矛盾。
⑨ 众人之所恶：普通人所讨厌的。众人所讨厌的是什么呢？当然是恶居下流。人往高处走，而水往低处流。故水之所处与人之所求是相反的。孔子讲"里仁为美"，老子讲"处下合道"。

道①。

居善地,②心善渊,③与善仁,④言善信,⑤政善治,⑥事善能,⑦动善时。⑧夫唯不争,故无尤。⑨

---

① 几于道：接近于道。道无形无象，人们要理解"道"的丰富内含，可从水这一大自然的现象获得启示。犹太—基督教是启示的宗教，中国哲学在阐述深邃的哲学道理时，往往借助文学的比喻与艺术的形象，以象征的手法启发人们。因此，我们似乎可以说中国古代哲学是启发的诗性哲学，而主要不是采用逻辑的论证手段。文学的启发是寓说理于形象之中，故采用的是一种情理交融的方法。

② 居善地：居，日常生活。善，意动用法，以某某为善。后面六句，语法功能相同。地，下之极也。全句意谓：日常生活以谦下为善。王夫之在《周易外传》"谦卦"的诠释中说道，由于要与小人相处，故要用谦虚的态度。故谦卦非君子相处之道。王氏的说法极富启发性，日常生活中遇到的都是普通的人，无法理解高深的现象，故要以谦下为善。

③ 心善渊：渊，水之源头，清澈而深，且面积不大，是一条溪流之源，可保证下游水流不断。人心要以清澈、欲望较少为善。

④ 与善仁：与人相处，以仁慈为善。老子在治国之道的层面，不提倡仁义，但在日常生活中，还是提倡与人为善的。老子的"三宝"之首，即是"慈"。"慈"接近仁，但不等于仁。或作"与善天"，可备一说。

⑤ 言善信：说话以诚信为善，不以动听为善。此点可与孔子"人而无信，不知其可也"的思想相参阅。

⑥ 政善治：政治治理以社会平安为善。可见，老子反对任何好大喜功的政治，兼并他国、夺人土地、抢人人民，看起来颇有政绩，但并不是好的政治的标志。故一切盲目追求政绩的政治都不是好的政治。

⑦ 事善能：人间诸事以人能够胜任为善。这与今天的人们提倡挑战极限的意识大相径庭，亦与后来孟子在人性修养与能力提升方面提倡"增益其所不能"的思想相反。

⑧ 动善时：做事要以合乎时机为善。

⑨ 无尤：没有过失。尤，过也。

十　章

题解：本章在《老子》八十一章中，属于少有的以反问语气为主的一章。笔者以为，该章实以设问之辞开头，回答世人的疑问。而结束部分以老子一贯的主张结尾，表明老子思想之一贯，只要尊道贵德，一切疑问皆可解决。历代注老解老诸贤，多未注意老子文章之文法，故有些注本以为后面一段文字为游离之辞。

本章前面的六个设问，其实涉及老子思想中六个重要方面的问题，其一，"圣人抱一以为天下式"何以可能？这是对老子根本思想——守道、抱一思想的质疑。其二，对老子精神修炼方法效果的质疑，即我们能否在更高的境界上回到婴儿、赤子的单纯状态。其三，我们人的思维之镜是否可以绝对正确地观照这个世界，进而让我们的认识上升到"明"（即智慧）的状态？其四，政治治理的过程中，能否以"无知"的方式展开？这种"无知"包括两个方面，一是统治者能否无知？二是能否让民众长期处于无知无欲的素朴状态？其五，当人们的眼耳鼻口开阖不定，与外部世界不断打交道而变得更加聪明、雄强的时候，老子坚持的贵柔、守雌守弱的方法论是否有效？最后一点，在文明开化的时代里，我们能够保持知白守黑的方式吗？这种"知白守黑"的方式有效吗？

以上六个方面的问题，条条都是直指老子思想之核心。而老子给出的回答，无非是遵循道的原则而修德，则一切问题均可迎刃而解。

载营魄抱一,①能无离乎?专气②致柔,能婴儿乎?涤除玄鉴,③能无疵乎?爱国治民,能无知乎?天门④开阖,能为雌乎?明白四达⑤,能无知乎?

生之、畜之,⑥生而不有,为而不恃,长而不宰,⑦是谓玄德。

十一章

题解: 此章着重讨论实有与虚空的各自价值及其相互之间的关系。一切实有可以向人提供直接的便利,一切虚空可以向人们提供功能性的价值。应当说,这是老子思想中最为深刻的内容之一,他的智慧眼光为我们人类拓展了价值的视野。老子要求我们不要把眼光仅仅停留在一切实有之物现成的便利方面,我们还应该把眼光投向一切虚空的存在形式可能向人们提供的功能性的价

---

① 载营魄抱一:载,发语词,相当于"夫"字之义。营魄,即魂魄。抱一,即守道也。

② 专气:抟气。抟,收敛,抟合也。

③ 涤除玄览:涤除,即打扫也。玄览,即道镜也。览,通鉴。鉴,鉴通镜。玄镜,即道镜。而道镜,实即是完全达到"尊道贵德"要求之后的圣人之心。这一"圣人之心"是古代哲人所构设的理想认知状态。在这一理想的认知之镜面前,人可以毫无偏差的把握认知对象。玄览,卮言也,与天网、大象、大音、天门等构词方式相同。老子没有对自己的这一语言形式做理论的总结。庄子提出的"三言"言说方式,实是对老子,以及他自己的言说方式做了理论的总结。这是庄子在哲学方法论方面对老子思想的发展。

④ 天门开阖:指人的眼耳鼻口的开阖。

⑤ 明白四达:文明灿烂,天下交通往来。

⑥ 生之、畜之:此为省略句,即道生之,德畜之。

⑦ 此三句亦为省略句,意为道生而不有,为而不恃,长而不宰。

值。人的价值视野应当将实有之便利与虚空之功能统一起来，如能这样，我们在考察事物的价值时可以称之为得道了。后来的庄子，更进一步提出"无用之用乃为大用"，更进一步地发展了老子"有之为利，无之为用"的思想。

王夫之批评老子强调虚无的价值，认为虚无的价值恰恰是依托实有而实现出来的，这没有错。但老子思想的重点是在强调虚空的作用与功能，就老子思想在当时的社会而言，是了不起的思想发现。中国古代哲学，特别是气论一系的哲学，在处理物质运动的问题上，始终没有处理好虚空或空间的问题。气是充满一切地方的。气如果是极微的颗粒状的物质，它们相互堆积在一起没有任何缝隙或空间，那又是如何运动的呢？中国古代的气论一系的思想家始终没有能够令人满意地回答这个问题，甚至根本没有触及这一问题。老子"有之为利，无之为用"的思想触及了这个问题。

三十辐共一毂，①当其无，有车之用。埏埴②以为器，当其无，有器之用。

---

① 三十辐共一毂：三十辐，古代车轮的辐条，三十根，以合一月三十日之数。毂，辐条所凑之处为车毂。辐、毂皆为实有之木，而毂与辐交结处有空隙，故称之为"无"。后文器皿中的空虚、门窗之空间，都是"无"。故"无"，即是虚空与空间也。老子哲学的敏锐之处在于：实有之物能提供直接便利，人所共知。但若无虚空或空间，则其功能不能实现出来，此理隐晦，故需要加以揭示。实有之物的功用，其实是依靠虚空或空间来实现的。这是老子"贵虚"思想的形象化论证，并不表明老子不重视实有，而只表明他的思想侧重点是在阐述虚空的作用。后来正统儒家多将老子与佛教徒并列起来，笼统地批评老佛贵虚、贵空的主张，实际上他们并未认真地对待老子思想。

② 埏埴：和土也。埏，和也。埴，泥土也。

凿户牖①以为室，当其无，有室之用。故有之以为利②，无之以为用③。

十三章

题解：此章可以从三个层次来理解。第一层即开头两句话，直接表达老子的宠辱观与尊重生命的观念。第二层主要解释齐宠辱与尊重生命的理由。第三层是在第二层解释的基础上给出了一个引申性的说法，将贵身、爱身与侯王领受王权的资格问题结合起来，颇为独特、亦颇为深刻，其中蕴涵了非常巨大的政治哲学的解释空间。也许老子本人并未意识到后人的一些想法，但将贵身、爱身与拥有王权的资格问题联系在一起，的确开启了一种新的人文政治道路，是对他之前的，而且在老子时代仍然盛行的王权神授、天授观念的一种否定。老子是哲人，他的新思想并没有振臂一呼、云集响应的实际革命力量，但却像涓涓细流，慢慢地浸润着后代的思想家，战国中期一些民本思想家的政治思想都或多或少地受到了老子这一政治哲学思想的影响。

宠辱若惊④，贵大患⑤若身。

---

① 凿户牖：在做好的房子墙壁上开门，开窗户。
② 利：现实的便利，好处。
③ 用：功用、功能，隐性的使用价值，需要依赖主体之人去发掘，去拓展。
④ 若惊：若，一样的。惊，使人受惊。
⑤ 贵大患：贵，重视。大患，大难，大忧，大祸也，均可以视为大患。

何谓宠辱若惊？宠为下，①得之若惊，失之若惊，是谓宠辱若惊。

何谓贵大患若身？吾所以有大患者，为吾有身，及吾无身，吾有何患！

故贵以身为天下，②若可寄③天下；爱以身为天下，若可托④天下。

十四章

题解：本章主要意思是告诉人们，对于道的认识与把握，不能从感性认识的角度入手。对于万物开端之处的道能有所体知，就把握了道的根本要领。道的开端处即是无名的状态，无名的状态下，一切皆自然而然，没有人类文明出现之后各种人为的秩序与规定性。因此，人们对于当下社会所有的秩序与制度的规定，都可以重新进行思考。其思考的方法就是从这些秩序、制度的形成过程来思考这些秩序、制度的合理性与不合理性。"执古之道"，即是执古已有之道。古已有之的"古"，并非经验时间上的古代之古，而是先于天地而生的非经验性的、逻辑意义上的作为一切实存世界之开端的古。因此，并不能将"执古之道，以御今

---

① 宠为下：受宠、得宠这件事本身是一种处于下位、贱位的表现。王侯宠嫔妃，宠近臣，未有嫔妃、近臣宠王侯也。故曰"宠为下"。
② 故贵以身为天下：此句的意思当为"故以贵身的观念贵天下"。
③ 寄：托也，依附也。
④ 托：寄也，委也，付也。

之有"理解为用古代的社会法则来解决现实的社会问题，进而将老子看作是一个复古主义者。"执古之道"，即是从开端处、起源处来思考问题的一种哲学思考方法。

视之不见名曰夷[①]，
听之不闻名曰希[②]，
搏之不得名曰微[③]。
此三者不可致诘[④]，故混而为一[⑤]。
其上不皦，[⑥]其下不昧。[⑦]
绳绳[⑧]不可名，复归于无物。
是谓无状之状，无物之象，是谓惚恍[⑨]。

---

① 夷：平也。人登高望远，天地交界的地平线，即是"夷"之一种状态。

② 希：罕也，疏也，少也。通稀。此处老子对人之感性认识的局限性有深刻的体认。人的耳朵听不见声音的地方，并不表示没有声音，只是这种声音处于一种稀疏的状态。用今天科学的语言来说，即是其声波频率不合乎人的耳朵接受的波长而已，并非没有声音。希是一种形象化的表达。

③ 搏：用手握取。微：细小。

④ 致诘：追问。

⑤ 混而为一：混然不分地构成一个整体。

⑥ 上：指道的首端，此处是一种譬喻性的说法，将道看作是一有形之物。故有上、下之分。皦：光亮也。

⑦ 下：末端。昧：昏暗。

⑧ 绳绳：音 yíng yíng。双声叠韵的联绵词。连续不断之意。

⑨ 恍：昏也；惚：心不明的样子。恍、惚双声词，后来作为联绵词恍惚，意思与恍、惚的本意大抵相同。

迎之不见其首，随之不见其后①。

执古之道，②以御今之有。③

能知古始④，是谓道纪⑤。

十六章

题解： 在此章里，老子阐述了极为丰富的实践哲学思想，大体上可从三个层次来理解。第一层是讲修身的哲学，通过"致虚极，守静笃"的过程及其所能达到的认识境界，可以看到万物并生的现象背后隐藏着万物复归于道的周而复始的大循环之本质。第二层主要通过对万物向道回归过程的描述，阐发思想表达的概念逻辑，即归根与静，静与复命，复命与常，知常与明的内在意义的逻辑。从语言的形式看，老子采用的修辞手法是顶针的手法。从思想的角度看，老子在第二层主要揭示思想的概念逻辑形式。第三层主要讨论不知常与知常的两种认识在实践上所造成的两种不同结果。不知常，就会产生凶险的结局。知常，就会与道同行，终身没有危险。由此可见，老子的认识论始终与人生的实践效果相联系，因而带有极强的实践性特征。第三层所体现的实

---

① 此句亦譬喻说法，将道视为一个巨大的有形之物，如中国古代传说中现首不现尾的神龙。迎：从正面去看。随：从后面去看。

② 执：持有。古之道：先于天地而生的远古之道。即第二十五章"有物混成，先天地生"的"道"。

③ 御：统御、主宰。今之有：当下现实之社会，亦即在场状态的一切事物。

④ 古始：先于天地而生的道的状态，亦即是无名的状态。

⑤ 道纪：道论的根本纲领或主要意旨。

践哲学效果链，语言形式上仍然采用了顶针的修辞方法，从思想的角度看，其实也是其实践哲学的思想逻辑层次，由容到公，由公到全，由全到天，由天到道，是一个思想境界与实践效果不断递进的过程。而伴随着这种递进，其最终的人生效果就是长生久视，终身平安。第三层次中"乃"字表达的实际上是一种逻辑上的可能性，而不是现实性。因为从"知常"的认识境界到真正宽容胸襟的养成还需要时间，真理性的认识与德性的养成并不是直接的对应。老子思想具有原则上的正确性，但在细节上保留着很多可以进一步丰富的理论空间。

致虚极，守静笃。① 万物并作，② 吾以观复③。
夫物芸芸，各复归其根④。归根曰静，是谓复命⑤。复命曰常，知常曰明⑥。

---

① 致：求也。致虚：为虚也，即将人心中的各种不合道的主观欲望、念想涤除干净。老子主张虚其心而实其腹，故致虚，实即虚其心中的主观欲望与念想。极，副词。达到极致，最高的程度。守：坚持也。静：道也。归根曰静。老子所言之静非今日现代汉语中的安静之意也。笃：副词，达致厚实，不要动摇之境界。此两句极、笃为副词后置，正常的语序应该是极致虚，笃守静，或致极虚，守笃静。

② 并作：一起生长。作，起也，兴也。

③ 观复：仔细审视"道"的回归性运动法则，如季节的轮回。观，谛视也。"反者，道之动。"复，实亦道的回归性的运动。第二十五章论道时说："大曰逝，逝曰远，远曰反。"复，反也。

④ 根：道之代名词也。母、朴等，都是"道"的代名词。此处着重从起源的角度来阐述"道"的一种属性。

⑤ 复命：回归到"道"的绝对命令与要求上来。

⑥ 明：智慧也。此为道家哲学的重要概念。

不知常，妄作，凶。知常容，①容乃公②，公乃全③，全乃天，天乃道，道乃久，没身不殆。

十九章

题解： 此章比较系统地体现了老子反对周代礼乐文明制度的思想。老子试图通过对周代礼乐文明制度中的圣智、仁义、巧利的否定，从而让人们回到一种理想的和谐状态。他试图以自己的素朴社会理想来取代周代礼乐文明的不足，从人类历史发展实际进程来看是难以做到的，但其中所包含的合理化要求是可以理解的。人类在实际的发展过程中，每一次巨大的物质文明的进步，都包含着某种道德纯朴性的后退。这似乎是历史进步的辩证法则。素朴的道德与生活状态是可欲的，但弃绝了礼乐文明教化传统之后是否可以真的达到无忧的状态，这是可疑的。古代部落战争中，不同的部落在征服对方之后，一定要拿着对手的头颅当作酒器，这也未必是人类的理想状态。老子批评礼乐文明教化传统的不足，有可取之处，然而他开出的救治药方则未必正确。

值得注意的是，此章中提到"孝慈"两种价值。现存的上古文献表明，商、周二代都重视"孝慈"这两种价值，但经过孔子与后来儒家的思想选择，"孝"的地位在社会道德体系中急剧

---

① 容：容受，包也，宽也。容与虚可互释。得道之人，心胸宽广，虚怀若谷，故可曰容。

② 公：无所私爱也。

③ 全：遍包万物而无所遗也。

上升，以至于汉代将春秋至战国时期流行的提倡"孝"的作品上升到经的地位，出现了《孝经》，这是儒家"以述代作"的思想再创作的结果。仅就重视"孝"的道德价值而言，老子与孔子之间，道家与儒家之间，似乎有着共同的文化基础，我们亦可在此根本价值的层面说老、孔共宗，道、儒同源。

绝圣弃智①，民利②百倍；绝仁弃义，③民复④孝慈；绝巧弃利，⑤盗贼无有。

此三者⑥以为文⑦不足。故令有所属：见⑧素抱朴，少思寡欲，绝学⑨无忧。

二十一章

题解：本章可以分为三个层次来理解，一是讲德与道的关

---

① 此句中的"圣"是周代文化传统中的"圣"，不是老子自己理想中的圣人。智，即是指一种不合乎道的智巧。
② 民利：普通百姓的利益。
③ 此句中的仁义，即指周代文化系统中的两种道德价值，后来孔子、孟子特别重视这两种价值，而老子、庄子更重视道、德。相对于道、德而言，仁、义是次要的价值。老子要求人们回到道、德的根本价值，故要人们抛弃仁、义，以回归到孝、慈的合道状态。
④ 复：回到。
⑤ 此句中的"巧"字，即指当时社会中的奸诈。利，即指当时社会中的轻便、方便而易获得不正当利益的诸器物，与上文"民利"之"利"不同。
⑥ 三者，总括上文所否定的三大类，即圣智、仁义、巧利。
⑦ 文：相对于"质"而言，即统称周代过于细化的礼乐文明制度。
⑧ 见：读作 xiàn，意思同"现"，展示之意。
⑨ 学：泛指种礼乐教化知识。与"为学日益"之"学"意思相同。

系。即前面两句。第二层从"道之为物"起到"以阅众甫"止，主要意思讲作为实体的"道"在人的认识之中的表象。此段中象、精、真、信，都是老子哲学思想中用来描述"道"的特性的重要概念，而《周易》哲学的象数思维之"象"，与老子哲学中之"象"似可相通。"信"为先秦儒、道、法诸家哲学的共通概念，是用来表征人言说的基本道德要求。第三层即最后两句话，老子交待自己的哲学认识方法论，他是如何知道万物的开端状态的，其实就是从"道"的角度看问题的结果。《庄子·秋水》篇明确提出"以道观之"的方法，可与此章相参酌。

孔德之容，①惟道是从。②道之为物，③惟恍惟惚④。惚兮恍兮，其中有象⑤；恍兮惚兮，其中有物⑥。窈兮冥兮，⑦其中有精⑧；其精甚真⑨，其中有信⑩。

---

① 孔德之容：孔，大也。孔德，即大德。容，外在表象。
② 惟：虚词。从：顺也。
③ 道之为物：之，介词，取消"道"字在句子中的主语性质。物，一种实体性的存有。
④ 恍：昏也；惚：心不明的样子。恍，惚双声词，后来作为联绵词恍惚，意思大抵相同。
⑤ 象：物所呈现的外在形貌。
⑥ 物：即实体性的东西。
⑦ 窈：深远也。冥：昏暗也。整体意思是看不清，与儒家讲的幽、隐之意可相通。
⑧ 精：本意为精粹的米，此处意指纯粹之质。
⑨ 真：不虚妄也。道家贵"真"，儒家自《易传》《中庸》《孟子》诸书贵"诚"。儒、道、易思想合流，表现在语言层面即"真诚"二字合成为一个双音节词汇。
⑩ 信：言说的内容可以核查、对证曰信。

自古及今，其名不去①，以阅众甫。②吾何以知众甫之状哉。以此③。

二十五章

题解： 本书作者认为，老子思想的核心观念是道，理解了"道"，其他问题会迎刃而解。故此章是理解老子之"道"的最关键一章。从重要性角度看，此章当为第一章。该章可以分为三个层次，从开头到"可以为天下母"，为第一层，主要从五个方面正面描述了道的属性。由于道具有这五个方面的属性，因此权且可以看作是天下万事万物的母亲。第二层从"吾不知其名"开始，到"而王居其一焉"止，主要是在人类的语言领域里讨论道。道为字，是尊称；大为名，是泛称。而与"大"之名相联系，"道"又具有逝、远、反的三种流动属性。这是从道之名——大而引申出的道的第二属性，与第一层所揭示的道的实体性的属性不同。此段文字中的"四大"实即"四道"，王道只是四种道中之一道。《尚书·洪范》篇歌颂王道平平、王道荡荡，但在老子的思想中，王道不是绝对的，在王道之上还有地道、天道、道道，即"有物混成"的绝对之道。第三层从"人法地"开始，到"道法自然"结束，主要揭示人、地、天、道之间的内在关系。这种关系是单向的效法与顺从的关系，一方面体现了老子

---

① 去：离开也。
② 以：转折连词，而也。阅：历也，考察、察看之意。众甫：万物之开端。
③ 以：凭借也。此：代指"道"。

四 《道德经》选

反对神秘的天命、鬼神的理性觉醒精神，另一方面也表明人在大自然面前还是一种被动的生存状态。

有物①混成，先天地生。
寂兮寥兮，②独立③而不改，
周行而不殆，④可以⑤为天下母⑥。
吾不知其名，字⑦之曰道，强⑧为之名曰大。
大曰逝，逝曰远，远曰反。⑨
故道大，天大，地大，王亦大。⑩

---

① 物：本意为万物，此处概指某一具体的材质性的实有之物。《周易·系辞》有"精气为物"之说，意思是说精气作为一种具体之物。《老子》一书中，"物"并不是一个思想性的概念，只是一个普通的名词，意思颇类现代汉语中"某一个东西"。

② 寂：听不见声音曰寂。寥：虚空的状态。

③ 独立：自本自根，不受他物影响。

④ 周行：遍行于万物之中。殆：疲倦。

⑤ 可以：权称之词也。因为道有上述五个方面实体性的属性，故能够称之为"可以"。

⑥ 母：喻词也，意为开端。古人只知母性能生育。故万物始于母性，而母则喻指开端。

⑦ 字：古代尊称某人名号，称字也，如诸葛亮，字孔明，下级或晚辈见诸葛亮，必称孔明先生。"道"亦尊称万物之开端者。

⑧ 强：勉强也，权且也。老子在此处已经暗示，道、大都是人类对开端者的一种称谓，"道"为字，"大"为名。后人不可被名言所误导。

⑨ 逝：向远方流动。远：远离。反：通"返"，回归。这三句话揭示了道的运动特性，向远方流动，背离当初的状态，最终回到起点。此三句中"曰"字，当作"爰"，乃也。参见本书《洪范》篇"土爰稼穑"一句之注。

⑩ 大：道之名也。道大即道道，地大即地道，天大，即天道，王亦大，即王道。而道道、地道、天道、王道都具有逝、远、反的三种属性。

域中^①有四大，而王居其一焉。

人法^②地，地法天，天法道，道法自然^③。

二十八章

题解：本章内容比较丰富、复杂，主要思想是从实践哲学的层面揭示了相反相成的道理，然后又重申了"道法自然"的基本原则。全章可从两个大的层次来理解，第一大层次着重从实践哲学的层面阐发"相反相成"的道理，可以细分为三个小的层次，一是知雄守雌，二是知白守黑，三是知荣守辱。第二大层次主要申述"道法自然"的原则。老子在价值原则上提倡返朴归真，但在事实层面，他并不否认"朴散为器"的经验现象，对于此一现象，老子提出因循朴散为器的器物世界里器物与器物之间固有的自然分界线而加以分类管理，像一个得道的大裁缝，不以人的主观意志割裂物与物之间的界限，而是按照"朴散为器"的自然分界线来管理万物。

老子在实践层面提出的"相反相成"的道理，有些人将其理解为智术、权谋之行为。从解释学的角度看，这也是经典文本在流传的过程中被接受者加以发挥的一种路径，无可厚非。但在老子的思想体系里并不包含后世的权诈之意。老子本意要求人们回

---

① 域中：指以人的认知为中心的宇宙。
② 法：效法。
③ 自然：自己的样子。《庄子·大宗师》篇称道是"自本自根"，即此处"道法自然"的最恰当的注释。

归朴素、无争的生活状态里，不可能要求人们运用智术以实现自己的私人之利益。他从实践哲学层面讲"相反相成"的道理，无非是要求人们明白"反者道之动"的道理，而且与他自己一贯坚持的贵柔守弱，和光同尘的"玄同"思想原则相一致。

知其雄，守其雌，为天下蹊①。为天下蹊，常德不离，复归于婴儿。②知其白，守其黑，为天下式③。为天下式，常德不忒④，复归于无极⑤。知其荣，守其辱，为天下谷⑥。为天下谷，常德乃足，复归于朴。

朴散⑦则为器，圣人用之则为官长。⑧故大制不割。⑨

---

① 蹊：通"谿"，山中水之似潭渊而封闭也。此为喻词，即为天下万事万物之渊薮也。

② 复归于婴儿：喻词，指通过精神的修炼重新回归到婴儿的纯朴状态。

③ 式：楷式也，榜样也。

④ 不忒：没有差错。

⑤ 无极：即道也。极，端也。道为混成之物，先天先地，神鬼神帝，而又产生万物。故道虽为开端，而没有固定的端倪也。

⑥ 天下谷：即天下之虚也。"谷神不死"，即是讲"虚空"作为一种存有形式，神妙万物，能涵藏万物，亦能生育万物。天下谷，即作为天下之谷，能藏能生。后来荀子论"心"的记忆功能与特征时，亦以虚的形象来阐述"心"之虚怀若谷的特征。

⑦ 朴散：原始质朴之道分开，因此而形成万有之器。此"朴散"是逻辑意义上的道散为器的说法，非今日宇宙学意义上带有科学猜测性质的宇宙大爆炸学说中的奇点爆炸，形成宇宙之说。

⑧ 用之：因之也，即因循朴散之固有边界。以为官长：为之设立管理者以领导之，实亦"辅万物之自然而不敢为"之意也。

⑨ 大制：即合乎道的裁剪。制，裁剪也。不割：不人为地割裂事物，其反面意思是遵循事物自然而然的分离状态。这一句话也是以喻证的方式说理的。

三十八章

题解： 本章可以从三个层次来理解，第一层从开头到"则攘臂而扔之"为止，主要讲上德、下德、上仁、上义、上礼这五种政治治理形态，高度肯定上德之世，极力批评上礼的政治形态。第二层在此基础上总结出一种退化的道德史观，将上礼的社会看作是人类政治混乱真正开始的时代。很显然，老子对于周朝政治秩序是持否定态度的，与孔子称赞"郁郁乎文哉，吾从周"的政治态度是相反的。第三层从普遍性角度来讨论得道之实的社会与居道之华的社会的区别。由此，老子提出了自己的价值选择：处厚去薄，处实去华。

上德①不德，是以有德；下德②不失德，是以无德。上德无为而无以为；下德为之而有以为。上仁③为之而无以为；上义④为之而有以为。上礼⑤为之而莫之应，则攘臂而扔之。⑥

故失道而后德，失德而后仁，失仁而后义，失义而后礼。夫礼者，忠信之薄而乱之首⑦。

---

① 上德：即最崇高的德性。
② 下德：即最低贱的德性。
③ 上仁：最符合仁之本性的仁德。
④ 上义：最符合义之本质的伦理规范。
⑤ 上礼：最符合礼之本质的礼制社会。
⑥ 攘臂：挽起袖子。扔之：用手拽着人的样子。
⑦ 首：开端也。

前识^①者,道之华^②,而愚之始。是以大丈夫处其厚^③,不居其薄^④;处其实^⑤,不居其华^⑥。故去彼取此。

四十章

题解:本章有两层意思。一是讲道的运动特征及其表象。其运动特性是"反"。第一章讲道有逝、远、反的内在系列特性,此处着重从运动的角度来揭示道的特性。"反"有二义,一是相反,如种子发芽,破壳而出,这是对种子完满性的一种破坏。植物、动物,凡有生之物从生到死,都是"反"。二是返回,即回到开端。一些植物从开花到结果,回到当初的起点。一切动物从有生命的状态,到死亡,回到无生命的状态,亦即由存在到不存在,也是回归到开端状态。至于季节的轮回,日夜的交替,都体现了返回的普遍性。但现代科学的发展给了我们一个无限的宇宙视野。宇宙是否也会回到自身的开端状态?我们不知道。老子当

---

① 前识:此概念有多种解释,如王弼认为是"前于人而识",是下德之伦也。严遵认为是"预设然也"。河上公认为是"不知而言知为前识"。韩非子认为是"先物行,先理动为前识"。笔者认为严遵的解释更符合老子的意思。老子讲"道法自然",讲"不敢为天下先"。前识,即先于自然法则而动,是主观性的、受欲望或习俗或一种观念、成见的驱使而作为。而这些东西都是"道"的运动所表现出的表象,而非道之根基性的、深藏不见的那部分内容。
② 华:表面现象。
③ 厚:重也。即道之根基,无名的状态。
④ 薄:轻也。
⑤ 实:质也。
⑥ 华:文也。

时应该没有现代人的宇宙观。因此，从返回的角度看，老子哲学带有循环论的局限性，也是无需为他辩护的。第一层中还提到"道之用"的问题，用，即功能，即展现出来的现象。它与"道之体"不完全相同。老子比较偏重于从弱小、谦逊的角度来揭示道的功能与表相。如道常无欲，可名于小，即是道之用。道不名有，不为主，功成不居功自傲，都是弱的表相。第二层是从生成论的角度来考察万物的生成过程及其终极形态。天下可见的万物都是从有名的命名状态下产生的。而有名的状态是从无名的状态产生的。此处"有"不能直接地理解为今日哲学讲的实有、存在，而是指有名。"无"应当理解为"无名"。第二十五章讲道为混成之物，先于天地而生。道为字，大为名，都是人称谓的结果。第一章讲天地开端无名，有名是文化现象，命名的结果。万物获得了自己的名号，故万物从名号中得以确立自身的特性，故"名"亦可以视之为万物的母亲。王弼将老子"贵道"的哲学解释成"贵无"的哲学，影响了他以后诸大哲人，像张载、王夫之等大哲，总将佛老连称，谩曰佛老贵虚无。其实这都是受王弼影响的结果。

反①者，道之动②。弱者③，道之用④。

---

① 反：有相反与返回二义。
② 道之动：道的运动特性，即是第一章讲道有逝、远、反三种运动的特性。
③ 弱者：示弱的表相。
④ 用：功用、效用。中国哲学讲体与用。体为实体，用为实体表现出来的功用与效用，亦可理解为表相。体实有而不可见，以用见之。用即体之现实化的表现，而不尽体之奥妙。体用一如，显微无间。此点不同于康德哲学体用分离，物自体不可见，人所见者皆现象的哲学思想。

天下万物生于有①，有生于无②。

四十二章

题解：此章可从四个层次去理解。第一层是从生成论的角度解释道生万物的具体过程。此处所说的"生"，非母生子之生产，而是思维借助语言的功能的衍生、展开之意。作为实体的、先于天地而生的混成之物，字之曰道，名之曰大。道、大之字、名的确立，道为里，大为表，然皆是指称混成之物，故曰一。名字既立，与实体的混成之物构成名实二相，故曰二。由命名之行为——二衍生出混一之道，与有名字的道相对应而构成"三"。此"三"实为命名的活动构成了一个衍生状的新的实体。而由此能动的实体去给万事万物命名，故万物得以从各自的名号中获得自己在语言中的独立性——编号，故万物实为命名活动的衍生物，故三生万物。公孙龙《指物》篇云："物莫非指，而指非指。"此句中第一个"指"字，即是命名的活动，是动态的，能指的；而这一动

---

① 有：此处当是"有名"之省略语，不应理解为抽象的"有"。

② 无：此处"无"当是"无名"的省略语，不当理解为空无一物的虚无。第二十五章既言道为混成之物，又先于天地而生，人自混成之物曰道，强为之名曰大。若认为天下万物生于虚无，显然与老子"贵道"思想的总纲领不合。大哲人的思想有矛盾，但不至于思维如此混乱。"有之以为利，无之以为用"的句子中，"有"代表实有，有形，"无"代表空间的虚空，无形。老子哲学，道统有无，即道是有名、无名的统一，有形与无形的统一，虚空与实有的统一。道为绝对的一级概念，如易之有太极。王弼贵无，虽为妙思，然非老子哲学之本意，实王弼之哲学也，亦可曰王弼借老子以表自己之哲学。此点不可不察。

态的、能指的命名活动，不是已经固化的具体指称。故"三生万物"，实指命名、指称的动态活动衍生出万物之名，使无名的、浑然一体的存有本身得以在名的世界里区别开来。故语言中的万物是由命名活动衍生出来的。第二层揭示作为实体的万物，在构成要素方面的具体内涵及其稳定态的内在原因。万物在构成要素方面是阴、阳二气构成的。某一物中的阴阳二气是处在相对平衡的状态。和，即某一物的暂时稳定态。第三层是讲万物存有的状态对于智者的启示意义，这种启示意义即是损益之间的辩证思维。第四层是老子对古典已有的辩证智慧作出新的引申，得出"贵弱"的新结论：强梁者不得其死。这是老子对传统的一种创造性转化。

道生一，一生二，二生三，三生万物。①

---

① 此句话中生一、生二、生三、生万物之生，为衍生、展开之意。对于此句话中一、二、三数字的解释，综合历代注家的代表性说法，可以简化为三种理解路径，其一，道与言的理解路径，一即是语言之中的道大或大道。语言中的道大或大道与混成之物的道体相对而成为二。《庄子·齐物论》："天地与我并生，而万物与我为一。既已为一矣，且得有言乎？既已谓之一矣，且得无言乎？一与言为二，二与一为三。自此以往，巧历不能得，而况其凡乎！"天地物我，作为实体之物，可称之一。语言与这个一相对，称之为二。语言作用于实体之物，衍生出被命名之物，故称之为三。由语言与实体作用的三而生出有不同命名的万物。其二，易学的理解路径：一为道，类似太极，二为阴阳，亦可以代表乾坤、天地。天地合以降甘露，包括人类及其他一切动植物，是之为三。天地人参而生万物。其三，传统数的哲学理解路径：道为一，是为"本数"。《庄子·天下》篇："明于本数，系于末度。"自然数中"一"即类似思想中的"道"，一切自然数从一开始，然后二，二之后有三。三为众，则由三而及万。故三生万物。三种注释的路径中，道作为一的说法是一致，只是不同的思想进路对于二、三的解释有所不同。老子思想属于人类哲学开端时代的思想，含义多元，蕴涵着多种解释的可能性。本书作者认为，上述三种解释路径合而观之，可以较完整地解释这句话的丰富意蕴。

万物负阴①而抱阳②，冲气③以为和④。
人之所恶，唯孤、寡、不谷，⑤而王公以为称⑥。
故物，或损⑦之而益⑧，或益之而损。人之所教。⑨
我亦教之：强梁者⑩不得其死，吾将以为教父⑪。

四十五章

题解： 本章着重阐发相反相成的道理，最终得出这样的结论：以合乎道的清静方式治理天下方为正确与标准的做法。此章可从两个层次来解读，第一层阐述生活中广泛存在的一种接近于道的成、盈、直、巧、辩的现象与事物，由于人们用常识的眼光去审视，故而错过了发现这些美、善之现象的机会。第二层直接表达老子自己的哲学观念，并提出了"清静为天下正"的理想政

---

① 负阴：背靠着阴，依托阴。
② 抱阳：拥抱着阳。此两句为比喻之言，即言万物由阴阳两种要素构成。
③ 冲气：阴阳二气处于一种相对平衡状态，曰冲气。
④ 和：平衡态。
⑤ 孤：少而无父者曰孤。寡：老而无夫者曰寡。在以男性为中心的古代社会，年老无夫的妇女更为可怜。此处孤、寡二字引申为无所依靠，势单力薄。不谷：不善。谷，善也。《尚书·洪范》"既富方谷"，《诗·蓼莪》"民莫不谷"，此二处"谷"字，古训皆为善。侯王自称自己不善，实即今天人们谦称自己无德无能之意。
⑥ 称：名号也。
⑦ 损：本意为减少。此处意为损害。
⑧ 益：本意为增加。此处意为补益，给以好处。
⑨ 教：诲也，告也。
⑩ 强梁者：强悍而以力胜人者。
⑪ 教父：即教甫，教诲的榜样。

治的评价标准。

此章第一层的诸"若"字，值得玩味。若，象也，看起来是那样，而真实的状态却不是那样。此章中的"大"字不可看作现代汉语中的作为形容词的"大"字，而应当看作是道之名，故大成、大盈、大直、大巧、大辩等词，均可等值地替换为道成、道盈、道直、道巧、道辩。合乎道的成、盈、巧、辩，看起来是若缺、若虚、若拙、若讷，一般说来比较容易理解，如何理解合乎道的正直看起来是理短而辞穷呢？似乎不好理解。老子讲"天地不仁，以万物为刍狗"，这一点还可以接受，但接着说"圣人不仁，以百姓为刍狗"，这一点听起来似乎不可接受。自古以来政治口号都讲圣王爱民如子，圣人如何能像对待祭祀用品刍狗一样地对待百姓呢？这不是刻薄寡恩、反民本、反人道的政治吗？但若深想一番，民自古皆有死，百姓到了他们该死的年龄而还不想让他们死去，这有意义吗？今日的各大医院，全国人民将大笔的金钱投放在抢救年事已高的老人身上，看起来是人道的，实际并不见得是人道的。我们今天的很多人已经不知道寿终正寝的说法与观念了。由此观之，"圣人不仁，以百姓为刍狗"的大正直、真理性的观点，看起来是说不通的，其实是合道的。

大成若缺①，其用不弊②。大盈若冲③，其用不穷。大直若屈，④

---

① 缺：不完满，有缺陷或缺损。
② 弊：止也，尽也。
③ 冲：虚也，不满也。
④ 直：正直。大直即合乎道的正直。屈：短也，穷尽也，不通也。

大巧若拙①，大辩若讷②。躁胜寒，静胜热。③清静④为天下正。

四十八章

题解：全章可从两个层面来理解，第一层着重阐述"为道"原则的根本方法是不断地做减法，即减损人的主观意志与妄想，以及按照这一减法所能达到的最大效果：无为而无不为。这一层主要是通过"为学"与"为道"方法的对比以显示"为道"方法的特征及其妙处。第二层则是将这一普遍的原理运用到政治领域，告诉侯王如何按照这一原理去获得主宰天下的梦想。

就老子思想中的经验知识与根本之道的关系而言，老子主张"绝圣弃知"，主张足不出户而见天道，认为人们在经验世界获得的知识越多，其关于道的理解就越少。因此，在老子的思想体系中，的确隐含着轻视经验知识的思想倾向。这一思想对于当今重视科学，重视人类文明进步的主流文化而言，的确有反智的倾向。但是，老子"为道日损"的思想中隐含着要求我们倾听大自然的声音，遵循大自然自身整体性法则的智慧，这一智慧在今天看来仍然是有价值的。

---

① 拙：稚嫩、朴拙。
② 讷：言辞不畅也。
③ 此两句只是讲出了事物的一面道理。我们似乎也可以反过来说："躁胜静，热胜寒。"现代斗争哲学讲运动是绝对的，静止是相对的。而《易》哲学传统讲动中有静，静中有动，太极是也。相比较而言，《易》哲学更得宇宙之本相，老子的辩证思维只得《易》哲学传统之一偏。
④ 清静：即"归根曰静"之道静也，非日常生活的安静之静。

为学日益,①为道日损。②损之又损,③以至于无为,无为而无不为。

取天下常以无事,④及其⑤有事,不足以取天下。

五十一章

题解:本章主要讲道与德的关系,还引申出了物、势两个概念,但在老子五千言中,对物、势两个概念讨论得不多。在庄子与兵家的思想中,分别讨论了物与势的问题,由此也可以看出庄子与老子的继承与发展关系,同时也可以看出先秦兵家与老子思想的内在联系。不过,老子在此处讲的"势",其主要意思还是一种偏向于静态的势位、环境,与兵家讲的动态之势力、势能有很大的区别,但二者之间也有内在的意义关联性。

此章讲"道尊德贵"是一种自然而然的现象,没有什么神秘的主宰者让道尊德贵,再一次体现了老子思想在春秋时期所具有的革命性色彩。老子以"尊道贵德"的哲学思想突破周王朝的"以德配天"的思想,是中国上古思想的一次重大的解放。周王

---

① 为学:致力于学习。学,在当时主要指与礼制相关的知识。亦可泛指一切经验性的知识。日益:每天都在增加。

② 为道:即按照道的要求来约束自己。日损:每天减损自己的主观性想法。

③ 损之又损:即损而又损,意思是不断地剔除人的主观臆想,与"涤除玄览"可参看。其句法结构与"玄之又玄"一句相同。

④ 取天下常以无事:常以无事,即常以无为。全句意为:获取天下的主宰权,其合乎道的方法是凭借无为。

⑤ 及其:一旦。

朝的统治者不完全相信商王朝统治者的天命观，提出了"以德配天"的思想，是一次思想的进步。但周王朝的统治者并没有完全否定天命。老子则完全否定了天命，一切皆是道的运动结果，道所具有的绝对支配力量完全是自然而然的，没有主宰者让道具有这种绝对崇高的力量。但这种道的具体内容究竟是什么，老子无法讲清楚，也不可能讲清楚。人类思想的进步是不可能一步到位的，思想史的发展与人类认识自然、改造自然的能动性这一客观历史进程大体上是一致的。这里我们可以运用历史唯物主义的基本原理来解释这一思想史的精神现象。

道生之，[①]德畜之，[②]物形之，[③]势成之。[④]是以万物莫不尊道而贵德。道之尊，德之贵，夫莫之命[⑤]而常自然[⑥]。

---

① 道生之：此句为省略句，意谓万物皆由道生之。后三句亦如此。此处"生"字有生育之意，与第一章"可以为天下母"相参照。皆是喻词。

② 德畜之：道生万物，由德来畜养万物。畜，通蓄，有积累、养育之意。

③ 物形之：成为某一具体之物，则就定型化，故万物在道生之以后，成为一物就有了一个具体的形式。老子哲学不是抽象地谈论形式，而是从具体的物来讨论物之形式。有物斯有形，故"形"是从物而起。

④ 势成之：帛书甲、乙本均作"器成之"，高明《帛书老子校注》此章注释认为，器、势，古音同而意思相同，但作为"器"解似更合适。势，位也，物之所处的环境或情境也。器，用也。可用者为器。万物功能之实现，全凭环境中之使用也。势成之，或器成之，即是说万物皆因其所用而实现其价值。这即是中国哲学"因用以发体"思想的最古老的表达。故此句话中之"势"，非后世兵家所讲的动态力量，此处所讲的"器"，亦非一般器皿之物，而是器用意义上的器。

⑤ 莫之命：没有谁来发号施令。莫，没有谁。《庄子·则阳》篇讲"莫使""或为"，与此意义相关。命，发布命令。

⑥ 常自然：指道尊德贵，是道自己让自己成为这样的。正好与第一章"道法自然"相呼应。

故道生之，德畜之；长之、育之；亭之、毒之；养之、覆之①。生而不有，为而不恃，长而不宰。是谓玄德②。

七十七章

题解：本章借天道与人道的对比，讲政治上的正义与公道，并把自己的形上之道与形下的政治法则结合起来。全章可分为三个层次，第一个层次从开头到"天之道，损有余而补不足"止，着重阐述天道的公正性。为自己的政治批评提供一个形上的根据。第二层直接批评人道的不公正，就两句话："人之道则不然，损不足以奉有余。"第三层，即此章后面五句话，老子不满人间不公正的现象，故又提出"有道者"的政治理想："损有余以奉天下。"而且重申理想中的圣人之盛德：为而不恃，功成而不居功自傲。

天之道③，其犹张弓④欤！高者抑之，下者举之；有余者⑤损

---

① 此三句依前文当为省略句，其完整的表达式应当为：道长之、德育之；道亭之、德毒之；道养之、德覆之。亭：赋形也。毒：通笃，使之丰厚也。养：依养也。王弼《老子》第三十四章讲道是"依养万物而不为主，可名于小"。覆：盖也，庇护也，保护也。

② 玄德：幽深而不测之大德，此德即是道的最高品性。

③ 天之道：天道。老子五千言是韵文，出于语言韵味的要求，加一"之"字使句子表现出和缓的韵味。

④ 张弓：张弓向前的姿势，身体要站得直，前后两臂要处于同一水平线上。以诗意的语言表达正直、公平之意。

⑤ 有余：指前后臂过高或过低，以及其他多余的动作与心态，如过于紧张与过于松弛的心理状态，都不利于箭命中目标。后文"不足"亦用于描写射箭的动作没达到恰到好处的状态。此两句皆双关语，体现了老子哲学的诗意特征。

之，不足者补之。天之道，损有余而补不足。①

人之道则不然，损不足以奉②有余。

孰能③有余以奉天下，唯有道者。是以圣人为而不恃，功成而不处，其不欲见贤④。

八十章

题解：此章历来被视为老子的"理想国"，可与《礼记》中的"大同"理想相参阅。实际上是老子针对春秋时代大国争霸而开出的政治改革药方。只是老子的政治地位过于低下，不仅无法推行其政治改革方案，甚至连向周王上书提出政治改革方案的机会也没有。全文可从两个大的层次来理解。"小国寡民"是其总的政治纲领，也是其政治目标。此为第一层。后面为第二层，即如何实现这一政治纲领或政治目标的具体方法。就第二层而言，可分为三个层次：其一是器物层面，尤其是关乎政治与军事的器物，其主张是不要使用大型的、先进的器物。其二是心态方面的，以追求纯朴的生活为目标。故其文中的甘、美、安、乐，都应当作为意动用法来理解。其三是诸侯国的规模问题与民众的生存方式问题。不相往来，实际上是古代理想的井田制社会，百姓

---

① 此一句意思是喻指，即说天道是正直、公平的，不偏不倚。可与《尚书·洪范》篇所言"王道平平"相参酌。

② 奉：承也、事也。即给予之义。

③ 能：此处"能"为动词，意谓"敢于做某事"。

④ 见：现也，展示也。贤：此处意为德之成、德之大也。

生死不出其乡的一种绝对自足态，并非后人所说的小农经济社会的自给自足。

小国寡民。①

使②有什伯之器③而不用，使④民重死⑤而不远徙⑥。虽有舟舆，无所乘之；虽有甲兵⑦，无所陈之⑧。使人复结绳⑨而用之。

甘其食，美其服，安其居，乐其俗。⑩

邻国相望，鸡犬之声相闻，民至老死，⑪不相往来⑫。

---

① 小：使之变小。寡：使之变少。皆使动用法。国：诸侯国，非现代汉语中的民族国家。

② 使有：假设之词也。即使有。

③ 什伯之器：可供佰什人使用或由佰什人共同操作才可以使用的大型器皿或器具。前者是大型的鼎或锅；后者是战争武器，如先进的战船或战车等。

④ 使：让也。

⑤ 重死：重视生命也。

⑥ 不远徙：不向远的地方迁徙。帛书《老子》甲、乙本均作"远徙"。王本《老子》显然是经过汉以后的人修改过的文字，远徙，即远离迁徙，与不远徙意思相同。井田制时代，民众生活在一乡里颇能自足，无需向远地方迁徙。

⑦ 甲兵：藤甲或铁甲之军队，在老子时代属于先进的、有极强战斗力的军队。

⑧ 陈之：布防以炫耀它，"之"代指上文甲兵。引申为炫耀自己的国防力量。

⑨ 结绳：远古时代计算财富数目的简陋方式。上古时代财富有限，人的计算智力也有限。此为隐喻之言，即回归到简朴的生活，无须复杂的算计。

⑩ 此四句中甘、美、安、乐四个动词，皆意动用法，以自己所食为甘，以自己所服为美，以自己所处为安，以自己所处之俗为乐，不攀比也。老子批评过于鲜艳的五色，过于细腻的五味，过于纤巧的五音，更反对疯狂的打猎行为。

⑪ 民至老死：从生到死。

⑫ 往来：为了更好地生活而迁徙也。今日中国社会农民工潮，各阶层向更好的地方移民，皆是"往来"也。

五 《孟子》选

题解：《孟子》一书主要是孟子自著，也包括了他的得意门生公孙丑、万章等人记录的有关孟子的言行。《孟子》全书共分七篇，每篇又各分上下，共有三万五千多字。《孟子》一书首先集中体现孟子的政治理想与伦理学思想，少数内容也涉及天道之诚的形上学问题。该书通过描述孟子游说梁惠王、齐宣王等君王的事迹，阐发了孟子的"仁政"学说，即统治者要施仁政于民，以德服人，实行王道，反对以力服人，实行霸道；统治者应重视民众的利益需求，施行"井田制"，保护百姓有"五亩之宅""百亩之田"，维护他们的"恒产"，不要盘剥百姓，与民争利等思想。书中首次提出了"民为贵，社稷次之，君为轻"这一孟子式的民本哲学命题。《孟子》一书在揭示施行仁政的人性根据时，首次较为系统地阐释了孟子式的性善论思想，认为人性本善，具有恻隐、羞恶、辞让、是非的"四端"之心。这一具有先天属性的"四端"之善可以经过正常地存养、扩充而逐渐地长养出具有现实性的仁、义、礼、智四德。因此，每个人应该努力地去觉知自己的先天善端，并在现实生活中自觉地长养这些善的本性，让自己在道德与精神方面成为一个不愧不怍、顶天立地的大丈夫。

公孙丑（上）

题解：《公孙丑》上下篇共有二十三个片断，章句体称之为二十三章，内容十分丰富，从哲学的角度看主要讨论了人性、仁政、道德之勇等问题。本节主要选取养勇与知言养气等道德培养方法的内容，以展示孟子道德哲学的特点。孟子认为，道德之勇——浩然之气，是道德理性内化的结果。而作为道德理性的仁义，虽然先天具备，但必须在长期的道德实践中持续不断地加以坚持并扩充，才会成为现实的人性。在道德之勇的培养过程中，要遵循连续性的原则，使之在道德实践中以自然而然的方式实现出来。如何让道德之勇成为人性的第二自然，是此章的重点之所在。此章也涉及言与意的问题，但主要是讨论语言的社会功能与效果问题，即语用问题，而非抽象的言意关系，因而与同时代道家杰出代表人物庄子的语言哲学思想颇为不同。

公孙丑问曰："夫子加齐之卿相，得行道焉，虽由此霸王，不异矣。如此，则动心否乎？"①

---

① 公孙丑：孟子的学生，可能曾参与《孟子》一书的编撰。夫子：学生对孟子的尊称。加：读"居"，担任，赵岐《注》云："加犹居也。"霸王（wàng）：动词，成就霸业、成就王业，这是孟子经常讨论的两种政治境界。异：动词的意动用法，以之为奇异。动心：心为之动，即"迟疑""畏难""悚惧"。朱熹《集注》云："任大责重如此，亦有所恐惧疑惑而动其心乎？""不动心"就是"不畏难""不畏惧"。动心或不动心，属于"勇"的范畴，故下文论及"勇"。

孟子曰:"否;我四十不动心①。"

曰:"若是,则夫子过孟贲②远矣。"

曰:"是不难,告子先我不动心。"③

曰:"不动心有道④乎?"

曰:"有。北宫黝之养勇也:不肤挠,不目逃,思以一豪挫于人,若挞之于市朝;不受于褐宽博,亦不受于万乘之君;视刺万乘之君,若刺褐夫;无严诸侯,恶声至,必反之。⑤孟施舍之所养勇也,曰:'视不胜犹胜也;量敌而后进,虑胜而后会,是畏三军者也。舍岂能为必胜哉?能无惧而已矣。'⑥孟施舍似曾子,

---

① 不动心:不惑。朱熹《集注》云:"四十强仕,君子道明德立之时。孔子四十而不惑,亦不动心之谓。"

② 孟贲:古代勇士,有伏牛遏舟之勇,是血气之勇的典范。孟贲仍不免于动心,故曰"夫子过孟贲远矣"。

③ 告子:孟子时代的思想家,孟子与他有很多思想交锋。孟子认为,告子虽未能明道,但早已在形式上做到不动心,因此,孟子认为:做到形式上的"不动心"并不难;言外之意,他所推崇的合乎德性道义的"不动心"才是难能可贵的,也是难以企及的。

④ 道:此处指方法、途径。

⑤ 北宫黝:北宫,姓;黝(读"有"),名,齐人,有刺客之勇。挠:读"挠",退却。不肤挠:人刺其肌肤,不会退缩避让。不目逃:人刺其目,不会转睛躲闪逃避。豪:毫毛,如《庄子》所说的"秋毫之末"。挞:鞭挞、羞辱。市:闹市;朝:朝廷。意谓:别人对他哪怕仅仅有丝毫冒犯,他也会感觉就像在闹市之中被当众鞭挞羞辱一样,难以忍受。受:忍受。褐(hè)宽博:褐,粗衣,贱者所服;褐宽博,就是下文的"褐夫",指地位卑贱的匹夫。严:畏惧。反:回击。北宫黝所养的"勇"乃是一种匹夫意气之勇,既表现为克服生理上的畏惧,也体现在对冒犯者(无论其地位高低,无论冒犯程度的轻重)的坚决回击。

⑥ 孟施舍:生平已不可考,当为古代勇敢无畏者。量:衡量,对比。虑:考虑,判断。会:会战,交战。畏三军:让三军有所敬畏。夸张之词也。孟施舍所养之"勇",是"狭路相逢勇者胜"之"勇",能不惧敌人多寡,属气之勇。

北宫黝似子夏。夫二子之勇,未知其孰贤,然而孟施舍守约①也。昔者曾子谓子襄曰:'子好勇乎?吾尝闻大勇于夫子矣:自反而不缩,虽褐宽博,吾不惴焉;自反而缩,虽千万人,吾往矣。'②孟施舍之守气,又不如曾子之守约也。"③

曰:"敢问夫子之不动心与告子之不动心,可得闻与?"

"告子曰:'不得于言,勿求于心;④不得于心,勿求于

---

① 约:要,本。守约:得其要领,更加简易可行。焦循《孟子正义》云:"北宫黝事事皆求胜人,故似子夏知道之众。孟施舍不问能必胜与否,但专守己之不惧,故似曾子得道之大。"赵岐《注》云:"孟子以为曾子长于孝,孝百行之本;子夏知道虽众,不如曾子孝之大也。故以舍譬曾子,黝譬子夏。"

② 子襄:曾子的弟子。大勇:即孟子所推崇之"勇",亦即不动心之"道"。夫子:此处指孔子。意谓孟子所倡言之"勇"起自于孔子,经曾子传述,被孟子继承。反:通"返",返回自身,求诸内心,即反求诸己之义。缩:直也,意谓符合道义。《广雅·释诂》云:"直,义也。"惴:动词的使动用法,使他惊惧。此句意谓:"每当与他人起纷争,则反躬自问,若正义不在我,虽对方仅为匹夫,亦不敢胁迫之;反躬自问,若正义在我,虽对方有千万人之众,亦无惧而往矣。"

③ 孟子将北宫黝、孟施舍和曾子的"养勇"进行了比较,北宫黝为低层次的鲁夫之勇;孟施舍之勇有心理支持。孟子进而将"勇"分为"自反而不缩"式和"自反而缩"式两种,后者的特点是"约",即简易可行。而孟施舍养勇不如曾子守约。"守约",指心怀仁义,至大至刚,故为大勇。焦循《孟子正义》云:"推黝之勇,生于必胜;设有不胜,则气屈矣。施舍之勇,生于不惧;则虽不胜,其气亦不屈,故较黝为得其要。然施舍一以不惧为要,而不论义不义;曾子之勇,则有惧有不惧,一以义不义为断:此不独北宫黝之勇不如,即孟施舍之守气,亦不如也。"

④ 字面义:"言语有所不安,不必求助于心。"告子不看重"知言",故主张不知其言,不必求之于心,如此可保证"不动心"。即对于一种学说不能了解(不得于言),便应该把它搁置起来,不去管它,不去进行理性的探索(勿求于心)。这是一种与孟子"知言"思想相反的观点,故孟子认为"不可"。孟子重视"知言",认为"言由心生",不合理的理论实源于心之蔽障;因此孟子主张:欲"正言",必先"正心";欲"正心",必先养气。

气。'①不得于心,勿求于气,可;不得于言,勿求于心,不可。夫志,气之帅也;气,体之充也。②夫志至焉,气次焉;故曰:'持其志,无暴其气。'"③

"既曰,'志至焉,气次焉。'又曰,'持其志,无暴其气'者,何也?"

曰:"志壹则动气,气壹则动志也,今夫蹶者趋者,是气也,而反动其心。"④

"敢问夫子恶乎长?"

---

① 字面义:"心有所不安,不必求助于气。"告子认为人性无善无恶,"仁内而义外";由于"心"无所谓德性,故"气"仅为"体之充",而非源于内心道德,只不过是生理血气一类,与北宫黝、孟施舍相近。在形式上,孟子认为倘若心志有所偏弊,则不可充之以气(如孟施舍之流),而应反求诸己。在这一点上孟子与告子是相同的,因此孟子称"可";"可"仅指"尚可"之义,还不够完美。因为孟子既然主张"仁义内在","心"主"气"从,又认为"气"可以反过来影响心志,故将"养气"视作养心志的关键。孟子认为,没有内在本心作基础,气就没有着落,表现出来的就只能是莽夫之勇;由于告子主张义外,心必然空虚无依,"不得于心,勿求于气"对告子来讲,其实根本无法落实。

② 夫志,气之帅也:即人的心志是气的统帅、主宰。气,体之充。气为人肉身的重要构成要素。

③ 夫志至焉,气次焉:对此句历来有多种解释,此处仅举出两种。赵岐《注》云:"志为至要之本,气为其次。"或解"次"为舍止,"志之所至,气即随之而止"。持其志,无暴其气:持,守护、保持。暴,乱用、滥用。全句意谓:坚守心志,不要滥用自己的"气"。

④ 志壹则动气,气壹则动志:此言志与气的关系。壹,专一,志为主,气为次,志专一了,气就能鼓动起来。但气对志也有反作用,喜怒哀乐之气也可以动志,表现在积极的一面,即所谓气足而志高;表现在消极的一面,使人成为莽夫之勇。蹶(jué):跌倒。焦循《正义》云:"持其志使专壹而不贰,是为志壹。守其气使专壹而不贰,是为气壹。黝之气在'必胜',舍之气在'无惧',是'气壹'也。曾子'自反而缩,虽千万人吾往',是'志壹'也。"焦氏所解可从。

曰:"我知言,我善养吾浩然之气。"①

"敢问何谓浩然之气?"

曰:"难言也。其为气也,至大至刚,以直养而无害,则塞于天地之间。②其为气也,配义与道;无是,馁也。③是集义所生者,非义袭而取之也。行有不慊于心,则馁矣。④我故曰,告子未尝知义,以其外之也。必有事焉,而勿正心,勿忘,勿助长也。⑤无若宋人然:宋人有闵其苗之不长而揠之者,芒芒然归,谓其人曰:'今日病矣!予助苗长矣!'其子趋而往视之,苗则槁矣。天下之不助苗长者寡矣。以为无益而舍之者,不耘苗者也;助之长者,揠苗者也——非徒无益,而又害之。"

---

① 知言:"不得于言,而求之于心。"孟子认为,淫邪之言是病态之心的反映,"知言"就是由"言"而追溯"心",通过语言把握观念、思想。孟子高度重视言与意之间的内在关系。浩然:朱熹《集注》云:"浩然,盛大流行之貌。"

② 至大:言浩然之气无处不在。至刚:言浩然之气坚贞弘毅。直养而无害:直,一直、始终,即始终不断地培养浩然之气,不可一曝十寒。塞于天地之间:通过直养而无害的培养,此气可以充盈于天地之间。此为譬喻、夸张之词。

③ 配:合也,与道义相合。馁:气弱。无是:是,代指道义。"饥乏而气不充体。"朱熹《集注》云:"言人能养成此气,则其气合乎道义而为之助,使其行之勇决,无所疑惮;若无此气,则其一时所为虽未必不出于道义,然其体有所不充,则亦不免于疑惧,而不足以有为矣。"可从。

④ 是集义所生者,非义袭而取之也:集,朱熹释为"积",长期积累;袭,释为"掩取"。整句的意思是,浩然之气由长期集善所产生,不能靠偶然的善行而得到。行有不慊于心,则馁矣:慊,qiǎn,满足也。

⑤ 以其外之也:"外"为动词的意动用法。孟子批评告子的"义外在于心"之说。必有事焉,而勿正心,勿忘,勿助长也:正心,解作"勉强为正",即后文的"助长"。在培养浩然之气的过程中,既必须时时培养,又不能强行为正;既不能忘记,又不能人为助长。此处强调道德修养的自然过程。应是对老子重视"自然"的吸收与改造。

"何谓知言？"

曰："诐辞知其所蔽，淫辞知其所陷，邪辞知其所离，遁辞知其所穷。[①]——生于其心，害于其政；发于其政，害于其事。圣人复起，必从吾言矣。"

告子（上）

题解：《告子》篇共有三十六个片断（或曰三十六章），涉及的思想内容十分丰富。此处所选片断，突出孟子人性学说中先天具有善端的"性善论"思想，以及仁义内在说，存"大体"以主宰"小体"的人性修养说。孟子"人性善"理论的精微之处在于：既承认人有别于禽兽的先天"善端"，又强调人在现实生活中要通过"心"的知觉与持守，让其"善端"得以长养、扩充，使先天的"善端"通过人的道德意识的觉知与自觉、坚持，转变成现实的善性。"善端"保证了人在现实生活中道德修为的绝对有效性，不受偶然的外在境遇的影响。觉知与自觉、坚持，强调了道德意识，特别是道德理性与道德意志力对于人现实善性圆成的价值与意义。孟子的"性善论"非常巧妙地将先天与后天结合起来。千百年来，人们对于孟子"性善论"有各种各样的评价与批评，直到今天仍然如此。我们的解读不敢视为定论，但希望成

[①] 诐辞：bì，偏曲、片面之辞。蔽：以偏概全，遮蔽全体。淫辞：过度、夸张之辞。陷：失其真。邪辞：不正之辞。离：离于正。孟子有非常强的道德是非观念。正：合乎道德之辞。邪：不合乎道德是非之辞。遁辞：隐遁、躲闪之辞。穷：屈理。

为一种有价值的说法。

告子曰:"性犹杞柳也,义犹桮棬也;以人性为仁义,犹以杞柳为桮棬。"①

孟子曰:"子能顺杞柳之性而以为桮棬乎?将戕贼杞柳而后以为桮棬也?如将戕贼杞柳而以为桮棬,则亦将戕贼人以为仁义与?率天下之人而祸仁义者,必子之言夫!"②

告子曰:"性犹湍水也,决诸东方则东流,决诸西方则西流。人性之无分于善不善也,犹水之无分于东西也。"③

孟子曰:"水信无分于东西,无分于上下乎?人性之善也,犹水之就下也。人无有不善,水无有不下。④今夫水,搏而跃之,

---

① 杞柳:音"起",杞树、柳树,其枝条可供编物之用。桮棬:读作"杯圈",郑玄解作盛羹、盥洗等器具之通名。告子的意思是:杞柳是自然生成的,桮棬是人工制成的;人性就像杞柳,也是自然的;而仁义就像桮棬,仰赖人为。倘若没有人为之力,杞柳无法成为桮棬,人性也不可能变成仁义。可见,仁义并非人性之自然,而是人为外力作用所致。

② 戕贼:戕害、残害。孟子顺着告子的譬喻指出:也正是顺着杞柳的本性制作桮棬的;逆着杞柳之性也不能制作桮棬。孟子在此给告子扣了一顶大帽子,认为否定仁义为人之内在本性,是一种带领天下人祸害仁义的行为。

③ 湍:湍急,形容水势急速。此段论辩承接上段。在上段论辩中,孟子指出告子"杞柳、桮棬"之喻乃违逆本性,不同于人性与仁义的关系。此段告子退一步,放弃"违逆其本性"的视角,举水流之喻。告子认为,正如水流之不分东西,人性亦不分善恶。水流向东或向西,最终取决于人的引导,人性最终表现出善或恶同样取决于形势和引导。

④ 信:诚然。孟子敏锐地抓住了告子水流之喻的一个漏洞,即水流向东向西,表面上看是由于决口的方位,但究其根本,乃是源于水总是向低处流淌的本性。因而,孟子指出,水流不分东西,这不是其本性,水向下流才是水的本性。

可使过颡；激而行之，可使在山。是岂水之性哉？其势则然也。人之可使为不善，其性亦犹是也。"①

告子曰："生之谓性。"②

孟子曰："生之谓性也，犹白之谓白与？"③

曰："然。"

"白羽之白也，犹白雪之白；白雪之白，犹白玉之白与？"④

曰："然。"

"然则犬之性犹牛之性，牛之性犹人之性与？"⑤

告子曰："食色，性也。仁，内也，非外也；义，外也，非

---

① 搏：拍打。跃：水花溅起。颡：额头。激：堵塞。孟子进一步申言：水流因决口引导而向东向西只是表面现象，不是其本性的作用，而只是形势使然；同理，人或者为不善，但这也只是形势使然，而并不是人的本性，人性向善就如水流向下，才是人的真正本性。

② 生之谓性：告子认为，人的天生资质叫做性，人性是自然形成的，没有道德属性，因而无所谓善与恶。

③ 孟子抓住了告子这一说法含糊不清的一个弱点，即人天生的资质有很多表现，究竟哪方面的表现才能被称之为本质属性的"性"，告子并没有说清。孟子举"白色物品之白"这一天生资质为例，来进一步讨论"性"的本质。

④ 按照告子的逻辑，某物天生的资质即其本质属性，则白色既是白羽天生的资质，又是白雪天生的资质，还是白玉天生的资质，那就会得出一个荒谬的结论：白羽的本性是"白色"，白雪的本性是"白色"，白玉的本性是"白色"，三者的本性是同一的。由此，孟子反对告子"生之谓性"一说。

⑤ 孟子认为：告子主张"生之谓性"，而狗、牛和人皆生而具有饮食温饱之欲，如果把这些生而即有的饮食温饱之欲视作本质属性，就会得出"人之性同于狗之性同于牛之性"的荒谬结论。告子之蔽在于只见其某些属性之同，未见其本质属性之异。孟子实质上将"性"解读为人或物的内在本质或主要特质，即其与他物从根本上相区别的所在。而人区别于他物的本性即是仁义。

内也。"①

孟子曰:"何以谓仁内义外也?"

曰:"彼长而我长之,非有长于我也;犹彼白而我白之,从其白于外也,故谓之外也。"②

曰:"异于白马之白也,无以异于白人之白也;不识长马之长也,无以异于长人之长与?且谓长者义乎?长之者义乎?"③

曰:"吾弟则爱之,秦人之弟则不爱也,是以我为悦者也,故谓之内。长楚人之长,亦长吾之长,是以长为悦者也,故谓之外也。"④

---

① 食色,性也:饮食之欲和男女之欲,都属于人的内在本性。此处告子的观点较此前有所调整,不再如"杞柳"之喻那样否认"仁"的内在性,而是承认"仁"是内在于人的本性的,但仍坚持"义"外在于人的本性,是后天形成的,亦此即"仁内义外"。"仁内义外"之说表面上承认"仁"在人性中的地位,但是,由于否定"义"的内在性,实质上截除了"仁"的伦理之发用,使"仁"无法发挥其现实的功用。

② 告子借敬长的伦理行为(义的一种体现),试图说明我敬长仅仅因为他人年长于我,而他人是否年长乃是外在于我的,因而敬长的伦理行为(义)是由外在因素决定的,并非内在于我的本性之中。见人年长而敬长,类似于见白色物而谓之白,这样就消解了伦理行为(义)的内在化之认同,使伦理成为他律而让人感到是一种外在的束缚。

③ 孟子敏锐地抓住告子比喻中的漏洞,指出:白色作为白色马匹和白色的人的属性或许没什么太大差别,但是敬长这一伦理行为(义)放在对待年长的马与对待年长的人之上,则相差悬殊。由此可见,尽管都是年长者,但我们对待年长的人才谈得上敬长,对待年长的马则不会(对老马至多有体恤怜悯之情)。由此,孟子认为敬长之义的根本在于敬长之人认可年长之人可敬的伦理原则,自觉地化为第二本性而不是年长的自然属性。

④ 告子试图通过爱弟(仁)因对象不同而别,敬长(义)则不会因对象不同有所别,来说明"仁内义外"。

曰:"耆秦人之炙,无以异于耆吾炙,夫物则亦有然者也,然则耆炙亦有外欤?"①

公都子曰:"告子曰:'性无善无不善也。'②或曰:'性可以为善,可以为不善;是故文武兴,则民好善;幽厉兴,则民好暴。'③或曰:'有性善,有性不善;是故以尧为君而有象,以瞽瞍为父而有舜;以纣为兄之子,且以为君,而有微子启、王子比干。'④今曰'性善',然则彼皆非与?"

孟子曰:"乃若其情,则可以为善矣,乃所谓善也。⑤若夫为

---

① 孟子采用归谬法:依告子所言,敬长(义)不因长者国家不同有所别就等于"义外",则吃烤肉不因烤肉产出国家的不同而有喜好的不同,是否表明吃烤肉也是"外"于本性呢?对任何地方烤肉的喜悦之情都是内在的。

② 公都子:可能是孟子的学生。此段他总结了孟子之前三种有影响力的人性学说,认为孟子的"性善"学说欲成立,就必须要回应这三种人性学说。性无善无不善:告子持自然主义人性论,以为人性是自然形成的,故无所谓善恶。

③ 性既有向善的可能,也有向恶的可能。人性最终表现为善或恶,乃是由成长的环境决定的。此处公都子所问、所指极有可能就是周人世硕及其思想。王充《论衡·本性篇》云:"周人世硕以为性有善有恶,举人之善性养而致之,则善长;恶性养而致之则恶长,故世子作《养书》一篇。宓子贱、漆雕开、公孙尼子之徒亦论性情,与世子相出入。"《汉书·艺文志》有《世子》二十一篇,原注曰:"名硕,陈人,七十子之弟子。"

④ 不同人的性有明显的善恶之别,有的人天生性善,有的人则天生性恶。且人性之善与恶,与后天成长的环境和血缘遗传无关,即便是圣王之治下,亦有恶人;即便是顽劣之父母,亦可生出纯善至孝之子。

⑤ 乃若:至于。情:实,指人生来的情状。孟子申言:他所说的"性善",是说人天生的本质属性包含着善端,顺着人的善端,人性就自然而然地生长出善性。孟子"性善"说并不是说现实中的人性皆是善的,而是讲人性善的端芽,可以导向善。

不善，非才之罪也。①恻隐之心，人皆有之；羞恶之心，人皆有之；恭敬之心，人皆有之；是非之心，人皆有之。恻隐之心，仁也；羞恶之心，义也；恭敬之心，礼也；是非之心，智也。仁义礼智，非由外铄我也，我固有之也，弗思耳矣。②故曰，'求则得之，舍则失之。'或相倍蓰而无算者，不能尽其才者也。③《诗》曰，'天生蒸民，有物有则。民之秉彝，好是懿德。'孔子曰：'为此诗者，其知道乎！故有物必有则；民之秉彝也，故好是懿德。'"④

孟子曰："仁，人心也；义，人路也。⑤舍其路而弗由，放其

---

① 才：通"材"，质地之意，亦即上文所言的"情"，指原初之性。此句意谓：如果顺着人的材质去培养，是可以让人成为善人；至于现实的人有不善者，并不能归咎于禀赋的材质之恶。

② 铄：shuò，渗入，以火销金，自外至内也，即外力所为。句谓：仁义礼智等善性，并非如烈火销金一般由外力强加形成的，而是根植于天生禀赋的恻隐等四端之心，是四端自然长养的结果，故仁义礼智等善性可视作人性内在固有的东西。弗思耳矣：现实中之所以有恶人，是因为他们没有发挥"心之官则思"的良知良能，故而丧失了本性的善端。孟子主张"求其放心"。放心：放逸了具有善端的能思之心。

③ 倍：相差一倍。蓰：xǐ，相差五倍，《集韵·纸韵》云："蓰，物数也，五倍为蓰。"无算：相差无数倍。人皆有善的可能性，"求则得之，舍则失之"，各人所下工夫不同，结果现实中的人性善恶相差悬殊；有人相差一倍，有人相差五倍，甚至有人相差无数倍，追溯其根源，就在于能否尽其才，即能否充分长养其禀赋与情状。

④ 出自《诗经·大雅·烝民》篇。蒸民：《诗经》作"烝民"，众多之义，《尔雅·释诂》云："烝，众也。"物：事。则：法。秉：执。彝：常，指常道、法度。好：hào，喜欢。懿：美。孟子引此诗及孔子的评语，试图说明人民之所以追求并喜好美好的德性，正是源于其本性中的"四端"善。孟子引《诗》之经文证明自己的"性善"说有经典的根据。

⑤ 仁，人心也："仁"（善性的代表）就是人心固有的，是每个人都具备的。义，人路也："义"（既是善性的代表，也是达到善性的方法）就是人所当行的大道、常则，是每个人都应当遵循的。这就是孟子所说的"仁义内在"。

心而不知求,哀哉!人有鸡犬放,则知求之;有放心而不知求。学问之道无他,求其放心而已矣。"①

公都子问曰:"钧是人也,或为大人,或为小人,何也?"②

孟子曰:"从其大体为大人,从其小体为小人。"③

曰:"钧是人也,或从其大体,或从其小体,何也?"④

曰:"耳目之官不思,而蔽于物。物交物,则引之而已矣。⑤心之官则思,思则得之,不思则不得也。⑥此天之所与我者。先

---

① 放:放逸,散失。求:收拢,找回。求其放心:就是把散失、放逸(忽略、暂忘)的良心、本心找回来。人的良心、本心,有时因为社会环境的不好而放逸了,犹如放牧的鸡犬跑掉了。人应当如同找回自己逃逸的鸡犬一样,找回自己在社会生活中放逸的良心或本心。

② 钧:同"均"。大人:德行高洁、气象宏大之人,亦即现实中的良善之人。小人:缺乏道德感、气象褊狭之人,亦即现实中的邪恶之人。孟子讲的"大人-小人"概念与孔子讲的"君子-小人"概念一样,都是以道德标准来区分的,均超出了当时惯用的阶级身份标准。

③ 从:听从,遵循。大体:以恻隐等"四端"为主的心,即人禽之别的所在。小体:耳目身体等生理性的躯体,即人与禽兽共同的部分。"从其小体"就是顺应人的生理欲望来做事,而不顾及人的道德与伦理要求。

④ 公都子追问:是什么决定了有的人"从其大体",而另一些人"从其小体"?

⑤ 耳目:小体的代表,指"四端"之外的人的生理性的躯体。官:器官,与外物相接触者。思:思考,反思,特指体察"四端"之心、坚守人禽之别、觅求放逸之心的道德反省。蔽:蒙蔽,遮蔽。物:繁杂的外物及与之相伴随的诱惑吸引。物交物:前一个"物"指"耳目"等,由于耳目不能进行道德反省,故不过也是"物"而已;后一个"物"指外物、他物。交:接触。引:被吸引,被诱惑,或被引导至"非义"的邪路上;亦即前文所言的"心"被放逸。

⑥ 心:大体;即恻隐、羞恶、辞让(恭敬)、是非这天赋的四大善端落实于人的处所。此大体之心有体察"四端"、坚守人禽之别、觅求放逸之性的道德反省能力;倘若"思"(发挥此道德反省能力),人心就不会被外物所蒙蔽、诱惑,而获得真知灼见,成就善性;倘若"不思"(忽略、舍弃此道德反省能力),人心就会放逸,无法获得良知,也就无法成就善性。

立乎其大者，则其小者不能夺也。①此为大人而已矣。"

孟子曰："有天爵者，有人爵者。仁义忠信，乐善不倦，此天爵也；公卿大夫，此人爵也。②古之人修其天爵，而人爵从之。今之人修其天爵，以要人爵；既得人爵，而弃其天爵，则惑之甚者也，终亦必亡而已矣。"③

离娄（下）

题解：《离娄》篇共六十一章，内容丰富，但哲学性的内容相对而言较少。此处所选内容突出了孟子强调"人禽之别"的根本理由，同时也涉及孟子对仁义礼乐的自我规定，以及道德目的与手段之间辩证关系等思想。

---

① 此：能够进行道德反省的"大体"。与：给予，赐予。孟子将"四端之心"的源头上溯至纯善之"天"。立：坚守，挺立。大者：大体。先立乎其大者："从其大体"，亦"务本"之意。小者：耳目身体等生理性的躯体。夺：夺走，被诱惑而放逸，如《论语·子罕》"匹夫不可夺志也"之"夺"。

② 天爵：天所赐予或天所认可的爵位，即上文"从其大体"的"大人"所获得的上天的认可。获得"天爵"的表现是"仁义忠信，乐善不倦"。人爵：人君所赐予、或人君所认可的爵位，即现实中的公卿大夫等世俗爵位。有"人爵"者未必能守住"天爵"。孟子将商周时代具有人格神意味的"天"转化成具有先验性、神性意味的"天"。此是孔子、孟子对商周以来"天"的巧妙转化。

③ 从：顺从，随之。要：通"邀"，希求之意。"天爵"为本，"人爵"为末。故修"天爵"即务本，自可由本及末，"人爵"亦可顺理成章的获得。反之，若目的仅在希求"人爵"，修"天爵"只是手段，则是"为人之学"而非"为己之学"，不仅"天爵"不保，"人爵"也难以长久。孟子特别重视道德修为目的的正当性，反对把目的当作手段。《离娄》（下）所揭示的"由仁义行"与"行仁义"的区别，类此。

五 《孟子》选

孟子曰："自暴者，不可与有言也；自弃者，不可与有为也。①言非礼义，谓之自暴也；吾身不能居仁由义，谓之自弃也。仁，人之安宅也；义，人之正路也。②旷安宅弗居，舍正路而不由，哀哉！"

孟子曰："仁之实，事亲是也；义之实，从兄是也。③智之实，知斯二者弗去是也；④礼之实，节文斯二者是也；⑤乐之实，乐斯二者，乐则生矣；⑥生则恶可已也，恶可已，则不知足之蹈之、手之舞之。"

---

① 此两句实为孟子提倡的与人相处之道。孟子将自暴自弃的人定义为不按照仁义原则处世的人，因而将自暴、自弃两词从儒家的道德角度给出了特殊的定义。"谓之"作为谓语动词，往往表现为作者将自己的特殊性解释施加给一个通行的名词或概念之上，如"形而上者谓之道，形而下者谓之器"。道、器为普遍概念，《易传》作者赋予了特殊的意义。《中庸》"自诚明谓之性，自明诚谓之教"句中的性、教亦为通词，然《中庸》作者赋予了特殊的含义。

② 此两句强调仁德与义对于人生在世的根本性。安宅：安宁的住宅。喻词也。正路：应然的必由之路，故引申为正确的大道。亦喻词也。"居仁由义"就成为儒家人生在世的根本法则。《论语》有《里仁》篇，里仁，即居仁也。

③ 此二句解释了仁、义的实质内涵。实：具体性的内核，可引申为本质、实质。仁、义会有各种表现形式，然其最具体的、本质性的内容是奉事亲人，顺从兄长。这是简化性的说法。

④ 此处孟子将"智"的实质内容规定为一种道德与伦理性的认知与实践行为。知：属于理性的了解、懂得。知而后不放弃并践行自己之知，则是一种明智的行为。故孟子所讲的道德之知本身就包含着实践的行为。王阳明讲"知行本合一"，深得于孟子而又有所发展。斯：此，这。下文两处"斯"字，同此。

⑤ 此处孟子将礼涉及的复杂礼文简化为节制地行仁由义的行为。

⑥ 此处孟子将"礼乐"之"乐"的内核规定为乐于居仁由义的道德性行为，并认为由此道德快乐之情感而可以自然而然地生发出人生的生机与生意。恶：音wù，怎么。孟子将老子的"自然"观念中包含的自发意义引入到自己的道德修养的工夫论之中。

孟子曰："人之所以异于禽兽者几希，庶民去之，君子存之。①舜明于庶物，察于人伦，由仁义行，非行仁义也。"②

尽心（上）

题解：《尽心》上下篇共五十四个片断（或五十四章），内容极其丰富，不可一言以蔽之。然其中的主要内容是讨论人如何发挥人的心知的能动性，以完成人的道德修养，让人从与禽兽无几希之别的状态下脱颖而出，最终成为俯仰天地而无愧怍的德性上的"大人"。此处节选的片断主要突出孟子强调人性内在善性的绝对价值，现实的王位也不足以与之相抗衡。当现实的王位与这种内在善性发生冲突时，宁愿选择人之善性的持续存有而放弃王位之尊。

孟子曰："尽其心者，知其性也。知其性，则知天矣。③存

---

① 此章原本在《告子》篇之前，但因其讨论的主题在"四端"之心的基础之上，故移至此处注解。

几希：很微小，相差无几。希，通稀。孟子特重人禽之别，他认为，人与禽兽共同之处很多，如温饱安逸等；但这些并非人的本质属性因而不是真正的人性。孟子认为，人性恰恰是人与禽兽之间的细微而关键的差异，亦即人才具备的源于天的恻隐、羞恶、辞让（恭敬）、是非等四端之心。庶民：指没有道德追求的普通人。去：远离，动词。君子：指有道德追求的士君子。存：保持并加以蓄积。

② 孟子举舜的例子说明仁义内在于人。舜之所以能明辨众物之别，体察人情之是非，并非刻意为之，而是顺着自己内在的仁义本性而为。

③ 尽心：孟子强调要对"心"予以穷极究源式的反思，方可以真正领悟人性所禀有的先天的恻隐、羞恶、辞让（恭敬）、是非之善性。内在于人的仁义等道德属性是通过心之思来知觉的，并要实践中不断保持这种道德知觉或曰道德意识，使之变得更加明确并成为一种不可移易的精神观念。人的善性始终是一种被意识到的善的观念，而非相反。

其心，养其性，所以事天也。夭寿不贰，修身以俟之，所以立命也。"①

孟子曰："莫非命也，顺受其正；是故知命者不立乎岩墙之下。②尽其道而死者，正命也；桎梏死者，非正命也。"③

孟子曰："求则得之，舍则失之，是求有益于得也，求在我者也。④求之有道，得之有命，是求无益于得也，求在外者也。"⑤

孟子曰："万物皆备于我矣。反身而诚，乐莫大焉。强恕而

---

① 夭寿不贰：无论短命或长寿，都不会背叛。贰，背叛。引申为动摇。此处孟子强调尽心知性、存心事天的道德修为与人在经验生活中的寿命长短的偶然性无关。俟：等待。由于前面有尽心、存心的主体自觉行为，故此处等待就不是消极、被动的领受，而是以道德之勇面对经验世界的不确定性。立命：建立不可动摇的对于天所赋予人的仁义等道德价值之信仰。孔子"三十而立"是立于礼。孟子则提倡"立命"。孔子讲"五十而知天命"，孟子则将"立命"确立为人从生命觉醒开始到生命结束为止的全过程的道德修为。

② 莫非命也，顺受其正：此处孟子强调人在必然性面前保持一种道德的自觉与选择。莫非，没有什么不是这样，强调了命之于人的必然性，普遍性。顺受其正，即顺从人先天的道德善性，即使有不确定的人生结局，也毫不在意，故曰顺受其正。此"正"亦是人与禽兽相区别之处。顺受在表象上是被动的，但包含着道德的自觉与自由选择的主动性。岩墙：高而随时可倒之墙。喻词也，喻一切随时可发生的危险处境。故孔子讲"乱邦不入""危邦不入"，是其意也。

③ 尽其道而死：即上文"修身以俟之"，顺受天命而终。桎梏死者：触犯时王之法而受罚至死者。非正命：即不是依照仁义原则行事而使自己的生命被终结。

④ 孟子主张"仁义内在"，故仁不远人，每个人自觉地追求仁义，这种追求有助于获得。故曰"求在我者"。此与孔子所言"仁远乎哉？我欲仁，斯仁至矣"的观点较为一致。

⑤ 富贵寿夭之类，非内在于人的善性，不仅必须以道得之，而且最终能否获得亦由某种必然性（命）决定，无法靠个人努力、追求获得，故称之为"求在外者"。孟子此处原则性地规定了人的主观能动性或曰自由意志如何运用的问题。成为道德的人是孟子给人性修养提出的方向和目标。

行,求仁莫近焉。"①

孟子曰:"人之所不学而能者,其良能也;所不虑而知者,其良知也②。孩提之童无不知爱其亲者,及其长也,无不知敬其兄也。亲亲,仁也;敬长,义也;无他,达之天下也。"③

孟子曰:"舜之居深山之中,与木石居,与鹿豕游,其所以异于深山之野人者几希;及其闻一善言,见一善行,若决江河,沛然莫之能御也。"④

桃应问曰:"舜为天子,皋陶为士,瞽瞍杀人,则如之何?"⑤

---

① 万物皆备于我矣:此句解读,历来多有分歧,朱熹《集注》所解可备参考:"此言理之本然也。大则君臣父子,小则事物细微,其当然之理,无一不具于性分之内也。"实际上,孟子想告诉人们的道理是,我并不是孤立的,万物之性均在我的大体小体之内。通过"尽心""存心"的反身与修养而达至与天道之诚的合一,是人生最大的快乐。莫大焉:没有什么比之更大。强恕:勉励,努力而行恕道。求仁莫近焉:意谓没有什么行为比"强恕"更能接近"仁"。此处可见曾子以"忠恕"解孔子之"仁"具有合理性。

② 良能、良知:常能、常知,即孟子所讲的先天性的"四端"。此先天的"善端"从心之知觉状态与实际道德行为来说,即是良知、良能。朱熹《集注》云:"良者,本然之善也。"王阳明的"良知说"与孟子之说有深刻的内在联系。

③ 此一段有三层意思,其一,孟子以孩提之童生来知道爱亲敬长的现象,来证明人有良知、良能。其二,孩童长大后天然地知道敬其兄长,可见"义"与仁一样,都是人内在的善性,进而否定了告子"仁内义外"说。其三,"仁政"无非是将亲亲、敬长的家庭伦理推广到天下而已。

④ 几希:很微小,相差无几。希,通稀。沛然:盛大,充沛,如江河之水奔腾,势不可挡。此处孟子以舜为例,说明人的"良知""良能"在善言、善行的诱发下,具有一种巨大的力量,能克服人世间偶然遇到的恶。

⑤ 桃应:孟子的学生;一说孟子的论敌。皋陶:传说尧舜时期的著名贤者,掌刑律,《尚书》中有《皋陶谟》一篇。瞽瞍:舜的父亲,性情暴虐,为恶多端。桃应根据传说中三人的基本情况,假设了一种可能发生的情形,以为难孟子以及儒家仁孝学说。

五 《孟子》选

孟子曰："执之而已矣。"①"然则舜不禁与？"曰："夫舜恶得而禁之？夫有所受之也。"②"然则舜如之何？"曰："舜视弃天下犹弃敝蹝也。窃负而逃，遵海滨而处，终身䜣然，乐而忘天下。"③

---

① 执：抓捕。这是讲皋陶的选择。
② 受：承受，如"罪有应得"。
③ 敝：坏旧。蹝：xǐ，同"屣"，鞋子。负：背负。遵：沿，傍着。海滨：人迹罕至、政令难达之地。䜣：同"欣"，欢欣。忘天下：忘记曾经做过天子、拥有天下。本章与《论语·子路》篇的"父子相隐"一章，历来为学人所争论，并在21世纪之初引发了儒家血缘亲情与社会正义是否存在伦理冲突的学术大讨论。

六 《庄子》选

题解：现存《庄子》一书三十三篇，分内外杂三类，内七篇一般认为是庄子本人所作，外杂篇共二十六篇，或有庄子之作，多为庄子后学的作品。《庄子》一书内容极其丰富，难以一言以蔽之，其"尊道贵德"的思想虽来自老子，然而有较大的发展。逍遥、齐物、法天贵真，以及塑造的一系列真人、至人、神人形象，对现实政治黑暗的批判，创造出"三言"的系统诗化哲学语言体系，均逸出老子甚远。《庄子》一书经过郭象的注释，思想发生了一些位移，特别是其对适性的解释有一点庸人化倾向。要深入、准确地理解庄子的思想，必须严判庄郭之间的差异，正如要深入、准确地理解老子的思想，必须严判老子与王弼的思想的差异一样。本书选择《逍遥游》《齐物论》二篇，希望能完整地反映庄子追求自由的精神和通过"齐物"观念所表达的事物皆有所可的形式上的价值平等的思想。《齐物论》一篇，是先秦诸子中思想结构与语言形式最为复杂的一篇大文章，是检验中国古典哲学研究者古代汉语和哲学思辨水平的试金石。

六 《庄子》选

逍遥游

题解:"逍遥游"三字非庄子原文之题目,是后来整理者所加。然能够揭示此篇的主旨。逍遥游,即是一种自由自在的行走与生存状态。"乘天地之正,御六气之辩,以游乎无穷"的无所待状态,就是庄子所追求的逍遥游状态。用今天的思想观念来解释,即是追求绝对的自由自在状态。文章结尾部分对于"有用"与"无用"的讨论,深化了"逍遥游"的主旨,然而也包含了更多富有启发性的思想内容。以"无用"而求得逍遥游的生存与生命状态,实际上又包含了对人的在世存在价值的否定。庄子思想之妙就在于我们很难用所谓的主题思想加以束缚,他的哲学思考总在我们已有的解释之外。这或许就是庄子思想的魅力,也是古代经典的魅力。

北冥有鱼,其名为鲲。①鲲之大,②不知其几千里也。化而为鸟,其名为鹏。鹏之背,③不知其几千里也。怒④而飞,其翼若垂

---

① 北冥:北天池。鲲:一种大鱼的名字。一说为鲸鱼。此皆为庄子想象之词。
② 鲲之大:鲲的整个体积之大之长。以含混之词表清晰之意。
③ 鹏之背:鹏为鸟,有翅膀,故以其背之局部为着眼点而写其大之可见形态,若展开翅膀,则鹏之形体不可见之大,就需要读者展开想象力加以完型了。此乃庄子行文之妙。
④ 怒:振起也。

天①之云。是鸟也，海运②则将徙于南冥。南冥者，天池也。

《齐谐》者，志怪③者也。《谐》之言曰："鹏之徙于南冥也，水击三千里，抟扶摇④而上者九万里，去以六月息⑤者也。"野马也，尘埃也，⑥生物之以息相吹也。天之苍苍，其正色邪？其远而无所至极邪？其视下也，亦若是则已矣。

且夫水之积也不厚，则其负大舟也无力。⑦覆杯水于坳堂⑧之上，则芥⑨为之舟。置杯焉则胶，水浅而舟大也。风之积也不厚，则其负大翼也无力。⑩故九万里则风斯在下矣，而后乃今培风⑪；背负青天而莫之夭阏⑫者，而后乃今将图南⑬。

---

① 垂天：垂通陲，此为倒装用法，即天陲。天边之意。
② 海运：大海的潮汐运动。
③ 志怪：记载怪异之事。志，记也。
④ 抟扶摇：乘着龙卷风。抟，旋转之意。此处指依着龙卷风而旋转。音 tuán。
⑤ 六月息：此处指阴历六月海水的潮汐。
⑥ 野马也，尘埃也：尘埃的漂浮运动毫无规则可言，状若野马。庄子察物精细，认识到大气中的尘埃运动，实际上是具有生物特征的微生物相互作用的性状。
⑦ 此句涉及现代浮力原理，古人没有现代物理学观念，积水深厚，浮力就越大。大船必依赖较大的浮力方能托起而航行。
⑧ 坳堂：厅堂地面之凹凸不平状。
⑨ 芥：草尖。
⑩ 此句将水之浮力与大风托翼而起作类比论述，在古代属于妙喻，在今天则属于不类。鸟翼飞翔，遵循的是空气动力学原理，船行水上，遵循的浮力原理。不过，今日科学仍然将宇宙航行器称作宇宙飞船，亦可见庄子妙喻在语言方面有可取之处。
⑪ 培：随顺之意。古训多通背，今不从。音 péi。
⑫ 夭阏：阻碍。阏，音 è。
⑬ 图南：向着南方。

六 《庄子》选

蜩与学鸠笑之曰:"我决起①而飞,抢榆枋,时则不至而控于地而已矣,②奚以之九万里而南为?"适莽苍者,③三餐而反,腹犹果然④;适百里者,宿舂粮;适千里者,三月聚粮。之二虫⑤又何知!

小知不及大知,小年不及大年。⑥奚以⑦知其然也?朝菌不知晦朔⑧,蟪蛄不知春秋⑨,此小年也。楚之南有冥灵⑩者,以五百岁为春,五百岁为秋;上古有大椿者,以八千岁为春,八千岁为秋,此大年也。而彭祖乃今以久特闻,⑪众人匹之⑫,不亦悲乎!

汤之问棘⑬也是已:穷发之北⑭有冥海者,天池也。有鱼焉,

---

① 决起:快速飞起来。决,音xuè。
② 时则不至:有时候达不到。控于地:落到地上。控,投也。
③ 适莽苍者:到城之外很远处郊游的人。适,到。莽苍,郊野。
④ 果然:腹饱的样子。
⑤ 之:代词,这。二虫:指上文蜩与学鸠。
⑥ 此句为承上启下之语。小知:即小智,认识能力低弱者,代指蜩与学鸠。承上文。小年:存活时间很短的生物,代指下文朝菌、蟪蛄两种小生物。此句启下文。
⑦ 奚以:何以。
⑧ 朝菌:早上生晚上死的菌类。晦朔:每月第一日称晦,每月最后一日称朔。朝菌因为生命短暂,不知道有晦朔的时间现象。
⑨ 蟪蛄:一种夏生秋死的蝉。因为生命时间跨度小,不知道一年有春夏秋冬的四季变化。
⑩ 冥灵:南方的一种大树。或以为灵龟。
⑪ 彭祖:传说中道家的人物,活了八百岁。特闻:唯一长寿的传说。特,独也。
⑫ 匹之:以之为效法的对象。匹,配也。
⑬ 汤:商汤。棘:名夏革,传说中夏时贤人。
⑭ 穷发:不毛之地。不毛之地的北方,意谓更加荒凉。

其广数千里,未有知其修者,其名为鲲。有鸟焉,其名为鹏,背若太山,翼若垂天之云,抟扶摇羊角而上者九万里,绝云气,负青天,然后图南,且适南冥也。斥鴳笑之曰:"彼且奚适也?我腾跃而上,不过数仞而下,翱翔蓬蒿之间,此亦飞之至也。而彼且奚适也?"此小大之辩①也。

故夫知效一官,行比一乡,德合一君,而徵一国者,其自视也亦若此矣。②而宋荣子犹然笑之。③且举世而誉之而不加劝④,举世而非之而不加沮,定乎内外之分,辩乎荣辱之境,斯已矣。⑤彼其于世未数数然⑥也。虽然,犹有未树⑦也。夫列子御风而行,泠然善也,⑧旬有五日而后反。彼于致福⑨者,未数数然也。此虽

---

① 小大之辩:小大之间的区别。辩,通辨,区别也。此处小大包含小知与大知,小年与大年,故进一步抽象为小大之间的区别。庄子通过文学的形象方式讨论抽象的哲学道理,实亦诗化哲学之一类也。

② 知效一官:指智力仅仅能在某一个官能方面有所长者。效,胜任。行比一乡:德行与行动能力能团结一乡之人。比,合也。德合一君:其内在德性只能胜任辅佐一个诸侯国君的人。意味此人之德不足以辅佐主宰天下大事之共主。合,适应。而徵一国:才能足以成就一国之事。而,能也。徵,成也。

③ 宋荣子:宋国一贤人,荣为姓。一说为宋牼。犹然:笑的样子。大约是一种不屑于世人的评价,轻蔑一笑之状。

④ 加劝:更加努力。劝,努力。

⑤ 内:自己认定的值得追求的东西。外:社会上其他人的是非评价。荣辱之境:道德与价值上的正面与负面的状态。

⑥ 数数然:很多的样子。

⑦ 未树:未建立起来的属于自己的正面价值原则。暗喻其未得道也。

⑧ 泠然:轻妙的样子。善:好也。非今日道德善恶之善。

⑨ 致福:得到的福祉。致,获得。福,福祉。

六 《庄子》选

免乎行，犹有所待者①也。若夫乘天地之正②，而御六气之辩③，以游无穷者，彼且恶乎④待哉！故曰：至人无己，神人无功，圣人无名。⑤

尧让天下于许由，曰："日月出矣而爝火⑥不息，其于光也，不亦难乎！时雨降矣而犹浸灌，⑦其于泽也，不亦劳乎！夫子立而天下治，而我犹尸之⑧，吾自视缺然⑨。请致天下。"许由曰："子治天下，天下既已治也。而我犹代子，吾将为名乎？名者，实之

---

① 所待者：即要依赖风而行，不能自由自在的行走，因而还是有局限性。
② 乘天地之正：顺应天地的法则。乘，顺也。正，法则。
③ 御六气之辩：驾驭阴阳风雨晦明六气的变化。六气，有不同的说法。此处取阴阳风雨晦明的六气说。辩，通变。
④ 恶乎：哪里。
⑤ 此三句承启下文。至人无己：达到最高境界的人，没有己与物，己与人之对立。神人无功：脱离了人事干扰的神仙一类的人，他们不再追求人世间的一切功利性的目标，故也没有所待，没有任何烦恼。圣人无名：历史上的圣人没有任何名号可以用来称赞他的功德。因为他的功德太大太多，没有一个合适的命名足以囊括，故无名。至人、神人、圣人，皆是得逍遥之人。行文至此，从文章学的角度看，为第一大段。下文的四则寓言故事进一步阐述了圣人无名、神人无功的道理。至于庄子与惠子讨论大瓠的有用无用之寓言故事，则可以视之为"至人无己"的说明，然不能完全表达"至人无己"命题之内涵。而有关大树"有用无用"之讨论，似有溢出本文主题之外的内容。若以无用而得生命之自由，亦可以视之为逍遥游之一种。然而这是一种带有悲观的、消极自由的色彩。
⑥ 爝火：人所制作的火炬。
⑦ 时雨：适时而下的雨水。浸灌：以人工方法而为田地灌水。
⑧ 尸之：主持之，占住着王位。
⑨ 缺然：感到自己内在之德与王位不相配，有一种不胜任的感觉。

宾也。^①吾将为宾乎？鹪鹩^②巢于深林，不过一枝；偃鼠^③饮河，不过满腹。归休乎君，^④予无所用天下为！庖人^⑤虽不治庖，尸祝不越樽俎而代之矣。^⑥"

肩吾问于^⑦连叔曰："吾闻言于^⑧接舆，大而无当，往而不返。吾惊怖其言，犹河汉而无极也，大有径庭，不近人情^⑨焉。"连叔曰："其言谓何哉？""曰：'藐姑射^⑩之山，有神人居焉。肌肤若冰雪，绰约若处子。不食五谷，吸风饮露。乘云气，御飞龙，而游乎四海之外。其神凝，使物不疵疠^⑪而年谷熟。'吾以是狂而不信也。"连叔曰："然。瞽者^⑫无以与乎文章之观^⑬，聋者无以与乎钟鼓之声。岂唯形骸有聋盲哉？夫知亦有之。是其言也，

---

① 名者，实之宾也：此句表达了庄子的名实论思想。庄子认为实比名更重要。名仅处于次要的、第二位的东西。何谓实？凡一物是其所是，位其所当位，得其所当得，皆为实。至于用什么样的名号称谓这所是，所当是，并不那么重要。

② 鹪鹩：鸟名，巧妇鸟。

③ 偃鼠：或作鼹鼠，一种大老鼠。

④ 君归休乎：倒装句，意谓：您回去歇着吧。

⑤ 庖人：古时掌管厨房提供膳食、祭品的人。

⑥ 尸祝：古时太庙中专门负责祭祀活动的人。樽：酒器。俎：肉器。此两句在名实必须相符的名实论理论框架下，讨论了严格的社会分工问题。

⑦ 肩吾：庄子虚构的人物。下文的连叔亦是虚构的人物。接舆是传说中的楚国狂人。问于：向某某问道。

⑧ 闻言于：从某某人处听说到。

⑨ 人情：人世间常识所理解的实际状况。非现代汉语中"人情"一词的意思。

⑩ 藐：遥远之意。姑射山，《山海经》称之为在寰海之外。射：音 yè。

⑪ 疵疠：疾病。音 cī lì。

⑫ 瞽者：眼睛没有缝隙，完全的盲人。

⑬ 观：示也。文章之观，即花纹色彩之展现。

犹时女也。^①之人也，之德也，^②将旁礴万物以为一^③，世蕲乎乱，^④孰弊弊焉以天下为事！^⑤之人也，物莫之伤，大浸稽天^⑥而不溺，大旱金石流、土山焦而不热。是其^⑦尘垢粃糠，将犹陶铸^⑧尧舜者也，孰肯以物为事^⑨！宋人资章甫而适诸越，^⑩越人断发文身，无所用之。尧治天下之民，平海内之政，往见四子藐姑射之山，汾水之阳，^⑪窅然丧其天下焉。^⑫"

惠子谓庄子曰："魏王贻我大瓠之种^⑬，我树之成而实五石^⑭。

---

① 时：是也。代词。全句的意思是：像你这样的人。
② 之：此两句中"之"字，均为代词，意思是"这样的人"。
③ 旁礴：像巨大的云气弥漫铺开，一下子混同万物。万物本是分立的存在，然神人可以将它们瞬间混同为一，以显示其力量无比强大。
④ 世蕲乎乱：世人只是求乱。蕲，祈也。此句意谓：世人各自追求属于自己的目标，以为有序，整体上恰恰造成混乱。
⑤ 孰弊弊焉以天下为事：哪里肯忙忙碌碌地把治理天下当作自己的事业。
⑥ 大浸稽天：大洪水滔天。稽，至也。
⑦ 是其：代指上文有德之人的所为，与上文"是其言也"的句法相同。
⑧ 陶铸：即铸造。此处庄子借寓言诋毁儒家理想中的圣人，认为这些可以旁礴万物为一体的神人，可以用垃圾来铸造尧舜。
⑨ 以物为事：此处"物"字，即上文"使物不疵疠"一句所描述的事情。
⑩ 宋人：宋国人，殷人之后。在战国诸子的文章中，宋人多被当作嘲笑的对象来处理。资章甫：卖帽子。资，货也。章甫，殷人之冠。适诸越：到越国之地。诸，之于之合音。
⑪ 汾水：今山西的汾水。水之北为阳。
⑫ 窅然：茫然之状。窅，音yǎo。丧：遗忘。此句意谓：尧见到藐姑射之山的四位神人，看到他们内在之德充满自足逍遥的样子，忽然自觉自己平定四海的巨大政治成就在他们面前根本无足轻重，故茫然若失。
⑬ 贻：赠送。大瓠：一种大葫芦。
⑭ 树：种植。实：大瓠的内瓤与籽。五石：石，古时计量单位，一石为一百二十斤。

以盛水浆，其坚不能自举①也。剖之以为瓢，则瓠落无所容。②非不呺然③大也，吾为其无用而掊之④。"庄子曰："夫子固拙于用大矣。宋人有善为不龟手⑤之药者，世世以洴澼絖⑥为事。客闻之，请买其方百金。⑦聚族而谋曰：'我世世为洴澼絖，不过数金；今一朝而鬻技百金，请与之。'客得之，以说⑧吴王。越有难，吴王使之将⑨。冬与越人水战，大败越人，裂地而封之。能不龟手一也，或以封，或不免于洴澼絖，则所用之异也。今子有五石之瓠，何不虑⑩以为大樽⑪而浮乎江湖，而忧其瓠落无所容？则夫子犹有蓬之心⑫也夫！"

惠子谓庄子曰："吾有大树，人谓之樗⑬。其大本⑭臃肿而不

---

① 其坚不能自举：指大瓠的外壳硬度不够，不能作为盛水之器来使用。
② 瓠落：指剖开之后大瓠占地面积过大。无所容：不方便放在家里。
③ 呺然：虚大的样子。呺，音xiāo。
④ 掊之：击破之。之，代指大瓠。
⑤ 不龟手：不让手的皮肤皴裂。龟，音jūn。
⑥ 洴澼：音píng pì，漂洗之意。絖：音kuàng，絮细之物，然非棉絮。棉花在汉魏才传入中国。
⑦ 方：不龟手之药的药方。百金：一百金黄铜。古汉语量词前不加二、三等数词，皆为一百或一千等。
⑧ 说：游说。
⑨ 将：扶助也。即让此人携带此药辅助战事。
⑩ 虑：仔细的思考。
⑪ 大樽：即将此大葫芦制作成类似于盛酒的大樽。
⑫ 犹有蓬之心：好像有拳曲不直之类的蒿草填塞于心。蓬，拳曲不直之类的蒿草。
⑬ 樗：音chū，古人谓之恶木，今人俗称臭椿树，树皮为白色，割破后流白色液体。其叶有特别刺鼻的臭味。另一种红色树皮的椿树为香椿，其叶经过沸水淖一遍捞起，晾晒之后可以作为凉菜使用。
⑭ 大本：树的主干。

中绳墨，其小枝卷曲而不中规矩，立之途，匠者不顾①。今子之言，大而无用，众所同去②也。"庄子曰："子独不见狸狌③乎？卑身而伏，以候敖者；东西跳梁，不避高下；中于机辟④，死于罔罟⑤。今夫斄牛⑥，其大若垂天之云。此能为大矣，而不能执鼠。今子有大树，患其无用，何不树之于无何有之乡⑦，广莫之野，彷徨乎无为其侧，逍遥乎寝卧其下。不夭⑧斤斧，物无害⑨者，无所可用，安所困苦哉！"

齐物论

题解： "齐物论"三字为后来整理者所加，原文无此题。该篇以主体"吾丧我"的精神境界，消除物我、人我之间的是非、对错之争。又以"物化"的自然哲学观念，进一步阐明万物可齐的客观实在的真相。文中的"天籁"实即"道籁"，亦即大道之音，故无所待。莫若以明，休乎天均，照之于天等说法，都是要求人们在是非面前，应当采用"以道观之"的态度，故可以消除

---

① 顾：回头看。
② 去：离开。
③ 狸：类似猫类的动物，当是狐类动物。狌：即黄鼠狼。
④ 机辟：捕捉野兽的工具，一般含有一种机关，当动物踩到后脚会被锁住。
⑤ 罔罟：古人打猎时用来捕捉动物的罗网。罟，音gǔ。
⑥ 斄牛：西南少数民族地区的长毛牦牛。斄，音lí。
⑦ 无何有之乡：想象之中的不毛之地。
⑧ 不夭：不被夭。夭，未成年而死亡为夭。
⑨ 物无害者：无物害之者。害，戕害。

是非之争。人世间的各种言语，都不是自主自立的，而是有所依赖的"人籁"或"地籁"，它们都不是"天籁"。人心不应当伴随着身体的衰老而变成"不可复阳"的"近死之心"，而应当是像得道的轮扁、大马、佝偻承蜩者等一样保持着"天机"。人要真正获得道德的"特操"，必须要达到"不知怒者为谁"，"咸取自取"的天籁境界。这一境界与《逍遥游》中所理想的"乘天地之正，而御六气之辩，以游乎无穷"的境界，高度一致。

南郭子綦隐机而坐，仰天而嘘，荅焉似丧其耦。^①颜成子游立侍乎前，曰："何居乎？形固可使如槁木，而心固可使如死灰乎？今之隐机者，非昔之隐机者也？"^②子綦曰："偃，不亦善乎，而问之也！今者吾丧我，汝知之乎？^③女闻人籁而未闻地籁，女闻地籁而未闻天籁夫！"^④

---

① 南郭子綦：古注以为楚昭王庶弟，楚庄王的司马，字子綦。隐机：依凭一张条机。机，古人席地而坐时面前一张长形的小桌子，称为机，今作几。嘘：叹气。荅焉：浑身放松的样子。丧其耦：没有对象在面前。"荅焉似丧其耦"句甚为关键，此身体的状态表明，子綦已经摆脱了物我对峙的状态，达到了与物（包括环境）为一的境界。

② 颜成子游：名偃，字子游。成是谥号。何居乎：即居何乎？意谓如何安处呢？此安处主要是指下一句心怎么可能达到如死灰的状态？而作为子綦的弟子子游发现，今天依凭着条几的老师，其生命状态好像不再是昨天的样子。

③ 吾丧我：子綦的回答，揭示了今天为什么是"荅焉似丧其耦"的样子的原因。吾，作为指示代词，指称言说者自己。我，一个人在意识上保持自身身份统一性的精神主体。丧我，即忘我。忘我，即可以达到与物、环境为一的状态。

④ 籁：古乐器之一种，箫也。人籁：即由竹子做成的箫。地籁：喻词，指大地上各种窍穴发出的声音，类似人吹箫时发出的声音。天籁：亦喻词也。据下文描述，即天发出的各种声音。此处"天"并非指实体的苍天，而是自然的代名

六 《庄子》选

　　子游曰："敢问其方①。"子綦曰："夫大块噫气,②其名为风。是唯无作,作则万窍怒呺。而独不闻之翏翏③乎？山林之畏佳④,大木百围之窍穴,似鼻,似口,似耳,似枅⑤,似圈,似臼,似洼者,似污者；激者、謞者、叱者、吸者、叫者、譹者、宎者、咬者,⑥前者唱于而随者唱喁,⑦泠风⑧则小和,飘风⑨则大和,厉风⑩济则众窍为虚。而独不见之调调,之刁刁乎？⑪"

　　子游曰："地籁则众窍是已,人籁则比竹是已。敢问天籁。"子

词。三籁之中,人籁是实指,地籁是喻词,天籁是卮言。卮言的构词特点是：在一个具体名词前面加一个极抽象的天或道之类的词,就形成了一个具体的卮言之词,如天门、天韬、天府、天均之类。卮言之中,又有天机、天伦、天乐、天德、天性等表哲学意味的词汇。只有极少数以天为限定词的,如天年、天运等是实词。此类构词,如老子以道（大）为限定词而创造的大象、大音、大白等词汇的构成原理一样。依此而言,天籁实有两层意思,一是指大自然中一切自然物发出的声音。二是道籁,即大道发出的声音。而道的声音即是真理的声音,它是超越感官的,需要用包含了感性内容的理智之心去聆听。

① 方：道也。即上文所指"三籁"发声的具体道理之所在。
② 大块：大地也。噫气：气之逆也,类似常人打饱嗝时的气逆之状。
③ 翏翏：长风吹动的状态。翏,音 liào。
④ 畏佳：高耸之状。佳,音 zhuī。
⑤ 枅：为柱上方之方木也。
⑥ 此处描述声音的诸词：謞者,呜呜的大声音。謞,音 xiào。譹者,哭叫声。譹,音 háo。宎者,似山谷里发出的声音。宎,音 yǎo。
⑦ 于：音之嘘也。喁,小声也。于喁：声音相和之状。
⑧ 泠风：小风。
⑨ 飘风：大风。
⑩ 厉风：烈风。
⑪ 调调、刁刁：皆是形容大风之后小树枝仍然还轻轻摇动的样子。调,音 tiáo。刁,音 dāo。

綦曰："夫吹万不同①,而使其自己也,咸其自取,怒者②其谁邪?"

　　大知闲闲,小知间间;③大言炎炎,小言詹詹。④其寐也魂交,其觉也形开,与接为构⑤,日以心斗。缦者、窖者、密者。⑥小恐惴惴,大恐缦缦。⑦其发若机栝,其司是非之谓也;⑧其留如诅盟,⑨其守胜之谓也;其杀若秋冬,⑩以言其日消也;其溺之所为之,不可使复之也;⑪其厌也如缄,以言其老洫也;⑫近死之心,

---

　　① 吹万:即万吹。人吹箫,大地噫气吹动山林之万窍,均是吹者。吹的主体何止千万?故称"吹万不同"。

　　② 怒者:发动者。此处庄子没有对"天籁"给出一个实质定义,引起后来注庄者众多的解释。笔者认为:天籁,实即一切物自主发出的声音,都属于天籁。就其最根本的、最形而上的意思来说,天籁也即道籁,是真理的声音,因而是希声之音。林间树叶上滴下的水滴声,山涧溪水声,亦是天籁。地籁虽然是大自然发出的声音,但在庄子看来有吹者——大地噫气,有被吹者——山林之众窍,故而不是"咸其自取"的天籁。

　　③ 闲闲:宽裕貌。间间:察察也,辨析苛细之貌。

　　④ 炎炎:依古注,读作淡淡。"道之出乎口,淡乎其无味",少言之貌。詹詹:多言之貌。

　　⑤ 与接为构:与所接触之对象发生纠缠的关系。

　　⑥ 缦、窖、密:三者皆为掩藏之意。缦,遮盖也。窖,挖地窖深藏也。密,封藏也。

　　⑦ 惴惴:不安之貌。缦缦:表面镇静而内怀恐惧,沮丧与颇有点抑郁之貌。

　　⑧ 发若机栝:瞄准了目标,像机弩射出的利箭一样快速而准确。机,弩之弦。栝,弩之箭。

　　⑨ 留:思谋也。诅盟:结盟而发誓言。诅,祝也。盟,誓也。

　　⑩ 杀:衰减。音sāi。意谓由于人们在日常的世俗生活中钩心斗角,生命活力不断衰减,正如万物由秋入冬一样,生机不断减少。

　　⑪ 溺之:沉溺于其中。复之:回到正常的合道状态。

　　⑫ 厌也:满足于上文所言的钩心斗角状态。缄:秘而不宣,如贴了封条一般。老洫:依古注之一种解释,屋前屋后的排水沟,俗称阴沟。

六 《庄子》选

莫使复阳也。①喜怒哀乐，虑叹变慹，姚佚启态；②乐出虚，蒸成菌。③日夜相代乎前，而莫知其所萌。已乎，已乎！旦暮得此，其所由以生乎！④

非彼无我，非我无所取。是亦近矣，而不知其所为使。⑤若有真宰，而特不得其眹。⑥可行已信，而不见其形，有情而无形。⑦百骸、九窍、六藏，赅而存焉，吾谁与为亲？汝皆说之乎？其有私焉？如是皆有为臣妾乎？其臣妾不足以相治乎？其递相为君臣乎？其有真君存焉？如求得其情与不得，无益损乎其真。⑧一受其成形，不亡以待尽。⑨与物相刃相靡，其行尽如驰，

---

① 此句甚为关键。庄子反对人在日常生活中日杀如秋冬的心态与生命状态。庄子认为，人心应当始终保持着一团阳气，就像火种埋藏于灰烬之中，遇到适当的环境就可以熊熊燃烧。

② 变慹：变化与固执。慹，音zhì。姚佚启态：放荡而无定型，不可捉摸。

③ 此句意谓：乐音是从虚窍中生发出来，水蒸气产生各种菌类。这些有声之乐音与各种菌类的出现都是没有真正的根基，起灭无常。

④ 此句总结此一段所描写的内容，它们都是旦暮可以出现的各种现象，根本无法知道它们产生的真正理由与根据，因而不可以执之为真，把生命与精力浪费于这些事情之上。

⑤ 此两句为承上启下之词也。意谓彼与我在逻辑上的对立，是同时产生的，无彼即无我。然而生活中若完全没有"我"，则没有任何选择与决断。但这个"我"是由谁来主宰与驱使的呢？实际上并不知道。这正如人的身体百官，有真宰而不可见一样。是亦近矣：是，这。启下文。

⑥ 眹：有两解，一是指缝隙。二是指具体躯身。二说皆通。

⑦ 此一句意谓：真宰是存在的，人能否看见，并不影响它的真实性。情：实也。但并不一定有具体形状，正如道无形无象而有实一样。

⑧ 上述一大段颇为思辨性的提问，实际上涉及后来中医有关人的生命与身体各器官的功能与相互关系的认识。庄子并不以人的认识能力的局限性来否认人的生命中真宰的存在。

⑨ 此句意谓，生活中的大多数人，自从获得人的生命形态后，不将这一生命的形态消耗殆尽都不停止与万物的矛盾与冲突。

而莫之能止,不亦悲乎!终身役役而不见其成功,苶然疲役而不知其所归,①可不哀邪!人谓之不死,奚益!其形化,其心与之然,可不谓大哀乎?②人之生也,固若是芒乎?其我独芒,而人亦有不芒者乎?③

夫随其成心④而师之,谁独且无师乎?奚必知代而心自取者有之?⑤愚者与有焉。未成乎心而有是非,是今日适越而昔至也。⑥是以无有为有。无有为有,虽有神禹,且不能知,吾独且奈何哉!

夫言非吹也,言者有言。⑦其所言者特未定也。⑧果有言邪?

---

① 苶然:疲惫困顿的样子。苶,音nié。所归:归所也。依庄子思想之整体意思,即归于大道也。

② 庄子此句意思甚为重要,意为人的形体是随着年岁的增长不断衰老,人的精神,心也是如此,这是最大的悲哀。庄子未说出的意思是:我们的精神与心应该随着年岁的增长而更加接近道,进而变得更加富有生机。

③ 芒:此两句中的芒字,均通"茫"字。庄子对人生在世,陷入各种迷罔而不知的现象进行深沉的哲学追问,不断地启迪人们去思考人生在世的意义。

④ 成心:指一种由习俗或某种学派赋予生活于其中的人们一种偏执、滞于一域的思维方式和价值观念。

⑤ 庄子在此所意指的是:若人们将"成心"当作评判事物的标准,则不止是那些知道日夜变化而以"我"为主取舍万物的那一类人才自作主张,进而与人与物发生矛盾与龃龉,愚蠢的人也会是这样的。

⑥ 此处是顺便批评了惠施。"今日适越而昔至",是惠施提出的哲学诡辩。庄子在此将这一命题看作是师其成心者才会出现的一种奇怪论调。

⑦ 言非吹:人的说话不像是各种因吹而响的声音,可以看到一种直接的使动者。言者有言:人言是一种网络状的,往往并不能发现直接的使动者。

⑧ 所言者特未定:被言语所说出的内容并不是一个确定性的东西。因为,这一具体被说出的言语,其背后有言说者的意图或理论在支撑着它,所有被言说的,都不是独立自存的。

六 《庄子》选

其未尝有言邪？其以为异于鷇音，亦有辨乎？其无辨乎？① 道恶乎隐而有真伪？言恶乎隐而有是非？道恶乎往而不存？言恶乎存而不可？道隐于小成，言隐于荣华。② 故有儒墨之是非，以是其所非而非其所是。欲是其所非而非其所是，则莫若以明。③

物无非彼，物无非是。④ 自彼则不见，自知则知之。⑤ 故曰：彼出于是，是亦因彼。彼是方生之说也；虽然，方生方死，方死方生；方可方不可，方不可方可；因是因非，因非因是。⑥ 是以圣人不由，而照之于天，亦因是也。⑦ 是亦彼也，彼亦是也。彼

---

① 鷇音：小鸟发出的声音。鷇，音kòu。人说出的话语，与小鸟发出的声音，有区别，还是没有区别？庄子没有明确地给出结论，让人们去思索。这是庄子思想的妙处，也是其魅力之所在。

② 小成：某一阶段或某一方面之成功，皆为小成。以上学为例，小学、中学、大学毕业都是小成，获得博士学位后，是求学阶段之大成。然就做学问来说，亦是小成。荣华：草木之花也，喻为语言所表达出的漂亮的主张与诉求。大成若缺。大成，即道成。道无成无毁，永远处在一个生机蓬勃的过程或状态之中。

③ 莫若以明：不如用明。莫若，不如。以明，用明。明，自老子到庄子，再到东晋道教领袖人物葛洪，"明"都是他们思想中最重要的哲学概念之一。老子有"知常曰明""见小曰明"等说法，庄子有"神何由降，明何由出"之发问？葛洪有《明仁》篇，强调"明"比"仁"更重要。在道家道教的思想体系中，"明"类似于今日哲学认识论所讲说的智慧。"明"之本意为日月之光，有容必照。

④ 彼：那。是：这。万物从指称的角度看，因与指称者的距离关系，近者称这，远者称那。

⑤ 自彼：从彼的角度看。自知：古注认为，当作"自是"。据上下文之意思，当是。此句意谓：从彼的角度看不到彼本身，只有从是的角度才看到彼。故下文说彼从是产生，是从彼产生。彼是在逻辑上是并生的。这亦是形式逻辑体现在语言称谓方面的共时性之表现。

⑥ 虽然：当作"唯然"。意谓正因为彼是并生，所以生与死，可与不可，是与非等一切相反之词与现象，在语言的层面上说，都是并生的。方生：并生也。即同时产生。此处同时，是形式逻辑上的同时性，非生活经验现象中的同时性。

⑦ 圣人跳出这种形式逻辑上的对峙状态，故不遵循此逻辑。照之于天，以日月行于中天的全方面的、动态的认知方式来看待万物，故不陷入两相对立或矛盾的状态之中。

亦一是非，此亦一是非。①果且有彼是乎哉？果且无彼是乎哉？彼是莫得其偶，谓之道枢。②枢始得其环中，以应无穷。是亦一无穷，非亦一无穷也。故曰：莫若以明。③

以指喻指之非指，不若以非指喻指之非指也；以马喻马之非马，不若以非马喻马之非马也。④天地一指也，万物一马也。⑤

---

① 此句意谓：由于指称者位置的变化，彼是所指称的内容是可以互换的，作为代词的彼与是本身没有确定的内容。而作为彼与是所要指涉的具体是与非而言，都是无穷尽的。

② 莫得其偶：彼与是不被僵化的对立起来，而只是一种动态的指称。道枢：道之核心，关键。此句意谓：不将彼是看作是僵化的对立指称，则可以在认识论的层面把握道的关键之处。

③ 由于是与非是无穷尽的，只能在动态的过程中，具体的环境与条件下给出判断，故通过"用明"的方式，即智慧的方式来对待是非，就不会陷入"成心"的误区。若僵化地执着彼是双方的是非观，则是非之争永无宁日。莫若以明，照之于天，休乎天钧，作为理想的认识方法，在精神实质上是一致的。

④ 这两句话主要讨论命名与名称的关系问题。名辩学家的"指物论"，以人的手指来作为能指的指认行为，在辩论的过程中为了迷惑人心，故意说此手指并不是指认的对象。因为，在指认的过程中，看起来是实物的手指，实际上代表能指，可以指认任何对象。故庄子认为，用手指来阐明此手指不是所指认的对象，即所指，不如用手指之外的其他任何一物，即"非指"来阐明能指（即命名活动）不是所指（所定名），如用石头、花等具体物不是石头、花之名。石头、花这样的名称能涵盖一切石头、花，但这些名并不是任何具体的石头与花朵。马之实与马之名也是如此。具体的一匹马，不是作为用来指称一切颜色、高矮、肥瘦、大小之马的马之名。如果要阐明具体的马不是作为具有能指效果的马之名，不如用具体的马之外的任何一物，即"非马"，如牛、羊、猪，来阐明马之名不是任何具体的马。

⑤ 命名活动的要义在于分辨不同事物，就指称与命名的活动而言，天、地无非手指一指的对象，如果说天、地均是指（实即所指。天地之名），那么我们如何再去辨认万物呢？天地名称固然是被指认的，是所指，但有自己的独特性，以及与它们的独特性相关的名称，故可以辨认。万物从命名的原理来说，无非都是如马之名一样，是一个名称，都是被命名的结果。因此，不要用"指非指""马非马"这样易于产生混淆的语言方式来讨论指物、命名的活动与所指、所定名之间的关系，而应该用一种非同名的方式来阐明能指与所指，命名与所定名之间的关系。

六 《庄子》选

可乎可，不可乎不可。①道行之而成，物谓之而然。②恶乎然？然于然。恶乎不然？不然于不然。③物固有所然，物固有所可。无物不然，无物不可。故为是举莛与楹，厉与西施，恢恑憰怪，道通为一。④其分也，成也；其成也，毁也。凡物无成与毁，复通为一。⑤唯达者知通为一，⑥为是不用而寓诸庸。⑦庸也

---

① 此两句意谓：肯定其所值得肯定的方面，否定其所应当否定的方面。这就可以避免人们在给出是非判断时出于自己的"成心"来肯定或否定万物。《逍遥游》中，惠施对于大瓠价值的认知，就是从他所理解的"用"的角度来给出判断的。而庄子则告诉惠施，可以将大瓠制成大樽系在身上，游于江湖之中。这就是从大瓠自身所可以有的功能来判断大瓠之用（功能）的。

② 此两句话的意思是：经验生活中的大道是在行走的过程中逐渐形成的，故道不是先验的而是经验的。不是现成的而是过程化的，是动态的而不是固化的。此说强调"实践"的重要性，得理之一方面，不可执着。名不是自然生成的，是通过人的命名而给定的。

③ 此两句从物之所是的角度来考察人的认识问题。颇有现代西方现象学"面向事情本身"的意味。

④ 举莛：小草的径干。楹：堂屋的大柱子。厉：丑女。西施：美女。恢恑：宽大而奇怪之状。憰怪：狡诈而怪异之物。此两句意谓：万物皆有自身的规定性，是为万物之固然；万物皆有其内在的价值，是为万物之所可。这种所固然，所可，正是从道的角度观看所得出的关于万物的看法。这正是万物可齐的内在理由。万物可齐，关于万物是非、可与不可的物论，因此亦可齐。故此处"齐"是形式化的，而非实质上或内容上的相同。

⑤ 物之成毁，均是相对性的，桌椅成，而树木的生命毁。房屋成，则泥土的自在性毁。人成为某方面专家，则其他方面的可能性毁。子女长大成人，结婚成家，小家成而旧的父母之家毁。这都是"道行之而成"及成毁辩证法的具体表现。

⑥ 达者：认识上达于道的境界。知通为一：认知上通于道，成与毁的现象在道的层面上看，是统一的，成即蕴涵着毁，毁之中有成。故通于一。此"一"亦是形式上的，而非实质上（或内容上）的相同。

⑦ 不用：无用也。寓：包含着。庸：本为"常"的意思，此处指日常之用也。意谓有些看起来无用的东西，其实包含着有用的价值，只是有时因为人的认识能力所限，而没有发现其可用之处罢了。

者,用也;用也者,通也;通也者,得也;适得而几矣。①因是已;已而不知其然,谓之道。②劳神明为一③而不知其同也,谓之"朝三"。何谓"朝三"?狙公赋芧,④曰:"朝三而暮四。"众狙皆怒。曰:"然则朝四而暮三。"众狙皆悦。名实未亏而喜怒为用,亦因是也。⑤是以圣人和之以是非而休乎天钧,是之谓两行。⑥

---

① 适得而几:在具体的用之中恰恰体现了接近于道的特性。几:接近于道曰几。

② 因是:是代词,代指"适得而几"的这一效果。万物之成,人不知道所成的具体过程,即人不知为什么恰好如此这般,这就是道。在庄子看来,人们不可能完全知道许多事物为什么就这样出现、就这样实现了。这一点,与我们今天科学的真理观颇为不同,科学要求一切都需要明白其中的所以然的原因,一切都力求可控。

③ 劳:耗费,人为的努力。神明:神,即各种神灵。明:人的智慧。《庄子》一书中,"神明"一词,可分可合,表明还不是一个固定的双音节词汇。《天下》篇:"神由何降,明由可出?"又肯定老子是"古之博大真人""澹然与神明居"。"神明"合言,意谓变化莫测的智慧。以为一:把不相同的东西变成是相同的。下面的故事是批评无效的、无意义的人为活动。

④ 狙:猿猴。狙公:驯养猿猴的人。赋:分发。芧:橡子。芧:音xù。

⑤ 名实未亏:狙公分派给猿猴的橡子,从名与实际的整体数目上,均没有一点减少。喜怒为用:但由于程序变了,猿猴的喜怒之情因而发生了。庄子以此寓言故事说明,人间的很多无意义的争论,就像众猿猴面对朝三暮四、朝四暮三的问题一样可笑。

⑥ 以天钧来调和是非,即是依照道的标准来处理是非问题,不是简单地抹平是非。故"两行"不是平面化的在形式逻辑层面的齐同是与非,而是从"道行之而成"的角度来看待是与非。屈原,在当时可以称之为爱国之士。但从国家统一的角度看,他的行为反而违反统一。所以,我们不能用屈原之后的历史来评价当时屈原的爱国行为。历史上的民族英雄也是如此。

六 《庄子》选

古之人,其知有所至矣。①恶乎至?有以为未始有物者,至矣,尽矣,不可以加矣!②其次以为有物矣,而未始有封也。③其次以为有封焉,而未始有是非也。④是非之彰也,道之所以亏也。⑤道之所以亏,爱之所以成。果且有成与亏乎哉?果且无成与亏乎哉?有成与亏,故昭氏之鼓琴也;⑥无成与亏,故昭氏之不鼓琴也。昭文之鼓琴也,师旷之枝策也,惠子之据梧也,三子之知几乎,皆其盛者也,故载之末年。⑦唯其好之也,以异于彼;其好之也,欲以明之⑧。彼非所明而明之,故以坚白之昧终。⑨而

---

① 知有所至:人的认识达到某一种极致的境界。下文给出了三种关于认识所达到的最高境界的类型。

② 将世界的开端规定为无物的这样一种认识,在庄子看来,是认识的最高境界。因为是无物,则无可言说,亦不可争论。故是最高的言说。然无物并非无气,无具体之物也。

③ 认为有物,但无限,这种认识虽然有所判断,但因为无限,实际上对于无限,我们人类也无法言说。这是认识的第二种最高境界。

④ 第三种认识虽然断定了有物有限,但没有认识与价值上的是非判断,也不会产生争论。

⑤ 道的完满性被损害,是因为有是非的争论。亏:不完满也。

⑥ 昭氏:相传古代善于弹琴之人士,姓昭名文。因为弹琴,则有具体的曲调,因而那丰富的大自然之乐音,以及种种可能的乐音就被遮蔽了,故有所亏欠,不完满。

⑦ 师旷:晋平公的乐师,非常熟悉音律。惠施:战国是著名的名辩学者,哲学家。枝策:打鼓。据梧:即依靠着梧桐树而与人论辩。之知几乎:他们所拥有的具体技术性的知识,均都接近了他们所处行当的最高境界。盛:盈也,充满。末年:历史。

⑧ 明之:彰显之,发扬之。

⑨ 庄子认为惠施所极力彰显的道理,并不是他庄子所认为的大道,所以认为惠施最终因为坚持"离坚白"的理论而昧于人生在世的道理,不懂得据道而修德。

其子又以文之纶终，终身无成。①若是而可谓成乎？虽我亦成也。若是而不可谓成乎？物与我无成也。②是故滑疑之耀，圣人之所图也。③为是不用而寓诸庸，此之谓"以明"。④

今且有言于此，不知其与是类乎？其与是不类乎？⑤类与不类，相与为类，则与彼无以异矣。⑥虽然，⑦请尝言之：有始也者，有未始有始也者，有未始有夫未始有始也者；⑧有有也者，有无也者，有未始有无也者，有未始有夫未始有无也者。⑨俄而有无矣，

---

① 昭文的儿子因为接续他的鼓琴之伦绪，而昧于道家的修身之道，在人生修养方面无所成就。

② 成：人生实现了自己的理想，获得了成就与成功。庄子在此处用不定之辞来讨论人生的成功与成就，其旨意在于提醒人们，这样的技艺层面的小成，不可执着，我们还应该追求更高远的道。

③ 滑疑之耀：汩乱无绪的光芒，喻指惠施的离坚白之类的理智光芒。图：古注为图而域之，即将那些汩乱无绪的理智光芒限制在一定的范围之内，不让它们彰显。

④ 对"以明"给出了一种解释性的规定，即无用蕴涵在有用之中就叫做"以明"。因此，"以明"，即是用智慧之眼看到日常事物中的缺与毁的一面。智慧之眼即是以道观之，用动态的、全面的、辩证的眼光看待世间的一切。

⑤ 承上启下之语也。意谓下面将要讨论的问题，不知道是否与上面所讨论的关于"知之至"的问题为同一类问题。

⑥ 庄子不把自己所说的内容固化，将类与不类的绝对界限打破，提出了类与不类，也可以相反相成。人禽固非同类，然在更高的分类中，则同属于动物。故不类之物，亦可相与构成一类。

⑦ 转折之辞也。意谓：即使不知是否为同一类问题，还是先说出来试试看。庄子语言的婉转曲折之妙，需要细心体会、玩味。

⑧ 此一问题是从时间的角度来讨论问题的，有开始，对此判断作一否定判断，则是有未始有始。而这种否定从语言上可以无穷地向后传递。

⑨ 此问题是从存在论的角度加以提问的，通过对有的实然判断进行否定，问题变成有无。然后再无穷传递，对有无进一步作否定判断。

六 《庄子》选

而未知有无之果孰有孰无也。今我则已有谓矣,而未知吾所谓之其果有谓乎?其果无谓乎?①

天下莫大于秋毫之末,而大山为小;莫寿于殇子,而彭祖为夭。②天地与我并生,而万物与我为一。③既已为一矣,且得有言乎?既已谓之一矣,且得无言乎?④一与言为二,二与一为三。自此以往,巧历不能得,而况其凡乎!⑤故自无适有以至于三,而况自有适有乎!无适焉,因是已⑥。

夫道未始有封,言未始有常,为是而有畛也。⑦请言其畛:

---

① 此两句话主要是对语言上的言说与言说对象之关系进行讨论,以显示人类语言指称与断言的不确定性。

② 此一句为假设之辞,在修辞上运用了缩小夸张的方法。假如天下的广袤空间不比秋毫之末端的空间大,那么,我们现实中看到的泰山就会小得十分可怜了。假如人类的所谓长寿者压缩在一个只活了几岁小孩子的生命长度里,那么活了八百岁的彭祖简直上就是一个夭折的儿童。

③ 此句意谓:从上述压缩的时空观来看,天地实际上与我同时而在,万物与我实际上连为一体,并不是分离的状态。这是庄子的一种论证技巧。

④ 此处揭示语言言说的困难性,混一不分的万物,无法言说。但既然又道说了"为一"的事实,则不能说是无言。语言的吊诡之处在此展现出来。

⑤ 从混一到语言的道说变成二,此被言说的"一"又与本然的"一"和言说本身构成"三",从此以往,言与所言不断增加,无法计算其数量。凡:常也,即天地之常物也。言与"一"就会衍生许多不可数之所言,若言与天地常物相结合,又不知衍生出多少所言。最终将是无所适从。由此而知物论之多,不可胜数也。

⑥ 因是已:因,顺也。是,这,代指"一与言"之作用后,最终巧历不能得这样的结果。已,通矣。

⑦ 道从来就没有边界,语言从来就不是恒常的。因为这二者的缘故,人类为认识的方便而划出了畛域。未始:未尝,从来没有。为是:因为这二者。是,代词,代指上两句的内容。畛:领域、范围。

有左有右，有伦有义，有分有辩，有竞有争，此之谓八德。①六合之外，圣人存而不论；②六合之内，圣人论而不议。③春秋经世先王之志，圣人议而不辩。④故分也者，有不分也；辩也者，有不辩也。⑤曰：何也？圣人怀之，⑥众人辩之，以相示也。故曰：辩也者，有不见也。夫大道不称，大辩不言，大仁不仁，大廉不嗛，大勇不忮。⑦道昭而不道，言辩而不及，仁常而不成，廉清

---

① 八德：依刘黛的研究成果，"八德"是主体得于自身的认知形式，左右为基本之德，余下"六德"皆是左右衍生的形式（参见《现代哲学》2020年第1期）。伦：静态与固化的秩序、次第。义：所宜与应当。是动态的、依据环境而给出的秩序与次第。分：由一至多曰分。辩：对不同对象的辨析而加以总结，并给出结论性的意见，做出区别曰辩。竞：为达同一目标而比较快慢好坏高低曰竞。争：为夺取同一个东西而加以角力曰争。竞是友好型的较量，争是占有性的夺取。八德可以简化为四德，即方位、秩序、类别、不同主体之间的较量。

② 六合：四方加上下，称之为六合。代指人类感知的天地空间。对于此空间以外的事情，圣人不发表议论。

③ 六合之内：天地以内的事情，圣人虽然因事制宜而有所论及但不展开详细的讨论。

④ 春秋：古代记载王侯事迹的史书，展现的是先王经世的理想。圣人虽然详加讨论，但不对先王的政治理想作辨析，从而给出整齐划一的评判。

⑤ 分辩：由一而析出多曰分，对多样性事物加以论列而总归于一个结论性的评判，做出区别曰辩。举例而言，离坚白曰分，学术综述曰辩。

⑥ 怀之：兼收并蓄，默默体认。

⑦ 不称：不被称谓，即大道无名得以称谓它。大辩：即道辩，从道的角度所看到的万物之间的区别，是不通过语言说出来的。即道对万物将是其所是，不以一个固化的标准来论定万物之是非、可与不可。大仁：合乎道之仁，以万物、百姓为刍狗，不会展示出对某些物、某人的特别关爱。大廉：合乎道之要求的廉洁，是不会谦让的。嗛：通谦。大勇：合乎道之勇。不忮：不敢也。不敢为天下先。

而不信，勇忮而不成，五者园而几向方矣。①故知止其所不知，至矣。②孰知不言之辩，不道之道？若有能知，此之谓天府。③注焉而不满，酌焉而不竭，而不知其所由来，此之谓葆光。④

故⑤昔者尧问于舜曰："我欲伐宗、脍、胥敖，南面而不释然。⑥其故何也？"舜曰："夫三子者，犹存乎蓬艾之间。若不释然，何哉？昔者十日并出，万物皆照，而况德之进乎日者乎？"⑦

---

① 五者园：即上述所大道、大辩、大仁、大廉、大勇五个方面都达到圆融的境界。几向方：就差不多合道了。园：通圆。

② 知止于所不知：一个人的认知止于自己所不能完全清晰明白的地方，不再追求一切清晰明白，那就是达到认识的顶点。这一点与苏格拉底的名言——我自知我无知，有相通之处。

③ 府：人间可以储藏物品之屋舍或洞穴。天府，实即宇宙本身。宇宙亦像一个大府库，无所不藏。此为卮言，与天籁一词的构词法相同。

④ 葆光：守远也。葆，守也。光，广也，远也。《春秋谷梁传》僖公十五年："故德厚流光"。从文章学的角度看，《齐物论》一文至此为第一大段，上文的"是之谓两行""此之谓以明""此之谓天府"等，与"此之谓葆光"，共四处，都是庄子的正面主张，表达的侧重点有细微的差异，重点都在以道的全面性包容相反之论，进而保持一种动态的平衡，最终保持一种长久的生机活力。下面五则寓言故事，皆从不同角度补充前面所论，时有溢出的意义。这是因为寓言的文学性具有一种"形象大于思想（概念）"的特征。《庄子》一书在哲学上具有多义性，与他采用的"三言"表达方式密切相关。

⑤ 故：承上之词，虚词，没有实际意思。

⑥ 宗、脍、胥敖：尧时的三个小的酋长国，或部落的名字。南面：临朝。天子临朝听事议政，坐位是背靠北边，面向南边，故称南面。不释然：不愉快。大约是这三个部落酋长不怎么听尧的指挥，长期不来朝贡，故尧心中不爽，想要去讨伐这三个部落。

⑦ 舜的回答很巧妙，本意是劝尧不要去兴师动众，讨伐这三个小国。理由是：他们生活在非常卑微的状态，传说中有十日并出，光照天下所有地方。尧的政治美德远远超过十日并出的光芒，这三个小国早已经沐浴在尧的政治恩德之下，何必经过征伐，然后将他们收归到尧的治下呢？舜成为庄子的代言人，物之不齐，沐浴于德光之下，即是齐。此为庄子本篇之一义也。德之进乎日：即德光胜过十日并照之光芒。

啮缺问乎王倪曰：^①"子知物之所同是^②乎？"曰："吾恶乎知之！""子知子之所不知邪？"曰："吾恶乎知之！""然则物无知邪！"曰："吾恶乎知之！^③虽然，尝试言之。庸讵知^④吾所谓知之非不知邪？庸讵知吾所谓不知之非知邪？且吾尝试问乎女^⑤：民湿寝则腰疾偏死，鳅然乎哉？^⑥木处则惴慄恂惧，^⑦猨猴然乎哉？三者孰知正处？^⑧民食刍豢，麋鹿食荐，蝍蛆甘带，鸱鸦耆鼠，四者孰知正味？^⑨猨猵狙以为雌，麋与鹿交，鳅与鱼游。毛嫱丽姬，人之所美也；鱼见之深入，鸟见之高飞，麋鹿见之决骤，四者孰知天下之正色哉？^⑩自我观之，仁义之端，是非之途，

---

① 啮缺、王倪：虚构之人名。啮缺：大成若缺之象征也。王倪：象征道之端倪也。

② 同是：共同认可的真理或是非美丑标准。下文讨论的正处、正味、正色、共同善等问题，均属于"同是"问题。

③ 此处一问而三次回答不知，正是俗所谓"一问三不知"。但三个不知的层次是不一样的。一是不知有没有共同认可的真理或是非美丑标准。二是对于自己的认知能力究竟达到什么样的高度，也是不知道。三是对人是否具有认识能力这件事，也是不知道的。"物无知"一句中的物字，即是指人。

④ 庸讵知：何以知。此为反诘句式。

⑤ 女：通汝。

⑥ 鳅然乎哉：泥鳅会是这样的吗。

⑦ 惴慄恂惧：即颤抖害怕的样子。

⑧ 正处：适合一切动物居住的标准安居之所。是上文"同是"一词在居处方面的具体化。

⑨ 刍豢：用草料饲养的家畜叫刍，用谷物饲养的家畜叫豢。合称家畜。荐：丰美之草。蝍蛆甘带：蝍蛆，蜈蚣。带，小蛇。蜈蚣以吃小蛇为美味。甘，以之为甘，意动用法。耆：喜欢某味曰耆。耆，通嗜。正味：共同认可的美味。

⑩ 猨：通猿。猵狙：猿之同科，实即狒狒。以为雌：按文义当释为：互以为性伴侣。麋与鹿属于不同科动物，但二者之间可以交配。决骤：迅速的奔跑。骤，奔也，跑也。毛嫱、丽姬：春秋时代的两大美女。丽姬即西施。正色：共同认可的美丽与漂亮。

六 《庄子》选

樊然淆乱,吾恶能知其辩!"①啮缺曰:"子不知利害,则至人固不知利害乎?"②王倪曰:"至人神矣!大泽焚而不能热,河汉冱而不能寒,疾雷破山、飘风振海而不能惊。③若然者,乘云气,骑日月,而游乎四海之外,死生无变于已,而况利害之端乎!"④

瞿鹊子问乎长梧子⑤曰:"吾闻诸夫子:圣人不从事于务,不就利,不违害,不喜求,不缘道,无谓有谓,有谓无谓,而游乎尘垢之外。⑥夫子以为孟浪⑦之言,而我以为妙道之行也。吾子以为奚若⑧?"

长梧子曰:"是黄帝之所听荧⑨也,而丘也何足以知之!且女亦大早计,见卵而求时夜,见弹而求鸮炙。⑩予尝为女妄言之,女以妄听之。奚旁日月,挟宇宙,为其吻合,置其滑涽,以隶相

---

① 端:绪也。途:径也,路也。引申为条理。樊然:纷然,杂然。辩:别也。
② 利害:收益和受损,与今天所言的利害得失,意思相近。
③ 河:黄河。汉:汉江。冱:冻结,音hù。飘风:即飓风、台风。此句中热、寒、惊三个动词,皆为使动用法,即使之热、使之寒、使之惊。
④ 至人已经自由自在,连生死这样的大事都可以不考虑了,人间的获利与受损这样的小事情,他们又何尝放在心上呢?至人是超越世俗社会人们任何功利追求之目标。至人是人之极而近乎神的那一类人,是人所要追求的一种理想的生存状态。
⑤ 瞿鹊子、长梧子:二者皆是庄子杜撰的人物,不必深究其真假。
⑥ 诸:之于。夫子:孔子之尊称。从事于务:专心于具体事务。务,事也。就利:亲近利益,即追求利益。违害:远离损害。喜求:喜欢索取。缘道:以道为装饰。
⑦ 孟浪:欠考虑,不着边际。
⑧ 奚若:如何,怎么样。
⑨ 听荧:没有听清楚。荧,本意为光之闪烁不定貌。
⑩ 大早计:大,太也。过于超前安排。卵:鸡蛋。时夜:司夜。弹:弹弓。鸮炙:烤鸮以备吃。

尊?^①众人役役,圣人愚芚,参万岁而一成纯。^②万物尽然,而以是相蕴。^③予恶乎知说生^④之非惑邪!予恶乎知恶死之非弱丧而不知归者邪!^⑤

"丽之姬,艾封人之子也。^⑥晋国之始得之也,涕泣沾襟。及其至于王所,与王同筐床^⑦,食刍豢,而后悔其泣也。予恶乎知夫死者不悔其始之蕲生^⑧乎?梦饮酒者,旦而哭泣;梦哭泣者,旦而田猎^⑨。方其梦也,不知其梦也。梦之中又占^⑩其梦焉,觉而后知其梦也。且有大觉而后知此其大梦也,^⑪而愚者自以为觉,窃窃

---

① 予尝:我尝试。妄:姑且,不要太认真。女以:你因之。奚:何不。旁日月:依旁日月。挟宇宙:将宇宙挟持在怀中。此皆为夸张之词。为其吻合:将那些分离的万物连接在一起。置其滑涽:将那些混乱不清晰的放置一边。置:任也,听凭也。以隶相尊:与隶相尊。隶,古代地位卑微之人。周代制度中,人分九等,皂隶台舆等居于九等之末。

② 役役:劳碌之状。愚芚:即愚钝,憨厚质朴之态。参:合也,齐也,综理也。万岁:万年。一:动词,使之成为一。成纯:使之变为纯粹不杂。

③ 尽然:皆然。以是相蕴:凭借这一点而相互包含。是,这。代指上文"参万岁而一成纯"这样的结果。

④ 说:通悦。说生,即喜爱活着。

⑤ 弱丧而不知归:少年流浪在外而不知道回归家乡。此为喻词,喻指人流浪于道的状态之外而不知道回归到道的状态之中。

⑥ 艾封人之子:艾地守边疆者的女儿。古时"子"亦可称在家未嫁时的女儿。

⑦ 筐床:豪华的大床。

⑧ 蕲生:祈求活着。

⑨ 田猎:打猎。

⑩ 占:本意为仔细审视龟兆的纹理而定吉凶。此处为辨认。梦之中辨认梦之真假,何其荒唐也。

⑪ 大觉:得道之谓也。大梦:人生如梦,此之谓大梦。

六 《庄子》选

然①知之。君乎！牧乎！固哉！②丘也与女，皆梦也；予谓女梦，亦梦也。是其言也，其名为吊诡③。万世之后而一遇大圣，知其解者，是旦暮遇之也"。④

既使⑤我与若⑥辩矣，若胜我，我不若胜，若果是也？我果非也邪？我胜若，若不吾胜，我果是也？而果非也邪？其或是也？其或非也邪？其俱是也？其俱非也邪？我与若不能相知也，则人固受其黮闇。⑦吾谁使正之？使同乎若者正之，既与若同矣，恶能正之？使同乎我者正之，既同乎我矣，恶能正之？使异乎我与若者正之，既异乎我与若矣，恶能正之？使同乎我与若者正之，既同乎我与若矣，恶能正之？⑧然则我与若与人俱不能相知

---

① 窃窃然：暗地里自喜的样子。

② 君：为人之君。牧：被人所统治，即为民。固哉：鄙陋之极。

③ 吊诡：至诡、善诡，美妙的变化不定之言。吊，至也，尤善也。音dì。诡，变化不定。吊诡之言，类似今日所言的悖论。如一个说谎人的岛上，所有的人都说谎。但其中有人告诉你，这个岛上的所有人都谎。那你认为他的话是真的，还是假的？这亦是吊诡之言。

④ 一遇：一旦遇到。不确定之词也。旦暮之遇：早晚可能遇到。不确定之词也。

⑤ 既使：假如。假设之词也。

⑥ 若：你。

⑦ 黮闇：不明也。黮，本音为桑葚之黑。音dǎn。闇，通暗。上文庄子否定人们在辩论的过程中知道谁对谁错的可能性，因而也否定了论辩的双方有可能达成共识的前提。

⑧ 正之：作为标准来裁量、评判。庄子认为，不仅论辩的双方不能评判各自的对错，引入第三方，也不可能评判论辩双方的对错。庄子在此段文字里举出了四种可能性，进行了思辨性的讨论。庄子之所以否认辩论的双方有达成共识的前提是因为他们一旦进入论辩状态，或加入一个评判者，都进入相对待的格局，而不可能再做到"以道观之"了，故辩无胜。

也，而待彼也邪？

何谓和之以天倪？①曰：是不是，然不然。是若果是也，则是之异乎不是也亦无辩；然若果然也，则然之异乎不然也亦无辩。②化声之相待，若其不相待。③和之以天倪，因之以曼衍，所以穷年也。④忘年忘义，振于无竟，故寓诸无竟。⑤

罔两问景⑥曰："曩⑦子行，今子止；曩子坐，今子起。何其无特操与⑧？"景曰："吾有待而然者邪？吾所待又有待而然者

---

① 天倪：天然的差异。倪：端也。

② 是不是，然不然：承认不是有其是处，承认不然有然之处。这是在动态的情境中来评判不是、不然的是与然。庄子认为，是与然，如果具有绝对普遍的适应性，那么它们与不是、不然之间就无法形成区别。举例言之，毒品在正常情况被禁止使用，但在医疗过程中，作为麻醉药品，可以使用。辩：区别。

③ 化声：是非之言。实际上，人籁、地籁，一切人间的言语，都是化声。前文所说"言者有言，其特未定也。"只有"咸其自取"，不知怒者为谁的"天籁"，即道言，才不是化声。所有人言的有所待状态，与它们的无所待状态，实际上是类似的。这也即是说：儒、墨各家之言，在他们自己的体系里是自立的。但放在一起时，其是非之论断就是相对的。

④ 和：以之来协调。曼衍：超越形式逻辑的分类来推演。穷年：穷尽岁月而无所滞碍。

⑤ 无竟：即无境，无边无际也。振：畅也。《天下》篇将庄子哲学的形上学规定为"其于本也，宏大而辟，深闳而肆；其于宗也，可谓调适而上遂"。此三句在"穷年"的基础上更进一步提出"忘年忘义"，以精神上绝对从心所欲而畅游于无边无际之中，并将自己安顿于无任何束缚的无限之中。孔子有"发愤忘食，乐以忘忧""七十从心所欲而不逾矩"等说法。庄子要求人在精神上达到"忘年忘义，振于无竟"的境界，庄、孔之间，似亦有可以相通之处。

⑥ 罔两：影子外的微阴。景：通影。此为庄子的寓言。

⑦ 曩：以前。

⑧ 特操：特别的操守。与：通欤，语气词，呢。

六 《庄子》选

邪？①吾待蛇蚹蜩翼②邪？恶识③所以然？恶识所以不然？"

昔者庄周梦为胡蝶，栩栩然胡蝶也。自喻适志与！不知周也。④俄然觉，⑤则蘧蘧然⑥周也。不知周之梦为胡蝶与？胡蝶之梦为周与？⑦周与胡蝶则必有分矣。⑧此之谓物化。⑨

---

① 此处影子的回答颇有意味。影子对罔两说，我不是独立的啊，我要依赖真实具体的人与物，所以不要指望我有什么"特操"。这里，庄子借此寓言暗暗地嘲讽了儒家用"特操"要求士人的做法。士人在王权及其制度里并不是独立的，何来特操？

② 蛇蚹蜩翼：依古注，蛇蚹，蛇腹部横纹之皮，以供蛇行走也。蜩翼，蝉之翅膀。影子的意思是说：我所依赖的究竟是具体的蛇行腹部之皮呢，还是蝉的翅膀？我并不知道啊。但有所待则是真实的啊。此处有所待，是指一种非独立性、非自主的生存状态。此种状态下，不可能有什么特操。"有待"是一种状态，不是一个类似于几何学中可定义的圆的概念，故而是多义的。本文开头所描述的"吾丧我"，是指破除因执着狭隘主体之我与万物的对立、对峙的状态。物我、人我的对待状态导致意见纷争。《逍遥游》中的"无待"是一种"乘天地之正，而御六气之辩，以游乎无穷"的自由状态。此则寓言中的"有待"则是指一种被动地生存状态，是要被摆脱的状态。但庄子在此似乎已经阐述了某种现代道德哲学的原理，即一种有道德特操的主体，必须是有自主性与自由特征的主体，否则就不可能有道德的特操。古注及当今很多注庄者，似乎未能体察这一层意思。

③ 恶识：怎么知道。

④ 自喻：自己明白。适志：实现了理想。不知周：忘记了现实中处处事事受困的庄周。

⑤ 俄然觉：突然醒了。

⑥ 蘧蘧然：惊疑的样子。

⑦ 此两句以不定然之词揭示庄周与蝴蝶之间可以相通的道理。

⑧ 分：别也，非同类也。

⑨ 物化：非同类之物为何能够相互之间转化呢？庄子将这种现象称之为"物化"。庄子认为，"万物以不同形相蝉"，北冥之鲲可以化为鹏，人若固执万物之形与类的分别，就会产生此是彼非的错误认识。若知"物化"的道理，则我们可以不执着此是彼非的固执观念。因为"物化"，则万物可齐。主体修炼如果达到吾丧我的精神境界，则可以消除物我、人我之间的是非之争。

七 《荀子》选

题解：《荀子》一书共三十二篇，内容十分丰富，但其中最具有哲学意味的是《天论》《解蔽》《正名》《性恶》四篇，其中的《礼论》《乐论》《王制》等篇，主要是政治哲学与政治学方面的内容。本书因为"精读"的体例限制，只选择了《解蔽》《性恶》两篇中的主要内容，以展现荀子哲学的理性主义精神和基于人性恶的理论预设而提供礼乐教化的人文理性政治的主张。荀子可以说是先秦诸子思想的集大成者，对西汉武帝以后儒家思想家与政治家的影响极大。在唐宋诸儒的"判教"意识里，荀子在儒家的思想阵营里是"大醇而小疵"者，不及孟子重要，但也受到一定的重视。其主要原因在于提倡"性恶"说，和王霸杂用的政治主张。实际上，荀子是儒家思想阵营里最富有经验理性气息的思想家，其政治思想中亦包含着很多合理的要素，即使在今天仍然具有积极意义。

解蔽

题解：本篇是《荀子》一书的第二十一篇，主要体现了荀子的认识论思想。"解蔽",就是要反省自身认知活动中存在的种种蔽障,进而破除蔽障,超越"道之一隅"的偏见,达到全面客观的认知。为此,荀子主张"虚壹而静",即在认识活动中应当排除先入为主的成见(致"虚"),摒弃错杂矛盾的思虑(致"壹"),如此可以逐渐达到澄澈清静的理想认知状态("静"),即"大清明"的境界。此外,荀子还提出以圣王为师,遵循圣王之制,以此作为认知的标准,进而将哲学认识论限制在人伦与社会制度范围之内。此处节选的四个片断,主要讨论了成蔽的原因,作为认识器官的"人心"所具有的自主性特点,正常状态下的认知特点,以及知道与知物的不同,认识的可能性与方向性等广义认识论问题。荀子力求破除认识过程中的蔽障,但他以儒家之道为绝对真理,又陷入了新的认识蔽障之中,此一点需要后人认真反思。然荀子对"人心"所具有的自由自律特性的揭示,值得高度肯定。

(一)

凡人之患,蔽于一曲而暗于大理。①治则复经,两疑则惑矣。天下无二道,圣人无两心。②今诸侯异政,百家异说,则必或是或非,或治或乱。乱国之君,乱家之人,此其诚心莫不求正而以

---

① 患:病,缺点。蔽:被……遮蔽,受……蒙蔽。一曲:一部分,一偏。《庄子·天下》篇云:"不该不偏,一曲之士也。"梁启雄《荀子简释》云:"此语盖谓:不见全体而但见一偏之谓;略如佛家'盲人摸象'之喻。"

② 治:整治,针对"一曲"之弊做出相应对策,亦即"解蔽"。复:回复。经:正道常则,即"大理"。两心:两焉疑焉之心,因囿于一曲而是非莫辨、犹豫不定。

自为也，妒缪于道而人诱其所迨也。① 私其所积，唯恐闻其恶也。倚其所私以观异术，唯恐闻其美也。② 是以与治虽走而是己不辍也。③ 岂不蔽于一曲而失正求也哉？心不使焉，则白黑在前而目不见，雷鼓在侧而耳不闻，况于使者乎！④ 德道之人，乱国之君非之上，乱家之人非之下，岂不哀哉⑤！

故为蔽！⑥ 欲为蔽，恶为蔽；始为蔽，终为蔽；远为蔽，近为蔽；博为蔽，浅为蔽；古为蔽，今为蔽。凡万物异，则莫不相为蔽，此心术之公患也。⑦

昔人君之蔽者，夏桀、殷纣是也。桀蔽于末喜、斯观而不知关龙逢，以惑其心而乱其行；纣蔽于妲己、飞廉而不知微子启，以惑其心而乱其行。故群臣去忠而事私，百姓怨非而不用，贤良

---

① 家：此处指学派；"乱家"即蔽于一曲的学派。以自为：自以为得其正道。句谓：即便是乱国乱家者，究其本意，也同样是希图求得正理常则而为自己所用。妒：妒忌。缪：miù，通"谬"，谬误、偏见。迨：通"怡"，喜欢。此言对正道常则妒忌且有偏见，于是旁人从其所好而诱导之。

② 倚：凭持，依傍。私：偏爱。所积：所积累的知识、学说。恶：批评。异术：他人的学说、本领。美：夸奖，称赞。

③ 虽：或为"离"字之误。繁体"雖"与"離"右半相同。与治离走：与正道常则背道而驰。是己：肯定自己，自以为是。辍：停止。音 chuò。

④ "心不使焉"指不能用其心于正道。于：对待。使者：指能用其心于正道者，即上文所言"异术"和下文所言"德道之人"。

⑤ 德：通"得"。"德道之人"即能去其蔽而用心于正道的人，与囿于一曲之蔽者正好形成对比。乱国乱家之人受蔽于一曲偏见，反而非议责难"德道之人"。

⑥ 故：通胡，何也，表疑问。

⑦ 欲：喜好。恶：厌恶。欲为蔽，恶为蔽：喜好与厌恶皆有可能造成蒙蔽。与《大学》"故好而知其恶，恶而知其美者，天下鲜矣"一语可相互发明。若偏执于始、终、远、近、博、浅、古、今等某一端，则皆可造成蒙蔽。相为蔽：相互为蔽，指一个侧面掩盖了另一个侧面，一种偏见遮蔽了另一种偏见。心术：思想方法。

七 《荀子》选

退处而隐逃,此其所以丧九牧之地而虚宗庙之国也。桀死于亭山,纣县于赤斾,身不先知,人又莫之谏,此蔽塞之祸也。①

成汤鉴于夏桀,故主其心而慎治之,是以能长用伊尹而身不失道,此其所以代夏王而受九有也②。文王鉴于殷纣,故主其心而慎治之,是以能长用吕望而身不失道,此其所以代殷王而受九牧也。远方莫不致其珍,故目视备色,耳听备声,口食备味,形居备宫,名受备号,生则天下歌,死则四海哭,夫是之谓至盛。③《诗》曰:"凤凰秋秋,其翼若干,其声若箫。有凤有凰,乐帝之心。"此不蔽之福也。④

昔人臣之蔽者,唐鞅、奚齐是也。唐鞅蔽于欲权而逐载子,奚齐蔽于欲国而罪申生。⑤唐鞅戮于宋,奚齐戮于晋。逐贤相而

---

① 末喜:或作"妹嬉",人名,姓喜,名妹,夏桀的妃子。斯观:人名,夏桀的佞臣。知:赏识,信任。关龙逢:夏朝的贤臣。逢,音páng。妲己:商纣王的妃子。飞廉:商纣王的佞臣。微子启:商纣王的哥哥,当时著名的贤者。非:同"诽"。怨非:抱怨诅咒。不用:与"事私"一样,均指不愿再为君王效力。九牧:九州,指天下。虚:同"墟",使成为废墟。宗庙:天子、诸侯祭祀祖先的地方。县:同"悬"。赤斾:斾,音pèi。红色的旌旗。相传武王伐纣胜利后,将纣分尸,并将其头颅悬挂在旌旗杆上。

② 主:主宰,掌控。王先谦《荀子集解》引杨倞注云:"主其心,言不为邪佞所惑也。"伊尹:商汤时期的宰相,著名贤臣。九有:拥有天下之地。王先谦《荀子集解》引杨倞注云:"九有、九牧,皆九州也。拥有其地则谓之'九有';养其民则谓之'九牧'。"

③ 致:进贡,奉献。珍:奇珍异宝。备:齐备,兼备,赅备。

④ 文中所引诗句未见于今本《诗经》,当为《诗经》失传的篇章。凤凰:传说中的吉祥鸟,雄为凤,雌为凰。秋秋:通啾啾,凤凰的鸣叫声。干:楯(shǔn)也,舞者所执之道具。拟其羽翼翻飞的样子。

⑤ 唐鞅:战国时宋康王的臣子,为宋康王所杀。奚齐:晋献公的宠妃骊姬的儿子。载子:即戴子戴驩(huān),宋国太宰,后来被唐鞅驱逐而逃往齐国。申生:晋献公的世子,奚齐的异母兄。

罪孝兄，身为刑戮，然而不知，此蔽塞之祸也。故以贪鄙背叛争权而不危辱灭亡者，自古及今，未尝有之也。

鲍叔、宁戚、隰朋仁知且不蔽，故能持管仲而名利福禄与管仲齐。①召公、吕望仁知且不蔽，故能持周公而名利福禄与周公齐。《传》曰："知贤之谓明，辅贤之谓能，勉之强之，其福必长。"②此之谓也。此不蔽之福也。

昔宾孟之蔽者，乱家是也。③墨子蔽于用而不知文，④宋子蔽于欲而不知得，⑤慎子蔽于法而不知贤，⑥申子蔽于势而不知知，⑦

---

① 鲍叔、宁戚、隰朋：均为齐桓公的大臣。知：即"智"。持：辅助，辅翼。
② 《传》：先秦古书，已散佚。勉之强之：勉力强毅为之。
③ 宾：客。孟：通"萌""氓"，民。高诱注："宾，客也；萌，民也。"宾孟：外来之民，此处特指往来于各个诸侯国之间的游士，亦即交游于各国的诸子百家。家：梁启雄《荀子简释》认为，"家"即诸子百家的"家"，指学派。在荀子看来，当时很多学派的学说各有偏蔽，淆乱了该学派。
④ 墨子：墨翟。用：实用，功用。文：文饰，指礼乐仪则。荀子认为，墨翟学说的偏蔽之处，在于只注意到实际功用的价值，而不知道超出实际功用的礼乐仪则的意义，如墨子的非乐、节用之说。
⑤ 宋子：宋钘。欲：欲望，此处指欲望泛滥造成的危害。得：满足欲望所带来的好处。《荀子·天论》云："宋钘有见于少，无见于多。"宋钘仅仅看到人的欲望所可能具有的危害，而看不到达成欲望的过程中所带来的好处，故一味主张"寡欲"。荀子主张全面看待欲望，既不要过分放纵欲望而造成危害，也不要过分压制欲望而引发社会的停滞。
⑥ 慎子：慎到，稷下学宫的著名学者。句谓：慎到只看到法令的立竿见影的功效，而看不到贤人的道德教化与示范的作用，故一味主张"法治"。
⑦ 申子：申不害，也是稷下学宫的著名学者。句谓：申不害只看到了通过抬升君王权威所带来的以上临下的"势"的功效，而看不到君王的德性智识的作用。不知知：最后一个"知"字通"智"。

惠子蔽于辞而不知实,①庄子蔽于天而不知人。②故由用谓之道,尽利矣;③由俗谓之道,尽嗛矣;④由法谓之道,尽数⑤矣;由势谓之道,尽便⑥矣;由辞谓之道,尽论⑦矣;由天谓之道,尽因⑧矣;此数具者,皆道之一隅也。⑨夫道者,体常而尽变,一隅不足以举之⑩。曲知之人,观于道之一隅而未之能识也,故以为足而饰之,⑪内以自乱,外以惑人,上以蔽下,下以蔽上,此蔽塞之祸也。

孔子仁知且不蔽,故学乱术足以为先王者也。⑫一家得周道,

---

① 惠子:惠施,名家的著名代表人物,成语"学富五车"即源于惠施。辞:言辞,说辞,指言辞辨析与逻辑推理。实:实际的人物事理。

② 天:天道、自然。人:人相较于"天"的独立存在意义。荀子认为,庄子思想的偏蔽之处在于只看到了天道自然的作用,而看不到人的的意义和价值,故一味地主张顺应自然,"知其不可奈何而安之若命"。

③ 墨子以为"实用"就是"道"的全部,因而囿于"功利"。尽:以动用法,以为"利"穷尽了道的全部内涵。后文诸"尽"字,意思、语法结构相同。

④ 俗:通"欲"。嗛:通"慊",满足。宋钘以为克制欲望就是"道"的全部,因而局囿于通过"寡欲"来减少欲望,从而实现欲望的满足。

⑤ 数:法令条文。

⑥ 便:简易方便。

⑦ 论:辩说。

⑧ 因:因循、顺从。

⑨ 具:本指供庸人食物之器具。此处指用、俗、法、势、辞、天等六家所倚重的理论出发点。荀子认为,此六者之说的理论基础皆有所蔽,仅得道之一隅。

⑩ 体:以……为体。常:恒常之道。尽:穷尽。变:变化。举:总括。

⑪ 识:一说"见识道之全体",一说"知道自身的褊狭"。足:完整,完备。饰:装饰,指润饰其说。

⑫ 乱:反训作"治",如《论语·泰伯》篇"武王曰:'予有乱臣十人。'"《说文》云:"乱,治也"。《广雅》云:"乱,理也。"故"乱"可反训作治、理。乱术:治理国家的方法。

举而用之,不蔽于成积也。① 故德与周公齐,名与三王并,此不蔽之福也。

圣人知心术之患,见蔽塞之祸,故无欲、无恶,无始、无终,无近、无远,无博、无浅,无古、无今,兼陈万物而中县衡焉。② 是故众异不得相蔽以乱其伦也。③

何谓衡?曰:道。故心不可以不知道。④

心不知道,则不可道而可非道。人孰欲得恣而守其所不可、以禁其所可?⑤ 以其不可道之心取人,则必合于不道人,而不知合于道人。以其不可道之心与不道人论道人,乱之本也。⑥ 夫何以知?

曰:心知道,然后可道。可道,然后能守道以禁非道。以其可道之心取人,则合于道人而不合于不道之人矣。以其可道之心

---

① 一家:指孔子之学。周道:周遍完整之道,与一隅之道相对。成积:成见、积弊,指囿于己见而长期形成的固陋成见与积习。

② 心术:思维方法。无:梁启雄《荀子简释》解作"毋",指不专主、固执于……。兼陈:兼,无所别,无所遗;陈,列也。中:中正也。县:通悬。衡:秤也。悬衡,指全面、客观、公正的标准。

③ 伦:条理。句谓:如此,则事物的差异(客观存在的大、小、广、狭、厚、薄、多、寡等差别)就不会成为遮蔽认知的障碍,以至于搅乱人们对于事物本身秩序、条理的认知。

④ 全面、客观、公正的标准即是"道"。因此,心在认知活动中,必须知"道"。

⑤ 可:认可。欲得恣:指人在随心自在的情形。

⑥ 此段从反面论证心要合道的重要性。心:认知之心。取:选取,选拔。不道人:悖道、乱道之人。道人,合道、守道之人。乱:惑乱。知:俞樾认为是衍文。

与道人论非道，治之要也。①何患不知？

故治之要在于知道。

人何以知道？曰：心。

心何以知？曰：虚壹而静。②心未尝不臧也，然而有所谓虚；心未尝不满也，然而有所谓壹；心未尝不动也，然而有所谓静。③人生而有知，知而有志；志也者，臧也；然而有所谓虚，不以所已臧害所将受谓之虚。④心生而有知，知而有异；⑤异也者，同时兼知之；同时兼知之，两也；⑥然而有所谓一，不以夫一害此一谓之壹⑦。心，卧则梦，偷则自行，使之则谋，故心未尝不动也；然

---

① 此段从正面论证心要合道的重要性。可道：认可道。论非道：反复辩难不合乎道之理。要：枢纽，关键。

② 虚壹而静：这是荀子认识论的核心观点，与老子"涤除玄览""致虚极，守静笃"，庄子《齐物论》篇所讲的"无成心"、《大宗师》篇讲"心斋"等认识论思想相似，指在认知的活动中应排除先入为主的成见，摒弃错杂矛盾的思虑，如此可以逐渐达到澄澈清静的理想认知状态。荀子在认识论方面深受老子、庄子思想的影响。虚：虚心。壹：专一，心无旁骛。静：澄澈清静。

③ 臧：通"藏"，贮藏。荀子认为，"心"固然有贮藏此前之知识的功能，但在认知新的事物时，应努力做到"虚心"，即不受前识的影响。满：思虑杂多；一说当作"两"。荀子认为，"心"固然会产生纷繁复杂的诸多思虑念头，但在认知新的事物时，应努力做到心无旁骛，不受各种杂念的影响。动：起伏波动。静：澄澈清静。荀子认为，"心"固然时时刻刻起伏波动，但在认知新的事物时，应努力做到清静澄澈，不受感性认识的干扰。正如《庄子·应帝王》所言"至人之用心若镜"，可以虚静客观地观照事物。

④ 生而有知：此"知"指人的认识能力，即一般意义上的"知觉"。知而有志：即知觉具有记忆的功能，故曰臧。志，记忆也。虚：记忆的空间。

⑤ 异：不同。

⑥ 两：异物并处曰两，如车之两轮曰辆。

⑦ 壹：统一，即将并处的关于两物之知统一起来，不造成思维和记忆的混乱，故曰壹。故壹与统觉相似。

而有所谓静,不以梦剧乱知谓之静。①未得道而求道者,谓之虚壹而静;作之,则将须道者之虚则人;将事道者之壹则尽;将思道者静则察。②知道察,知道行,体道者也,虚壹而静,谓之大清明③。万物莫形而不见,莫见而不论,莫论而失位。坐于室而见四海,处于今而论久远,疏观万物而知其情,参稽治乱而通其度,经纬天地而材官万物,制割大理而宇宙里矣。④恢恢广广,孰知其极?觉觉广广,孰知其德?涫涫纷纷,孰知其形?⑤明参日月,大满八极,夫是之谓大人。⑥夫恶有蔽矣哉?

心者,形之君也,而神明之主也;出令而无所受令;⑦自禁

---

① 偷:松弛,懈怠。自行:自动。使:驾驭,运用。谋:思虑。不以梦剧乱知:不因大梦而扰乱了人的正常认知能力。不以,不因为。剧,甚也,大也。

② 此一段的意思是说,没有得道而又愿意求道的人,就告诉他们虚壹而静以及事道、思道等方面的道理。此处"谓之",即告诉他们。"作之",指具体的做法。须道:求道。人:应为"入"字之误。事道:从事于道,学习道。思道:思索研究道。"求道而入道""事道而尽道""思道而察道"均指从不同角度、不同层面了解道、把握道。而虚则入,壹则尽,静则察三句,是在讲不同层次上得道后人的认识能力的不断提高。

③ 大清明:清静澄澈到了极致的认知状态,这是荀子心目中认知的最理想状态,也是"解蔽"所希望达成的效果。在这一状态下,认知实现了由量到质、由感性到理性的升华。此处虚壹而静是境界。前面提及的虚壹而静是工夫,是过程。

④ 疏观:通观。参稽:验证,考证。经纬:治理。材官:裁管,即根据道的要求而有所裁剪、管理。制割:裁断,掌控。里:通"理",被条理化。

⑤ 觉觉:觉,音hào。通"浩浩",广大之貌。涫涫:涫,音guān。沸腾之貌。荀子反复申言大清明境界的神妙,带有某种神秘主义的色彩,与荀子一贯倡导的理性精神略有出入。

⑥ 大人:是在认知上达到"虚壹而静"境界的人。与《系辞》(上传)"大夫"可参看。

⑦ 荀子认为"心"是形与神的主宰,支配形神而不受他者支配。

也，自使也；自夺也，自取也；自行也，自止也。故口可劫而使墨云，形可劫而使诎申，心不可劫而使易意，是之则受，非之则辞。① 故曰：心容，其择也无禁，必自见；其物也杂博，其情之至也不贰。②

（二）

农精于田而不可以为田师，贾精于市而不可以为市师，工精于器而不可以为器师。③ 有人也，不能此三技而可使治三官。曰：精于道者也，精于物者也。精于物者以物物，精于道者兼物物。④ 故君子壹于道而以赞稽物。壹于道则正，以赞稽物则察；以正志行察论，则万物官矣。⑤

（三）

凡观物有疑：中心不定，则外物不清；吾虑不清，则未可定

---

① 劫：劫持，此处指强制，逼迫。墨：通"默"。诎申：屈伸。辞：拒绝，抵制。此一段是先秦诸子中最早和最系统论心的自由、自主、自律特征的文献。

② 容：空阔包容。"心容"即"心虚"，判断事物之是非时可以不受成见干扰、限制，使其真实面目呈现出来。情：通"精"，即"专一"，心能专一则不受物之博杂的迷惑，确保认知的精纯。

③ 师：官员。田师：管理农田事务的官员。市：经商。市师：管理商业事务的官员。器师：管理手工业事务的官员。

④ 精于物者以物物：农夫、商贾、工匠等精通具体事物的人，可以掌控、支配某一具体事物。精于道者兼物物：田师、市师、器师等则是精通"道"的人，他们能全面地裁断各种事务，故能管理农夫、商贾、工匠。荀子这里的说法既有启发性，也存在着问题。实际上，精于物者与精于道者，处理的问题不一样，一是具体的技术问题，一是社会各类事物的管理问题。

⑤ 赞：帮助。稽：考察，验证。官：被运用，被治理。

然否也。冥冥而行者，见寝石以为伏虎也，见植林以为后人也，冥冥蔽其明也。①醉者越百步之沟，以为跬步之浍也；俯而出城门，以为小之闺也；酒乱其神也。②厌目而视者，视一以为两；掩耳而听者，听漠漠而以为哅哅，势乱其官也。③故从山上望牛者若羊，而求羊者不下牵也，远蔽其大也。从山下望木者，十仞之木若箸，而求箸者不上折也，高蔽其长也。水动而景摇，人不以定美恶，水势玄也。④瞽者仰视而不见星，人不以定有无，用精惑也。⑤有人焉，以此时定物，则世之愚者也。彼愚者之定物，以疑决疑，决必不当。夫苟不当，安能无过乎？

（四）

凡以知，人之性也；可以知，物之理也。⑥以可以知人之性，求可以知物之理，而无所疑止之，则没世穷年不能遍也。⑦其所

---

① 冥冥：视线昏暗的夜晚。寝石：横卧的石头。后人：当为"立人"之误。
② 跬步：半步，小步。浍：kuài，田间小水沟。闺：内室的小门。神，知觉也。
③ 厌：通"压"，按压。漠漠：通"默默"，沉静无声。哅哅：喧闹的声音。
④ 景：通"影"。玄：通"眩"。
⑤ 精：通"睛"。惑：不明。
⑥ 以：能够。"以知"即具备认知能力。句谓：人的本性中都具备认知万物的能力或潜能。可以知：万物具有理则，且具有相对的稳定性，能够被人所认知。这两句话是荀子认识论的重要基础。古典哲学的认识论中，对于"物"的认识并没有达到现代科学的高度，因而荀子关于物之理的假设具有相对的合理性。
⑦ 无所疑止之：此句中"疑"字，一说解作"定"，一说当作"凝"，指一定的界限。依上下文之意，当作凝，定也。全句的意思是说，我们以可以知的本性去认识可以被认知的万物，如果没有一个认识的边界，人类则没完没了地追逐万物，无法形成统一性的认知。故荀子强调"学有所止"。下文所论即此意。此一点亦受庄子思想的影响（应该是消极的影响）。庄子认为，"吾生也有涯而知也无涯，以有涯随无涯，殆已"（《养生主》）。

以贯理焉虽亿万,已不足以浃万物之变,与愚者若一。①学,老身长子,而与愚者若一,犹不知错,夫是之谓妄人。②故学也者,固学止之也。③恶乎止之?曰:止诸至足。曷谓至足?曰:圣也。圣也者,尽伦者也;王也者,尽制者也;两尽者,足以为天下极矣。④故学者,以圣王为师,案以圣王之制为法,法其法以求其统类,以务象效其人。向是而务,士也;类是而几,君子也;知之,圣人也。⑤故有知非以虑是,则谓之惧;有勇非以持是,则谓之贼;察孰非以分是,则谓之篡;多能非以修荡是,则谓之知;辩利非以言是,则谓之詍。⑥传曰:"天下有二:非察是,是察非。"谓合王制与不合王制也。天下有不以是为隆正也,然而

① 贯:通,习。浃:通晓。若一:一样的。

② 老身长子:"身老""子长"的倒装。句谓:像这样昏昧的学习,哪怕学到身体衰老了,子女长大了,也不免于和愚蠢的人一样。

③ 固:本来。止:即前文所说的"疑止",指上文所讨论的认知的对象有一定的界限,以及明确的目标。乾卦《文言》(上)有"知至至之,可与言几"之说,《大学》有"止于至善"之说,皆与荀子讲的"学有所凝止"的意思相似。古典儒家的认识理论不以满足人的好奇心为目标,而是以培养合乎社会秩序要求的良民为目标。

④ 伦:相对固定的人间秩序。制:制度、规范。类似于《洪范》篇所讲的"洪范九畴"之类的国家大纲大法,即宪章之类。极:根本准则。《洪范》篇中的"皇极"可与之参看。荀子将学习的活动限制在人伦制度的大范围里,在古代也许是合理的,但随着时间的推移,狭隘性也日益暴露出来。此一点与庄子将人的智力活动仅限于个人成就德性的范围,同样都是狭隘的。

⑤ 此三句短语以圣人为学习的目标,将学习者区分为士、君子、圣人三种人格境界:向是而务者,即朝向圣王之道而努力的人称之为士。类是而几者,即模仿圣王之道而接近此道的人称之为君子。而完全知道此道的人,是真正的圣人。

⑥ 此五话中的惧、贼、篡、知、詍等概念,均是通用语,然荀子重新加以规定,故以"谓之"的谓语动词表述知,以彰显他对惧、贼、篡、知、詍五个概念的新规定,而不同于当世流行的意思。詍:yì,多言,废话连篇。

犹有能分是非、治曲直者邪？若夫非分是非、非治曲直、非辨治乱、非治人道，虽能之，无益于人，不能无损于人；案直将治怪说，玩奇辞，以相挠滑也；①案强钳而利口，厚颜而忍诟，无正而恣睢，妄辨而几利，②不好辞让，不敬礼节，而好相推挤；此乱世奸人之说也。则天下之治说者，方多然矣。③《传》曰："析辞而为察，言物而为辨，君子贱之。博闻强志，不合王制，君子贱之。"此之谓也。④

性恶

题解：《性恶》篇是《荀子》的第二十三篇。荀子在本篇集中阐发了他的人性论思想。全文以反驳、回应孟子"性善论"的形式，逐层讨论了人性论的诸多层面。荀子提出：人与生俱来的生理、情感欲求与心意就是"性"，这与告子的"生之谓性"说属于同一范式。由于人性充斥生理和情感的欲求，如果不加节制而肆意放纵，特别是在资源匮乏的情况下将导致人与人之间相互残害争斗等破坏性的结果。因此圣人需要通过"化性起伪"的过

---

① 治怪说，玩奇辞，以相挠滑：如名家者流。挠，扰。滑，乱。

② 强钳：强迫钳制他人之口（不让他人发声）。利口：自己夸夸其谈。几利：唯利是图，以求利为目的。几，接近。

③ 方：方今，如今。然：如此。荀子在《非十二子》和本篇中，多次批评方今诸子学者多为不从王道、混淆是非之辈，他们的认知存在各种障蔽，仅窥见道之一隅。

④ 此《传》所引文字，不见今传世文献。可能是解释《易经》一类的逸《传》之类。如《系辞》（上传）讲"默而成之，不言而信，成乎德行"，《系辞》（下传）"道不虚行，存乎其人"。

程，使人的群体性生活成为可能。"性""伪"之分，是荀子人性论思想的基本出发点。荀子礼赞圣人"化性起伪"的教化行为，并将圣人看作是人伦的最高典范——圣人尽伦。而将现实的王者看作是制度的最高体现——王者尽制。"性恶伪善"和"化性起伪"是本篇的两个核心命题，也是本节选的主要内容。情性与伪性是我们理解荀子人性论的两个核心概念。不过，对于荀子的性恶论，孟子的性善论，都不能简单地从字面上去解读，一定要把握其理论的核心要义，这样才不至于误解前贤的理论意旨。

（一）

人之性恶，其善者伪也。①

今人之性，生而有好利焉，顺是，故争夺生而辞让亡焉；生而有疾恶焉，顺是，故残贼生而忠信亡焉；生而有耳目之欲，有好声色焉，顺是，故淫乱生而礼义文理亡焉。②然则从人之性，顺人之情，必出于争夺，合于犯分乱理，而归于暴。③故必将有师法之化、礼义之道，④然后出于辞让，合于文理，而归于治。用

---

① 性：生性，本性。荀子主张"生之谓性"，与告子类似。恶：不善，具有破坏性。伪：人为。"伪"是荀子人性论中的核心概念之一，指与先天相对的后天的人为努力。性恶为自然倾向，性善是后天学习的结果。孔子承认"性相近，习相远"。荀子人性论的核心精神与孔子的人性思想精髓相通。

② 好利：喜好财货之心。顺是：依循此自然倾向（而不加约束、限制）。疾：通"嫉"，嫉妒。疾恶：嫉妒、憎恶之心。文理：犹"纹理"，指法度。

③ 此一段话意为，人性的自然倾向不可放纵，需要加以约束。从人之性：从，通"纵"，放纵而不加约束。合：同，犹"同流合污"之"合"。犯：冒犯，违犯。分：等级名分。归：导致，归宿于。暴：暴乱，混乱。

④ 化：教化。道：通"导"，引导。二者皆为"伪"（人为）的具体内容。

此观之，然则人之性恶明矣，其善者伪也。①

　　故枸木必将待檃栝烝矫然后直，钝金必将待砻厉然后利。②今人之性恶，必将待师法然后正，得礼义然后治。今人无师法，则偏险而不正；无礼义，则悖乱而不治。古者圣王以人之性恶，以为偏险而不正、悖乱而不治，是以为之起礼义、制法度，以矫饰人之情性而正之，以扰化人之情性而导之也。③使皆出于治、合于道者也。今之人，化师法、积文学、道礼义者为君子，纵性情、安恣睢而违礼义者为小人。④用此观之，然则人之性恶明矣，其善者伪也。

（二）

　　孟子曰："人之学者，其性善。"⑤

---

　　① 此处荀子对"人性恶"命题的阐述，主要是从人性的自然倾向及其效果的角度立论的，是经验主义的立场而非先天或先验的视角。

　　② 枸木：枸，通"钩"，弯曲不直。檃栝：矫正木材弯曲的器具。烝：通"蒸"，用蒸气加热，使其柔软。矫：矫正，矫直。钝金：用钝了的金属器具。砻：磨也。音lóng。厉：通"砺"，亦磨也。

　　③ 起礼义：兴起礼义等制度与伦理。起，有开始制作之意。制：规划、制定也。矫：矫正，规范。矫饰：强力地加以改变。饰：通"饬"，整治。扰化：训导教化。情性：即人性的自然倾向而展出的现实人性之恶的内容。荀子"扰化"可通庄子"撄宁"。

　　④ 化师法：受教化于师法。化，动词，被动用法。积文学：积累、增进礼仪法度典章等，亦即"师法"所教导的内容。道礼义："道"通"蹈"，遵行、实践。安恣睢：安于恣肆跋扈。

　　⑤ 此一句有两解，一解是：人之所以能学有所得，盖因于其性本善。意谓性善乃一切学问之根基。二解是：人所学之目的，皆在于明此本性之善。意谓觉悟性善乃一切学问之目的。此为荀子对孟子性善论思想的转述，不是那么准确。

七 《荀子》选

曰：是不然。是不及知人之性，而不察乎人之性、伪之分者也。① 凡性者，天之就也，不可学，不可事。② 礼义者，圣人之所生也，人之所学而能、所事而成者也。③ 不可学、不可事而在人者，谓之性；可学而能、可事而成之在人者，谓之伪；是性、伪之分也。今人之性，目可以见，耳可以听。夫可以见之明不离目，可以听之聪不离耳。目明而耳聪，不可学明矣。④

孟子曰："今人之性善，将皆失丧其性故也。"⑤

曰：若是则过矣。今人之性，生而离其朴、离其资，必失而丧之，⑥ 用此观之，然则人之性恶明矣。

---

① 是不然：这一说法是不对的。是，代指上文"性善"之断言。不及知人之性：未及于，或尚未达到对人性的了解。察乎人之性伪之分者：明察，知晓人性问题上有自然倾向性与人伪后天努力两方面内容。

② 此一句就概念的角度阐述"性"的普遍意义。凡性者：大凡就"性"一词的语言普遍内容而言。就：造就，生成。事：凭人力为之。此处可以看出，荀子在讨论哲学问题时，首先重视语言层面一般意义的规定。此是经过先秦名辩学家的学术洗礼后，作为战国后期思想家的荀子在哲学讨论方面的改善。

③ 圣人之所生：由圣人所创制。能：学会，掌握。成：实现，做到。

④ 此句荀子以耳目等感官的功能皆由天生、非人力所能后天成就，来说明他所说的"性"是天生而非人为（伪）的意思。

⑤ 此句亦为转述孟子之言。若依《孟子·离娄下》第二十六段"天下之言性，则故而已矣"的说法，则此句的意思是说：当今人们所说的性善，将会是全部丧失人性的已然之迹啊。孟子承认日月星辰的已然之迹（故）对于把握日月星辰未来运用规则的作用，以此为例，也承认在社会生活，特别是家庭生活中长养出来的仁亲义兄的自然之善性（性故）。但孟子所言自然，并非人的生物属性意义上的"自然"，而是社会生活习俗中的"自发"。荀子对孟子所言的"性故"，在理解上有偏差。

⑥ 荀子认为上述转引的孟子观点，在整体上是错误的。荀子认为，现实的人性自然而然的远离他们的朴、资。一定要使其朴、资失丧，恰恰表明人的自然性是恶的。因此，从必使"性故"失丧的角度看，人性天然是恶的。过：错也。朴：质。资：材。"朴""资"指天生的材质。必失而丧之：一定要使之失丧。失、丧皆为使动用法。用此：由此。荀子对"性故"之"故"的具体内涵理解不同。

所谓性善者，不离其朴而美之，不离其资而利之也。①使夫资朴之于美、心意之于善，若夫可以见之明不离目、可以听之聪不离耳。②故曰目明而耳聪也。

今人之性，饥而欲饱，寒而欲暖，劳而欲休，此人之情性也。③今人饥，见长而不敢先食者，将有所让也；劳而不敢求息者，将有所代也。夫子之让乎父，弟之让乎兄；子之代乎父，弟之代乎兄；此二行者，皆反于性而悖于情也，④然而孝子之道、礼义之文理也。故顺情性则不辞让矣，辞让则悖于情性矣。⑤用此观之，然则人之性恶明矣，其善者伪也。

问者曰："人之性恶，则礼义恶生？"

应之曰：凡礼义者，是生于圣人之伪，非故生于人之性

---

① 句谓：真正的"性善"，应当是不脱离天生自然的材质然后使之变得美好，不离开天然材质使之变得有利。

② 句谓：从"性善"的角度来说，天生自然的材质与"美"、（本性）心意与"善"的关系，（应当是理所当然、密不可分的），正如目之所明见、耳之所聪闻离不开天生自然的耳目感官一样。荀子强调了"伪"必基于"性"之"材质"的美好之上。

③ 句谓：现实中的人的本性，是饿了只想吃饱，冷了只想穿暖，累了只想休息，（这些直接而功利的欲求），正是人天生的自然的情感欲求和心意自然倾向，此为"情性"。

④ 句谓：至于现实中的人所表现出来的享受时谦让于父兄长者，劳作时抢先于父兄长者，这些善良美好的德行，其实是违反了人的好逸恶劳的心意自然倾向，背离了人的喜好享乐的情感欲求。

⑤ 句谓：倘若依顺着人的天生自然的情感欲求和心意的自然倾向，则不会有谦让的行为出现；反过来讲，既然出现了谦让的行为，则表明已经违反背离了人的天生自然的情感欲求和心意自然倾向。

也。①故陶人埏埴而为器，然则器生于工人之伪，非故生于人之性也。故工人斲木而成器，然则器生于工人之伪，非故生于人之性也。②圣人积思虑、习伪故，③以生礼义而起法度，然则礼义法度者，是生于圣人之伪，非故生于人之性也。若夫目好色，耳好声，口好味，心好利，骨体肤理好愉佚，是皆生于人之情性者也，感而自然、不待事而后生之者也。④夫感而不能然、必且待事而后然者，谓之生于伪。⑤是性伪之所生、其不同之征也。故圣人化性而起伪⑥，伪起而生礼义，礼义生而制法度。然则礼义法度者，是圣人之所生也。故圣人之所以同于众、其不异于众者，性也；所以异而过众者，伪也。⑦夫好利而欲得者，此人之情性

---

① 故：通"固"，本来。荀子认为，礼义等"善"的德行规范，其实是源于圣人的人为努力，而不是从根本上来源于人的自然属性。

② 埏埴：音 shān zhí，以水和土制作陶器。斲：zhuó，砍削。匠人制作器具，皆是出于人工作为，属于后天努力，而不是源于自然的属性。

③ 积思虑：积累思虑，深思熟虑。故：事也。习伪故：熟练掌握人为之事。

④ 肤理：皮肤纹理。佚：通"逸"，闲适安逸。感：生理的直观感受。自然：自己产生，自己形成。待：等待，依赖。事：从事，人为的努力。意谓：所谓"性"，是一旦有了某种生理的直观感受，如饥饿、疲惫等，便会自己产生、形成的（如希望饱足、安逸）等情感和要求，这些是不需要通过人为的努力才会产生、形成的人之情性。

⑤ 句谓：那些即便有了生理的直观感受也不会自己产生、形成，而必须仰赖后天人为的努力才会产生、形成的（谦让、礼义之类），皆是出于"伪"（人为努力）。

⑥ 化性而起伪：通过礼义教化来转变人的本性，鼓励、倡导后天人为的努力，（以达成现实中的"善"）。"化性起伪"是荀子人性论中的核心论题，是沟通"先天之性恶"与"后天之良善"的关键。

⑦ 荀子认为，圣人与普通人的相同之处，在于都具有自然的情感欲求和心意倾向；圣人与普通人的不同之处，或者说圣人超出普通人的地方，在于圣人的"伪"（后天的人为努力）。

也。假之人有弟兄资财而分者，且顺情性，好利而欲得，若是则兄弟相拂夺矣；且化礼义之文理，若是则让乎国人矣。故顺情性，则弟兄争矣；化礼义，则让乎国人矣。

凡人之欲为善者，为性恶也。夫薄愿厚，恶愿美，狭愿广，贫愿富，贱愿贵，苟无之中者，必求于外；故富而不愿财，贵而不愿势，苟有之中者，必不及于外。①用此观之，人之欲为善者，为性恶也。今人之性，固无礼义，故强学而求有之也；性不知礼义，故思虑而求知之也。然则性而已，则人无礼义，不知礼义。人无礼义则乱，不知礼义则悖。然则性而已，则悖乱在已。用此观之，人之性恶明矣，其善者伪也。

孟子曰："人之性善。"

曰：是不然。凡古今天下之所谓善者，正理平治也；所谓恶者，偏险悖乱也。是善恶之分也已。今诚以人之性固正理平治邪，则有恶用圣王、恶用礼义矣哉？虽有圣王礼义，将曷加于正理平治也哉？②今不然，人之性恶。故古者圣人以人之性恶，以为偏险而不正、悖乱而不治，故为之立君上之势以临之，明礼义以化之，起法正以治之，重刑罚以禁之，使天下皆出于治、合于善也。是圣王之治而礼义之化也。今当试去君上之势，无礼义之

---

① 荀子认为，人们一般都是因为自己缺乏了某个东西，才会向外去求取它。因此，人们之所以都希望为善，恰恰是因为本性是恶的，(本性中缺乏善的缘故)。善，好也。荀子此处的论证，在哲思方面不够精审。

② 荀子认为，如果依孟子所言，人皆性善，那么世间自然会和顺安详，又何必需要圣王来倡导礼义教化？反之，之所以不能缺少圣王所倡导的礼义教化，正说明人性本恶。

化,去法正之治,无刑罚之禁,倚而观天下民人之相与也;若是,则夫强者害弱而夺之,众者暴寡而哗之,①天下之悖乱而相亡不待顷②矣。用此观之,然则人之性恶明矣,其善者伪也。

故善言古者,必有节于今,善言天者,必有征于人。③凡论者,贵其有辨合、有符验。④故坐而言之,起而可设,张而可施行。⑤今孟子曰"人之性善",无辨合符验,坐而言之,起而不可设,张而不可施行,岂不过甚矣哉?故性善,则去圣王、息礼义矣;性恶,则与圣王、贵礼义矣⑥。故檃栝⑦之生,为枸木也;绳墨⑧之起,为不直也;立君上,明礼义,为性恶也。用此观之,然则人之性恶明矣,其善者伪也。

直木不待檃栝而直者,其性直也。枸木必将待檃栝烝矫然后直者,以其性不直也。今人之性恶,必将待圣王之治、礼义之化,然后皆出于治、合于善也。用此观之,然则人之性恶明矣,其善者伪也。

----

① 哗:侵扰;梁启雄《荀子简释》认为"哗"应解释为"中裂之",意即瓜分。顷:少顷,片刻。

② 顷:片刻。

③ 节:符节,古代军政大事中的凭信之物,此处解作"验证",与下文"征"同义。征:验证。句谓古与今、天与人应当相互验证。

④ 辨:通"别",是与符节相类,也是古代的一种凭证,将一券分为两半,双方各执一半,验证时将两部分合拢。符:即上文所言的"节"。句谓论说需要有证据、有凭信,不可妄说。

⑤ 设:部署安排。张:推广、实施。

⑥ 去、息:摒弃、废除之义。与:赞同。

⑦ 檃栝:古代矫正木材之器具。

⑧ 绳墨:即古代泥瓦匠、木匠用来衡量曲直的墨斗。

问者曰:"礼义积伪者,是人之性,故圣人能生之也。"①

应之曰:是不然。夫陶人埏埴而生瓦,然则瓦埴岂陶人之性也哉?工人斲木而生器,然则器木岂工人之性也哉?夫圣人之于礼义也,辟亦陶埏而生之也,然则礼义积伪者,岂人之本性也哉?凡人之性者,尧、舜之与桀、跖,其性一也;君子之与小人,其性一也。②今将以礼义积伪为人之性邪,然则有曷贵尧、禹,曷贵君子矣哉?凡所贵尧、禹、君子者,能化性,能起伪,伪起而生礼义;然则圣人之于礼义积伪也,亦犹陶埏而生之也。③用此观之,然则礼义积伪者,岂人之性也哉?所贱于桀、跖、小人者,从其性,顺其情,安恣睢,以出乎贪利争夺。故人之性恶明矣,其善者伪也。

---

① 诘问者提出:既然积累"伪"(人为的努力)可以使之向"善"(具备礼义),那么是否表明"伪"(人为的努力)本身就是"性"的一部分?换言之,"伪"并非是后天的,而是先天本性的内在成分。如此,才可以解释圣人为何能创制礼义。这一问题十分重要,涉及"教化"活动的"内"与"外"如何衔接、贯通。

② 荀子主张圣人、残暴之人和普通人在自然本性上是一样的,皆为天生而具有的情感欲求和心意。

③ 荀子认为圣人的可贵之处,在于他们能改变本性,倡导人为的努力,创制礼义;圣人创制礼义,并不是由其本性而来,而恰恰是转化本性、人为努力的结果,正如陶器工匠不凭借本性,而是凭借人为努力揉制黏土生产陶器一样。严格地讲,荀子并未回应圣人为何能转化本性的原因,即圣人之"伪"与普通人之"伪"有何区别?圣人之"伪"与其本性的关系究竟如何,这也是荀子人性论的未加深究之处。

八 《礼记》选

大 学

题解：《大学》原本是《小戴礼记》四十九篇中的第四十二篇。全篇比较短小，只有一千七百余字。相传作者是孔子的学生曾参，其中前面两百零五字是孔子之言，后面的一千五百余字是曾参的解读与发挥。之所以取名为《大学》，是与"小学"相对，意谓大人之学、广博之学。《大学》将学问的宗旨界定为"三纲领"，即：明明德、亲民、止于至善。《大学》又将实现"三纲领"的道德历程归纳为"八德目"，即：格物、致知、诚意、正心、修身、齐家、治国、平天下。《大学》存在古本和今本的区分：古本是《礼记》中一直流传下来的版本；今本则是经过二程和朱熹"改正"过（即重新调整次序）的版本，朱熹甚至作"补传""格物致知"章。古本与今本的分歧体现了不同的解读重心和诠释方向，后来引起程朱之学与陆王之学的重要争论。本书将《大学》定位为《礼记》的一篇（而非"四书"之一），故选用《礼记》古本，并在注释中注明古今本的重要差别。

大学①之道，在明明德，在亲民，在止于至善②。

知止而后有定，定而后能静，静而后能安，安而后能虑，虑而后能得。③物有本末，事有终始。知所先后，则近道矣。④

---

① 大学：古注有两解，一解为"大"为广博之义，郑玄认为"大学"即广泛、渊博的学习，包含从个人到家国天下等各方面的道理；二解"大学"为"大人之学"，是与童蒙、洒扫应对等"小子之学"相区别的穷理、正心、修己、治人之学，朱熹《集注》云："大学，大人之学也。大学之书，古之大学所以教人之法也。"两解的侧重点不同，郑玄侧重学习的内容，朱子侧重学习对于个人成德的效果。今依原文看，《大学》篇包含了两种意思。大人之学即君子之学。"君子不器"，故需要广博地学习。

② 此三句话古注以为是《大学》篇的三纲领。明明德：第一个"明"字是动词，"彰显"的意思；第二个"明"字是形容词，用以描述人先天的光明峻洁之德性。"明明德"接近孟子一系肯定人有"善端"的人性论思想。亲民：有两种主要的解释：孔颖达、王阳明等主张按"亲民"二字的本义解释，意思是"亲近、爱护人民"。但二程和朱熹都反对这一理解。他们认为"亲民"应读为"新民"，"新"是"除旧布新"的意思。"新民"指自己及人地修养道德、更新自我。当君子彰显了自己先天的善德之后，并帮助他人去除污染心灵的东西，让彼此都能够达到弃旧图新、去恶为善、心灵纯洁、道德日新的境界。二程、朱熹的观点在理论上合乎儒家"成己成物"的思想逻辑，训诂学的通假亦可通，但缺乏版本根据。在没有版本根据的前提下，尊重文本自身的表达。故作"亲民"讲，更妥当。止于至善：即以至善为"大学"的目标。止，必至于是而不迁。"至善"是道德的理想境界。孔子、孟子提倡"居仁由义"，荀子强调"学有所止"，以"尽伦"的圣人为榜样。故《大学》在论为学的目的问题上，与孔、孟、荀的精神高度一致。这也体现了儒家知识论在"学以成人"的目标上有内在的一致性。

③ 知止：体认至善，知晓了目标。"止"就是"止于至善"的"止"。儒家非常强调学习者要有明确的至善目标，以避免一味地追求知识而迷失学习的方向。道家庄子也提倡"知与德交相养"，反对"逐物之知"。定：志向坚定，不在犹豫彷徨，内有所定则不为外物所夺。静：止息杂念。安：所处而安；或曰从容、悠然。虑：思虑精详，不为邪念异想所左右。得：一说为"做事成功"，即"外王"；一说"得其所止"，实现目标，达于至善，偏向"内圣"。二说可以合而观之，因而儒家"内圣外王"是统一的。

④ 物有本末，事有终始：物有本末，即物有重要的不重要的区分，人类的事情有开始有结束。因而在对待不同的物时应该有不同的态度，对待不同的事情也有一轻重缓急的安排次第。

八 《礼记》选

古之欲明明德于天下者,^①先治其国;欲治其国者,先齐其家;欲齐其家者,先修其身;欲修其身者,先正其心;欲正其心者,先诚其意;欲诚其意者,先致其知;致知在格物。^②物格而后知至,知至而后意诚,意诚而后心正,心正而后身修,身修而后家齐,家齐而后国治,国治而后天下平。^③自天子以至于庶人,壹是皆以修身为本。^④其本乱而末治者,否矣。^⑤其所厚者薄,而其所薄者厚,未之有也。^⑥此谓知本,此谓知之

---

① 古之欲明明德于天下:托之古而便于言说,将践行"明明德于天下"的原则看作是古代圣贤提出来的要求,以体现自己所言之可信。

② 此一段递归式的表达,以倒推的方式阐述古圣贤"外王必先内圣"的做人做事次第。格物:认识事物,研究事物,虽不同于我们今天所说的研究自然界及万物,但也不反对这种研究。致知:获得知识。将格物致知当作是"诚意"的出发点,表明《大学》的正心、诚意的内在主观精神修炼并不是冥想式的,而是通过与物打交道而实现诚意、正心的精神修炼。广义的"内圣"即修身,并不脱离与世界的关系,而是在格物致知的活动中实现的。而广义的"外王"是通过修身,小范围的齐家,逐步上推而治国,然后是平天下。

③ 《大学》将实现"三纲领"的具体过程解析成"八条目",并从逆推与顺推两个角度阐释了"八条目"的工夫次第。当然,这些都只是一些原则性的表达,因而是一种哲学性的次第安排。

④ 壹是:一律,都是。"修身"是"八条目"的核心。只有自身的品德端正、无偏见、无邪念,才能为民众所拥护。"修身"是所有人的出发点,本:始也。成人方能做事,成己方能成物。人可能在现实生活中并非都能成就一番大事业,这需要外在的际遇,但人之为人,则是所有人的份内之事,故不分天子与庶人。修身为本,亦是以"止于至善"为本。此为《大学》篇之要旨。

⑤ 此句话意思是说,当一个人的"本",出发点或曰根基是无序的,则其齐家、治国、平天下之末事要达到有序化,是不可能的。否矣:肯定不行。

⑥ 此两句是从轻重缓急的角度立论的。所厚者:本应重视者,即"内圣修身"("本")。薄:忽略,轻视。所薄者:本应次要视之者,即"外王致用"("末")。厚:重视,关注。未之有也:从来没有成功过。此为省略语。

至也。①

所谓诚其意者,②毋自欺也。如恶恶臭,如好好色,此之谓自谦。故君子必慎其独也。③小人闲居为不善,无所不至,见君子而后厌然,④掩其不善而著其善。人之视己,如见其肺肝然,则何益矣!此谓诚于中,形于外,故君子必慎其独也。⑤曾子曰:"十

---

① 此谓知本,此谓知之至也:《礼记》古本《大学》将本句放于此,作为对上文的总结。意谓能理解上文所论知的次第和"壹是皆以修身为本"的道理,就算是认知活动的"知之本",也是知所要达到的最高目标。二程、朱熹"改正"后的今本《大学》主张将本句移至"子曰:听讼,吾犹人也……"一章之后。朱熹《集注》认为,"此谓知本"四字为衍文;"此谓知之至也"一句之前应当有阙文。进而,朱熹参考二程的意见,根据自己的理解,补了"格物致知"章:"所谓致知在格物者,言欲致吾之知,在即物而穷其理也。盖人心之灵莫不有知,而天下之物莫不有理,惟于理有未穷,故其知有不尽也。是以《大学》始教,必始学者即凡天下之物,莫不因其已知之理而益穷之,以求至乎其极。至于用力之久,而一旦豁然贯通焉,则众物之表里精粗无不到,而吾心之全体大用无不明矣。此谓物格,此谓知之至也。"二程、朱子所言,可备参考。

② 诚意:使意念真诚。"意"是"心之动"。"诚意"一章,《礼记》古本《大学》放于此;程朱"改正"今本《大学》则将《康诰》曰"汤之盘铭曰""《诗》云"二章及"子曰:听讼"等数章之后,"所谓修身在正其心也"一章之前。

③ 自谦:谦通慊,读"窃",满足、自适之义。慎独:有两解,一解为"私"、独处;二解为"几",意念发动之端。二者均"易自欺"。诚意即将德性修养内化为本能,并非异化,而是回归。《大学》专门提出了"慎独"之教,修养德性要诚实不自欺,在"慎独"上下功夫。"慎独"既可以理解为一个人独处时应有所敬畏,不能当面一套、背后一套;也可以理解为当自己内心的念头刚刚萌发时,就应该小心戒备,也就是"见微知著",从而"防微杜渐"。

④ 闲居:日常在家无事而独处。厌然:厌,读"押",躲闪、掩饰的样子。此句表明小人在理性的"知"的层面是知道何者为善,何者为不善的,然不能让自己的"知"止于至善。

⑤ 此处《大学》一文作者认为,人的德性之"诚"一定会体现于行为之中,掩饰、假装是没有用处的。故修身要慎独,正如孟子讲"养浩然之气"不能有间断一样。

目所视,十手所指,其严乎!"富润屋,德润身,心广体胖,故君子必诚其意。①

《诗》云:"瞻彼淇澳,菉竹猗猗。有斐君子,如切如磋,如琢如磨。②瑟兮僩兮,赫兮喧兮。有斐君子,终不可諠兮!③""如切如磋"者,道学也。"如琢如磨"者,自修也。"瑟兮僩兮"者,恂慄也④。"赫兮喧兮"者,威仪也。"有斐君子,终不可諠兮"者,道盛德至善,民之不能忘也。⑤《诗》云:"於戏,前王不忘!"君子贤其贤而亲其亲,小人乐其乐而利其利,此以没世不忘也。⑥

---

① 此一段所引曾子原文,已经不可考。广:音宽,意指心无愧怍,故广大宽平。胖:音pán。舒泰安适貌。《大学》的作者以"心必诚其意"的绝对命令形式,强调了君子之辈的道德修养于其开端处保持绝对真诚无妄的初念的重要性。但此意念之诚的真正确立并不是主观冥想,而是在"物格知至"之后的意诚,因而与一切宗教性的信仰形成了巨大的区别。

② 此诗见《诗经·卫风·淇澳》篇。瞻:眺望。淇:淇水,先秦时期卫国的河流名。澳:河岸转弯处。菉:同"绿"。猗猗:光泽茂盛的样子。斐:文采,文雅。

③ 瑟:通"瑟",端庄、庄重。僩:威武、庄严。赫:显耀、明亮。喧:盛大。諠:遗忘。

④ 此处将"切磋"看作是讨论学问,"琢磨"看作是对自己修德的仔细打磨、考量。与《论语》中孔子与子贡的对话可以参看。恂慄:诚惶诚恐,谦恭谨慎的样子。

⑤ 此处解《诗》,可以看作是先秦儒家士人从君子成德利民的道德政治角度对《诗》所做出的一种系统的诠释。先秦"诗教"的道德—政治解释模式,深刻地影响了汉代"诗教"。

⑥ 此为《诗经·周公·烈文》篇诗句。於戏:同"呜呼",句首语气词,表感叹。前王:指周初的文王、武王等君王。此处歌颂周文王、武王让君子、小人各得其乐,故而他们去世已经很长时间了,但人们还是十分怀念他们。以此证明内圣而外王的君子,能立德、立功于民而不朽于人间。

《康诰》曰:"克明德。"《大甲》曰:"顾諟天之明命。"《帝典》曰:"克明峻德。"皆自明也。①

汤之《盘铭》曰:"苟日新,日日新,又日新。"《康诰》曰:"作新民。"《诗》曰:"周虽旧邦,其命惟新。"是故君子无所不用其极。②

《诗》云:"邦畿千里,惟民所止。"③《诗》云:"缗蛮黄鸟,止于丘隅。"④子曰:"于止,知其所止。可以人而不如鸟乎?"⑤《诗》云:"穆穆文王,於缉熙敬止!"⑥为人君,止于仁;为人臣,止于敬;为人子,止于孝;为人父,止于慈;与国人交,止于信。

---

① 此处引经文以证明,人在修德方面,都需要光大本有的"明德"。《康诰》:《尚书·周书》中的一篇。克:能。《大甲》:《尚书·商书》中的一篇。"大"读为"太"。顾:顾念。諟:同"是",此也。《帝典》:即《尧典》,《尚书·虞书》中的一篇。峻:大,崇高。

② 汤:商汤,商王朝的开创者。《盘铭》:铭刻在沐浴之盘上的文字。《康诰》:见今文《尚书·周书》。苟:倘若。周虽旧邦,其命惟新:出自《诗经·大雅·文王》篇。命,天命。

③ 出自《诗经·商颂·玄鸟》篇。邦畿:天子直接管辖的王畿之地。止:居住。

④ 出自《诗经·小雅·缗蛮》篇。缗蛮:鸟鸣声。丘隅:山丘的一角。

⑤ 此处是借《诗》中的意象做引申性的解释。鸟皆知止于山之隅,人怎么可以不知道自己当"止于至善"呢?

⑥ 出自《诗经·大雅·文王》篇。穆穆:庄重肃穆。於:读"鸣",感叹词。缉:继续。熙:光明。"止"的本义是"停留""居住",被《大学》的作者升格为一个重要的概念,谓"臻至某一境界,并长久地保持在该境界",引申为"目标"。作为一种角色伦理,止于某某,实即以某某为天职。如《论语》所言的"仁者安仁""三月不违仁"。"止"和"至善"相连,既表征行为最恰当的标准和界限,也指向德与行所追求的崇高目标。

八 《礼记》选

子曰:"听讼,吾犹人也。必也使无讼乎!"①无情者不得尽其辞,大畏民志。此谓知本。②

所谓修身在正其心者,身有所忿懥,则不得其正;有所恐惧,则不得其正;有所好乐,则不得其正;有所忧患,则不得其正。③心不在焉,视而不见,听而不闻,食而不知其味。此谓修身在正其心。④

所谓齐其家在修其身者,人之其所亲爱而辟焉,之其所贱恶而辟焉,之其所畏敬而辟焉,之其所哀矜而辟焉,之其所敖惰而辟焉。⑤故好而知其恶,恶而知其美者,天下鲜矣。故谚有之曰:

---

① 出自《论语·颜渊》篇。

② 无情者不得尽其辞:此句意谓,作为执政者若无情实则不能够充分理解诉讼者言辞背后的实际情况,故执政者要敬畏民志。这就是所谓"知本"。《大学》中共有两处言"知本"。前面"知本"是指充分领悟"自天子以至于庶人,壹是皆以修身为本"的道理。此处"知本"与前面所说的"知本"有关,但着眼点有异,即是说君子必内具明德——是有情者而非"无情者",方可以知民之讼词的虚实,予以公正的审断,然后达到无讼的理想状态。"畏民之志",方能达到"物格而后知至"的效果。"知至"而后"意诚"。故此处"知本",侧重点在于知"听讼"之本、施政之本在于"敬畏民志"。二程、朱熹均认为此章有衍文、阙文,故其"改正"的今本《大学》于此多有改动。

③ 忿懥:"懥"读"至",愤怒。二程认为,此处"身有"当作"心有"。没有文本根据,可备一说。实际上,"身有所忿懥"是混说,包含着心,正如修身并非修肉体之身一样。

④ 正心:端正心态,要去除各种过度的情绪,不为物欲所蔽,保持心灵的安静。当然,儒家的"正心"不是"不动心",不是要消灭喜怒哀乐的基本情感,而是将这些情感控制在正常、合宜的范围内,避免心完全脱离理性的控制。

⑤ 此五句概述了人心易于出现偏差的五个方面,以此证明修身的必要性。之:对于。辟:通"僻",偏向。哀矜:哀戚、同情。敖惰:傲视、怠慢。

"人莫知其子之恶,莫知其苗之硕。"① 此谓身不修不可以齐其家。

所谓治国必先齐其家者,其家不可教而能教人者,无之。② 故君子不出家而成教于国。孝者所以事君也,弟者所以事长也,慈者所以使众也。《康诰》曰:"如保赤子。"心诚求之,虽不中,不远矣。未有学养子而后嫁者也。③ 一家仁,一国兴仁;一家让,一国兴让;一人贪戾,一国作乱。其机如此。此谓一言偾事,一人定国。④

尧、舜率天下以仁,而民从之。桀、纣率天下以暴,而民从之。其所令反其所好,而民不从。⑤ 是故君子有诸己而后求诸人,无诸己而后非诸人。所藏乎身不恕,而能喻诸人者,未之有也。⑥ 故治国在齐其家。《诗》云:"桃之夭夭,其叶蓁蓁。之子于归,

---

① 莫知其苗之硕:《说文》云:"苗,草生于田者。"人们由于厌恶杂草,故无法欣赏自己庄稼地里杂草长得茂盛、丰美的样子。如此可与上文"恶而知其美"相呼应。

② 此句意谓,不能齐家的人,就不可教育、教化其他人。无之,从来不会有。以表"必先齐家而后方可以教人"的道理所具有的绝对普遍性。

③ 此句引《康诰》"如保赤子",以证明"未有学养子而后嫁者也"的说法是正确的。女子在出嫁前通常不会照顾孩子,但出嫁生子后,由于她对于孩子有出自内心之诚的爱,便能很快学会照顾孩子。

④ 此句所言,在古代"家天下"的政治结构里是有效。君王一人的道德行为同时也是政治行为,故有广泛的社会影响力。偾:读"愤",覆败。"偾事"与"定国"一坏一好,形成对照。在大社会,小政府的现代工商业社会,最高执政者的个人道德效应也有正面的引导作用,但其效用会大大地降低。

⑤ 其所令反其所好,则不从:意谓最高执政者自己行暴而欲百姓行仁,那是不可能。反之亦然。这句话强调最高执政者个人的道德修身对于全社会的引导作用。

⑥ 所藏乎身:内在于己的。喻:示范,教导。此句意谓:倘若自身内部(并非外显)仍有"不恕"之处,却想很好地教导他人遵行"恕道",这是从来没有的事。

宜其家人。"①宜其家人，而后可以教国人。《诗》云："宜兄宜弟。"宜兄宜弟，而后可以教国人。《诗》云："其仪不忒，正是四国。"②其为父子兄弟足法，而后民法之也。此谓治国在齐其家。

所谓平天下在治其国者：上老老而民兴孝，上长长而民兴弟，上恤孤而民不倍，是以君子有絜矩之道也。③所恶于上，毋以使下；所恶于下，毋以事上；所恶于前，毋以先后；所恶于后，毋以从前；所恶于右，毋以交于左；所恶于左，毋以交于右。此之谓絜矩之道。

《诗》云："乐只君子，民之父母。"④民之所好好之，民之所恶恶之，此之谓民之父母。《诗》云："节彼南山，维石岩岩。赫赫师尹，民具尔瞻。"⑤有国者不可以不慎，辟则为天下僇矣。⑥《诗》云："殷之未丧师，克配上帝；仪监于殷，峻命不易。"⑦道

---

① 此出于《诗经·周南·桃夭》。下文"宜兄宜弟"出于《诗·小雅·蓼萧》。此处皆借《诗》中的意象来说明齐家才可能治国的道理。

② 出自《诗经·曹风·鸤鸠》篇。仪：仪表。忒：差错。正是四国：作为四方之国的表率、楷模。絜：读"携"，度量，衡量。絜矩之道：写俗语"将心比心"类似。指"用衡量自己的标准来衡量别人"。下文举六事以解释何谓"絜矩之道"。

③ 治国："治理好国家"的内涵，是道德成就的推广实现，在诸侯国内分享道德成果。

④ 出自《诗经·小雅·南山有台》篇。乐：快乐。此处指与民众分享快乐。只：语气助词。君子：执政者。

⑤ 出自《诗经·小雅·节南山》篇。节：山高峻的样子。岩岩：岩石险峻耸立的样子。赫赫：势位显盛的样子。师尹：周王朝的太师尹氏。具：通"俱"，皆。尔：你。瞻：瞻仰，仰视。"尔瞻"即"瞻尔"的倒置。

⑥ 辟：偏私，邪僻。僇：通"戮"。"为天下僇"即被天下人推翻。

⑦ 出自《诗经·大雅·文王》篇。师：指民众。克：能。仪：通"宜"。监：通"鉴"，借鉴。成语"殷鉴未远"即出于此。峻：大。峻命：大命，天命。易：改易，更换。

得众则得国，失众则失国。① 是故君子先慎乎德。有德此有人，有人此有土，有土此有财，有财此有用。德者本也，财者末也。② 外本内末，争民施夺。是故财聚则民散，财散则民聚。是故言悖而出者，亦悖而入；货悖而入者，亦悖而出。③《康诰》曰："惟命不于常。"道善则得之，不善则失之矣。《楚书》曰："楚国无以为宝，惟善以为宝。"④ 舅犯曰："亡人无以为宝，仁亲以为宝。"⑤

《秦誓》曰："若有一个臣，断断兮无他技，其心休休焉，其如有容焉。人之有技，若己有之；人之彦圣，其心好之，不啻若自其口出。寔能容之，以能保我子孙黎民，尚亦有利哉！人之有技，媢疾以恶之；人之彦圣，而违之俾不通。寔不能容，以不能保我子孙黎民，亦曰殆哉！⑥" 唯仁人放流之，迸诸四夷，不与

---

① "道得众"句谓：得众人拥护之政道则可以得国运之长久，反之亦然。

② 此五句中"此"字，作"斯"解，乃也。

③ 悖：悖逆，此处指悖理。此句意谓：倘若说出的言论不讲道理，那么，别人也会回报以不讲道理的话；倘若以悖理的方式获得财物，那么，这些财物也会因其悖理而失去。

④ 此语出自《礼记·檀弓》。

⑤ 此事见《国语·晋语（四）》，《左传》亦有记载。然没有其舅舅子犯所说这句话。目前此句强调人民是最大的财富，只有仁民亲民才能获得人民的支持，故仁亲为宝。

⑥ 此段出自《尚书·周书·秦誓》。意谓执政大臣要心胸宽广，容纳各种人才，否则国家就不能兴盛。个：《尚书》作"介"，量词。断断兮：诚恳专一、忠厚老实的样子。休休焉：宽容的样子；或云善良敦厚的样子。容：胸襟宽广，有容人之量。不啻：不异于。寔：同"是"。媢疾：嫉妒。"媢"读"帽"。违：压制。俾：读"必"，使也。

同中国。①此谓唯仁人为能爱人,能恶人。见贤而不能举,举而不能先,命也;见不善而不能退,退而不能远,过也②。好人之所恶,恶人之所好,是谓拂人之性,菑必逮夫身③。是故君子有大道,必忠信以得之,骄泰以失之。

生财有大道。生之者众,食之者寡,为之者疾,用之者舒,则财恒足矣。仁者以财发身,不仁者以身发财④。未有上好仁而下不好义者也,未有好义其事不终者也,未有府库财非其财者也⑤。孟献子曰:"畜马乘,不察于鸡豚;伐冰之家,不畜牛羊⑥;百乘之家,不畜聚敛之臣。与其有聚敛之臣,宁有盗臣。"此谓国不以利为利,以义为利也。长国家而务财用者,必自小人矣。彼为善之⑦,小人之使为国家,菑害并至;虽有善者,亦无如之何矣!此谓国不以利为利,以义为利也。⑧

---

① 此句承接上句,意谓,若有妒贤嫉能的人,仁人必将他驱逐出中国文明之地,放逐于四夷之地。以此展现仁者既能爱贤才,亦能恶妒贤嫉能者。
② 先:先于自己,位列自己之上。命:读"慢",轻慢,怠慢。过:过错。
③ 此句意谓执政者不违背人之性情。拂:违背。菑:同"灾"。逮:及。
④ 此句意谓:仁者散财以得民,不仁者亡身以货殖。
⑤ 未有府库财非其财者也:此句意谓,从来就没有任何府库的财富不是通过正当的手段获得的。《大学》的作者认为,一国府库所贮藏的财富应当具有道德上的正当性,不是通过不正当的敛财手段获得的。
⑥ 畜马乘:当士入仕获得大夫的俸禄,享受一车四马的待遇。察:明察,计较。伐冰之家:卿大夫的贵族,可以享受丧祭使用贮藏的冰块的待遇。意谓担任一定官职、获得一定俸禄的贵族,就不应当为了私利而与民争利。
⑦ 彼为善之:"以彼为善",意谓最高执政者若以替国家敛不义之财的人为善人,则将会与小人被任命为国家官员,为国敛财之事一样,一定是灾害并至。
⑧ 此句话很重要,执政者不能直接追求利益,而以制定并维持制度、伦理的正当性,作为国家的大利。如果国家直接追求利益,将使百姓无法生财生利。《大学》的作者主张富民而不主张直接富国家。民富则国富。

中　庸

题解：《中庸》是《小戴礼记》的第三十一篇；篇幅不大，约有三千五百余字，一般认为是孔子的孙子子思所作，得名于《论语》中孔子的"中庸"学说。《中庸》自宋代开始被纳入四书，成为儒家最核心的经典之一。《中庸》提出"极高明而道中庸"，既坚持对神圣崇高境界的虔诚追求，又不脱离现实的生活，在平实的应人接物、行住坐卧的活动中，体会并保持中道，进而达至高明峻极的道德境界。"中庸"是过程与结果的统一：它既是实现道德胜境的有效途径，也是道德的最高标准和内在属性。《中庸》的理论色彩非常浓郁，主要讨论一些抽象的形上学问题。就此而言，它与儒家的另一部经典《易传》比较接近。所以，也有学者将两者联系在一起，称之为"《易》《庸》形上学"。《中庸》从"天命"出发，下贯到"人性"，再到社会教化，会通天道与人道，阐明天地之纲维、人生之指归。《中庸》在后半段特别提出"诚"的概念，并提出了"自诚明谓之性，自明诚谓之教"命题，简化了本文开头性、道、教的三分法。因此，后来的研究者对于《中庸》一文是否为一人所作，提出了质疑。在没有新的《中庸》版本出土以前，我们仍然认为流行二千余年的《中庸》是一个统一的文本。此处仅是节选了其中最富有哲学性的论述片段。

八 《礼记》选

（一）

天命之谓性，率性之谓道，修道之谓教。①道也者，不可须臾离也，可离非道也②。是故君子戒慎乎其所不睹，恐惧乎其所不闻。莫见乎隐，莫显乎微，故君子慎其独也。③喜怒哀乐之未发，谓之中；发而皆中节，谓之和。④中也者，天下之大本也；和也

---

① 此三句是全文的纲领，千百年来注家所言不尽相同。天命之谓性：天命，即儒家所信仰神圣之天所给予人的一切规定性，包括潜能。此包含着潜能的规定性即称之为人之本质属性。孔子说"性相近""死生有命"等有关性、命的思想，在《中庸》得到了一种整合性的表述。率性之谓道：循着人的天命之性而行事，称之为道。修道之谓教：长期地让人保持着依道而行的明觉行为，就是教育与教化。三句中谓语动词"之谓"，依戴震的说法是"以上所称解下"，即分别用天命、率性、修道来规定宾语性、道、教。此类句型可以等值地替换为：性也者，天命之谓；道也者，率性之谓也；教也者，修道之谓也。由于儒家的"天命"一词包含着神圣性（如天将以孔子为木铎）与道德的崇高性（如《易传》的刚健之德），故《中庸》的"天命之性"不能简单地等同于先秦告子一系的"生之谓性"的人性论思想。若《中庸》确为子思的作品，则孟子的"天爵"观念就深受《中庸》"天命之性"的影响。

② 须臾：片刻。由于"道"是人遵循"天命"的所作所为，故不可片刻偏离道。如果人可以偏离道自行其是，则此"道"就不是"天命"在人的明觉行为中的体现。故《中庸》所讲的"道"就不是老子，以及后来庄子所讲的"道"。《易传》与《中庸》深化了儒家之"道"的哲学内含。使孔子"朝闻道，夕死可也"的"道"具备了哲学的形上学特征。

③ 此处《中庸》所讲的"慎独"，较之《大学》更为具体而深刻。不睹、不闻，即不被别人所知的幽微之处。莫见乎隐：即没有什么比看起来幽微而实际上更加明显。见：通"现"，音xiàn。下文"莫显乎微"的"莫……乎"的句式，同上文，即没有什么比看起来隐微而实际上更加彰显。独：指个人独处的时候，也指别人不知而自己独有的几微的心思。《中庸》和《大学》都强调了"慎独"的修养工夫。

④ 中、和：此处《中庸》作者对中、和这两个流行词给予了新的哲学规定。句中"谓之"作为谓语动词，与上文"之谓"在句子中的语法结构不一样。《中庸》将人的喜怒哀乐之情没有表现出来的，亦天所命的状态称之为"中"（zhōng），故

者,天下之达道也。致中和,天地位焉,万物育焉①。

(二)

仲尼曰:"君子中庸,小人反中庸。君子之中庸也,君子而时中;小人之反中庸也,小人而无忌惮也。"②

(三)

子曰:"中庸其至矣乎!民鲜能久矣!"③

(四)

子曰:"道之不行也,我知之矣,知者过之,愚者不及也;道之不明也,我知之矣,贤者过之,不肖者不及也。人莫不饮食

尔是天下人性之"大本",亦即天命之性。人情的现实表现而合乎礼的要求,称之为"和"。节:泛指节律,标准。实际上是儒家提倡的礼文。中节:zhòng,即符合礼文。故"和"是天下之人共同遵守的大道。达道:即四通八达,无所阻碍之道。

① 此处将"致中和"看作是赋予世界以秩序的崇高地位。与《系辞》(下传)讲"天尊地卑,乾坤定矣"的意思颇为接近。致中和:致:达致,实现。天地位焉:天与地在其中就各得其序了。万物育焉:万物在其中得以发育流行。《易·乾·象辞》"乾道变化,各正性命"一句,可与此相参看。

② 此处引孔子论"中庸"的文字,实即以孔子的"中庸"释上文之"中和"也。"中和"是新的哲学观念,为了让他人理解,故以享有思想权威的"中庸"观念来解释它。君子时中:即君子因具体情境而中庸,不胶柱鼓瑟。小人不遵天命之性,恣意妄为,故反中庸。反中庸,即反"中和",亦即反"天命之性",更谈不上率性而修道了。

③ 此句化用《论语·雍也》篇"子曰:'中庸之为德也,其至矣乎!民鲜久矣'"一章。慨叹中庸如此重要,但能执守中庸之道的人却少之又少。

也,鲜能知味也。"①

(五)

子曰:"道其不行矣夫!"

(六)

子曰:"舜其大知也与!舜好问而好察迩言,隐恶而扬善,执其两端,用其中于民,其斯以为舜乎!"②

(七)

子曰:"人皆曰'予知',驱而纳诸罟攫陷阱之中,而莫之知辟也。人皆曰'予知',择乎中庸,而不能期月守也。"③

---

① 道:引文中孔子所讲的"道"乃是他所理想的"周道"。《中庸》的作者则暗喻之为"中庸之道"。孔子认为,现实生活中的大多数人,要么太聪明,要么太愚笨,两者皆不能行"中庸之道",以人皆饮食,而很少有人能对食物之"味"进行认真的思考、研究而得其"味"为喻,证"中庸"的哲学道理不被人们所理解。此处,将最高妙的哲学道理与"味"这种主客交融的感受结合在一起,又带有很强个人偏好的觉知或曰"体知"结合起来,将最高哲学道理或真理引向主体化的理解。行:被采纳,流行。明:彰明,显著。

② 迩言:即切近、平实的日常生活言语,与缥缈空疏,脱离生活实际之辞相反。执其两端,用其中于民:程颢《中庸解》云:"两端,过与不及也。执其两端,乃所以用其时中,犹持权衡而称物轻重,皆得其平。"此章可参《论语·子罕》篇"有鄙夫问于我,空空如也,我叩其两端而竭焉"一说。

③ 此一段话不见于现存的《论语》。孔子对于人们自以为聪明的宣称("予知")给出了否定的回答。纳诸:纳之于。罟:gǔ,捕兽的网。攫:huò,装有机关的捕兽木笼。辟:避开。期月:jī,一整月;或解作"一整年",如《论语·子路》篇云:"苟有用我者,期月而已可也,三年有成。"此处"期月"多解作一周年。按上下文,此处"期月"作一整月解。《论语》讲颜渊可以"三月不违仁"。故批评"普通人连一个月不远离仁而行事的要求都做不到",是比较合乎情理的。

（八）

子曰："回之为人也，择乎中庸，得一善，则拳拳服膺而弗失之矣。"①

（九）

子曰："天下国家可均也，爵禄可辞也，白刃可蹈也，中庸不可能也。"②

（十）

子路问强。子曰："南方之强与？北方之强与？抑而强与？③宽柔以教，不报无道，南方之强也，君子居之。④衽金革，

---

① 拳拳：牢握不舍的样子。服膺：坚信而实践之。此与下文"择善而固执之"一句的意思相似。

② 此一句强调道德修养的过程中，处处事事能保持一种中庸的状态或境界，是不可能达到的。以此彰显"中庸"之难。下面几句是修辞手段，衬托道德实践中达致"中庸"的困难性。均：平治，即公正治理。蹈：踩踏。能：为也；达也。朱熹《集注》云："三者亦知仁勇之事，天下之至难也，然不必其合于中庸，则质之近似者皆能以力为之。若中庸，则虽不必皆如三者之难，然非义精仁熟，而无一毫人欲之私者，不能及也。三者难而易，中庸易而难，此民之所以鲜能也。"张岱《四书遇》引王观涛之言："中庸不可能，言难为力，非言绝德也。只是稍增一分便太过，稍减一分便不及，难得恰好。"上述古贤哲之解释可参。

③ 而：通"尔"，你，指子路。子路喜勇好强，特向夫子问强；夫子知其意，故申言南方之强、北方之强，希望子路能借此反思自身之强。

④ 宽柔以教，不报无道：以宽和柔顺之道教导民众；即使遭遇他人违德悖理的行为，也不会针锋相对地报复。南方之强或近乎道家价值，上善若水、报怨以德；此处的"君子"并非儒家理想意义上的君子，而是类似道家奉行柔顺自然之道的人物。孔子似乎认为南方之强的弊病在于"不及"于强。

死而不厌，北方之强也，而强者居之。①故君子和而不流，强哉矫！中立而不倚，强哉矫！国有道，不变塞焉，强哉矫！国无道，至死不变，强哉矫！"②

（十一）

子曰："素隐行怪，后世有述焉，吾弗为之矣。③君子遵道而行，半途而废，吾弗能已矣。④君子依乎中庸，遁世不见知而不悔，唯圣者能之。⑤

（十二）

君子之道费而隐。夫妇之愚，可以与知焉，及其至也，虽圣

---

① 衽：rèn，席子。金革：兵戈甲胄。不厌：不悔。强者：强横悍勇之人。孔子似乎认为北方之强的弊病在于"过"于强。

② 孔子提出了"君子之强"的三种类型，皆合乎中庸之道。可见中庸之道非平庸的庸人之道，而是与道相合，不偏不离。和：和睦友善，和谐相处。流：背弃原则、随波逐流。强哉矫：这才是（符合中庸之道）的真正的强健啊！矫，强健的样子。倚：偏倚，偏袒。塞：困顿未达之际，指困顿之际的志向操守。朱熹《集注》云："国有道，不变未达之所守；国无道，不变平生之所守也。"可备参考。老子对"强"与"有力"做了区分："胜人者有力"，"自胜者强"。春秋战国之际，诸子对于当时中国流行的一些观念在哲学上做了重新规定与解释，显示了思想的魅力。

③ 素隐行怪：刻意探求隐僻的知识，好为偏激怪诞之举，即哗众取宠、欺世盗名之辈，所知所行皆有所过而不合中道。素，《汉书》作"索"，探寻之意。述：称道，记录。

④ 半途而废：并非由于力不足，而是自我放弃（自画），所行有所不及而不合中道。已：停止。

⑤ 遁世：隐遁逃世，如孟子所言"穷则独善其身"。遁世不见知而不悔：逃离于世人并不被人发现而不后悔。《周易·乾·文言》有君子"遁世无闷，不见是无闷"之说。可相互参看。儒家的圣人依道而行，天下有道则现，无道则隐。故隐士阶层并非全是道家者流。

人亦有所不知焉；夫妇之不肖，可以能行焉，及其至也，虽圣人亦有所不能焉。①天地之大也，人犹有所憾。故君子语大，天下莫能载焉；语小，天下莫能破焉。②《诗》云：'鸢飞戾天，鱼跃于渊。'言其上下察也。君子之道，造端乎夫妇；及其至也，察乎天地。"③

（十三）

子曰："道不远人。人之为道而远人，不可以为道。④《诗》云：'伐柯伐柯，其则不远。'执柯以伐柯，睨而视之，犹以为

---

① 此一段话主要是讲君子之道既高明，又合乎日常生活。君子之道费而隐：费，道在日常生活中的展开，故可见。费之本义为"光"之貌。隐，道之体广大周遍，隐微难尽。朱熹《中庸集注》云："费，用之广也。隐，体之微也。"可参看。君子之道在日常生活中的展开，普通的男女都可以理解，但其所蕴涵最精微幽深之意与可能性，即便是圣贤也不一定都能理解与把握。

② 故君子语大，天下莫能载焉；语小，天下莫能破焉：《中庸》的作者认为，儒家的君子之道，就伟大与重要性而言，比天地还要伟大，还要重要。就精微纯一而言，天下无物可以击碎且分离之。《庄子·天下》篇有"至大无外，谓之大一；至小无内，谓之小一"的说法，可以参看。此处所言可与下文"致广大而尽精微，极高明而道中庸"相呼应。

③ 所引诗句出自《诗经·大雅·旱麓》篇。以《诗》的意象说明君子处世，对于"道"是上下求索。屈原虽是南方士人，然其于道亦是上下求索："路漫漫其修远兮，吾将上下而求索。"君子之道，造端乎夫妇：此句意谓，中庸之道的"费"——显而易见的一面。从夫妇相处的日常生活中，可看出君子之道。原文可参《礼记·内则》"礼始于谨夫妇"一说。

④ 道不远人：中庸之道即在日常人伦生活之中，故不远人。人之为道而远人，不可以为道：有些人刻意将"道"拔高到玄远难及，以为非如此不可谓"道"，其实这种被刻意拔高而脱离人的"道"，并不是真正的中庸之道。朱熹《集注》云："若为道者，厌其卑近以为不足为，而反务为高远难行之事，则非所以为道矣。"此处似有针对老子之道而发为议论之意。

远。^①故君子以人治人，改而止。^②忠恕违道不远，施诸己而不愿，亦勿施于人。^③君子之道四，丘未能一焉：所求乎子，以事父未能也；所求乎臣，以事君未能也；所求乎弟，以事兄未能也；所求乎朋友，先施之未能也。庸德之行，庸言之谨；有所不足，不敢不勉，有余不敢尽；言顾行，行顾言，君子胡不慥慥尔！^④

（十四）

君子素其位而行，不愿乎其外。^⑤素富贵，行乎富贵；素贫贱，行乎贫贱；素夷狄，行乎夷狄；素患难，行乎患难：君子无

---

① 出自《诗经·豳风·伐柯》篇。柯：斧柄。睨：nì，斜视。句谓：手执斧头来砍伐树木做斧柄，有手上的斧柄做参照，原本不难；但若是非要斜着眼仔细审视、从细处研究，则做斧柄这件本来简单的事也变得困难起来。这是将上文"道不远人"比喻为"执柯以伐柯"，而将"人之为道而远人"比喻为"睨而视之"。

② 君子以人治人，改而止：君子因人而治人，人能改其过与不及，则止，不必苛求。以：因、凭借。此处是即他人之性而提出与他人相一致的要求，而不是用自己的标准去苛求他人。此处与下文"忠恕"之道意相近。

③ 此处称赞"忠恕"的做法。《论语》有载，曾子将孔子之道概括为"忠恕"二字。此处将"忠恕"的做法看作是与道相近的行为。可见孔子的后学在解读孔子的思想时，有某种一贯性。违：离开。此句可与《论语》中的"夫子之道，忠恕而已矣""己所不欲，勿施于人"等说法相互发明。

④ 此四句，借孔子自谦之词，以表明中庸之道不容易达到。庸：合乎中庸之道然而看似寻常的德性或言论。顾：顾念。慥慥：慥，音zào。恳切笃实的样子。言与行相互照应，以此克服"过"或"不及"之弊。

⑤ 此句意谓：君子应本于自己所处的地位、境况来行事，不做超出自己身份、地位、境况的事。素：本，立足于。可参看《论语》"不在其位，不谋其政""君子思不出其位"等说法。儒家的"中庸"学说与"时""位"密切相关。

入而不自得焉。①在上位不陵下，在下位不援上，正己而不求于人，则无怨。上不怨天，下不尤人。故君子居易以俟命，小人行险以徼幸。"②子曰："射有似乎君子，失诸正鹄，反求诸其身。"③

（十五）

君子之道，辟如行远必自迩，辟如登高必自卑。《诗》曰："妻子好合，如鼓瑟琴。兄弟既翕，和乐且耽。宜尔室家，乐尔妻帑。"子曰："父母其顺矣乎！"④

（十六）

子曰："鬼神之为德，其盛矣乎！视之而弗见，听之而弗闻，体物而不可遗。使天下之人齐明盛服，以承祭祀，洋洋乎！如在

---

① 《中庸》主张：无论处于何种境遇，都应遵行此境遇所对应的理则；如此，君子方可超越具体境遇的差异，而达到无入而不自得的境界。富贵、贫贱、夷狄、患难四者是人可能面对的境遇，然各有其所当行之理。此处实际上强调君子依道而行，不过分强调环境对于自己成德的影响。

② 陵：欺凌，压迫。援：攀援，巴结。易：简易、平常，与下文的"险"相对。俟：听从，等待。命：天命。徼：同"侥"，乞求，妄图。幸：偶然的幸运，朱熹《集注》云："幸，谓所不当得而得者"。可以参考。

③ 此句意谓：射箭的道理类似君子修养的道理。如若射不中目标，不要责怪箭靶子，要回到自身找原因。射：六艺之一的"射"，诸：之于。正鹄：gǔ，箭靶。反求诸其身：回到自身找原因。

④ 此处所引诗句出自《诗经·小雅·棠棣》篇。妻子：妻与子女。好合：和睦。鼓瑟琴：弹奏琴和瑟。琴瑟俱为正乐，其音相互调和。翕：聚合。耽：娱乐。宜：安好。帑：nú，同"孥"，儿女。父母其顺矣乎：父母因为自己做到夫妻相和，子女安乐而心情舒畅。顺：安顺也。

其上,如在其左右。① 《诗》曰:'神之格思,不可度思!矧可射思!'夫微之显,诚之不可掩如此夫。"②

(十七)

子曰:"舜其大孝也与!德为圣人,尊为天子,富有四海之内。宗庙飨之,子孙保之。③ 故大德必得其位,必得其禄,必得其名,必得其寿。故天之生物,必因其材而笃焉。故栽者培之,倾者覆之。④ 《诗》曰:'嘉乐君子,宪宪令德。宜民宜人,受禄

---

① 鬼神:儒家的鬼神说很复杂,在气一元论和天地人一气流通而有幽明隐显的存在形式之不同的存有学说框架里,"鬼神"即指作为神妙莫测的阴阳二气之物。朱熹《集注》引程子曰:"鬼神,天地之功用,而造化之迹也。"他本人认为:"以二气言,则鬼者阴之灵也,神者阳之灵也。以一气言,则至而伸者为神,反而归者为鬼,其实一物而已。"可备参考。体:体现于。遗:遗漏。体物而不可遗:指中庸之道如鬼神之道一样,体现于万事万物之中而无所遗漏,对应前文所言"道"具有"不可须臾离也"的特征。齐:通"斋",斋戒。明:洁净,沐浴。盛服:盛装,穿戴隆重的礼服。洋洋:盛大流动之貌。

② 出自《诗经·大雅·抑》篇。格:来,至。思:语助词。度:duó,猜测。矧:shěn,况且,难道。射:yì,厌弃;或云"懈怠不敬"。夫:语气词。微之显:(中庸之道如鬼神之道)由微而显,对应前文"莫见乎隐,莫显乎微"。诚:本义诚信,《中庸》将之上升至本体的地位,是中庸之道的核心。朱熹《集注》云:"诚者,真实无妄之谓。阴阳合散,无非实者。"掩:遮掩。此章以鬼神之道譬喻中庸之道,着眼点不在于鬼神之道的玄妙神通,而在于其由微而著、似虚却实的特质。

③ 飨:祭祀奉献。保:保持,继承;一说爱戴,追思。亦可通。可参见《孝经》"立身行道,扬名于后世,以显父母,孝之终也"之说。

④ 笃:厚重,加强。栽者培之,倾者覆之:对于能持守中庸、自立自强者,天将养护培植之;对于背弃中庸、倒行逆施者,天将促其败亡。

于天。保佑命之，自天申之。'故大德者必受命。"①

（十八）

子曰："无忧者，其惟文王乎！以王季为父，以武王为子，父作之，子述之。武王缵大王、王季、文王之绪，壹戎衣而有天下，身不失天下之显名。②尊为天子，富有四海之内。宗庙飨之，子孙保之。武王末受命，周公成文、武之德，追王大王、王季，上祀先公以天子之礼。③斯礼也，达乎诸侯大夫，及士庶人。父为大夫，子为士，葬以大夫，祭以士。父为士，子为大夫，葬以士，祭以大夫。期之丧达乎大夫，三年之丧达乎天子。父母之丧无贵贱，一也。"④

（十九）

子曰："武王、周公，其达孝矣乎！夫孝者，善继人之志，善

---

① 出自《诗经·大雅·假乐》篇。嘉乐：《毛诗》作"假乐"，美善快乐。宪宪：《毛诗》作"显显"，显著、兴盛的样子。令：美好。申：加重。本章面临一个极大的挑战：孔子无疑具有中庸之德，是真正的大德者，依本章所言"大德者必受命"，孔子应受命为王；然而在现实中，孔子有德而无位，并未受命。这表明德、位存在着分离的情况。

② 缵：zuǎn，继承。绪：端绪，事业。壹戎衣而有天下：朱熹《集注》云："壹戎衣，《武成》文，言一着戎衣以伐纣也。"身不失天下之显名：武王灭殷之举是吊民伐罪，而非犯上作乱，故不损害他的赫赫威名。

③ 末：晚年。周武王晚年伐纣，两年后去世。成：完成，成就。

④ 期：jī，一年。郑玄《注》云："谓葬之从死者之爵，祭之用生者之禄也。"朱熹《集注》云："丧服自期以下，诸侯绝，大夫降；而父母之丧，上下同之，推己以及人也。"

述人之事者也。①春秋修其祖庙，陈其宗器，设其裳衣，荐其时食。②宗庙之礼，所以序昭穆也；序爵，所以辨贵贱也；序事，所以辨贤也；旅酬下为上，所以逮贱也；燕毛，所以序齿也。③践其位，行其礼，奏其乐，敬其所尊，爱其所亲，事死如事生，事亡如事存，孝之至也。郊社之礼，所以事上帝也。宗庙之礼，所以祀乎其先也。明乎郊社之礼、禘尝之义，治国其如示诸掌乎！"④

（二十）

哀公问政。子曰："文、武之政，布在方策。⑤其人存，则其

---

① 达：通也。陈淳《北溪字义》云："通天下皆称之，非一人私谓之孝也。"述：继承，延续。事：事业。

② 春秋：四时之祭。宗器：朱熹《集注》解作"先世所藏之重器"。裳衣：朱熹《集注》解作"先祖之遗衣服"，衣在上，裳在下。荐：敬奉，进献。时食：当令时鲜的祭品。

③ 昭穆：周代宗法制规定的宗庙排列次序。始祖居中，以下按辈份，左昭右穆顺次排列。昭穆制度是王国维《殷周制度论》所言周初三大制度之一的"庙数之制"的核心。事：祭祀过程中承担不同的工作，朱熹《集注》云："事，宗祝有司之职事也。"旅：众。酬：敬酒。逮：及也。燕：同"宴"，饮宴。毛：头发，此处指头发的颜色，如黑发、二毛（黑白相杂）、白发等。序齿：按照年龄长幼排序。

④ 践：登、履，如"践祚"之"践"。郊祭，冬至时在南郊祭天的礼仪，《礼记·郊特牲》云："郊之祭也，迎长日之至也，大报天而主日也。"社祭，夏至时在北郊祭地的礼仪，《礼记·郊特牲》云："社祭土而主阴气也，君南向于北墉下，答阴之义也。"宗法制度规定：只有天子才有权举行"郊、社"之祭。禘：dì，祭祖之大礼，宗法制度规定：只有天子才有权举行禘祭。尝：古代天子与诸侯于秋季举行的宗庙之祭，也是祭祖礼之一，向祖先进献时鲜祭品。示：一说同"视"，一说通"置"。皆可通。《论语·八佾》篇记载："禘自既灌而往者，吾不欲观之矣""或问禘之说。子曰：'不知也。知其说者之于天下也，其如示诸斯乎！'指其掌。"正与本章相呼应。

⑤ 布：陈列，记载。方策：郑玄《注》解作"方，版也。策，简也"，古代记录用的木版、竹简记录，一百字以内书于版，一百字以上书于策。此处指古代典籍。

政举；其人亡，则其政息。人道敏政，地道敏树。夫政也者，蒲卢也。①故为政在人，取人以身，修身以道，修道以仁。②仁者人也，亲亲为大；义者宜也，尊贤为大。亲亲之杀，尊贤之等，礼所生也。③在下位不获乎上，民不可得而治矣！④故君子不可以不修身；思修身，不可以不事亲；思事亲，不可以不知人；思知人，不可以不知天。"⑤

天下之达道五，所以行之者三。曰：君臣也，父子也，夫

---

① 此一段中的"人"不是泛指一般人，而是指能行中庸之道、承继前王事业的圣贤。这样的人若能出现（或当政），则中庸之德政能够推行；这样的人若不再出现（或无法当政），则中庸之德政将废止不行。儒家主张人治，看重当政者的道德修养，并由内圣而外王。举：实行，推行。息：废止，停息。人道敏政，地道敏树：敏，谋也，筹划也。此句意谓：人道谋划于政事，地道谋划于生殖。一说敏作"敏捷"，则句谓：人道于政治立竿见，地道于植树亦快速见效。亦通。若取此意，蒲卢当解作"蒲苇"，一种生长迅速的水生植物。一说解作"蜾蠃"，一种土蜂，郑玄《注》云："蒲卢取桑虫之子，去而变化之，以成为己子。政之于百姓，若蒲卢之于桑虫然。"两说皆通。

② 取人：选拔贤才。身：修身，此处指国君本人的修身工夫。孔颖达《疏》云："明君欲取贤人，先以修止己身，则贤人至也。"道：中庸之道。

③ 仁者人也，亲亲为大：孔颖达《疏》云："言行仁之法，在于亲偶。欲亲偶疏人，先亲己亲，然后比亲及疏，故云'亲亲为大'。"义者宜也，尊贤为大：孔颖达《疏》云："宜，谓于事得宜，即是其义，故云'义者宜也'。若欲于事得宜，莫过尊贤，故云'尊贤为大'。"杀：音shài，减少，降等。仁恩降等，即"亲亲之道"；贤长隆杀，即"尊尊之道"。亲亲、尊尊，都是由己及人，也是礼之所由从生。

④ 此句意谓：处于下位的不能够得到长者、尊者之信任，认可，则民众就无法得到治理。这就是亲亲、尊尊的礼制制度下，人如何处世并获得事业成功的道理。戴震在《孟子字义疏证》中严厉批评这种以长者、尊者为绝对正确的伦理秩序。

⑤ "修身""事亲""知人"，其根本在"知天"。其理路为："知天"，然后"知人"；"知人"，然后"事亲"；"事亲"，然后"修身"。这与《大学》八德目之"逆推"，由诚意、正心，上达平天下的"外王"目标相反。

妇也，昆弟也，朋友之交也，五者天下之达道也。知、仁、勇三者，天下之达德也，所以行之者，一也。①或生而知之，或学而知之，或困而知之，及其知之，一也。或安而行之，或利而行之，或勉强而行之，及其成功，一也。②子曰："好学近乎知，力行近乎仁，知耻近乎勇。③知斯三者，则知所以修身；知所以修身，则知所以治人；知所以治人，则知所以治天下国家矣。"

凡为天下国家有九经，曰：修身也，尊贤也，亲亲也，敬大

---

① 达道：常行之理。郑玄《注》云："达者常行，百王所不变也。"孔颖达《疏》云："五者，谓君臣、父子、夫妇、昆弟、朋友之交，皆是人间常行道理，事得开通，故云'达道也'。"达德：实现常理所依凭的共通之德。朱熹《集注》云："达道者，天下古今所共由之路，……知，所以知此也；仁，所以体此也；勇，所以强此也；谓之达德者，天下古今所同得之理也。"所以行之者一也：一：或解为同一，唯一，如孔颖达《疏》云："言百王以来，行此五道三德，其义一也，古今不变也。"意谓五达道、三达德内容虽多，但其宗旨是同一的、唯一的，也就是中庸之道。但二程、朱熹主张将"一"解读为"诚"，直接点出"中庸之道"的核心即"诚"。可备一说。

② 知与行之"一"，也可分别按上文两种解读思路来理解：其一，三种"知"固然有所差异，但达到极致，其境界和程度又是同一的；三种"行"也是如此；这一理解偏重三种"知"、三种"行"的异中之同，不同材质者皆可成功。其二，三种"知"、三种"行"固然形式有异，但均可达到目标，而其关键在于能否做到"一"，即"诚"；程颢《中庸解》云："虽有共行之道，必知之、体之、勉之，然后可行。虽知之、体之、勉之，不一于诚，则有时而息。"

③ 此三句"近乎"之词，勉励之词。也显示了道德哲学方面的实践智慧与理论智慧的微妙关系。近：接近，但并非完全等同。孔颖达《疏》云："覆能好学，无事不知，故云'近乎知'也。……以其勉力行善，故'近乎仁'也。……以其知自羞耻，勤行善事，不避危难，故'近乎勇'也。"程颢《中庸解》云："好学非知，然足以破愚；力行非仁，然足以忘私；知耻非勇，然足以起懦。"好学、力行、知耻皆为修身的关键，一旦达到极致（即所谓"一"或"诚"），则可以成就智、仁、勇三达德，进而践行五达道。

臣也，体群臣也，子庶民也，来百工也，柔远人也，怀诸侯也。① 修身则道立，尊贤则不惑，亲亲则诸父昆弟不怨，敬大臣则不眩，体群臣则士之报礼重，子庶民则百姓劝，来百工则财用足，柔远人则四方归之，怀诸侯则天下畏之。② 齐明盛服，非礼不动，所以修身也；去谗远色，贱货而贵德，所以劝贤也；尊其位，重其禄，同其好恶，所以劝亲亲也；官盛任使，所以劝大臣也；忠信重禄，所以劝士也；时使薄敛，所以劝百姓也；日省月试，既廪称事，所以劝百工也；送往迎来，嘉善而矜不能，所以柔远人也；继绝世，举废国，治乱持危，朝聘以时，厚往而薄来，所以怀诸侯也。凡为天下国家有九经，所以行之者一也。③

凡事豫则立，不豫则废。言前定则不跲，事前定则不困，行前定则不疚，道前定则不穷。④

---

① 此句所言九经，即九个常行的原则也。为：治理。经：恒长法则。体：体恤。子：以……为子，即《康诰》"如保赤子"之义。来：吸引，招揽。柔：善待，优待。怀：安抚。怀、柔二者意义相近，可以通用。

② 此数句是阐述修身等一系列行为将会产生良好的效果。眩：迷乱，紊乱。劝：勉励，使上进。

③ 官盛任使：一说"官属众多，听任其差遣"，一说"尊其官爵，并充分给予其权力"。日省月试：按时考察其工作。既廪称事："既廪"同"饩廪"，官方发放的粮饷、薪资。既，音xì。廪，音lǐn。句谓：根据其实际职责完成情况，给予相应的粮饷、薪资。矜：同情，体恤。不能：鳏寡孤独等弱疾者。继绝世，举废国：延续已断绝祭祀的世家，复兴已衰败没落的邦国，即"存亡续绝"之义。一：同上，可解为"同一"，即中庸之道。也可解为"诚"。

④ 豫：预谋，提前准备。立：确立，成功。废：废止，失败。言：说话，发言。前定："豫"。跲：jiá，通"蹎"，本义为"绊倒"，引申为语塞、不顺畅。疚：同"咎"，后悔、悔恨，通《周易》"厉无咎"之"咎"。穷：尽头，即穷途末路之"穷"。

八 《礼记》选

在下位不获乎上，民不可得而治矣；获乎上有道：不信乎朋友，不获乎上矣；信乎朋友有道：不顺乎亲，不信乎朋友矣；顺乎亲有道：反诸身不诚，不顺乎亲矣；诚身有道：不明乎善，不诚乎身矣。诚者，天之道也；诚之者，人之道也。① 诚者不勉而中，不思而得，从容中道，圣人也。诚之者，择善而固执之者也。

博学之，审问之，慎思之，明辨之，笃行之。② 有弗学，学之弗能弗措也；③ 有弗问，问之弗知弗措也；有弗思，思之弗得弗措也；有弗辨，辨之弗明弗措也；有弗行，行之弗笃弗措也；人一能之己百之，人十能之己千之。果能此道矣，虽愚必明，虽柔必强。

---

① 诚身：诚己，与《大学》"诚意"之说有同有异。诚己之道在于明善，正如《论语》"信近于义"和《孟子》"自反而缩"，以仁善道义作为道德直觉的支撑。诚：本义为诚信无妄，宋儒将其解释为"真实无妄"，是"天理之本然"。《中庸》将"诚"升格为本体性的存在和最高范畴；"诚"也是"天命之谓性"中的"性"，它是上天的本然属性，也是人禀受于天之"德"。诚者，天之道也：对应开篇所言"率性之谓道"，圣人能够体认天道、明善诚身，因而能循其禀自于天的"性"而行，体现天道之自然，即后文"自诚明"。诚之："使之诚"。诚之者，人之道也：对应开篇所言"修道之谓教"，普通人因气质的障蔽，无法直接体认天道、做到明善诚身，所以要"使之诚"，即通过后天修养的工夫，使本具的善性呈现出来。这是经由求诚而最后达到诚的境界的过程，即后文"自明诚"。

② 《中庸》对学、问、思、辨、行，以知行关系提出了原则性的要求。

③ 此句意谓：要么不学习，如果一旦决定学习了，没有学会就不能放弃，体现学的决心。反对半途而废。措：放弃，停歇。后四句句法结构相同，宗旨亦相同，即均强调"笃行"对于一事之圆成的重要。"笃行"不止是一种被动的做，而是包含行动的意志力在其中。这一笃行的意志力，实际上也是一种诚，即下文所讲到的"诚之"的行为。

（二十一）

自诚明谓之性，自明诚谓之教。诚则明矣，明则诚矣。①

（二十二）

唯天下至诚，为能尽其性。能尽其性，则能尽人之性。能尽人之性，则能尽物之性。能尽物之性，则可以赞天地之化育。可以赞天地之化育，则可以与天地参矣。②

---

① 这两句既区别天道与人道的不同，又强调了二者之间的互动关系。自诚明谓之性：由诚而达至明，称之为性。此是顺天道而得智慧，可对应"率性之谓道""诚者，天之道"。圣人凭借先天之性，将至诚推扩到明善处事之间，这是天道自然之性的展现。自明诚谓之教：由人的明觉而上达至诚，称之为教。可对应"修道之谓教""诚之者，人之道"。普通人通过后天笃实的学习、修养的工夫，亦可由明善而后达到至诚。故"诚则明矣，明则诚矣"。由天道而下贯人道，由人道而上溯天道，二者之可以互补。依戴震的解经思想，此两句中谓语动词"谓之"，是用性、教来说明"自诚明"与"自明诚"的差异与不同，并非是用"自诚明"来定义"性"，"自明诚"来定义"教"。性、教两个概念在此篇开头已经给出了定义，"天命之谓性"，"修道之谓教"。之谓与谓之两个谓语动词在句中的表意差异，不可不察。

② 此一段话意义重大，展现了"至诚"的人道努力，可以充分发挥天命赋予人性的内在潜能。而人能充分发挥自己的内在潜能，反过来可赞天地之化育，真正体现天地人"三才"各自的能动性，人不再是被动的存在者，而是可以参与到天地的造化之中。此是《易传》哲学精神之体现，也在一定程度上吸收了老子"辅万物之自然"的思想，但剔除了老子"不敢为"的消极成分。今天高度发达的自然科学技术，从中国人的角度看，亦可以理解为"参天地、赞化育"的行为，而不是征服自然的活动。唯……为：只有……才。与《道德经》中"夫唯……是以"的句式相同，表唯一条件之意，类似形式逻辑中"当且仅当"句式，后文递进句式能"尽……之性""则尽……之性"，概说，表达一种抽象的可能性，非实指一个具体的历史情境中的个人之所为。在漫长的人类历史实践中，人与物不断地打交道，竭天成能，然后逐渐地尽物之性。

（二十三）

其次致曲，曲能有诚，诚则形，形则著，著则明，明则动，动则变，变则化。唯天下至诚为能化。①

（二十四）

至诚之道，可以前知。国家将兴，必有祯祥。国家将亡，必有妖孽；见乎蓍龟，动乎四体，祸福将至：善，必先知之；不善，必先知之。故至诚如神。②

（二十五）

诚者自成也，而道自道也。③诚者物之终始，不诚无物。

---

① 其次致曲：相对于"天下至诚者"的大人而言，"致曲"者，即从事于具体行业者，如果也能够将"诚"作为一种目标而加以努力，亦可以达至化境，超越具体行业分工的局限而达至某一领域的圣者地位。以此可见"至诚"所具有的普遍意义。诚则形：曲者因诚而拥有自己的形式，德诚于中而技形于外。后文递进式表达，揭示了曲者之技因诚而有形，有形而后初步彰显，彰显而达到智慧——明之境界，因智慧而可以撬动他物，能撬动他物而最后达到改变他物，使自己由"曲"而上升为"全"，即老子讲的"曲则全"——由部分通达整体，或庄子技进乎道，如庖丁解牛。但前提仍然是至诚。《庄子》中的大马锤钩，佝偻承蜩，吕梁丈人蹈水，莫不是至诚能化者也。

② 此一段文字强调至诚者，亦即把握了中庸之道的人，能与天地之道相通，故能直觉天地鬼神万物之变化，所以在认知方面达到了神妙莫测的境界。前知：预先知晓。祯祥：祥瑞征兆，如嘉禾、麒麟。妖孽：不祥之兆。见：通"现"，体现于，呈现在。蓍：筮占，如《易经》。龟：卜占。

③ 诚者自成也，而道自道也：从"诚者，天之道"和圣人"不勉而中，不思而得，从容中道"的两个方面说，"诚"均是自然而然，不靠人为的努力。"道"是人循性而为，故需要自我努力。故"自道"即自导也。

是故君子诚之为贵。① 诚者非自成己而已也，所以成物也。成己，仁也。成物，知也。性之德也，合外内之道也，故时措之宜也。②

（二十六）

故至诚无息，不息则久，久则征，征则悠远，悠远则博厚，博厚则高明。③ 博厚，所以载物也；高明，所以覆物也；悠久，所以成物也。博厚配地，高明配天，悠久无疆。如此者，不见而章，不动而变，无为而成。④（此处后面有删除）

---

① 诚者物之终始，不诚无物：《中庸》将"诚"视作万物之本体，天地万物之所以成为它们自身，是因为"诚"贯穿于它们的产生与结束的全过程。君子当体认天命之性，以效法天地至诚无息的德性——"诚之"作为最高价值。为贵：此处当释作最高价值，而不是一般价值。

② 诚者非自成己而已也，所以成物也：人禀受天命之性，能够体认"至诚"的中庸之道，故能尽己性，而后尽物之性，参赞化育。成己，仁也：这是《中庸》的一种特殊说法。孔子之"仁"是在良善的人际关系中体现的。"爱人"是仁的本质。以孝为先，是实践的次第。孟子亦讲"仁之实，事亲是也。""成己"为何是仁？己不成则亲有忧，亦不能尽孝。成己方可以尽孝，故仁也。成物，知也：即让物实现其物性，故需要知识。《大学》讲"物格而后知至"，类此也。知，通智。性之德也，合外内之道也：天之所命于人者为"性"，人得之于天者为"德"；两者实为一体，"率性"是由内而外的推扩，"修德"是由通过外在的活动而向内体知天命之性。故时措之宜也："时"即前文"君子而时中"之"时"，即依据具体情境"率性"，"修道（德）"，是方法的活性，但均以天命之性的展开为目标。

③ 此数句主要强调效法天道之诚者，以至诚无息的刚健之德，在现实的世界里展开修道的行为。息：间断，停息。征：效验；或作"表征于外"。德是由薄而厚，故需要积。博厚之德而有光芒，故而高明能覆盖他物也。

④ 此数句强调博厚、高明之德形成之后，亦可以达到"无为而成"的效果。此处，《中庸》的作者将《论语》中的"无为"思想加以申发。

八 《礼记》选

（二十七）

大哉圣人之道！洋洋乎！发育万物，峻极于天，优优大哉！礼仪三百，威仪三千，待其人而后行。故曰：苟不至德，至道不凝焉。① 故君子尊德性而道问学，致广大而尽精微，极高明而道中庸。② 温故而知新，敦厚以崇礼。是故居上不骄，为下不倍，③ 国有道，其言足以兴。国无道，其默足以容。《诗》曰："既明且哲，以保其身。"④ 其此之谓与！

---

① 此句从人道的角度，强调圣人"凝道而成德"的崇高境界。非至德不足以凝道，非其人则道不行，均强调至诚者"诚之"的行为，最终可合于天命之性而展现出至善至美的境界。峻极：险峻高拔。优优：宽裕从容之貌。其人：体知"至诚"之性、能行中庸之道的圣人。至道：中庸之道。凝：凝聚，不散迭。

② 此句点明《中庸》之宏旨，即："尊德性"与"道问学"的统一，既珍惜、推扩天之所赐予人的仁德善性，又重视由"明"而"诚"的学习、修养工夫；将远大崇高的目标，落实在精细微妙的具体物事之中；追求崇高超拔的形上境界（"至诚"），却又不脱离凡俗生活世界，反而正是在日用常行之间执守中庸之道，由"明"而"诚"，合内外之道，实现崇高。可参《论语·宪问》篇"下学而上达"章。亦可以与《大学》明明德、亲民、止于至善和正心诚意、格物致知的"三纲八目"相参看。

③ 倍：通背，即背叛。

④ 此两句诗见《诗·大雅·烝民》。

九 《肇论》选

题解：《肇论》是东晋著名佛学大师僧肇的代表作，全书分为五部分，分别为《宗本义》《物不迁论》《不真空论》《般若无知论》（附《刘遗民书问》及《答刘遗民书》）以及《涅槃无名论》。这五篇文章中，《物不迁论》《不真空论》《般若无知论》三论最能体现僧肇本人的佛学思想。本书选取了《物不迁论》与《不真空论》两篇作出注解，以揭示出中土学者在中国传统哲学（特别是道家老庄哲学）的语境下，是如何深刻理解并深入推进佛教般若学的"缘起性空"思想、并塑造出中国化的佛学思想的。另外，这两篇文章也是跨文化互动交流的典范之作。正文内容引自《大正藏》本《肇论》。

物不迁论

题解：在《物不迁论》一文中，僧肇在中国固有哲学特别是道家哲学的语境下，以动静之论，深刻发挥并推进了龙树《中论》"八不"说中的思想，特别是其中的"不来亦不去"的观点。在此篇中，僧肇重点讨论动静及其关系的问题。他认为，对于

"昔物不至今"这个事实,常人往往心生执着,认为万物皆动而无静,这其实是一种"俗见";在他看来,只要我们将有所执着的心念一转,便可以体会到"昔物不至今"这个事实,正是意味着"昔物自在昔""今物自在今",因此物不相往来,万物各各按其本性常住于其位。这是《物不迁论》的第一重要旨。而该篇的第二重要旨,则在于僧肇要通过对"物不迁"之义的论述,启发人们不要有心念上的执着,换言之,不但执着在"动"上是有问题的,执着在"静"上也同样是错误的,如果我们的心念无所执着,最终会体会到万物其实是即迁即不迁、即动即静的,因此万物"虽往而常静""虽静而常往""去住虽殊,其致一也"。通过这两重要旨,僧肇继承并推进了中观学派的思想,并落实了佛家"破执观空""解脱成道"的宗旨。同时,他通过融合中国传统的道家思想(特别是庄子哲学)与中观学派(即般若空宗)的教义,推动了中国本土的般若空宗的形成与建立。《物不迁论》文理并茂,言约义丰;读者宜细绎其蕴,方可得其要旨。

夫生死交谢,寒暑迭迁,有物流动,人之常情。① 余则谓之不然。何者?《放光》云"法无去来,无动转"者,② 寻夫"不

---

① 谢:凋落、衰退。迭:交换、轮流。"交谢"与"迭迁",都是相互交替的意思。常情:世俗通常的理解。

② 《放光》,即《放光般若经》(*Pañcaviṃśatisāhasrikā-prajñāpāramitā-Sūtra*)。法:佛教、佛学的关键术语之一,指的是世间与出世间一切的心与物、空与有的现象;同时,法还有保持、轨则、引导的意思,这意味着佛学对于法的说明,与佛教的精神追求有着内在的关系。《物不迁论》所说的"物",在意涵上与"法"大致相当。僧肇之所以用"物"字来说"法",可能是受到中国传统思想的影响;同时也与他自

动"之作,岂释动以求静,必求静于诸动。① 必求静于诸动,故虽动而常静;不释动以求静,故虽静而不离动。然则动静未始异,而惑者不同。② 缘使真言滞于竞辩,宗途屈于好异。③ 所以静躁之极,④ 未易言也。何者?夫谈真则逆俗,顺俗则违真。违真,则迷性而莫返;逆俗,则言淡而无味。⑤ 缘使中人未分于存亡,下士抚掌而弗顾。⑥ 近而不可知者,其唯物性乎!然不能自

觉融合佛、道二派思想有关,老子有"观物"之说,庄子则有"齐物"之论。法无去来,无动转:原文在晋译《放光般若经》第五卷:"须菩提!所言摩诃衍,亦不见来时,亦不见去时,亦不见住处。何以故?诸法不动摇故。诸法亦不去,亦不来,亦无有住处。"按"法无去来,无动转",即"物不迁"的意思。

① 寻夫"不动"之作:推寻"不动"之说的原意。寻,推寻。作,生也,始也。释:舍弃,离开。

② 未始:未尝。惑者:即不理解佛教"动静不离"之真谛的人。不同:视动与静为不同。

③ 此两句话的意思是:由于人们不理解动静之真谛,于是使得真正的教义被各种争辩所遮蔽了,归真的道路被各种偏颇之说堵塞了。缘:因而。真言,真正的教义。宗途,归真的大路。

④ 静躁之极:关于静和躁的根本道理。躁,动也。《老子》有"躁胜寒,静胜热"之说。极,根本道理。

⑤ 此两句意谓,若谈论佛教的真理,则会与世俗的常情所见相悖;若随顺了世俗的看法,则又违背佛教的真理。违背佛教真理,心性就会有所迷失,而不能返回真理之中;而违背世俗之常情,以返回真理之中,其合道的语言又淡而无味。真:真理。俗:俗见。迷性:迷失对万物本性的体知。言淡而无味:王弼本《老子》第三十五章:"道之出口,淡乎其无味。"

⑥ 缘使:因而使得。中人,中根,中等悟性的人。未分于存亡:对于真理半信半疑。下士:钝根,下根。抚掌:笑而拍手,意指因为谈真之言违背俗见而拍手嘲笑。按此句亦典出王弼本《老子》第四十一章:"上士闻道,勤而行之;中士闻道,若存若亡;下士闻道,大笑之。"

九 《肇论》选

已,聊复寄心于动静之际,岂曰必然?①

试论之曰:《道行》云:"诸法本无所从来,去亦无所至。"②《中观》云:"观方知彼去,去者不至方。"③斯皆即动而求静,以知物不迁,明矣。夫人之所谓动者,以昔物不至今,故曰动而非静;我之所谓静者,亦以昔物不至今,故曰静而非动。④动而非静,以其不来;静而非动,以其不去。然则所造未尝异,所见未

---

① 僧肇认为,我们天天遇到而又不被我们所真正体会和理解的,其实就是"物性"。他有感于人们对于"物性"暗昧的体会与理解,情不自禁地要对物性的动静之理做一番阐发。这哪里是一定要与世俗过不去,因之要揭示物不迁的道理呢?必然:必定如此。此为省略句,意谓一定要阐发物不迁之理以违俗情。

② 《道行》:即《道行般若经》(Aṣṭasāhasrikā-Prajñāpāramitā-Sūtra)。"诸法":即"万物"。此经汉译本卷九云:"空本无所从来,去亦无所至,佛亦如是。"僧肇引这句话的意思是说,空不从任何地方来,也不到任何地方去。此处僧肇将经文中的"空"换成诸法,亦可,因诸法性空之故也。

③ 《中观》:即《中论》(Mūla-madhyamaka-kārikā)。观方知彼去:看见事物朝向某处,而知道它要走向那里了。方,去处。彼,去者。去者不至方:已去者其实并未到去处。去者,已去者。"去者不至方"的道理,其实并不难解。我们稍一转念,不将意念留滞、执着以往之物,便可见到昔物自在昔,今物自在今,由此知道物不去亦不来。比如说,康有为作为一个历史人物,他现在虽然不在世了,但他并没有到哪里去,他就是在1858—1927年的这个时期活着。僧肇这里所引《中论》之语,当出自鸠摩罗什译本《中论·观去来品》:"已去无有去,未去亦无去,离已去未去,去时已无去。"

④ 这句话是僧肇论"物不迁"的关键理由,同样是"昔物不至今"(过去之物未曾来至当今)这个事实,常人由此见到迁流之动,僧肇则见到了不迁之静。前者是要从今中求昔物,求而不得,因此断定万物动而非静;后者则不从今中求昔物,而是在昔观昔,在今观今,所以断定万物静而非动。僧肇此论意在批评世人执着于"无常"的执动之论。同时,经过他的揭示,我们一念之间,即可转俗归真,这较之以往中观学派的思路,更为简易,因此《物不迁论》是僧肇对中观学派的一个推进。

尝同。① 逆之所谓塞，顺之所谓通。苟得其道，复何滞哉？②

　　伤夫人情之惑也久矣，目对真而莫觉！既知往物而不来，而谓今物而可往！③ 往物既不来，今物何所往？何则？求向物于向，于向未尝无；责向物于今，于今未尝有。④ 于今未尝有，以明物不来；于向未尝无，故知物不去。复而求今，今亦不往。⑤ 是谓昔物自在昔，不从今以至昔；今物自在今，不从昔以至今。故仲尼曰："回也见新，交臂非故。"⑥ 如此，则物不相往来，明矣。既无往返之微朕，有何物而可动乎？⑦ 然则旋岚偃岳而常静，江河

---

① 所造未尝异：所看到的事实没有什么不同，也即都见到昔物不至今。造，访也。所造，所看到的内容。所见未尝同：见解却并不一致；也即见到昔物不至今，常人认为动而非静，僧肇则认为静而非动。

② 逆之所谓塞：违逆真谛就会蔽塞迷惑。顺之所谓通：顺应真谛就能通畅明晓。前者指主张"动而非静"的见解，后者指主张"静而动"的见解。得其道：即理解或领悟僧肇此处所阐发的佛教真谛。

③ 此句僧肇感叹，世俗的人们不能体会真谛，他们虽然知道过去的东西不可能来到现在，却不理解今天的东西也不会流向过去的道理。可往：可以回到过去。

④ 向物：过去之物。责：求也。

⑤ 复：再。这句话是说，再看现今的事物，也没有流回到过去。

⑥ 回：孔子的弟子颜回。见新：万物是如此的变化日新。交臂：两臂相交之际，表示一瞬之间。交臂非故：眨眼间它们就不是原来的它们了。此句典出《庄子·田子方》，原文托孔子与颜回对话："丘于是日徂。吾终身与汝交一臂而失之，可不哀与？女殆著乎吾所以著也。彼已尽矣，而女求之为有，是求马于唐肆也。"郭象注云："夫变化不可执而留也。故虽执臂双守而不能令停，若哀死者，则此亦可哀也。"又云："唐肆，非停马处也，言求向者之有，不可复得也。人之生，若马之过肆耳，恒无驻须臾，新故之相续，不舍昼夜也。著，见也，言女殆见吾所以见者耳。吾所以见者，日新也，故已尽矣，汝安得有之！"僧肇此处是融合《庄子》原文和郭象注而加以引述的。

⑦ 朕：征兆。

竞注而不流，野马飘鼓而不动，日月历天而不周，复何怪哉？①

噫！圣人有言曰："人命逝速，速于川流。"②是以声闻悟非常以成道，缘觉觉缘离以即真。③苟万动而非化，岂寻化以阶道？④复寻圣言，微隐难测。⑤若动而静，似去而留。可以神会，难以事求。⑥是以言去不必去，闲人之常想；称住不必住，释人之所谓往耳。岂曰去而可遣，住而可留邪？⑦故《成具》云：

---

① 以上一段话，通过辨析、反驳常人之见，而确立"物不迁"之义。下一段话，则更探玄微，揭示出不迁的根本意蕴是"虽静而常往""虽往而常静"，即静即动，即动即静的无执之空境。旋岚偃岳：飓风吹倒大山。野马：空中游气，典出《庄子·逍遥游》。飘鼓：飘荡飞扬。历天：经天，在天上运行。不周：不周行。

② 僧肇这句话典出何处，尚有争议。一说出《论语·子罕》："子在川上曰：'逝者如斯夫，不舍昼夜。'"一说出佛典，如《大般涅槃经》卷32："人命不停，过于山水。"以僧肇对中国固有经典和汉译佛教经典的熟悉度而言，他可能是综合了二家的说法。

③ 这句话的意思是，达到声闻境界的人，理解了世间万法无常的道理。达到缘觉境界的人，理解了万法因缘起而聚、缘散而灭的道理。声闻（śrāvakas）、缘觉（pratyekabuddha）：佛教三乘（声闻乘、缘觉乘、菩萨乘）中，领悟佛法较低的两种境界的觉悟者。非常：无常。缘离：缘散。即真：达到佛教真谛。

④ 如果万物不在迁流变化之中，声闻、缘觉又怎能因观察变化而入道呢？万动：万物，万法。物、法是不断变动的，故称"万动"。化：迁，指真正的迁流转化。阶：进入。

⑤ 复寻：反复推寻。

⑥ 可以神会，难以事求：即可以通过般若智慧去领悟，但很难通过经验的事物、普通的语言来说明。神会：此处当指佛教的般若智慧，具体地说，即是能够从龙树所阐发的缘起性空理论的角度看世界。

⑦ 僧肇立"物不迁"之论的最终旨趣，是要借"动静"的问题，以达到破执观空、解脱成道的境界。"破执观空"是中观学派或般若空宗的核心取向。在空宗看来，执动、执静、执断、执常、执有、执空，所执的具体内容不同，然都是有执。因此，真正领悟"缘起性空"道理的人，是一个达到"无执"境界的人。所谓"无执"，是指超越任何执念和执着，而不只是超越某一种具体的执念。《中论·观因缘

"菩萨处计常之中,而演非常之教。"①《摩诃衍论》云:"诸法不动,无去来处。"②斯皆导达群方,两言一会,岂曰文殊而乖其致哉?③是以言常而不住,称去而不迁。不迁,故虽往而常静;不住,故虽静而常往。虽静而常往,故往而弗迁;虽往而常静,故静而弗留矣。然则庄生之所以藏山,④仲尼之所以临川,⑤斯皆感往者之难留,岂曰排今而可往?⑥是以观圣人心者,不同人之所见得也。何者?人则谓少壮同体,百龄一质。徒知年往,不觉形

品》的"八不"偈云:"不生亦不灭,不常亦不断,不一亦不异,不来亦不出。"这就是"不执"。细察《物不迁论》的文字,隐约可见该篇对于《中论》"八不"之说的继承与中国化的阐释。闲:防止。常想:普通人的见解,一说执常之想。释:消除。遣:迁也。在这一段,僧肇揭示了"物不迁"的深一层义涵。在他看来,"不迁"之义并不是说万物绝对的不动,而是主张"言去不必去""称住不必住",这说明他是在自觉批评常、断二见,以立"不迁"之论。

① 《成具》:《成具光明定意经》(*Pūrṇaprabhāsa-Samādhimati-Sūtra*)。菩萨(bodhisattva):菩提萨埵之简称;菩提,觉也,萨埵即众生、有情之意;菩提萨埵即自觉而觉有情之人。计常:执常。演:讲解。非常:无常。后汉支曜译《成具经》云:"处计常之中,而知无常之谛。"

② 《摩诃衍论》:《大智度论》(*Mahāprajñāpāramitāśāstra*)。《大智度论·释含受品》:"须菩提,一切诸法不动相故,是法无来处,无去处,无住处。"

③ 导达:引导,通晓。群方:众生,这里指有各种执着方向的众人,故曰群方。两言一会:指上述《成具》和《摩诃衍论》中的两种观点,殊途同归。乖:背离。致:宗旨。

④ 藏山:将山藏于大泽中。典出《庄子·大宗师》:"夫藏舟于壑,藏山于泽,谓之固矣。然而夜半有力者负之而走,昧者不知也。"这里所说的"夜半有力者",指天地的造化之力。

⑤ 临川:立于河岸,观其川流。典出《论语·子罕》:"子在川上曰:'逝者如斯夫,不舍昼夜。'"

⑥ 排:遣,抛开。往:回到往昔。

随。是以梵志出家,白首而归。①邻人见之曰:"昔人尚存乎?"梵志曰:"吾犹昔人,非昔人也。"邻人皆愕然,非其言也。所谓"有力者负之而趋,昧者不觉",其斯之谓欤?是以如来因群情之所滞,则方言以辨惑,乘莫二之真心,吐不一之殊教,乖而不可异者,其唯圣言乎!②

故谈真有不迁之称,导俗有流动之说。虽复千途异唱,会归同致矣。而征文者,闻不迁,则谓昔物不至今;聆流动者,而谓今物可至昔。③既曰古今,而欲迁之者,何也?④是以言往不必往,古今常存,以其不动;称去不必去,谓不从今至古,以其不来。不来,故不驰骋于古今;不动,故各性住于一世。⑤然则群籍殊文,百家异说,苟得其会,岂殊文之能惑哉?是以人之所谓住,我则言其去;人之所谓去,我则言其住。然则去住虽殊,其致一也。故经云:"正言似反,谁当信者?"⑥斯言有由矣。何

---

① 梵志:原指印度立志求梵天的婆罗门,后泛指出家人。

② 在这一段中,僧肇通过梵志自言自己似是往昔之少年,而其实并非往昔之少年的故事,揭示出"往而常静""静而常往"的不迁之理。下文则是从不同的角度(如古与今、因与果)以充实不迁之义。如来(Tathāgata):佛的别号,无所从来,亦无所去,故名如来。则:依照。方言:正理之言。乖:言论相反。异:性质有别。

③ 征文:考究文字。

④ 这句话是说,古者自在古,今者自在今,因此古不至今,今不至古,古往今来,不动不迁。

⑤ 性住:化除各种意念执着之后,见到万物、诸法各各自在地住于其所住之处。故可以说是"住即不住"(参见《注维摩诘所说经》卷3鸠摩罗什注)的"常住""妙住"。驰骋:即迁流。

⑥ 经:此处指《普曜经》(*Lalitavistara-Sūtra*)。汉译《普曜经·商人奉麨品》:"正言似反,谁肯信者?"《道德经》王弼本第七十八章亦云:"正言若反。"僧肇所引当是汉译佛经,但其所说之理与老子之言相似。

者？人则求古于今，谓其不住；吾则求今于古，知其不去。今若至古，古应有今；古若至今，今应有古。今而无古，以知不来；古而无今，以知不去。若古不至今，今亦不至古，事各性住于一世，有何物而可去来？然则四象风驰，璇玑电卷，得意毫微，虽速而不转。①是以如来功流万世而常存，道通百劫而弥固。②成山假就于始篑，修途托至于初步，果以功业不可朽故也。③功业不可朽，故虽在昔而不化。不化，故不迁；不迁故，则湛然明矣。④故经云："三灾弥纶，而行业湛然。"⑤信其言也。何者？果不俱因，因因而果。⑥因因而果，因不昔灭。果不俱因，因不来今。不灭不来，则不迁之致明矣。复何惑于去留，踟蹰于动静之间哉？⑦然则乾坤倒覆，无谓不静；洪流滔天，无谓其动。苟能

---

① 四象：四季。璇玑：指北斗七星，七星中，第二、三星分别名璇与玑。电卷：速疾如电。得意毫微：得其毫微之精意，即指体会到事物迁流而其性常住的意蕴。

② 劫（kalpa）：本婆罗门教用语，佛教沿用之。意指世界一成一毁的时间。一劫，三十万年。

③ 假就：借助。篑：土筐。成山假就于始篑：语出《论语》，《论语·子罕》："子曰：'譬如为山，未成一篑，止，吾止也；譬如平地，虽覆一篑，进，吾进也。'"修途托至于初步：长远之路依赖迈出的第一步。典出王弼本《道德经》第六十四章："合抱之木，生于毫末。九层之台，起于垒土。千里之行，始于足下。"

④ 湛：清澈透明。

⑤ 经：似指《长阿含经》，此经第21卷《三灾品》论及火、水、风为三灾。弥纶：周遍充满。行业：亦名作业，指身、口、意所形成的行为。

⑥ 果不俱因：果中无因，即果中并不携带着因。意谓因自住于过去因之位。因因而果：有因而后有果。

⑦ 踟蹰：徘徊，犹豫。

契神于即物，斯不远而可知矣。①

不真空论

题解：由后秦鸠摩罗什在公元409年译出龙树《中论》之后，其中的"缘起性空"思想颇难为中土人士所理解，先后产生了本文提及的各家各派的解读。这些解读均未深契"性空"理论之要旨。《不真空论》与《物不迁论》是姊妹篇，同为僧肇的名作。《物不迁论》以动静问题揭示即动即静的中道义，《不真空论》则通过有无问题揭示非有非无的中道义。《不真空论》的主旨在"即万物之自虚"。"即万物之自虚"有两方面的涵义，一方面是"即物顺通"，也即体会到万物是缘起法，因此物虽有而实无，故为非有；另一方面是"即伪即真"，也即体会到物作为缘起之法，不易其虚空之真性，故为非无。人能本着无执之心，以顺通万物，即能体认到非有非无、非有非真有、非无非真无的中道。

《不真空论》的主旨虽然阐发大乘般若空宗关于"缘起性空"的思想，但也与中国固有的思想传统有关。其一，僧肇继承了道家关于"心物"关系的思想，从心与物的顺通关系中体会"即万物之自虚"的性空之意，然后据此揭示出"非有非无"

---

① 此句意谓，如果人们能够领悟万物迁流，而实则性住不迁的道理，则不必上下求索而当下便可以体认出佛教的真谛。不远：《论语·述而》："仁远乎哉？我欲仁，斯仁至矣。"《中庸》："道不远人。人之为道而远人，不可以为道。"此处僧肇借儒家经典语言表达佛教的真谛。

之般若思想。其二，该论又能承接魏晋玄学的"有无"之论，并通过有无之论而阐述佛教的"缘起性空"的思想。因此，该论实与中国先秦的老庄、魏晋的玄学有着深刻而内在的联系。这使得僧肇能够将玄学与佛家空宗之论，熔为一炉，并实质性地参与和推动了中国哲学思想的起承转合，确立并塑造了中国化的佛教思想。

另外，《物不迁论》与《不真空论》两文的题目，分别强调"不迁"与"不真"之义。从表面上看，似乎僧肇要偏重在"静""无"的一边以立论；但实际上，这是僧肇为了对治执动徇有的常情俗见而标立的题名。实际上，僧肇的本意，却非是要学者执静、好无，而是要揭示两边不执、即动即静、非有非无的中道义。从《不真空论》一文，批评本无宗的"好无"之论，亦可见一斑。因此我们不能望文生义，因题害义。

夫至虚无生者，盖是般若玄鉴之妙趣，有物之宗极者也。① 自非圣明特达，何能契神于有无之间哉？② 是以至人通神心于无穷，穷所不能滞；极耳目于视听，声色所不能制者，岂不以其即

---

① 至虚无生：指性空的境界。至虚，极虚无之境。无生，无生无灭，不生不灭。般若（prajñā）：大乘佛教观缘起性空的智慧。玄鉴：静观深照也。玄鉴又称玄览，王弼本《道德经》第十章："涤除玄览，能无疵乎？"僧肇此处仅借此词，非老子原文玄鉴之意。妙趣：深意、微旨。有物：万物，这里指存在。宗极：根源。开篇仍是以玄学词语以表达大乘佛教之思想。

② 特达：极其通达。契神：默契神会。有无之间：有与无的关系问题。

九 《肇论》选

万物之自虚，故物不能累其神明者也？^①是以圣人乘真心而理顺，则无滞而不通；审一气以观化，故所遇而顺适。^②无滞而不通，故能混杂致淳；所遇而顺适，故则触物而一。^③如此，则万象虽殊，而不能自异。不能自异，故知象非真象；象非真象故，则虽象而非象。^④

---

① 此一整句的意思是说，至人以其神妙之心游于有无之间，无远弗届，无微不察，这是因为他们心中与万物性空之真相通，故能不被各种声色、物象所扰动。至人：圣人、神人，达至最高境界的人，此借《庄子·逍遥游》"至人无己，神人无功，圣人无名"之名。神心：神妙莫测之心。穷：有限。穷所不能滞：不被有限之物所妨碍。极耳目于视听：竭尽耳目的功用。制：限制。即万物之自虚：即，就也。万物本性的至虚，即性空也。累：妨碍。神明：此处指精神。

② 此一句的意思是，圣人能够本着自己的真心而与性空之理相通，故能顺于理而不滞于物；通过审察天地之气运而通观万物的变化，因此遇到什么样的情况都顺应而安适。"审一气"与"乘真心"互文。一气：语出《庄子·知北游》："通天下一气耳。"一气指的是天地万物之变化，实即一气之流行。《庄子·人间世》亦云："气也者，虚而待物者也。"僧肇在这里以庄子哲学的脉络，表达出"即气观化""即物虚通"的境界，并以此揭示般若空宗的缘起性空论。

③ 混杂致淳：调和繁杂而达至纯粹，与《庄子·齐物论》"参万岁而一成纯"的说法相似，然此处僧肇表达的意思是"即万物之自虚"之意。触物而一：接触万物而能融通为一气。此处是借庄子之语以表大乘佛教性空之理。

④ 这几句从般若空宗的角度，指出诸法以因缘而生，以因缘作为其本性，因此诸法其自身，并无使得其自身得以存在的本性或自性，所以法无自性。或者说，诸法以无自性为其性，因此诸法性空。据此，僧肇所说的"象非真象"，是指万物之象，只是因缘所成，因此并无所以成其为象的自性；"虽象而非象"，是指万物之象因为无其自性，所以虽然其显而为象，但它们却是无真正的自性之象，因此并不是真正的象。不能自异：指万象各各本无自性，故皆不能表现出与他象的真正差异。因此，万象皆异，而实不异，正如牛、马之象似异而实不异，因为牛、马皆本无自性也。

然则物我同根，是非一气，潜微幽隐，殆非群情之所尽。①故顷尔谈论，至于虚宗，每有不同。②夫以不同而适同，有何物而可同哉？故众论竞作，而性莫同焉。③何则？"心无"者，无心于万物，万物未尝无。④此得在于神静，失在于物虚。⑤"即色"者，明色不自色，故虽色而非色也。⑥夫言色者，但当色即色，岂待色色而后为色哉？⑦此直语色不自色，未领色之非色

---

　　① 一气：一体。按："物我同根，是非一气"，典出《庄子·齐物论》："天地与我并生，而万物与我为一。"潜微幽隐：理深曰潜，难见曰隐。群情：俗见。尽：完全理解。

　　② 顷尔，近来。虚宗：即大乘性空。每有不同：各家各派对于性空的解读各不相同。

　　③ 以不同而适同：通过冲突的观点而试图达到一致。有何物而可同：有什么内容可以形成共识呢。性莫同焉：对于空性的理解缺乏一致性。

　　④ 心无：指以支愍度、道恒等人为代表的心无宗，晋代般若空宗学派的六家七宗之一。无心于万物：指在主观上使心灵不执着万物，也即以主观之心为空。万物未尝无：万物并非不存在，指在客观上并不否认万物的存在，以客观之物为有。

　　⑤ 此一句意谓，心无派对于性空之义的解读，其长处在于看到心空，所失在于未能看到物性本身也是空的。神静：心空。物虚：物空，物性本空。

　　⑥ 即色：指以支道林为代表的即色宗，六家七宗之一。色，泛指万物，万物皆有形色，故名色。支道林曾作《即色游玄论》。该派对性空的理解是：色不能完全靠自己而成其为色，它需要人称其为色。因此，色的本性是空的。这样理解"色空"也是有问题的。色不自色：色不能完全靠自己而成其为色。这意思是说，色之所以成，是由两方面统合而成，一方面是万物有成为色的根据，另一方面是人们据此而称其为色，也即赋予其为色之名。这两方面都不可或缺。若缺后一方面，则色便不能为色。虽色而非色：虽称作色，其实并非是色。这是说由于色之名，非色自身所有，所以色之本性为空。

　　⑦ 当色即色：色自身当下就是色，并不需要人们赋予色之名，才成其为色。色色：称色为色。第一个色字为动词。

也。①"本无"者,情尚于无,多触言以宾无。故非有,有即无;非无,无亦无。②寻夫立文之本旨者,直以非有非真有,非无非真无耳。何必非有无此有,非无无彼无?③此直好无之谈,岂谓顺通事实,即物之情哉?④

夫以物物于物,则所物而可物;以物物非物,故虽物而非物。⑤是以物不即名而就实,名不即物而履真。⑥然则真谛独静

---

① 此一句的意思是即色空派只注意到色不能自己成为色,而并没有理解色本身就是非色的玄妙之理。领:理解也。色之非色:色自身并不是色。色乃因缘所生,其自性本即是空,故曰"色非色",这也是"即万物之自虚"意思。因此,即色宗之论,并不能从色之自性本空的意义上,以说性空;而是从色有待于人们称之为色的意义上,以说性空,因此即色宗并不能真正理解性空之义。

② 本无:本无宗,六家七宗之一。关于本无宗的代表人物,说法不一。有说道安主"本无"。今按道安之说,不近僧肇所论的本无义。另有竺法汰主"本无"之说,其说与僧肇所论本无义相近。情尚于无:以崇尚虚无作为其一贯方向。触言:遇到事物而兴发言语。宾无:以无为宾,即崇尚虚无。按:"无"字后的"多"字,有连于"无"字读者。但"情尚于无多,触言以宾无"与"情尚于无,多触言以宾无",在意思上没有实质性差别。

③ 立文之本旨:概述上一段本无宗执着于"无",将般若空宗诸经论(如《中论》等著作)中的"非有非无"等观点都看成是"无"。非有非真有:"非有"是说并非真的是有。非无非真无:"非无"是说并非真的是无。非有无此有:一说"非有"便执着无有。非无无彼无:一说"非无"便执着无无。

④ 僧肇这里批评"本无宗"将般若空宗的"非有非无"之论理解成执无、好无之说,而不知其为有无两不执着的即物自虚、即物顺通之论。事实:事物的实性。即物之情:合乎事物的实情。

⑤ 以物物于物:以物之名加于物之上。所物而可物:所名之物皆为可名之物。以物物非物:以物之名加于非物之上。虽物而非物:虽名为物而实为非物。

⑥ 物不即名而就实:物不因名而获得其实在性。名不即物而履真:名不因为附着于某物之上就有了某物的真实性。这是僧肇借用先秦诸子关于名实关系的讨论,以揭示佛家缘起性空的道理。

于名教之外，岂曰文言之能辨哉？①然不能杜默，聊复厝言以拟之。②试论之曰：《摩诃衍论》云："诸法亦非有相，亦非无相。"③《中论》云"诸法不有不无"者，第一真谛也。④寻夫"不有不无"者，岂谓涤除万物，杜塞视听，寂寥虚豁，然后为真谛者乎？⑤诚以即物顺通，故物莫之逆；即伪即真，故性莫之易。性莫之易，故虽无而有；物莫之逆，故虽有而无。⑥虽有而无，所谓非有；虽无而有，所谓非无。如此，则非无物也，物非真物。物非真物，故于何而可物？⑦故经云："色之性空，非

---

① 真谛：意义很广泛，既指真实的境界、事物的真实本性，也指佛教的真理，此处指后者。名教：名言教义，也即文字概念为主要表达方式的教义。文言：文字也。
② 杜默：沉默不言。厝：借也，用也。通"错"。
③ 《摩诃衍论》：《大智度论》（*Mahāprajñāpāramitāśāstra*），是公元2世纪龙树为解释《大品般若经》而著，全书一百卷，由后秦鸠摩罗什在公元405年译出。诸法亦非有相，亦非无相：意谓万法如镜中之像，有而非真，非真而有。
④ 《中论》：龙树阐述中观的最重要作品，共四卷，由后秦鸠摩罗什在公元409年译出。诸法不有不无：即是说万物既不是有也不是无。第一真谛：最高的真理。
⑤ "不有不无"的真正意思，既不是要扫除万物，也不是要关闭人的视听知觉。此处实际上回应了上文"心无宗"与"本无宗"对于"性空"的误解。
⑥ 即物顺通：与万物相通无碍，是"即万物之自虚"的另一种表达。这是说物虽有而无，所谓"非有"也。物莫之逆：万物顺而不违。伪：不真。万物、诸法以因缘故有，无其实性与自性，以空、虚为性，故万物为伪。即伪即真：是说万物无自性，故伪；但同时万物以空、虚为性，故真。易：改变。按"即伪即真""性莫之易"，是说物虽无而有，所谓"非无"也。非有非无，是为中道。
⑦ 此一段意思是说，万物本自虚无，因此万物虽有而实无，故称"非有"；万物虽虚无，但其以虚无为其真性，因此万物虽无而实有，故称"非无"。因此，万物性空的道理，并不是说要先扫除、空掉万物，而是说万物自身之本性即虚，故非真物。万物非真物，因此有何物可称之为物呢？僧肇在这里仍是通过中国传统哲学的"即万物之自虚"的简要之义，以深刻揭示出龙树《中论》中"缘起性空"的道理，这体现了僧肇善能融摄中国传统哲学与佛家思想，并使得二者相互促进。道家传统中，《老子》的"致虚极，守静笃"，《庄子》的"虚而待物""道通为一"，王弼的"运化万变，寂然至无"以及郭象的"独化于玄冥之境"等思想，都是僧肇"即万物之自虚"观点的渊源。

色败空。"①以明夫圣人之于物也,即万物之自虚,岂待宰割以求通哉？②

是以寝疾有不真之谈,《超日》有即虚之称。③然则三藏殊文,统之者一也。④故《放光》云："第一真谛,无成无得；世俗谛故,便有成有得。"⑤夫有得即是无得之伪号,无得即是有得之真名。真名故,虽真而非有；伪号故,虽伪而非无。⑥是以言真未尝有,言伪未尝无。二言未始一,二理未始殊。⑦故经云："真

---

① 经：指《维摩诘所说经》。败：坏灭。《维摩诘经·入不二法门品》："色即是空,非色灭空,色性自空。"僧肇《维摩诘经注》云："色即是空,不待色灭然后为空,是以见色异于空者,则二于法相也。"

② 即万物之自虚：意思是说,万物之自性本即虚空,无须等到万物毁灭了才是性空。宰割：割裂。这里指将万物与空虚之性割裂为二。求通：求万物坏灭之后而进入空境。

③ 寝疾有不真之谈：在《维摩诘经·问疾品》中,维摩诘（Vimalakīrti）说："如我此病,非真非有,众生病亦非真非有。"故僧肇说"寝疾不真之谈"。寝疾,指维摩诘。在《维摩诘经》中,维摩诘"寝疾于床",与前来看望的诸菩萨讨论和体究空理。《超日》,即《超日明三昧经》(Āditya-Samādhi Sūtra)。该经有"即不有寿,不保命,四大空"之说,"四大空"即是虚,故僧肇说"有即虚之称"。

④ 三藏：经、律、论。这里的"三藏"统指一切佛家经典。统之者一也：指所有佛教经典都旨在阐明"即万物之自虚"的真谛。

⑤ 《放光》：即《放光般若经》(Pañcaviṃśatisāhasrikā-prajñāpāramitā-Sūtra)。晋译《放光般若经·问观品》云："须菩提言：有所逮,有所得？以二世俗之事,有逮有得……欲论最第一者,无有逮,无有得。"世俗谛：世间的道理。

⑥ 此处申论万物本自虚空,因此"有得"其实即是"无得"之伪称,"无得"其实即是"有得"之真意。伪号：不真之名,假名也。

⑦ 二言未始一：指"非有"与"非无"所表达的内容并不相同。二理未始殊：指"非有"与"非无"在性空之理上并无冲突,都是"即万物之自虚"之理的不同表达而已。

谛俗谛，谓有异耶？"答曰："无异也。"①此经直辩真谛以明非有，俗谛以明非无。岂以谛二而二于物哉？②然则万物果有其所以不有，有其所以不无。③有其所以不有，故虽有而非有；有其所以不无，故虽无而非无。虽无而非无，无者不绝虚；虽有而非有，有者非真有。④若有不即真，无不夷迹，然则有无称异，其致一也。⑤

故童子叹曰："说法不有亦不无，以因缘故诸法生。"⑥《璎珞经》云："转法轮者，亦非有转，亦非无转，是谓转无所转。"⑦此乃众经之微言也。何者？谓物无耶，则邪见非惑；谓物有耶，则

---

① 经：指鸠摩罗什译的《摩诃般若波罗蜜经》(*Mahāprajñā-pāramitā Sūtra*)。按此经之《道树品》云："世尊，世谛、第一义谛有异耶？须菩提，世谛、第一义谛无异也。"

② 以谛二而二于物哉：哪里因为谛分真俗，而将物分为有无呢？第二个"二"字为动词，将物分为二。

③ 万物果有其所以不有，有其所以不无：果，的确。所以，原因。意谓万物的确有他们不有的原因，不无的原因。

④ 此两句意思是：万物因为性空，故有而非真有。然万物有假名、伪号，故无而非真无。无不绝虚：意谓万物虽无，但不是绝对的虚无，因为万物皆有假名、伪号。绝虚，绝然的虚无。

⑤ 有不即真：万物虽有而不就是真相，因为万物自性本空，因此是"虽有而非有"。无不夷迹：虽无而不消除现象的假有之名，因此是"虽无而非无"。夷迹，消除现象。因此，有与无的称谓不同，但皆与万物性空而假有、幻有的真谛相一致。

⑥ 童子：《维摩诘经》载，毗耶离城有一长者，其子名宝积。《维摩诘经·佛国品》里，宝积偈赞云："说法不有亦不无，以因缘故诸法生。"

⑦ 《璎珞经》：即《菩萨璎珞经》。转法轮：说法。按《璎珞经·闻法品》云："一切诸佛皆转法轮，亦有转，亦无转。"

常见为得。①以物非无,故邪见为惑;以物非有,故常见不得。②然则非有非无者,信真谛之谈也。故《道行》云:"心亦不有亦不无。"③《中观》云:"物从因缘故不有,缘起故不无。"④寻理即其然矣。所以然者,夫有若真有,有自常有,岂待缘而后有哉?譬彼真无,无自常无,岂待缘而后无也?若有不自有,待缘而后有者,故知有非真有。有非真有,虽有,不可谓之有矣。不无者,夫无则湛然不动,可谓之无。万物若无,则不应起,起则非无,以明缘起,故不无也。⑤故《摩诃衍论》云:"一切诸法,一切因缘,故应有;一切诸法,一切因缘,故不应有。一切无法,一切因缘,故应有;一切有法,一切因缘,故不应有。"⑥寻此有

---

① 邪见:不合理的见解,这里指"断见",即偏执世间与我终归断灭之见。常见,与断见相对,指偏执世间与我为常住不变之见。断见执无,常见执有。此句意谓:执着万物为无,则断见就不是迷惑之见;执着万物为有,则常见就是正确之论。

② 此两句意谓:以万物并非为无,则可知断见是迷惑之见;以万物并非为有,则可知常见是不正确之论。

③ 《道行》:即后汉支迦谶所译的《道行般若经》(*Aṣṭasāhasrikā-Prajñāpāramitā-Sūtra*)。僧肇引语见其《道行品》:"舍利弗谓须菩提,何而心亦不有亦不无?"

④ 《中观》:鸠摩罗什译《中论》(*Mūla-madhyamaka-kārikā*)时,将青目对于《中论》的解释也译出来了。僧肇在此处乃是义引青目的释文。下文僧肇从"缘起性空"的角度阐述万物虽有而无的道理,大体上是青目释文的汉语表达。

⑤ 此一大段的主旨是说:万物是因缘而起,故有不真有。但因为有缘起,无也不是绝对的无。湛然:静而不动之貌。

⑥ 这段引文当亦是僧肇对缘起性空思想的发挥,而不一定在原文中找到严格对应的出处。一切诸法,一切因缘,故应有:意谓因为缘起的作用,诸法呈现出来,所以诸法具有"有"的意义。一切诸法,一切因缘,故不应有:意谓诸法实际上是缘起法,缘起法无自性,所以诸法兼具有"无"的意义。"无法""有法"之说有多种。一种认为过去、未来之法,称无法;现在之法,称有法。另一种说法出《大般涅槃经·迦叶菩萨品》,此篇认为"一切世间有四种无:一者,未生名无……二者,灭已名无……三者,各异乎无……四者,毕竟名无"。

无之言，岂直反论而已哉？①若应有，即是有，不应言无；若应无，即是无，不应言有。言有是为假有，以明非无，借无以辨非有。②此事一称二，其文有似不同。③苟领其所同，则无异而不同。然则万法果有其所以不有，不可得而有；有其所以不无，不可得而无。何则？欲言其有，有非真生；欲言其无，事象既形。象形不即无，非真非实有。然则不真空义，显于兹矣。故《放光》云："诸法假号不真。譬如幻化人，非无幻化人，幻化人非真人也。"④

夫以名求物，物无当名之实。以物求名，名无得物之功。物无当名之实，非物也；名无得物之功，非名也。是以名不当实，实不当名。名实无当，万物安在？故《中观》云："物无彼此。"⑤

---

① 此句意思是：寻味这些关于有无的观点，它们难道只是一些相互矛盾的说法吗？反论：悖反之论。

② 此几句话的大意是：若心有执着，则有就是有，无就是无。但僧肇认为，般若经典中的非有非无之说，看似矛盾，实际上都只是要破除人们心中的执着，并通过破执以观空，观空以解脱而已。因此，经典中说有说无，都是为了破除人的心念之执。所以有只是假有、幻有，说有是为了破除人们对无的执念而已，说无亦只是为了破除人们对有的执念而已。假有：方便之有，物因假名而称之为有。

③ 事一称二：性空的道理为一而有两种表达（即非有与非无两种表达）。

④ 《放光般若经·摩诃般若波罗蜜住二空品》："佛告须菩提：名字者不真，假号为名。假号为五阴，假名为人，为男，为女，假名为五趣及有为、无为法，假名为须陀洹、斯陀含、阿那含、阿罗汉、辟支佛、三耶三佛。"幻化人：用幻术（maya）变化出来的人，指缘起诸法。此处，僧肇借助经文来表明自己上面所阐述的"不真故空"之义是合理的。

⑤ 在此一段文字中，僧肇借用了中国传统哲学中的名实关系之辩，以名、实两者互不完全对应的关系，阐发"即万物之自虚"的不真空义。物性本空，故实不当名；名为假号，故名不当实。"物无彼此"并非《中论》原文，是僧肇对《中论》的间接引用。

九 《肇论》选

而人以此为此，以彼为彼。彼亦以此为彼，以彼为此。此彼莫定乎一名，而惑者怀必然之志。① 然则彼此初非有，惑者初非无。② 既悟彼此之非有，有何物而可有哉？故知万物非真，假号久矣。是以《成具》立"强名"之文，园林托"指马"之况。③ 如此，则深远之言，于何而不在？是以圣人乘千化而不变，履万惑而常通者，以其即万物之自虚，不假虚而虚物也。④ 故《经》云："甚奇，世尊！不动真际，为诸法立处。"非离真而立处，立处即真也。⑤ 然则道远乎哉？触事而真。圣远乎哉？体之即神！⑥

---

① 此一段实有借于庄子《齐物论》彼是方生之说，其不同之处在于：僧肇对"彼此"作出明确的判断，指出彼此都是性空假有。必然：必定如此，即此以此必为此，彼以彼必为彼。

② 惑者初非无：执着于万物实有的人，一开始就认定万物是有不是无。

③ 《成具》：《成具光明定意经》（*Pūrṇaprabhāsa-Samādhimati-Sūtra*）。"强名"之文：《成具经》云："是法无所有法故，强为其名。"园林：代指庄子。庄子曾任漆园吏，故名。指马：典出《庄子·齐物论》："以指喻指之非指，不若以非指喻指之非指也；以马喻马之非马，不若以非马喻马之非马也。天地一指也，万物一马也。"僧肇的这两句话大意也是要表达"即万物之自虚、不假虚而虚物"之义。

④ 不假虚而虚物：不需要在物的有之外，另立一个虚，使物入虚。这是因为万物本虚，也即僧肇所说的"即万物之自虚"。万物自虚，即万物性空。

⑤ 《经》：《摩诃般若波罗蜜经》或《放光般若经》，都有类似的说法。《放光般若经》卷20云："不动于等觉法，为诸法立处。"世尊：佛。真际：真性，即诸法之空性。立处：安立其所。为诸法立处：意谓使诸法各得其所，安其所安，立其所立。而其所安所立处，即性空。

⑥ 此处所说的"道"，实即大乘缘起性空之真谛。触事而真：在万事万物之中而悟出性空真谛。这也是"即万物之自虚、不假虚而虚物"之意也。圣：佛的境界。神：神妙。体之即神：体会出不真空之义，便能当下入于神妙之境。

十 《坛经》选

题解：《坛经》是禅宗六祖慧能在广东宝林寺（今南华寺）讲经的记录，集中体现了他的新禅学思想。《坛经》先后形成了四大系统，多种版本，其中较完善的有敦煌本、惠昕本、契嵩本、宗宝本等数种。本书所录正文，皆本自《大正藏》第48册《六祖大师法宝坛经》。此版本《坛经》共有十品，本书选择其中第二品《般若》和第四品《定慧》，初步展现慧能所代表的中国化禅佛教在关于智慧与个人修行方面的主要思想。

般若第二

题解：《般若品》是《坛经》的重要一章，它具体记录了慧能对于"摩诃般若波罗蜜多"的解释，以及他对于"般若"（即智慧）的理解。在慧能看来，人们要获得般若智慧，最根本的方法是"见性"也即明见真如自性，因此般若乃是"自性般若"。另外，慧能强调，获得自性般若的方法，在于修无念（也即无执着之念）之法以当下见性，解脱成佛道。《般若品》既集中体现慧能对于智慧的独特理解，又深刻而明晰地揭示了新禅宗"直指人心，见性成佛"的宗旨。另外，该品内容也展示出慧能试图会通佛教般若空宗与如来藏二系的思想，揭示出破执观空与明心见性的内在相通性，从而在中国佛学的语境下，推进并发展了如来藏思想。若要比较准确、完整地理解慧能的禅宗思想，我们还需要留意他对空宗经典《金刚经》的推崇与阐发。

次日，韦使君请益。①师升座，告大众曰："总净心念摩诃般若波罗蜜多。"②复云：善知识！菩提般若之智，世人本自有之；只缘心迷，不能自悟，须假大善知识，示导见性。③当知愚人智人，佛性本无差别，只缘迷悟不同，所以有愚有智。吾今为说摩诃般若波罗蜜法，使汝等各得智慧，志心谛听，吾为汝说。④

善知识！世人终日口念般若，不识自性般若，犹如说食不

---

① 韦使君：韦璩，时任韶州刺史。请益：请教也。
② 总：大家一起。净心：让心灵清净。摩诃般若波罗蜜多（Mahā-Prajñā-pāramitā）：梵语音译，意译为"大智慧到彼岸"。摩诃：大。般若：智慧。波罗：彼岸，含解脱之意。蜜多：到达。中国古代翻译家与佛学家往往倾向于对一些重要的佛教术语保持音译，例如"般若"（Prajñā）一词虽然可以译为"智慧"，但"智慧"一词并不能揭示"般若"的全部义涵。
③ 善知识（Kalyāṇa-mitra）：又译善友，指正直有德，能引导别人走向正道的人。与善知识相反的是恶知识。假大善知识：借佛、菩萨或高僧大德。示导见性：开导而让人领悟自己的本性。见性，禅宗术语，指觉知到自己心中所本有的真性、佛性。
④ 志心：专心。谛听：仔细地听。

饱。①口但说空，万劫不得见性，终无有益。善知识！摩诃般若波罗蜜是梵语，此言大智慧到彼岸，此须心行，②不在口念。口念心不行，如幻如化，如露如电；③口念心行，则心口相应。本性是佛，离性无别佛。④

何名摩诃？摩诃是大。心量广大，犹如虚空，无有边畔，亦无方圆大小，亦非青黄赤白，亦无上下长短，亦无瞋无喜，无是无非，无善无恶，无有头尾。诸佛刹土，尽同虚空。⑤世人妙性本空，无有一法可得。⑥自性真空，亦复如是。善知识！莫闻吾说空，便即著空。第一莫著空。⑦若空心静坐，即著无记空。⑧善知识！世界虚空，能含万物色像，日月星宿，山河大地，泉源溪涧，草木丛林，恶人善人，恶法善法，天堂地狱，一切大海，

---

① 自性般若：明见自性的智慧。这是慧能自己创造的词，以表示他对于般若或智慧的理解。在他看来，若不能真切领悟每个人本有的佛性，就不能获得般若智慧。说食不饱：口说食物，不能充饥，犹如"数宝不富"。

② 心行：通过自己的本心的作用以见性。"心行"与"口念"相对。

③ 如幻如化，如露如电：典出《金刚经》。《金刚经》："一切有为法，如梦幻泡影，如露亦如电，应作如是观。"

④ 这一段的内容是总纲，总论摩诃般若波罗蜜多，指出般若智慧为人人本有，人须自见本性，见性在于心的领悟与觉解，而不在口头念诵。以下分别说"摩诃""般若""波罗蜜多"之义。

⑤ 边畔：边际。瞋：怒也。刹土：国土也。刹土即刹，梵文为kṣetra，音译为差多罗、刹多罗，本义是土地、领地。

⑥ "摩诃"的本义是大，慧能因为以见性说摩诃般若波罗蜜多，所以他在这里以"自性真空"来说"摩诃"。知自性真空，则所见无不虚空广大。

⑦ 著：执著。对空执著，则此"空"亦成为"有"了，就不是真正的"空"了。真正的空是心念无所住，无所执，而不是执空、住空。

⑧ 无记：不思善恶、蒙昧无主的状态。无记空：著空后的一种昏沉、无主的状态。

须弥①诸山，总在空中。世人性空，亦复如是。善知识！自性能含万法是大，万法在诸人性中。若见一切人、恶之与善，尽皆不取不舍，亦不染著，心如虚空，名之为大，故曰摩诃。②善知识，迷人口说，智者心行。又有迷人，空心静坐，百无所思，自称为大。此一辈人，不可与语，为邪见故。③

善知识！心量广大，遍周法界。用即了了分明，应用便知一切。一切即一，一即一切。去来自由，心体无滞，即是般若。善知识！一切般若智，皆从自性而生，不从外入，莫错用意，名为真性自用。一真一切真。心量大事，不行小道。口莫终日说空，心中不修此行，恰似凡人，自称国王，终不可得，非吾弟子。善知识！何名般若？般若者，唐言智慧也。④一切处所，一切时中，念念不愚，常行智慧，即是般若行。一念愚即般若绝，一念智即

---

① 须弥：即须弥山，又名妙高山，原为印度神话中的山名，佛教沿用之，并以须弥山为位于世界中央的高山，其周围有八山、八海环绕，形成一个世界，名为"须弥世界"。

② 此段话阐发"摩诃"（大）的意蕴，在慧能看来，摩诃就是心量广大，犹如虚空；同时他强调心念无执才是空，著空不是真空，不是真正的大。另外，慧能以空论心，这体现出他融合了般若空宗与如来藏（如华严宗、禅宗）二系统。空宗的主旨是破执观空以求解脱，而如来藏则强调通过自觉到真如心以求解脱。前者强调空，后者则强调心。从表面上看，两者有冲突。其实，心、空互证，正体现出慧能的卓见。空宗强调破执观空，而并未讨论破执观空之心是否也是"空"的。事实上，若能破执观空，则必然伴随着真实的破执观空的能力与自觉。后来如来藏一系所强调的真如心，则是对这一能力或自觉的肯定，同时也是对空宗思想的转进。

③ 此一段意思再次将"心行"与口念区别开来，又将"心行"与"空心"，即无心行的昧暗状态区别开来。口念而无心的觉解，不可能得到智慧。空心而完全抛却智慧的觉解，也不是真正的能涵万法的"大"。

④ 唐言：华语也。慧能身处唐代，故称华语为唐言。

般若生。世人愚迷，不见般若，口说般若，心中常愚。常自言"我修般若"，念念说空，不识真空。① 般若无形相，智慧心即是，若作如是解，即名般若智。②

何名波罗蜜？此是西国语③，唐言到彼岸，解义④离生灭。著境生灭起，如水有波浪，即名为此岸；离境无生灭，如水常通流，即名为彼岸，故号波罗蜜。⑤

善知识！迷人口念，当念之时，有妄有非。念念若行，是名真性。悟此法者，是般若法；修此行者，是般若行。不修即凡，一念修行，自身等佛。善知识！凡夫即佛，烦恼即菩提。⑥前念迷即凡夫，后念悟即佛。⑦前念著境即烦恼，后念离境即菩提。⑧

---

① 此处再次区分了口念与心念的区别。慧能体会到，如果没有心的真实作用，就会缺乏见性、破执、观空的真实力量，般若智慧就不能流出。

② 此段文字主要阐释般若（智慧）之义。慧能认为，心量广大，自性真空，故能流出大智慧；同时，因为智慧是从自性中流出的，因此如要获得般若智，就必须通过修心的工夫，以自见本性，如果口说般若、念念说空，而不明心见性，就肯定与般若绝缘。

③ 西国语：此处指印度的语言，即梵文。

④ 解义：从义理的角度理解。

⑤ 此段主要阐释波罗蜜多（到彼岸）之义。慧能认为，人们如能自见自性，就能超越执着（著空、著境），故能超离生灭，即到彼岸，也即见性成佛。在这里，"此岸"指的是心念形成执着而堕在生灭之中；"彼岸"指的是心念自见自性，从而超越执着生灭，解脱成佛。

⑥ 凡夫即佛，烦恼即菩提：此两句是就性而言，凡夫有佛性，烦恼也是觉悟。菩提（bodhi）：觉悟也。

⑦ 此两句意思是说，当人的心念有所执着时，就是被执着所牵引的众生；一旦心念一转，而无所执着时，则能当下解脱，明心见性，而与佛无别。

⑧ 此两句意思是说，当心念执着于境的时候，人的心念就是烦恼；当心念于境无所执着，人的心念就是菩提了。

善知识！摩诃般若波罗蜜最尊最上最第一，无住无往亦无来，三世诸佛从中出。当用大智慧打破五蕴烦恼尘劳，如此修行，定成佛道，变三毒为戒定慧。①

善知识！我此法门，从一般若生八万四千智慧。②何以故？为世人有八万四千尘劳。若无尘劳，智慧常现，不离自性。悟此法者，即是无念，无忆无著，不起诳妄，用自真如性，以智慧观照。于一切法，不取不舍，即是见性成佛道。③

善知识！若欲入甚深法界，及般若三昧者，须修般若行，持诵《金刚般若经》，即得见性。④当知此经功德，无量无边，经中分明赞叹，莫能具说。此法门是最上乘，为大智人说，为上

---

① 五蕴：佛教用语，又称五阴，指色蕴（一切色法的类聚，如地、水、风、火等）、受蕴（五官的感觉与感受）、想蕴（因感觉而生起念想）、行蕴（意志或心的作用）、识蕴（各种意识的类聚）。蕴（skandha）：聚也。尘劳：烦恼。三毒：贪、嗔、痴。从这段话开始，慧能阐发人应当如何修行才能获得般若智慧的道理。

② 此句意谓，禅佛教的般若智慧之门，虽为一门，但可以生出八万四千种智慧，以对治八万四千种烦恼。佛教常以"八万四千"喻指众多。

③ 此段文字中，慧能指出"无念"的重要性。无念的首先意思，是对一切法不起执着；其次，慧能认为要真正做到无念，根本之法就是"用真如性，以智慧观照"，也即"于一切法，不取不舍"。

④ 法界（Dharmadhātu）：佛教用语，不同的派别对法界之义有不同的界定。在大乘佛教中，法界又称法性，指诸法或真如的界限与功能。三昧（Samādhi）：又译三摩地、三摩提，意译等持、正定，原指在修行过程中，心不散乱的安静状态。在这里，"三昧"有妙境、蕴奥之意。《金刚般若经》:《金刚经》，佛教般若空宗的经典著作。慧能推崇《金刚经》，体现出他深知般若空宗系统与如来藏真心系统的内在相通性；同时，《金刚经》的相关思想也与慧能所提倡的修行法门有相近之处，如《金刚经》"应无所住而生其心""见诸相非相"的思想分别与慧能"无住为本""无相为体"的教法有相应之处。

根人说。小根小智人闻,心生不信,何以故?①譬如天龙下雨于阎浮提,城邑聚落,悉皆漂流,如漂枣叶;若雨大海,不增不减。②若大乘人,若最上乘人,闻说《金刚经》,心开悟解。故知本性自有般若之智,自用智慧,常观照故,不假文字。③譬如雨水,不从天有,元是龙能兴致,令一切众生,一切草木,有情无情,悉皆蒙润,百川众流,却入大海,合为一体。众生本性般若之智,亦复如是。④

善知识!小根之人闻此顿教,犹如草木;根性小者,若被大雨,悉皆自倒,不能增长。小根之人,亦复如是。元有般若之智,与大智人更无差别,因何闻法不自开悟?缘邪见障重,烦恼根深,犹如大云覆盖于日,不得风吹,日光不现。般若之智亦无大小,为一切众生自心迷悟不同,迷心外见,修行觅佛,未悟自性,即是小根;若开悟顿教,不执外修,但于自心常起正见,

---

① 为上根、利根人说法,而不为中根、下根人说法,这是包括慧能在内的禅宗思想家的共同立场,这是因为禅宗教法的特征是启发人当下转念,明心见性,从而顿悟成佛;要当下转念,顿悟自性,则需要有锐利、圆转的心灵。《永嘉证道歌》:"上士一决一切了,中下多闻多不信。"

② 阎浮提(Jambu-dvīpa):又译南赡部洲,佛教传说中的世界四大部洲之一,位于南方。佛教认为阎浮提是人类所居住的世界。此段为喻证,大海喻上根之人,阎浮提喻小根之人,经不起大雨冲击。

③ 此段文字可见,禅宗重视通过顿悟的方式,直接自悟见性,获得自性般若。站在这个立场上看去,会很容易认为通过文字讲说佛教思想的方式不但是外在的,而且对于见性有遮蔽作用,因此禅宗强调不立文字,见性自悟。这种导向对后来禅宗的发展影响很大。

④ 此一段以龙兴雨的现象,喻证众生自有般若之智,不假外求。

烦恼尘劳，常不能染，即是见性。①善知识！内外不住，去来自由，能除执心，通达无碍，能修此行，与《般若经》本无差别。②善知识！一切修多罗及诸文字，大小二乘，十二部经，皆因人置。因智慧性，方能建立。若无世人，一切万法本自不有，故知万法本自人兴。③一切经书，因人说有。缘其人中有愚有智，愚为小人，智为大人。愚者问于智人，智者与愚人说法，愚人忽然悟解心开，即与智人无别。善知识！不悟即佛是众生，一念悟时，众生是佛。故知万法尽在自心，何不从自心中，顿见真如本性？④《菩萨戒经》云："我本元自性清净，若识自心见性，皆成佛道。"⑤《净名经》云："即时豁然，还得本心。"⑥善知识！我于

---

① 在这里，慧能强调利根与小根的区别并不是绝对的，两者的区别只是一念之迷与悟的区别。一念而迷，即是小根；一念而悟，即是利根。关键处只在自性所发的一转念而已。

② 按"般若经"可以指代很多经典，这里的《般若经》大概指的是《金刚经》。

③ 修多罗（sūtra）：原意为线，这里指佛经。十二部经：又称十二分教，全部佛经可分为十二部类，故全部佛经可称十二部经。参见《大智度论》三十三所载十二部类的经名。

④ 慧能认为，每个人若能心悟真如本性，即已成佛。佛法不在佛经的文字中，而在人的真如本性。人心开悟，比诵读经文文字更重要。从另一个角度说，既然佛经都是从真如自性中流出来的，同时是为了启发人自悟见性而设的，因此何不寻流溯源，以自性为本？般若智慧不在佛经的文字中，而在自心的一念中。

⑤ 《菩萨戒经》：《梵网经》（*Brahmajāla-sūtra*）。此处原文在该经卷下："是一切众生戒本源自性清净。"

⑥ 《净名经》：《维摩诘经》（*Vimalakīrti-Nirdeśa-Sūtra*）之别名。此处原文在《维摩诘经·弟子品》。上述慧能引两种佛经以证明自己所说的内容实有经典根据。

忍和尚^①处，一闻言下便悟，顿见真如本性。是以将此教法^②流行，令学道者顿悟菩提，各自观心，自见本性。若自不悟，须觅大善知识，解最上乘法者，直示正路。是善知识有大因缘，所谓化导令得见性。一切善法，因善知识能发起故。三世诸佛、十二部经，在人性中本自具有。不能自悟，须求善知识，指示方见。若自悟者，不假外求。若一向^③执谓须他善知识方得解脱者，无有是处。何以故？自心内有知识自悟，若起邪迷，妄念颠倒，外善知识虽有教授，救不可得。若起正真般若观照，一刹那间，妄念俱灭。若识自性，一悟即至佛地。

善知识！智慧观照，内外明彻，识自本心。若识本心，即本解脱。若得解脱，即是般若三昧，即是无念。何名无念？若见一切法，心不染著，是为无念。用即遍一切处，亦不著一切处，但净本心，使六识出六门，于六尘中无染无杂，来去自由，通用无滞，即是般若三昧，自在解脱，名无念行。^④若百物不思，当令念绝，即是法缚，即名边见。^⑤善知识！悟无念法者，万法尽通；悟无念法者，见诸佛境界；悟无念法者，至佛地位。

---

① 忍和尚：禅宗五祖弘忍禅师。
② 此教法：指达磨以来"以心传心"之教法。
③ 一向：长期偏执某一道理。
④ 六识：眼、耳、鼻、舌、身、意六根。六识出六门：意谓六根皆出离执念、执着，自在解脱。六尘：色、声、香、味、触、法。无念行：心无执念的状态，为无念行。具体意义参见后文《定慧品》部分。
⑤ 法缚：执着佛法，反成束缚。边见（antagrāha-dṛṣṭi）：不合中道、偏执一边之见。慧能在这里强调他的"无念行"并非"百物不思"，即刻意绝去所有念头，而是无执着之念或有念而无执着，这就是《坛经·定慧品》中所说的"于念而无念"。

十 《坛经》选

善知识！后代得吾法者，将此顿教法门，于同见同行，发愿受持，如事佛故，终身而不退者，定入圣位。然须传授从上以来默传分付，不得匿其正法。① 若不同见同行，在别法中，不得传付，损彼前人，究竟无益。② 恐愚人不解，谤此法门，百劫千生，断佛种性。③ 善知识！吾有一《无相颂》，各须诵取，在家出家，但依此修。若不自修，惟记吾言，亦无有益。④ 听吾颂曰：

说通及心通，如日处虚空；唯传见性法，出世破邪宗。⑤
法即无顿渐，迷悟有迟疾；只此见性门，愚人不可悉。⑥
说即虽万般，合理还归一；⑦烦恼暗宅中，常须生慧日。
邪来烦恼至，正来烦恼除；邪正俱不用，清净至无余。⑧

---

① 此一段两句话，慧能将自己的宗派称之为顿教法门，要求接受此宗派的人认识上与行动上均保持一致，即同见同行。又要求传法谱系以单传密付、默而传之的方法传授，故称之为"以心传心"。

② 此一段特别指出，慧能禅宗的传法谱系重视单传密付，默而传之，以心传心。别法：与自己的禅法并不相同或相近的禅法。前人：前代祖师。

③ **断佛种性**：断绝成就佛果的根本。佛种，成就佛果的种子。性，根本之义。

④ 此几句强调顿教的有效性，在家的居士与出家的僧人，均依此顿教自我修行，若只是记住禅师的话，而缺乏本心的作用，则不能见性，因之没有任何益处。

⑤ 此第一偈意思是讲，说通与心通的境界，像白日当空，不照而照。只有传授明心见性的法门，才能达到解脱自在的出世境界，并破斥一切不能见性的方法。

⑥ 法即无顿渐，迷悟有迟疾：此句意思是说，法本身不分顿法与渐法，因人有迷悟深浅之不同，故有顿悟渐悟之差别。

⑦ 归一：见性。

⑧ 邪：妄念或执念。正：无妄念或无执念。邪正俱不用：没有妄念，也不执着无念而进入无余涅槃的境界。

菩提本自性，起心即是妄；净心在妄中，但正无三障。①
世人若修道，一切尽不妨；常自见己过，与道即相当。②
色类自有道，各不相妨恼；离道别觅道，终身不见道。③
波波度一生，到头还自懊；欲得见真道，行正即是道。④
自若无道心，暗行不见道；若真修道人，不见世间过。
若见他人非，自非却是左；他非我不非，我非自有过。⑤
但自却非心，打除烦恼破；憎爱不关心，长伸两脚卧。⑥
欲拟化他人，自须有方便；勿令彼有疑，即是自性现。⑦
佛法在世间，不离世间觉；离世觅菩提，恰如求兔角。⑧

---

① 起心：起执着之心。净心在妄中：意谓净心即是妄心之一转念而已，净心不是在妄心之外的另一种心。若持正念，则三障必除。三障：烦恼障、业障、异熟（亦名果报）障。

② 见己过：慧能强调修道的过程，是自见自性的过程，因此修行人需要回到自己，体证自己的心念是否有所执着。

③ 色类：各色各类的众生。自有道：各有其自性。离道别觅道：指离开自性而向外求道，故不能求得明心见性之道。

④ 波波：奔波。行正：依上文所言，心中无妄念、无执念为行止。慧能特别重"心行"。

⑤ 此两句偈颂意谓，若看到他人之非而我亦从而非之，就是自己的错。左：错误也。后一句偈颂补充说明，他人有非而我不当非，若从而非之，则是我有过错也。《论语》有"见不贤而内自省""见不善如探汤"之说，可与此说相参照。

⑥ 此两句偈颂意谓：退除非难他人之心，亦不执着于憎爱，则人生获得大自在。

⑦ 此两句偈颂意谓：如果要感化他人，自己应该具备随机点化的方便法门。不使他人怀疑自己心中本有自性般若，其自性就会流露出来。

⑧ 在慧能看来，觉悟或到彼岸，只是当下一念之事。当下一念清净，即是自性流出，即是解脱、到彼岸；当下一念执着，即是烦恼生起，而不能解脱。从这个意义上说，菩提、解脱之道，就在世间的一念觉悟之中。若离开世间去求解脱，就类似在兔子头上找角一样，这是不可能的事。

正见名出世，邪见名世间；邪正尽打却，菩提性宛然。

此颂是顿教，亦名大法船。迷闻经累劫，悟则刹那间。

师复曰："今于大梵寺说此顿教，普愿法界众生，言下见法成佛。"时韦使君与官僚道俗，闻师所说，无不省悟，一时作礼，皆叹："善哉！何期①岭南有佛出世！"

定慧第四

题解：《定慧品》记录了慧能对"定慧"之义的阐释，展示出他以"无念"为宗旨的禅宗修行方法。"定"即禅定，"慧"即智慧。但在慧能看来，定与慧是一体的，因为两者皆统摄在自性之中。定是自性之体，慧是自性之用。据此，定慧法门其实即在真如自性的一念起用之中。这是他对佛教戒定慧之说的推进。如何能够实现自性的一念起用？慧能强调"无念"法门。所谓"无念"，并不是杜绝心中一切的念头，而是念念不执着，念念不停留，从而达到"于念而无念"。为了深化"无念"法门，慧能更提出"无相""无住"之说。"无相"是指心念遍运诸相之中而不执着任何之相，"无住"是指心念不停留在任何之法中，令真如自性发用无碍。"无念为宗""无相为体""无住为本"构成了慧能无念法门的主要内容。在慧能看来，无念与自性相通；心能无念，则自性显现并生起大用，定慧自然发生。慧能的无念、见性的修行思想至为简易，体现出中国佛学从般若空宗演进至如来藏

---

① 何期：哪里会想到。

系统的过程中，佛学家对于佛学精神和佛教心性论的把握越来越深刻。同时，慧能的修行方法重顿悟而不重渐修，重直指而不重讲说，重心行而不重文字，这也引致了后世禅宗的"狂禅"之弊。

师示众云："善知识！我此法门，以定慧为本。①大众勿迷，言定慧别。定慧一体，不是二。②定是慧体，慧是定用。即慧之时定在慧，即定之时慧在定。若识此义，即是定慧等学。③诸学道人，莫言先定发慧、先慧发定各别。作此见者，法有二相。口说善语，心中不善，空有定慧，定慧不等。④若心口俱善，内外一如，定慧即等。自悟修行，不在于诤。⑤若诤先后，即同迷人，不断胜负，却增我法，不离四相。⑥善知识！定慧犹如何等？犹如灯光。有灯即光，无灯即暗。灯是光之体，光是灯之用。名虽

---

① 定慧：禅定与智慧。息虑静缘为定，破恶证真为慧。慧能对定与慧有自己的界说，《坛经·妙行品》："外离相即禅，内不乱即定。外禅内定，是为禅定。"而慧能所理解的慧，即是从自性流出的般若智慧。"定慧双修""定慧等持"是许多佛教派别的修行法门，慧能亦主张定慧一体。

② 此两句意谓：大众不要相信强调定慧有实质差别的学说，定与慧是一体不二。下文进一步阐述定慧一体的关系。

③ 定慧等学：慧能强调定之修与慧之学，并无轻重先后之别，故曰定慧等学。这与《阿含经》以来强调戒定慧的修行学习次第不同。

④ 定慧不等：定慧二分，是不一体。等，一体。

⑤ 诤：争论。

⑥ 不断胜负：不能断除对胜负的执念。我法：我执与法执，也即执着我与法的实有性。四相：说有多种，此处应指《金刚经》所说的我相、人相、众生相、寿者相。四相是我执法执的体现。

有二，体本同一。此定慧法，亦复如是。"

师示众云："善知识！一行三昧者，于一切处行住坐卧，常行一直心是也。①《净名》云'直心是道场''直心是净土'②，莫心行谄曲，口但说直；口说一行三昧，不行直心。但行直心，于一切法勿有执著。③迷人著法相、执一行三昧，直言：'常坐不动，妄不起心，即是一行三昧。'作此解者，即同无情，却是障道因缘。④善知识！道须通流，何以却滞？心不住法，道即通流；心若住法，名为自缚。⑤若言常坐不动是，只如舍利弗宴坐林中，却被维摩诘诃。⑥善知识！又有人教坐，看心观静，不动不起，

---

① 一行三昧（ekavyūha-samādh）：专于一行，修习正定。在这里，一行三昧指修定慧之法以观真如自性。直心：纯直之心，此指没有执着的本心或智慧心。

② 此两句意谓：人修行的道场并不一定要在寺庙里，无执念之心就是一个人修行的道场。一心向往的净土并不一定要到西天极乐世界中去寻找，无执念之心本身即是净土。直心是道场：见《维摩诘所说经·菩萨品》。直心是净土：见《维摩诘所说经·佛国品》。

③ 此一段文字再次强调，修行之人，不能只是口诵直心而心念并未达到无执念的境界。行直心：即心念达到无执的状态，最为关键。

④ 此一段，慧能反对枯坐禅，那些以为心不起念，即是"一行三昧"的人，其实与死人、木石无异，故称之为"无情"。佛教强调利乐"有情"。修道者若如木石一般"无情"，不仅不是真正的修道者，反而是阻碍修道的行为。

⑤ 住法：停留于心念的对象之上，即是执着。住法，即是作茧自缚。

⑥ 是：是对的。宴坐：静坐。诃：斥责。舍利弗被维摩诘呵斥的典故，见《维摩诘所说经·弟子品》："忆念我昔曾于林中宴坐树下，时维摩诘来谓我言：'唯！舍利弗，不必是坐为宴坐也。夫宴坐者，不于三界现身意，是为宴坐；不起灭定而现威仪，是为宴坐；不舍道法而现凡夫事，是为宴坐；心不住内，亦不在外，是为宴坐；于诸见不动而修行三十七品，是为宴坐；不断烦恼而入涅槃，是为宴坐。若能如是坐者，佛所印可。'"

从此置功。①迷人不会,便执成颠。如此者众,如是相教,故知大错。"②

师示众云:"善知识!本来正教,无有顿渐。人性自有利钝。迷人渐修,悟人顿契。自识本心,自见本性,即无差别,所以立顿渐之假名。③善知识!我此法门,从上以来,先立无念为宗,无相为体,无住为本。无相者,于相而离相;④无念者,于念而无念;⑤无住者,人之本性,于世间善恶好丑,乃至冤之与亲,言语触刺欺争之时,并将为空,不思酬害。⑥念念之中,不思前境。若前念、今念、后念,念念相续不断,名为系缚。⑦于诸法上,念念不住,即无缚也。此是以无住为本。⑧善知识!外离一切相,

---

① 依《宗镜录》(九十七)所载,"有人教坐",是指神秀教人静坐,以此方法获得功效。置功:作为入静得慧的功夫。

② 这段话强调心念无住、无执,即是定慧法门。如果不悟无住、无执之法,则"一行三昧""宴坐"等方法,都会加深执着、遮蔽自性。

③ 顿渐之假名:顿渐是假借之名。也即顿渐之法,虽有差异,但都是为了见性而立,修行者不可执着此假名,而生分别。

④ 相:事相。离:不执着。于相而离相:有相而不执相。慧能的意思是:"无相"并不是要去除任何的事相,而是与事相交涉的过程,心念不执着此事相;如果刻意去除任何事相,就堕入了《般若品》所说的"顽空"。

⑤ 于念而无念:有念而不执着于念。前一个"念"指正念,后一个"念"指执念。慧能的意思是,"无念"并不是刻意地去除任何念头,而是要每一念皆非执念,每一念都是从自性流出的正念。

⑥ 酬害:报复,打败对手。

⑦ "念念相续不断"指的是执着之念生生灭灭,流转不断。

⑧ 无住为本:以不执之念作为心念之核心。无住,念不系于法。本,要核,精义也。

名为无相。能离于相,则法体清净,此是以无相为体。① 善知识!于诸境上,心不染,曰无念。于自念上,常离诸境,不于境上生心。若只百物不思,念尽除却,一念绝即死,别处受生,是为大错。② 学道者思之。若不识法意,自错犹可,更误他人;自迷不见,又谤佛经,所以立无念为宗。③ 善知识!云何立无念为宗?只缘口说见性,迷人于境上有念,念上便起邪见,一切尘劳妄想,从此而生。自性本无一法可得。若有所得,妄说祸福,即是尘劳邪见。故此法门立无念为宗。善知识!'无'者无何事?'念'者念何物?'无'者无二相,无诸尘劳之心;'念'者念真如本性。④ 真如即是念之体,念即是真如之用。真如自性起念,非眼耳鼻舌能念。⑤ 真如有性,所以起念。真如若无,眼耳色声当时即坏。善知识!真如自性起念,六根虽有见闻觉知,不染万境,而真性常自在。故经云:'能善分别诸法相,于第一义而不动。'⑥

---

① 此句意谓,心念无所执着,则有为、无为诸法的体性、性质清净不染。结合上一句可知,"无住为本"是从念的角度强调心念不执着于法;"无相为本"是从万法的角度强调万法自性无定相。法体:诸法的体性、性质。

② 受生:再生,重生。

③ 无念为宗:以"无念"作为宗派之主旨。

④ 二相:因心的执念而现起各种虚妄分别之相,如人我、生灭、空有、是非等。

⑤ 此一句意谓真如自性为体,以念为用。真如所起之念,才是正念。眼、耳、鼻、舌等六根之所以有见闻觉知,是因为真如自性起念的结果,而非其自身能起念。

⑥ 经:指《维摩诘所说经》。慧能所引之语,出《维摩诘经·佛国品》。在这里,"能善分别诸法相"指真如自性起念,心念遍运于诸法中而不执着;"于第一义而不动"指真如作为念之体,其性常自在。

十一　张载著作选

题解：张载是北宋广义理学的代表人物之一，他镕铸先儒家经学与孔子、孟子等人的思想，特别是通过对《周易》《中庸》《孟子》等著作中天、命、性、道、心、气等思想的融会，对"太虚"之义的扩发，系统地阐述了气化即道，尽性、知命、穷理、穷神知化等哲学思想，对先秦至汉唐以来的儒家哲学作出了系统、深入的总结，推进了儒家的形上学，回应了魏晋隋唐以来佛、道二派在形上学与经验生活中对于儒家思想的冲击与挑战。《正蒙》之成书，大约在张载五十六岁之年。该书以所谓"正蒙"（订正蒙昧）为己任，对于形上与形下世界的幽深精微之处，以及人如何顺应天道性命成己成物的工夫次第问题，均作出深刻细腻的阐述。《正蒙》一书体大思精，笔力雄健，读者宜细绎其脉络与旨趣，方可得其条贯。

太和篇

题解：《太和篇》是《正蒙》一书的首篇。此篇集中表达了他关于虚与气的观点。在他看来，太虚是气之本体，气化是太虚的真实的功能，因此虚与气是幽与明的一体性关系，而非无与有的割裂性关系。这是张载在虚气关系上的第一个关键性的观点。他在虚、气问题上的第二个关键性观点是"两""合""兼"。太虚与气化虽然是一体的，但这两者毕竟存在着一隐一显、一幽一明、一虚一实、一体一用的对比性关系，因此虚气兼体、体用相融的合内外之道，才是儒家的尽性之学。据此，他批评佛家只偏重"虚"的一面，与凡俗徇生之人只知"气"的一面，认为这两者都陷入了偏蔽，尽性者既应当兼体两端，又能够感而遂通，合两为一。张载的上述两方面观点，可以体现在《太和篇》"由太虚，有天之名；由气化，有道之名；合虚与气，有性之名；合性与知觉，有心之名"这段话中，这也是张载哲学体系的总纲。

《太和篇》言约义密，然其儒学宇宙论、儒家形上学的规模与脉络，实隐约可窥，并与二程理学有着微妙的关联性与差异性。然而因其去世过早，门生不广，其理学思想长期得不到合理的理解与阐扬。明末清初的王夫之别具慧眼，晚年作《张子正蒙注》，认定张载之学为儒家之正学，并通过自己的立场，创造性地诠释其中的天人性命之学。在现代学术的视野里，我们需要重审张载理学的理论价值及其在宋明理学中的实际地位与贡献。此处选文录自《张载集》（中华书局1978年版），分段主要参考了林乐昌编校的《张子全书》（西北大学出版社2021年版）。文中个别标点略有所调整。

太和所谓道,① 中涵浮沉、升降、动静相感之性,② 是生絪缊、相荡、胜负、屈伸之始。③ 其来也几微易简,其究也广大坚固。④ 起知于易者乾乎！效法于简者坤乎！⑤ 散殊而可象为气,清通而不可象为神。⑥ 不如野马、絪缊,不足谓之太和。⑦ 语道者知此,

---

① 太和所谓道：意指太和之道并非抽象的道路,而是有具体内容与功能的。太和,语出《周易·乾·彖》："乾道变化,各正性命,保合太和,乃利贞。"在这里,张载以"太和"一词,揭示太虚之体与气化之道统体相涵、通一无二的状态。道,太和的气化流行。

② 张载虽然远承《周易·系辞》（上传）"一阴一阳之谓道"之说,但他认为太和之道自身蕴含着乾坤（即阴阳）的对比与和合作用,所以有浮沉、升降、动静相感之性。这里的"性",与"功能""作用"的意思相当。

③ 絪缊：亦作絪氲,指阴阳、动静未形之前的浑沦状态。相荡：太和中阴阳的浮沉、升降作用所形成的张力与动态。胜负：即升降,升者为胜,降者为负。屈伸：胜则伸,负则屈。《周易·系辞》（下传）："屈信（伸）相感而利生焉。"

④ 此两句话的主语"其"字,仍然是指太和之道。来：开始。几微：幽隐而尚未形显的状态。易简：指乾坤、阴阳、动静之性甚为平易简约。《周易·系辞》（上传）云："乾以易知,坤以简能……易简而天下之理得矣。"究：最终。广大坚固：指乾坤、阴阳的气化作用至广至大,故曰广大坚固。《周易·系辞》（上传）："夫《易》广矣大矣！……夫乾,其静也专,其动也直,是以大生焉；夫坤,其静也翕,其动也辟,是以广生焉。"

⑤ 此两句话意思是说,乾为知之始,坤为效法之简的开端。古人直觉以乾象天,天有日月之光,故以乾卦象征认知之开端。而人的认识总是与光直接地联系在一起。而以坤卦象大地,大地没有独立性,以顺从天为自己的法则,故大地体现了"效法"的简易法则。《周易·系辞》（上传）："乾以易知,坤以简能；易则易知,简则易从。"起知：因感而有知。效法：遵所知而为法。

⑥ 此两句的主语仍然是"太和之道"。太和之道展开为聚散、攻取的状态时,即是"散殊可象"之气；而当它其未形为象之时,即是"清通不可象"的神妙状态。另外,这里的清通之神,指的是乾坤、阴阳相感之性,简易清通而如神；这里的散殊之气,指的是乾坤、阴阳之相荡屈伸,而有形象之流行。可象：有形象可见。

⑦ 此一句是从形象的角度呈现出太和的状态。意谓：太和也者,野马、絪缊之谓也。野马：典出《庄子·逍遥游》,指空中游气。野马、絪缊：均指太和尚未形显前的几微状态。

谓之知道；学《易》者见此，谓之见《易》。不如是，虽周公才美，其智不足称也已。①

太虚无形，气之本体；其聚其散，变化之客形尔；②至静无感，性之渊源；有识有知，物交之客感尔。客感客形，与无感无形，惟尽性者一之。③

天地之气，虽聚散、攻取百涂，然其为理也，顺而不妄。④

气之为物，散入无形，适得吾体；聚为有象，不失吾常。⑤

---

① 此两句意为：讨论道和学习《周易》的人，如果不能理解"太和之道"的道理，即使才干美如周公，能够制礼作乐，他的德智也不足以得到肯定。周公才美：典出《论语·泰伯》："子曰：'如有周公之才之美，使骄且吝，其余不足观也已。'"

② 此两句讲太虚与气的微妙关系。太和清通不可象之状态，是太虚无形的状态，这是气未形显时的本然状态；太和感而化生为时聚时散的变化之形气，这是气的暂时状态而非其本然状态。太虚：天在气未形显前的虚静清通的状态。本体：本来状态。聚散：凝聚与消散。变化：天与万物相感所成的变化流行之道。客形：暂聚之形。张载认为气能聚而成形，亦能散而归于无形。

③ 此两句再从虚气的关系，以论性与知觉的来源。至静无感：指太虚本然的虚静、寂然状态。张载认为，太虚有能感通之性，人之性本于太虚，因此亦能与物感通。有识有知：指人心有知觉的功能。物交：语出《孟子·告子上》，这里指心与物象交接而成知觉。《正蒙·大心篇》："见闻之知，乃物交而知，非德性所知。"客感：外来之感。王夫之《正蒙注》："自外至曰客。"可参。尽性：语出《周易·说卦》"穷理尽性以至于命"，这里指充分体会和把握天之性与人之性。张载认为，能够兼体、融合虚（无形）与气（客形）、性（无感）与知觉（客感）两者，而不陷于其中一方，才可称作"尽性"。《正蒙·诚明篇》："性其总，合两也。"

④ 攻取：排斥与吸引。百涂：百途，方向和方式众多。理：天地气化的规则。顺而不妄：顺其性而流行不乱。

⑤ 此两句讲太虚与气既然是这样的关系，因此气之聚散，有其自然的规则，天、地、人、物由此而安立。无形：指太虚。吾体：指无形的太虚是天、地、人、物的本来状态。吾常：指气化以成形象的流行过程，蕴含着恒常的秩序与规则。张载"吾体""吾常"之说，体现出儒学"仁以为己任"（《论语·泰伯》）、"天生德于予"（《论语·述而》）的承担精神，《正蒙·乾称篇》亦谓"天地之塞，吾其体；天地之帅，吾其性"。这种将天地之事看作是儒者份内之事的气概，是对儒家有关"天人关系是一种内在关系"思想的推进。

太虚不能无气,气不能不聚而为万物,万物不能不散而为太虚。①循是出入,是皆不得已而然也。②然则圣人尽道其间,兼体而不累者,存神其至矣。③彼语寂灭者往而不反,徇生执有者物而不化,二者虽有间矣,以言乎失道则均焉。④

　　聚亦吾体,散亦吾体,知死之不亡者,可与言性矣。⑤知

---

　　① 此三句话较为关键,意思是:太虚是真实的存在,所以不能没有真实的功能,这个功能就是气。气会进一步凝聚而为万物。但气的凝聚乃是气的暂时状态,其最终还是会消散而归于无形之太虚的。"气"即表示存在的流行变化。

　　② 是:指前文所说的虚气关系。出:指气之聚为有象。入:指气之散入无形。不得已而然:自然而必然地如此。

　　③ 尽道其间:指在气的聚散、出入过程中穷尽道理。兼体:兼容,并体。累:妨碍。"兼体而不累",指圣人能够兼容、并体虚与气两方面而又两不相妨。存神:语本《孟子·尽心上》"夫君子所过者化,所存者神,上下与天地同流,岂曰小补之哉"。按"存神"在这里指圣人能够兼体虚气两者,并能融通之,以存于心中,《正蒙·神化篇》云:"合一不测为神。"

　　④ 此两句话的意思是:佛家寂灭之说,只知太虚而不知气化;凡俗徇生之论,则又执滞形气而不能大其心以接于太虚。前者虚而无实,后者实而无虚。前者似较后者为高明,但两者因各有所偏,因此皆非尽道者,唯儒家圣人之道,方能兼虚实、合内外,而无所偏废。语寂灭者:指佛家,因佛家以"寂灭"为教。往而不反:一去不返,语出《庄子·逍遥游》。佛教认为超越轮回的人将进入寂灭的状态,而不再如气之聚散往返。徇生:跟着生存而转。徇生执有者:执着于世间、万物之客形者,也即凡俗之人。《正蒙·神化篇》:"徇物丧心,人化物而灭天理者乎!"物而不化:执滞于物,而不能与物相感而成变化。间:差别。

　　⑤ 此句认为,气之或聚或散,皆是虚气关系的自然状态,此即为性也。在张载看来,性是天能,性本于太虚,并能依太虚之神而感通,而成气之流行变化,因此性兼通虚气,所谓"合虚与气,有性之名"(《正蒙·太和篇》)。气之聚为有象,体现为性之感通而成气化的一面;气之散入无形,则体现为性之通极于太虚的一面。《正蒙·乾称篇》云:"有、无、虚、实,通为一物者,性也。"《诚明篇》亦云:"尽性,然后知生无所得,则死无所丧。"体:本来状态。死:指气之消散。"死而不亡"是说气之散非即气之亡,因为气之散只是气散入无形之太虚而已,所谓"气之为物,散入无形,适得吾体"。

虚空即气，则有无、隐显、神化、性命通一无二，顾聚散、出入、形不形，能推本所从来，则深于《易》者也。①若谓虚能生气，则虚无穷，气有限，体用殊绝，入老氏"有生于无"自然之论，不识所谓"有无混一"之常；②若谓万象为太虚中所见之物，则物与虚不相资，形自形，性自性，形性、天人不相待而有，陷于浮屠以山河大地为"见病"之说。③此道不明，正由懵者略知体虚空为性，不知本天道为用，反以人见之小因缘天地。④明有不尽，则诬世界乾坤为幻化。⑤幽明不能举其要，遂躐等妄意而

---

① 虚空：太虚的无形、空灵的状态。"虚空即气"即前文"太虚不能无气"之义。张载认为，虚与气是一物两体、一物两端的关系。神：指太虚的圆神不测。化：指气的流行变化。性：指通于太虚的积极的感通性作用。命：指连于气化的消极的接受性作用。《诚明篇》："性通乎气之外，命行乎气之内。"在张载的思想中，虚与气是一物两体、两体一物的关系，无、隐、神、性与虚相通，属于散、入、不形的一面，有、显、化、命则与气相通，属于聚、出、形的一面。张载认为，懂得了上述的道理就真正地懂得了《周易》。

② 虚能生气：指无穷的太虚能生出与之异质的有限的形气，也即我们通常说的"无中生有"。殊绝：互相对立而不能相通。"有生于无"，出王弼本《老子》第四十章："天下万物生于有，有生于无。""有无混一"，指太虚（无）与气化（有）是一物两体的相涵性关系，与"无中生有""有生于无"的结构有着根本差别。张载对老子有无之论的批评是否中肯，仍有讨论的空间，不可不察。

③ 此一段主要批评佛家以山河大地为虚幻、以真如自性为真实的取向。相资：相互作用。形自形，性自性：指以性为真、以形为幻，导致形与性之间缺乏内在的感通与互动。相待：相依。浮屠：佛家。"见病"：主观幻觉。

④ 懵者：糊涂的人。天道：气化之道。人见：一己一身之见。因缘天地：作为天地之所以为天地的因缘。"以人见之小因缘天地"，即《正蒙·大心篇》所谓"以心法起灭天地，以小缘大，以末缘本""蔽其用于一身之小，溺其志于虚空之大"。

⑤ 此一句批评佛家因不能充分扩展心的照察等功能，以兼体虚气，于是判断气化世界是虚幻不实的。明：心的照察。

然。①不悟一阴一阳"范围天地""通乎昼夜"三极大中之矩,遂使儒、佛、老、庄混然一涂。②语天道性命者,不罔于恍惚梦幻,则定以"有生于无",为穷高极微之论。入德之途,不知择术而求,多见其蔽于诐而陷于淫矣。③

气坱然太虚,升降飞扬,未尝止息,《易》所谓"絪缊",庄生所谓"生物以息相吹""野马"者与!④此虚实、动静之机,阴阳、刚柔之始。浮而上者阳之清,降而下者阴之浊,其感遇、聚结,为风雨,为雪霜,万品之流形,山川之融结,糟粕煨烬,无非教也。⑤

气聚,则离明得施而有形;气不聚,则离明不得施而无形。⑥方其聚也,安得不谓之"客"?⑦方其散也,安得遽谓之

---

① 幽明不能举其要:不能把握幽明的要义。躐等:越级。妄意而然:通过臆测而认为是这样的。

② 范围天地、通乎昼夜:语本《周易·系辞》(上传):"范围天地之化而不过,曲成万物而不遗,通乎昼夜之道而知,故神无方而《易》无体。"三极:指天、地、人三才。矩:法则。

③ 诐:bì,偏颇,不正。淫:放荡无边际。《孟子·公孙丑上》:"诐辞知其所蔽,淫辞知其所陷。"

④ 坱然:yǎng,尘埃广大充满之状。絪缊:即氤氲,语出《周易·系辞》(下传):"天地氤氲,万物化醇。"生物以息相吹:以气息相互作用。语出《庄子·逍遥游》:"野马也,尘埃也,生物之以息相吹也。"

⑤ 糟粕煨烬,无非教也:天地间一切现象流形,甚至是糟粕灰烬,都是值得学习的老师。语本《礼记·孔子闲居》:"天有四时,春秋冬夏,风雨霜露,无非教也;地载神气,神气风霆,风霆流形,庶物露生,无非教也。"张载这段话的要旨在于:通过对物象之流行的描述,揭示出天地之间,充体皆是气化之阴阳屈伸运动,亦充体皆是太虚之清通虚明之状,故都是教化。

⑥ 离:卦名,八卦之一,以火、日、目为象。《周易·说卦》:"离为火,为日,为目。"离明得施:眼睛可见。无形:指气散而归太虚,自明而入幽。

⑦ 客:即前文所谓"客形"。

"无"？① 故圣人仰观俯察，但云"知幽明之故"，不云"知有无之故"。② 盈天地之间者，法象而已；文理之察，非离不相睹也。③ 方其形也，有以知幽之因；方其不形也，有以知明之故。

气之聚散于太虚，犹冰凝释于水，知太虚即气，则无无。④

---

① 无：空无。

② 知幽明之故：语出《周易·系辞》（上传）："仰以观于天文，俯以察于地理，是故知幽明之故。"在张载看来，虚气之间的关系是幽明关系，非有无关系，《大易篇》："大《易》不言有无，言有无，诸子之陋也。"

③ 法象：物象。《周易·系辞》（上传）："是故法象莫大乎天地，变通莫大乎四时。"文理：法象及其变化的规则与脉络。"文理之察"本《礼记·中庸》："文理密察，足以有别也。"

④ "太虚即气"是张载虚气关系论中的一个最为关键的表述，类似的表述，尚有本篇的"虚空即气"。关于如何理解这一表述的问题，学界大致有两种观点。第一种观点认为，"太虚即气"指的就是太虚是气自身的一种状态而已；气化流行而成形成象，即是气的流行与功能。第二种观点，则将虚与气的体用性关系，视作严格意义的形而上与形而下的关系。依我们的理解，"太虚即气"的"即"，太虚为"气之本体"的"本体"，都应该作比较朴素的理解。"即"字强调太虚与气的一体性，"本体"主要强调气的本然状态。在张载哲学中，太虚与气化是一幽一明、一体一用（这里的"体用"之论，也宜作朴素的理解）、一虚一实的"一体两面"的关系，虚与气只是真实的气表现为存在与流行的两个面向而已。而张载之所以不重视探索虚与气之间，究竟何者为形上何者为形下这一问题，是因为他的主要用心是要揭示天道的神化作用，及其所达至的太和之境。另外，这里还需要指出的是，将张载哲学解读为唯物论，尤其有所偏颇。因为是虚气关系及其流行变化，离不开太虚之神的感通性作用（即性），而此太虚之神的感通性作用，则又要通过人的"大其心"（参见《正蒙·大心篇》）的工夫，才能完全作出通达与把握。同时，在张载，气与物的地位不尽相同，气作为真实的存在，真实的流行，直接体现为太虚之神的感通性作用，而"物"则是虚神、气化的作用沉淀下来之后所形成的，此即《正蒙·神明篇》所谓"利者为神，滞者为物"。

故圣人语性与天道之极，尽于参伍之神变易而已。①诸子浅妄，有有无之分，非穷理之学也。

太虚为清，清则无碍，无碍故神；反清为浊，浊则碍，碍则形。②

凡气清则通，昏则壅，清极则神。③故聚而有间则风行，[风行则]（而）声闻具达，清之验与！不行而至，通之极与！④

由太虚，有天之名；⑤由气化，有道之名；⑥合虚与气，有性

---

① 参伍：原指筮法，《周易·系辞》（上传）："参伍以变，错综其数。通其变，遂成天下之文；极其数，遂定天下之象。"参伍在这里指变化。神：不测。参伍之神：变化之不测。张载认为《周易》是孔子论性与天道之书。

② 反：是指太虚之气的屈伸聚散，使得自身自幽而明，由无形而为有象，这个过程是个对反的过程。

③ 昏：混浊。壅：蔽塞。

④ 聚而有间：气聚而留有空间。王夫之《正蒙注》："间，形中之虚也。"风行：指太虚之清、神如风之行。声闻具达：此处因涉及自然科学中的声音传播原理，张载的时代还很难清楚地说明此问题。此处只是论述"气清"状态何能产生神妙的道理。王夫之《正蒙注》谓"形不能碍，如风之有牖即入，笙管之音具达矣"。亦是类比之论。唯方以智《物理小识》与《东西均·声气不坏》篇具体讨论气之多种形态的哲学论述，大体上在传统的哲学范围里给出了较为合理的回答。不行而至：语出《周易·系辞》（上传）："唯神也，故不疾而速，不行而至。"

⑤ 在张载哲学中，"太虚""神""天""体"等，都是第一层面的概念，但又各有侧重。"太虚"是指气的本然而不可见之状态。"神"是指太虚清通而不可象的状态。"天"指太虚无形，如天之象。"体"是体性的意思。本体：最本然、本源的体性。

⑥ 气化：气的流行。阴阳之气的推行，有其规则与方向，因此气化为道。在张载哲学中，"气化""化""道""用"等概念，处于同一个层面，皆是表述沉浮、升降、聚散、攻取之气的不同特征。相对于"太虚""神""天""体"等概念而言，它们是第二层面的概念。

之名;① 合性与知觉,有心之名。②

鬼神者,二气之良能也。③ 圣者,至诚得天之谓;神者,太虚妙应之目。凡天地法象,皆神化之糟粕尔。④

天道不穷,寒暑(已)[也];众动不穷,屈伸(已)[也];鬼神之实,不越二端而已矣。⑤

两不立,则一不可见;一不可见,则两之用息。两体者:虚

---

① 性:在张载,性指的是能有所感通的功能与作用,随天、人、物之不同,而有天之性、人之性与物之性。《正蒙·诚明篇》云:"物所不能无感者谓性。"而性之所以能感通,是因为一方面性本于太虚,所谓"至静无感,性之渊源",另一方面太虚蕴含了阴阳、动静二端而成气。由此,"二端故有感,本一故能合"(《正蒙·乾称篇》),太虚之神因二端之感通,而成阴阳、动静之气的流行变化;同时,气化流行虽是二端的作用所致,但其本则是一太虚之神。据此,性之感通作用,即是能兼合虚气而一之,所以张载认为"合虚与气,有性之名"。

② 心:张载认为,性是感通的作用,心则能够本着性的感通、兼合作用,进一步与各种物象交接、互动,而形成知觉、意识。在张载,知觉是心之所以为心的关键。同时,心虽然合性与知觉,但心也可能留滞在知觉之中,使得知觉作用阻碍了性的感通功能,从而被见闻之知所遮蔽,而不知有德性之知。如果人能够大其心,让心的知觉作用,因性的感通功能的顺畅而变得通透,这样就既能合性与物象而有见闻之知,又能合性与太虚而有德性之知。

③ 鬼:指气之屈,即阴气。神:指气之伸,即阳气。《动物篇》:"至之谓神,以其伸也;反之为鬼,以其归也。"《周易·系辞》(上传):"精气为物,游魂为变,是故知鬼神之情状。"可参。二气:阴阳二气。良能:语出《孟子·尽心》(上),此处特指气化功能的神妙不测。

④ 糟粕:本意指酿酒剩下的谷物渣滓,此处指天地法象是太虚之神、气化之妙所形成的"客形"。

⑤ 二端:指阴阳屈伸。

实也,动静也,聚散也,清浊也——其究一而已。①

感而后有通,不有两则无一。故圣人以刚柔立本,"乾坤毁则无以见《易》"。②

游气纷扰,合而成质者,生人物之万殊;其阴阳两端,循环不已者,立天地之大义。③

"日月相推而明生,寒暑相推而岁成。"④神、《易》无方体,⑤"一阴一阳","阴阳不测",皆所谓"通乎昼夜之道"也。⑥

昼夜者,天之一息乎!寒暑者,天之昼夜乎!⑦天道春秋分

---

① 两:指气有阴阳两端,如虚实、动静、聚散、清浊等。一:指气虽有两端,但都是太虚之体的体现。两不立,则一不可见:是说没有阴阳二气的流行变化,则太虚之体不能体现出来。用:功用,功能。息:止。究:最终。《参两篇》有云:"一物两体,气也。一故神,(原注:两在故不测)两故化,(原注:推行于一)此天之所以参也。"可以相互发明。

② 此处"感而后有通"一语出自《周易·系辞》(上传):"《易》,无思也,无为也,寂然不动,感而遂通天下之故,非天下之至神,其孰能与于此?"张载此处所言的"感通"是指气有两体、两端构成差异而相感、互动,才能达至兼合、融通的状态。"以刚柔立本",语出《周易·系辞》(下传):"刚柔者,立本者也。"刚柔即乾坤、阴阳二端。"乾坤毁则无以见《易》":语出《周易·系辞》(上传)。

③ 游气:浮游、流动之气。纷扰:错综无序。质:秉性。万殊:千差万别。大义:正道。

④ 语出《周易·系辞》(下传)。

⑤ 神、《易》无方体:语本《周易·系辞》(上传):"范围天地之化而不过,曲成万物而不遗,通乎昼夜之道而知,故神无方而《易》无体。"方,一定的方向。体,确定的形体。

⑥ 阴阳不测:语本《周易·系辞》(上传):"阴阳不测之谓神"。

⑦ 此句有拟人性的意义,意思是:昼夜相当于天的一呼一吸。寒暑的两季之转换,对于天而言,相当于人过了一个昼夜的轮回。息:呼吸。

而气易,犹人一寤寐而魂交。①魂交成梦,百感纷纭,对寤而言,一身之昼夜也;气交为春,万物糅错,对秋而言,天之昼夜也。②

气本之虚则湛[一]无形,感而生则聚而有象。③有象斯有对,对必反其为;有反斯有仇,仇必和而解。④故爱恶之情同出于太虚,而卒归于物欲,倏而生,忽而成,不容有毫发之间,其神矣夫!⑤

造化所成,无一物相肖者,以是知万物虽多,其实一物⑥;无无阴阳者,以是知天地变化,二端⑦而已。万物形色,神之糟粕,"性与天道"云者,易⑧而已矣。心所以万殊者,感外物为不一

---

① 此一句亦有拟人性的意义,将春秋两季变化所导致气的变化,比拟成人睡觉过程中的做梦现象。寤:觉。寐:梦。魂交:人在梦中精神纷扰不已的样子。春秋分而气易:指气之屈伸,成寒暑之往来。

② 糅错:错综生长。这段话的主旨,是要揭示出一日之昼夜、一年之寒暑、一身之梦觉,皆是阴阳二气之屈伸消长而已,所谓"一阴一阳之谓道"。即使是梦境中百感纷纭、春日里万物交生,看似丰富而曲折,成一小世界,但实际上只是阴阳二气屈伸消长的一个环节而已。

③ 湛:清澈而深厚。

④ 有象斯有对:指有象则阴阳、动静的相对性得以显出。对:相对。反:违反。仇:匹敌。仇必和而解:指相对之象皆出于太虚,因此相对之象在经过相互对立与匹敌之后,再由明而归幽,同化于太和之境中。

⑤ 爱恶之情:语出《周易·系辞》(下传):"爱恶相攻而吉凶生。"王夫之《正蒙注》:"相反相仇则恶,和而解则爱。"此是从人的角度来解读气之相互吸引与排斥的关系。物欲:语出《礼记·乐记》:"人生而静,天之性也;感于物而动,性之欲也。"这里主要指感通作用,即物象之间的感通作用神化不测。倏:疾速。"倏而生,忽而成",亦指气化流行的神妙状态。

⑥ 一物:气也。

⑦ 二端:阴阳也。

⑧ 易:变易也。

也，天大无外，其为感者，絪缊二端而已［焉］。①

物之所以相感者，"利用出入""莫知其乡"，一万物之妙者与！②

气与志，天与人，有交胜之理。圣人在上而下民咨，气壹之动志也；凤凰仪，志壹之动气也。③

---

① 此句解释为何心的表现会千差万别。张载认为，万物皆气，变化是阴阳二端所成，心识由于对外物感知不同，故有万殊的表相，而究其实，并没有万殊，只有"絪缊二端"——未分阴阳而实含阴阳的太虚。

② 利用出入：语出《周易·系辞》（上传）："利用出入，民咸用之谓之神。"莫知其乡：语出《孟子·告子上》："孔子曰：'操则存，舍则亡，出入无时，莫知其乡。'惟心之谓与？"乡：通向，方向也。张载这里引"利用出入""莫知其乡"，主要是强调物象感应、气化流行的神妙不测。一万物：意指心的作用是絪缊二端的作用，而絪缊二端最终乃归于太虚，因此心能与万物感通，并无碍地遍运于万物之中。

③ 最后一段表达了张载"天人交相胜"的思想。唐代刘禹锡提出了"天人交相胜"的思想，但张载的太虚气化论与刘禹锡的自然之天论的思想基础不同。此需要参看哲学史的论述，此处仅作揭示而已。咨：叹息。圣人在上而下民咨：语出《尚书·尧典》："帝曰：'咨！四岳，汤汤洪水方割，荡荡怀山襄陵，浩浩滔天。下民其咨，有能俾乂？'"意谓尧虽是圣君，但他在位时，洪水滔滔，民众叹息。气壹之动志：语出《孟子·公孙丑上》："志壹则动气，气壹则动志也。今夫蹶者趋者，是气也，而反动其心。"指气虽然为心志所主导，但气若专一，也能影响心志。凤凰仪：典出《尚书·益稷》，该篇记舜之"箫韶"之曲终，感凤凰起舞："箫韶九成，凤凰来仪。击石拊石，百兽率舞。"来仪：来舞而有容仪。志壹之动气：指心志专一，则能感动并主导气之流行。意谓人之心志可胜气、人的努力可胜天。

十二　朱熹著作选

题解： 朱熹（1130—1200），字元晦，号晦庵，祖籍徽州婺源（今属江西），出生在福建南建州尤溪（今尤溪县），是传统中国社会后期最重要的思想家，其学被后人称之为"闽学"。其核心思想是理学，与程颐的学说一道，被后人称之为"程朱理学"。

仁　说

题解：《仁说》是朱熹的名篇，也是他的理学思想的集中表达。在朱熹写出《仁说》之前，他与湖湘学派的学者，就心、性、情三者的关系，以及察识为先还是涵养为先的心性工夫论，进行了反复的辩论。在他看来，性是心之未发，情则是心之已发，心则贯通、统合、主宰未发与已发、性与情。同时，在这个脉络下，德性修养工夫也是两行的，此即主敬涵养与戒惧省察互动交养，而以主敬涵养为主。另外，朱熹亦对宇宙论感兴趣，在明确点出"心统性情"结构的基础上，他进一步通过"理气不离不杂"等观点，为其"心统性情"说寻找宇宙论、天道论的根据。在《仁说》中，他以"心统性情"的结构论"仁"的义涵。本书所录《仁说》

正文本自《朱子全书》（上海古籍出版社2002年版）第23册。

天地以生物为心者也，而人、物之生，又各得夫天地之心以为心者也。①故语心之德，②虽其总摄贯通，无所不备，然一言以蔽之，则曰"仁"而已矣。请试详之。

盖天地之心，其德有四，曰元、亨、利、贞，而元无不统。③其运行焉，则为春、夏、秋、冬之序，而春生之气无所不通。④故人之为心，其德亦有四，曰仁、义、礼、智，而仁无不包。⑤其发用焉，则为爱、恭、宜、别之情，而恻隐之心无所不贯。⑥故论天地之心者，则曰乾元、坤元，则四德之体用不待悉

---

① "天地以生物为心"本为二程的观点，朱熹继承之。《程氏外书》卷3："一言以蔽之，天地以生物为心。"

② 心之德：心的根本意义。

③ 元亨利贞：出《周易》乾卦之卦辞。元，始也。亨，通也。利，顺也。贞，正也。《周易·乾·文言》对此解释道："元者，善之长也；亨者，嘉之会也；利者，义之和也；贞者，事之干也。"元无不统：元之德完全统摄元、亨、利、贞四德。元既是与亨、利、贞三德并列的德性，同时又是统摄元、亨、利、贞四德的德性。换言之，元既是"别德"，也是"总德"。

④ 古人往往以乾卦的元亨利贞四德，分别与春夏秋冬四季搭配，也即元、亨、利、贞分别体现为春生、夏长、秋遂、冬正。元统四德，因此春亦通四季，所以朱熹说"春生之气无所不通"。"春生之气"与仁之"生德"可相配。

⑤ 仁义礼智：本孟子之说。《孟子·尽心上》："君子所性，仁义礼智根于心。"仁无不包：仁之德完全包含仁、义、礼、智四德。仁包四德的思想也隐约本自孟子。《孟子·告子上》："仁，人心也。"而且孟子将仁列于四德之首。至于为何仁可包四德，孟子本人并未有具体说明。

⑥ 朱子理学的核心主张是"心统性情"。性是心之未发的状态，情则是心之已发的状态，因此性与情皆统于一心，而为心的未发和已发的两方面。（"已发""未发"之说，本《礼记·中庸》："喜怒哀乐之未发，谓之中；发而皆中节，谓

数而足。^①论人心之妙者，则曰"仁，人心也"，则四德之体用亦不待遍举而该。^②盖仁之为道，乃天地生物之心，即物而在。^③情之未发，而此体已具；情之既发，而其用不穷。诚能体而存之，则众善之源、百行之本，莫不在是。^④此孔门之教，所以必使学者汲汲于求仁也。其言有曰："克己复礼为仁。"^⑤言能克去己私，复乎天理，则此心之体无不在，而此心之用无不行也。又

之和。"）这是朱熹与湖湘学派等学者经过长期的交流与辩论，所得出的关于心性情三者关系的最终定论。因此，在朱熹看来，仁、义、礼、智四德是性，是心之未发；性发而为情，则分别发为爱、宜、恭、别之情。同时，仁包含四德，因此爱亦包含四情，仁之为性、爱之为情便使得心的主要义涵是"恻隐之心"；而心统性情，因此朱熹说"恻隐之心无所不贯"。朱熹这些严密的表达，体现出他已经将"心统性情"的思想贯彻到各种理学的论题中去了。爱：仁爱。恭：恭敬。宜：合适。别：明辨。

① 乾元：乾道之元，即天道之始。《周易·乾·彖》："大哉乾元！万物资始，乃统天。"坤元：坤道之元，即地道之生。《周易·坤·彖》："至哉坤元！万物资生，乃顺承天。"在朱熹看来，乾元与坤元分别体现为天地之心。乾元与坤元是体用关系，乾之四德为元、亨、利、贞，坤为乾之用，因此坤亦有元、亨、利、牝马之贞四德。

② 四德之体用：指人心四德之体用。人心四德之体为仁义礼智之性，其用则为爱恭宜别之情。朱熹认为，人心四德之体用即是乾坤四德的直接体现。该：完备。朱熹将宇宙论、天道论与他的心性、性理之论关联起来，将仁心的根据溯源至天地之心，将儒家的天人关系论推至绵密。

③ 天地生物之心：语本程颐《伊川易传》："一阳复于下，乃天地生物之心也。"朱熹继承程颐的观点，并进一步将仁视作天地生物之心。即物而在：意谓仁是在具体的万物之中。

④ 此处强调"仁"是百行之本。"本"乃本原、根据的意思。周敦颐《通书》："诚，五常之本、百行之源也。"朱熹在这里只是用了周敦颐的表述形式，将"仁"换了"诚"。

⑤ 语见《论语·颜渊》。

曰:"居处恭,执事敬,与人忠。"①则亦所以存此心也。又曰:"事亲孝""事兄弟",及物恕。②则亦所以行此心也。又曰:"求仁得仁。"则以让国而逃、谏伐而饿,为能不失乎此心也。③又曰:"杀身成仁。"④则以欲甚于生、恶甚于死,为能不害乎此心也。此心何心也?在天地则坱然生物之心,在人则温然爱人利物之心,包四德而贯四端者也。⑤

或曰:若子之言,则程子所谓"爱情仁性,不可以爱为仁"

---

① 语见《论语·子路》。执事:做事。

② 《孝经·广扬名》:"君子之事亲孝,故忠可移于君;事兄悌,故顺可移于长;居家理,故治可移于官。"

③ 《论语·述而》:"冉有曰:'夫子为卫君乎?'子贡曰:'诺。吾将问之。'入,曰:'伯夷、叔齐何人也?'曰:'古之贤人也。'曰:'怨乎?'曰:'求仁而得仁,又何怨?'出,曰:'夫子不为也。'"让国而逃:指伯夷、叔齐两兄弟为谦让王位而双双逃出国境。谏伐而饿:指武王伐纣,伯夷、叔齐扣马谏诤,武王灭商后,二人耻食周粟,采薇而食,饿死于首阳之山。事见《史记·伯夷列传》。

④ 《论语·卫灵公》:"子曰:'志士仁人,无求生以害仁,有杀身以成仁。'"《孟子·告子上》:"生亦我所欲,所欲有甚于生者,故不为苟得也;死亦我所恶,所恶有甚于死者,故患有所不辟也。"

⑤ 坱然:yǎng,广大充满之状。四端:仁义礼智四德所发出的恻隐、羞恶、辞让、是非之情,朱熹将这四端概括为爱、宜、恭、别。在本段中,朱熹强调仁心与天地生物之心类似而又有自己的特性,天地之心统于元,人之心则统于仁。求仁之道,就在于究明自我之心体。朱熹引用了孔子、孟子论仁之语,旨在表明自己的仁说不违背孔子、孟子的思想。朱子将心分成体用两面,心之体为性,心之用是情,性为心之未发,情则为心之已发,因此心统性情,通贯已发未发。因此,求仁之道,需要照顾到心之性与情、已发与未发两面,而不能偏废。朱子"心论"是对《中庸》《大学》,孟、荀以降儒家心论的系统化、精微化。

者，非欤？^①曰：不然。程子之所诃，以爱之发而名仁者也。吾之所论，以爱之理而名仁者也。^②盖所谓情性者，虽其分域之不同，然其脉络之通，各有攸属^③者，则曷尝判然离绝而不相管哉？吾方病夫学者诵程子之言而不求其意，遂至于判然离爱而言仁，故特论此以发明其遗意。而子顾以为异乎程子之说，不亦误哉？

或曰：程氏之徒，^④言仁多矣。盖有谓爱非仁，而以万物与我为一为仁之体者矣。^⑤亦有谓爱非仁，而以心有知觉释仁之名者矣。^⑥今子之言若是，然则彼皆非欤？曰：彼谓物我为一者，可以

---

① "爱情仁性"是程颐的观点。《程氏遗书》卷18："恻隐固是爱也，爱自是情，仁自是性，岂可专以爱为仁？"在这里，有人以程颐的观点质疑朱熹，认为朱熹以"恻隐之心无所不贯"来说仁，就意味着以情说仁，不以性说仁，这就违背了程颐的"爱情仁性"的区分，而程颐的思想与观点则一向为朱熹所推崇。

② 爱之发：性之已发为爱之情。爱之理：爱之情的根据，即性。朱熹对"仁"的界定是："心之德，爱之理"。这个界定是他"心统性情"思想的体现。朱子认为，仁既然与心相关，因此就需要从性与情、已发与未发两方面来说仁，因此仁是恻隐之心，也是此心之德；仁是爱，也是爱之理。同时，朱熹认为，程颐之所以特别强调不能以爱为仁，是因为程颐担心人们专以情论仁，而不知仁之本在性，在理；但这并不意味着程颐只是以性论仁，而否认仁也具有情、爱的意义。在这段文字里，朱熹隐约地表达了以"心统性情"的结构来说"仁"的倾向。

③ 攸属：所属。

④ 程氏之徒：二程的弟子。在这里，"程氏之徒"主要指程颐的弟子。

⑤ 这主要是程颐弟子杨时的观点。杨时《龟山语录》云："万物与我为一，其仁之谓乎。"

⑥ 这是程颐弟子谢良佐的观点。谢氏谓"心有知觉之谓仁"（《宋元学案·五峰学案》转引）。朱子对此说有所总结与评论。《朱子语类》卷101："觉者，是要觉得个道理。须是分毫不差，方能全得此心之德，这便是仁。若但知得个痛痒，则凡人皆觉得，岂尽是仁者耶？"

见仁之无不爱矣,而非仁之所以为体之真也;① 彼谓心有知觉者,可以见仁之包乎智矣,而非仁之所以得名之实也。② 观孔子答子贡"博施济众"之问,与程子所谓"觉不可以训仁"者,则可见矣。③ 子尚安得复以此而论仁哉!抑泛言"同体"者,使人含胡昏缓而无警切之功,其弊或至于认物为己者有之矣;专言"知觉"者,使人张皇迫躁而无沉潜之味,其弊或至于认欲为理者有之矣。④ 一忘一助,二者盖胥失之。⑤ 而知觉之云者,于圣门所示"乐山""能

---

① 这是说,"物我为一"是仁所表现出来的最终境界,也即博爱的境界,但这并不是仁的本根。朱子认为,"仁体之真"是自我的恻隐之心,先有恻隐之心,然后才能逐步推至整个天地,而不能倒过来。有学者认为朱熹在这里表面上批评杨时,而暗中批评程颢,因为程颢也主张"仁者与天地万物为一体"。事实上程、杨之说有微妙的差别。程颢的观点还是侧重在从自我的恻隐之心上来说仁的意义。

② 这是说,以知觉说仁,只说到仁能够包含智这一方面,但不能说到仁之为仁的核心,仁之为仁的核心乃是恻隐之心或心之恻隐。

③《论语·雍也》:"子贡曰:'如有博施于民,而能济众,何如?可谓仁乎?'子曰:'何事于仁,必也圣乎!尧舜其犹病诸!夫仁者,己欲立而立人,己欲达而达人。能近取譬,可谓仁之方也已。'"《程氏遗书》卷24:"义训宜,礼训别,智训知,仁当何训?说者谓训觉,训人,皆非也。当合孔、孟言仁处,大概研究之,二三岁得之,未晚也。"《二程粹言》:"不仁者无所知觉,指知觉为仁则不可。"

④ 在朱熹处,仁与心性工夫是关联在一起的。他认为,心统性情,而修养工夫指的是心的修养工夫,因此修养工夫有"未发"与"已发"两方面。就未发的方面说,需要"主敬涵养"的工夫;就已发的方面说,则需要"戒惧省察"的工夫。两方面的工夫互动交养,才能真正自觉到和达到仁的境界。同时,未发是已发之本,因此主敬涵养贯穿已发、未发,而成为总的工夫。通过这个脉络,朱熹因此批评杨、谢二人论仁,都未能提出切实而严密的心性修养工夫,因此必不能真切地体仁、行仁。在他看来,杨时"同体"之说,未能重视仁与自我的心性的关联,而只是泛泛地指点出一个境界,这使人不能回到自身的心中以求仁,使人缺乏通过工夫以体仁的动力;而谢良佐"知觉"之说,则虽然能够回到自己的心中去求仁,但它只侧重在心之已发的层面(知觉是心之已发)来识仁,而缺乏以主敬涵养工夫作为根基,缺乏在未发的层面上下工夫,于是便容易走向以情为性,以欲为理的境地。

⑤ 忘:忘记。助:助长。一忘一助,典出《孟子·公孙丑上》。胥:都也。

守"之气象尤不相似。①子尚安得复以此而论仁哉!

因并记其语,作《仁说》。

观心说

题解:儒、佛两家都特别重视"心",两家对于"心"的观点也有其相似性,但许多儒者并不特别理解到两家的心论不可混淆。两宋时期,理学的系统得到了确立与发展,理学思想也逐渐成为当时士人安身立命的资源,但是,佛学的心性论仍然对理学构成深度的挑战。为了回应这种挑战,朱熹特别强调儒、佛思想的差异,并站在儒学的立场上贬佛学为"异端"。据理而论,这种互斥为"异端"的学术辩论,并不可取,但如果我们抛开这些内容,单纯地看朱熹所指出的儒、佛论心的差异,便可以看到,儒家以成德为务,故强调心之体有仁之性。佛家以解脱为要,强调心对于"性空"的慧解,心本无体。围绕这两个大方向,两家对于心的理解确有不同。本书所录《观心说》正文本自《朱子全书》(上海古籍出版社2002年版)第23册,个别标点略有调整。

或问:佛者有"观心"之说,然乎?②曰:夫心者,人之所

---

① 《论语·雍也》:"知者乐水,仁者乐山。"《论语·卫灵公》:"知及之,仁不能守之,虽得之,必失之。"朱熹认为"乐山""能守"的气象,是仁者的涵养沉潜之功,谢良佐的"知觉"之说缺乏在未发上下工夫,因此显得张皇迫躁,与仁者的气象不相似。

② "观心"是佛家各派所广泛运用的一个修行方法。在佛家,"观心"有助于解脱成道。

以主乎身者也，一而不二者也，为主而不为客者也，命物而不命于物者也。故以心观物，则物之理得。今复有物以反观乎心，则是此心之外，复有一心，而能管乎此心也。①然则所谓心者，为一耶？为二耶？为主耶？为客耶？为命②物者耶？为命于物者耶？此亦不待校而审其言之谬矣。

或者曰：若子之言，则圣贤所谓"精一"，所谓"操存"，所谓"尽心知性""存心养性"，所谓"见其参于前而倚于衡"者，皆何谓哉？③应之曰：此言之相似而不同，正苗莠、朱紫之

---

① 今复有物以反观乎心：指的是佛家的一些观心之说，认为要跳出心之外而观心。朱熹指出，跳出心之外而观心的主体，其实仍然是此心，但如果认为心之外另有一个心，以观原来的心，则陷入心外有心、头上安头的错误见解。实际上，朱熹之所以要这样批评佛家，是因为他理解到儒、佛两家对心的基本定位并不相同，而他是以儒家的心性论为立场，批评佛家心性论的。佛家重在解脱，因此重视以"心"观"空"的作用，因此跳出此心之外以观此心，也是很自然的事。但是儒家的心性学说旨在成德，虽然与佛家一样强调"心"有其虚灵性，但"心"本其虚灵作用，能使性、理内在于心，而与心为一，从而保证主体的成德有切实的根据。《朱子语类》卷126记："吾以心与理为一，彼以心与理为二，亦非固欲如此，乃是见处不同，彼见得心空而无理，此见得心虽空，而万理咸备也。"

② 命：命令，使令。

③ 精一：语出伪古文《尚书·大禹谟》："人心惟危，道心惟微；惟精惟一，允执厥中。"操存：语出《孟子·告子上》。孟子认为："虽存乎人者，岂无仁义之心哉？……其日夜之所息，平旦之气，其好恶与人相近也者几希，则其旦昼之所为，有梏亡之矣。……孔子曰：'操则存，舍则亡；出入无时，莫知其乡。'惟心之谓与？"尽心知性、存心养性：二语皆出《孟子·尽心上》："尽其心者，知其性也。知其性，则知天矣。存其心，养其性，所以事天也。夭寿不贰，修身以俟之，所以立命也。"见其参于前而倚于衡：语出《论语·卫灵公》："子张问行。子曰：'言忠信，行笃敬，虽蛮貊之邦行矣。言不忠信，行不笃敬，虽州里行乎哉？立则见其参于前也，在舆则见其倚于衡也，夫然后行。'子张书诸绅。'"

间,而学者之所当辨者也。①夫谓"人心之危"者,人欲之萌也;"道心之微"者,天理之奥也。心则一也,以正不正而异其名耳。②"惟精惟一",则居其正而审其差者也,绌其异而反其同者也。③能如是,则"信执其中",而无过不及之偏矣。非以道为一心,人为一心,而又有一心以精一之也。④夫谓"操而存"者,非以彼操此而存之也;"舍而亡"者,非以彼舍此而亡之也。心而自操,则亡者存;舍而不操,则存者亡耳。然其操之也,亦曰"不使旦昼之所为,得以梏亡其仁义之良心"云尔,非块然兀坐,以守其炯然不用之知觉,而谓之操存也。⑤若"尽心"云者,则格物穷理,廓然贯通,而有以极夫心之所具之理也;"存心"云者,则"敬以直内,义以方外",若前所谓"精一""操存"之道也。⑥故尽其心而可以知性、知天,以其体之不蔽,而有以究夫理之自然也;存心而可以养性、事天,以其体之不失,而有以顺夫理之自然也。是岂以心尽心,以心存心,如两物之相持而不相

---

① 莠:恶草,如苗而非苗者。紫:似朱而非朱之色,《论语·阳货》:"恶紫之夺朱也。"《孟子·尽心下》:"孔子曰:'恶似而非者:恶莠,恐其乱苗也;恶佞,恐其乱义也;恶利口,恐其乱信也;恶郑声,恐其乱乐也;恶紫,恐其乱朱也;恶乡原,恐其乱德也。'"

② 这是说心只是一心,心正即是道心,心不正即是人心,但并非有两个心,而是一心的正与不正两面。

③ 差:错。绌:退。

④ 朱熹在这里强调《尚书》的人心、道心之说,只是说一心之正、不正两面,而并非如佛家观心之说,在心之外更立一个心。

⑤ 块然:木然。兀坐:独自端坐不动。朱熹在这里强调《孟子》的操、舍之说,只是说一心之操则存、舍则亡,而并非意味人有两个心。

⑥ 敬以直内,义以方外:语出《周易·坤·文言》。

舍哉!①若"参前""倚衡"之云者,则为"忠信笃敬"而发也。②盖曰忠信笃敬不忘乎心,则无所适而不见其在是云尔,亦非有以见夫心之谓也。③且身在此而心参于前,身在舆而心倚于衡,是果何理也耶?大抵圣人之学,本心以穷理,而顺理以应物,如身使臂,如臂使指,其道夷而通,其居广而安,其理实而行自然。④释氏之学以心求心,以心使心,如口龁口,如目视目,其机危而迫,其途险而塞,其理虚而其势逆。⑤盖其言虽有若相似者,而其实之不同盖如此也。然非夫审思、明辨之君子,其亦孰能无惑于斯耶?

朱子语类

题解:这里精选了《朱子语类》一书所记朱熹关于理气以及修养工夫的主要观点。朱子的理气论与修养工夫论,一方面继承、扩充了二程(特别是程颐)的相关观点,另一方面则是自其哲学中"心统性情"的义理结构而延伸出来。同时,他还吸收了

---

① 朱熹在这里强调孟子的尽心、存心之说,只是心之尽天理与心之存天理而已,并非意味着以心尽心、以心存心。

② 参前:指"忠信笃敬"四字展现于眼前。倚衡:指"忠信笃敬"四字立于车辕横木上。

③ 亦非有以见夫心之谓也:这是说,《论语》"立则见其参于前也,在舆则见其倚于衡也",并不是要跳出心之外,看到心"参于前""倚于衡"。

④ 夷:平。其居广而安:典出《孟子·滕文公下》:"居天下之广居,立天下之正位,行天下之大道。"

⑤ 龁:咬也。

北宋理学家周敦颐和张载等人的一些观点,这使得朱熹的理气论、修养工夫论既丰富、深厚,又系统、绵密。

朱熹早年较多地关注心性的问题,其在晚年则有更多的兴趣辨析理气关系。虽然朱子往往先说理气,再说心性,并以前者为后者的根据所在,但是若没有其在心性论上的理解与洞见,则其理气论实无从谈起。本于其对于性理的体会,以及其"性即理""心统性情"的观点,朱熹提出了"理先气后"、"理能生气"(或"理乘气动")、"理气不离不杂"等观点。

朱熹的修养工夫论,则继承和发挥了程颐"涵养须用敬,进学在致知"之说,主张"主敬涵养"与"格物致知"(或"格物穷理")两行互发,而以主敬涵养通贯于始终。这种两行互发的工夫论,与其"心统性情"之说也是相互照应的。

本书所录《观心说》正文本自《朱子全书》(上海古籍出版社2002年版),原文个别标点有调整。

问:"昨谓未有天地之先,毕竟是先有理,如何?"曰:"未有天地之先,毕竟也只是理。有此理,便有此天地;若无此理,便亦无天地,无人无物,都无该载了!①有理,便有气流行,发育万物。"②曰:"发育是理发育之否?"曰:"有此理,便

---

① 该载:全部容纳、包含。
② 朱熹在这里表达了其"理先气后"之说。"理先气后"中"先后"的意义问题,学界有多种理解,计有客观时间上的先后、认识次序的先后、知识问题的先后(如探索知识的先验条件)、逻辑意义的先后等。实际上,这些界定都不是朱熹的本意。所谓理先气后,其原先之义在于,在现实生活中,性理要成为现实生活的当然之则,此当然之则肯定要走在"前",并主导生活之始终。而此当然之理、当然之则实

有此气流行发育。理无形体。"① 曰:"所谓体者,是强名否?"曰:"是。"曰:"理无极,气有极否?"曰:"论其极,将那处做极②?"(卷一)

有是理后生是气,自"一阴一阳之谓道"推来。③ 此性④ 自

现出来并化为实然的过程,则可以"气"来形容。据此,气有两方面的义涵:首先,气是当然实现为实然的功能,这种功能可以称作"去实现",通过"去实现"的功能,气沟通了当然与实感;其次,气也可以是没有被当然所充实的实然状态。然而,无论从哪一方面来说气,我们都可以体会到理先气后的道理。这里的"先后",应理解为自我在心性修养的过程中,当然性的形上之理,要优先于实然之气或者要实现理的功能之气。理乃是气的形上根据,故有此理则有此气,未有气亦必先有此理。因此,朱熹并非要自逻辑与时间的角度,以论其先后,而是要揭示出气是"去实现"理的功能,以及理是气之形上根据而已。

① 朱熹在这里表达了其"理能生气"或"理乘气动"的观点。理能生气是理先气后之说的引申。气既然是理之去实现为实然的功能,则理之自身,便自带着不断实现、不断生生的可能与导向。因此,理是一生生之理。同时,此生生之理又是气之生生的根据。这里的"根据"是指理是气之生生的"所以然"。而这个理之"所以然",则体现在气之生而又生(或气之后生继前生)之际。气之所以能生而又生,在于气之生起,即体现为理之生起;而气之有生起,则必有息化,此时理随气之息化而归于隐寂;但与此同时,前气在其息化之时,此生生之理又自隐寂中显现生出,使得后气随着前气之息化而自然生起。可见,生生之理之能生气,体现在后气之继前气而生之际。所以朱熹对于"理能生气"之义,有时说理"行"于气中,有时说理"乘"气而动,有时说气"依"理而生,有时说理"挂搭"于气中……无论他如何形容理气关系,其最终都是要揭示出生生之理体现在后气继前气之间之际、并为生生之气之主宰而已。

② 极:终极。

③ 一阴一阳之谓道:语出《周易·系辞》(上传)。朱子认为,一阴一阳并不是道,而所以一阴一阳者是道。故曰推来。此是朱子与程颐二人对于《周易·系辞》(上传)之说的新解释。

④ 性:在这里大体指"理能生气"之义,"仁义"与"阴阳"相当。《周易·说卦》:"立天之道曰阴与阳,立地之道曰柔与刚,立人之道曰仁与义。"

有仁义。(卷一)

或问:"必有是理,然后有是气,如何?"曰:"此本无先后之可言。然必欲推其所从来,则须说先有是理。然理又非别为一物,即存乎是气之中;无是气,则是理亦无挂搭①处。气则为金木水火,理则为仁义礼智。"(卷一)

或问"理在先,气在后"。曰:"理与气本无先后之可言。②但推上去③时,却如理在先,气在后相似。"又问:"理在气中发见处如何?"曰:"如阴阳、五行,错综不失条绪,便是理。若气不结聚时,理亦无所附着。故康节云:'性者,道之形体;心者,性之郭郭;身者,心之区宇;物者,身之舟车。'"④问道之体用。曰:"假如耳便是体,听便是用;目是体,见是用。"(卷一)

或问先有理后有气之说。曰:"不消如此说。而今知得他合下是先有理,后有气邪?后有理,先有气邪?皆不可得而推究。⑤然以意度⑥之,则疑此气是依傍这理行。及此气之聚,则理亦在焉。盖气则能凝结造作,理却无情意,无计度,无造作。⑦只此气凝聚处,理便在其中。且如天地间人物、草木、禽兽,其生

---

① 挂搭:寄住、依附。
② 这里说的"理与气本无先后之可言",是指理与气在时间上,难言先后。
③ 推上去:向根源的方向追溯。"推上去"是指以理为气的形上根据。
④ 康节:宋代理学家邵雍(1011—1077),谥康节。郭:郭也,指外城,音fú。区宇:场所,空间。
⑤ 这里也是说,理与气在时间上的先后,不可得而推寻。
⑥ 度:推测。
⑦ 造作:制造,指气化作用能成有形的器物。计度:计算量度,指气化作用之造物成物,恰如其分,如计算量度过一样。

也，莫不有种，定不会无种了，白地生出一个物事，这个都是气。若理，则只是个净洁空阔底世界，无形迹，他却不会造作。气则能酝酿、凝聚生物也。但有此气，则理便在其中。"（卷一）

问："有是理便有是气，似不可分先后？"曰："要之，也先有理。只不可说是今日有是理，明日却有是气。也须有先后。且如万一山河大地都陷了，毕竟理却只在这里。"（卷一）

问"动静者，所乘之机。"①曰："理搭于气而行。"（卷九十四）

问"动静者，所乘之机"。曰："太极，理也；动静，气也。②气行则理亦行，二者常相依而未尝相离也。太极犹人，动静犹马；马所以载人，人所以乘马。马之一出一入，人亦与之一出一入。盖一动一静，而太极之妙未尝不在焉。此所谓'所乘之机'，无极、二五所以'妙合而凝'也。③"（卷九十四）

周贵卿④问"动静者，所乘之机"。曰："机，是关捩子。⑤踏着动底机，便挑拨得那静底；踏着静底机，便挑拨得那动底。"（卷九十四）

天下未有无理之气，亦未有无气之理。（原注：气以成形，

---

① 乘：凭持，依仗。机：枢机，关键。"动静者，所乘之机"，是朱熹《〈太极图说〉解》中的一句话。

② 太极：理或道。朱熹《〈太极图说〉解》："太极，形而上之道也；阴阳，形而下之器也。"

③ 无极：太极，"无极"指太极的无形的状态。二五，指阴阳二气与金木水火土五行。周敦颐《太极图说》："无极之真，二五之精，妙合而凝。"

④ 周贵卿：名周良，师陆象山最久，亦问学于朱子。

⑤ 关捩子：机关中的转轴。

而理亦赋焉。)(卷一)①

问:"先有理,抑先有气?"曰:"理未尝离乎气。然理形而上者,气形而下者。自形而上、下言,岂无先后!理无形,气便粗,有查滓。"②(卷一)

"天命之谓性",是专言理,虽气亦包在其中,然说理意较多。③若云兼言气,便说"率性之谓道"不去,如太极虽不离乎阴阳,而亦不杂乎阴阳。"(卷六十二)

格物者:格,尽也,须是穷尽事物之理。若是穷得三两分,便未是格物。须是穷尽得到十分,方是格物。④(卷十五)

---

① 朱熹在这里表达了"理气不离"的观点。实际上,这里还表达了这样的一个观点,气并不是杂乱无章的。《荀子·解蔽》:"凡以知,人之性也。可以知,物之理也。"可以与朱子"理不离气"的思想参看。

② 朱熹在这里表达了"理气不杂"的观点,与上条所表达的"理气不离"配合起来,可以合为"理气不离不杂"之说。如果我们把握朱熹的理先气后、理能生气之义,则理气之不离不杂之义亦不难明晓。所谓不杂,是说理与气作为真实的存在,其义涵各有侧重,不可混淆,因为理是"当实现",气为"去实现","当实现"与"去实现"并不能视为一事,因此理与气决然是二物。不过,除了不杂之外,理气二者亦不相离。所谓不离,是说生生之理与生生之气皆为真实的存在,而两者的真实性则互为根据。理作为当然之理,是去实现之气的所以然;而气作为去实现之气,则是当实现之理自身的去实现;因此,此中并不需要在理与气之外,另立一原则,以沟通理气两者。可见,理气又是不离的。

③ 语出《礼记·中庸》:"天命之谓性,率性之谓道,修道之谓教。"此可以视之为朱子的经学思想。

④ "格物""格物致知"之说出《礼记·大学》,朱熹重视"格物"之说,并将"格物"和"穷理"联系起来,对"格物"之义做出自己的界定。在朱熹看来,理作为当然之理,是要经过人在现实生活中不断去充实的。这个不断充实的过程,就是"格物",格物即"穷尽事物之理",也即将当然之理不断具体化,并使之内在于自己的心中。因此,格物穷理,就是要将事物的所以然之故(格物),与我之所以应对这事物的当然之则(穷理),融连起来,从而不断地知当然之所以然,知所以然之为当然,最终真实而具体地充实自我心中的性理。这就是朱熹特别强调格物的用意所在。

格物。格，犹至也，如"舜格于文祖"①之"格"，是至于文祖处。（卷十五）

问："格物，还是事未至时格，事既至然后格？"曰："格，是到那般所在。也有事至时格底，也有事未至时格底。"（卷十五）

格物，须是从切己处理会去。待自家者已定叠，然后渐渐推去，这便是能格物。②（卷十五）

"格物"二字最好。物，谓事物也。须穷极事物之理到尽处，便有一个是，一个非，是底便行，非底便不行。凡自家身心上，皆须体验得一个是非。若讲论文字，应接事物，各各体验，渐渐推广，地步自然宽阔。如曾子三省，只管如此体验去。③（卷十五）

传问：④"而今格物，不知可以就吾心之发见理会得否？"曰："公依旧是要安排，而今只且就事物上格去。如读书，便就文字上格；听人说话，便就说话上格；接物，便就接物上格。精粗大小，都要格它。久后会通，粗底便是精，小底便是大，这便是理之一本处。⑤而今只管要从发见处理会。且如见赤子入井，

---

① 语出《尚书·舜典》。文祖：旧说为尧始祖之庙。

② 定叠：安定，确定。自家者已定叠：此处指自己对心中的当然之理，有真实、确定的体会与理解，并有志于通过格物穷理，在心中充实此当然之理。

③ 典出《论语·学而》："曾子曰：'吾日三省吾身：为人谋而不忠乎？与朋友交而不信乎？传，不习乎？'"

④ 传问：传，指李道传，字贯之，谥文节先生。

⑤ 一本：同源。从此一大段对话中可以看出，朱子反对从个人心中已有之"理"出发去"格物"，而是要通过广泛的"格物"去"穷理"。

便有怵惕、恻隐之心,这个便是发了,更如何理会。若须待它自然发了,方理会它,一年都能理会得多少!圣贤不是教人去黑淬淬①里守着。而今且大着心胸,大开着门,端身正坐以观事物之来,便格它。"(卷十五)

剡伯②问格物、致知。曰:"格物,是物物上穷其至理;致知,是吾心无所不知。格物,是零细说;致知,是全体说。"(卷十五)

"'知至',谓天下事物之理,知无不到之谓。若知一而不知二,知大而不知细,知高远而不知幽深,皆非知之至也。要须四至八到,无所不知,乃谓至耳。"因指灯曰:"亦如灯烛在此,而光照一室之内,未尝有一些不到也。"(卷十五)

"格物、致知,彼我相对而言耳。格物所以致知。③于这一物上穷得一分之理,即我之知亦知得一分;于物之理穷二分,即我之知亦知得二分;于物之理穷得愈多,则我之知愈广。其实只是一理,才明彼,即晓此。所以《大学》说'致知在格物',又不说'欲致其知者在格其物'。盖致知便在格物中,非格之外别有致处也。"又曰:"格物之理,所以致我之知。"(卷十八)

且穷实理,令有切己工夫。若只泛穷天下万物之理,不务切

---

① 黑淬淬:即漆黑一团。淬:深也。
② 剡伯:朱子早年的门人,叫龚郯,字昷伯。参见陈荣捷《朱子门人》一书第365页。
③ 此句意谓:人能致知,是由于"格物"的缘故。朱子学强调面向经验世界,与阳明学强调良知觉醒稍有侧重点的不同。

己，即是《遗书》所谓"游骑无所归"矣。①（卷十八）

涵养于未发见之先，穷格于已发见之后。②（卷十八）

问："格物，敬为主，如何？"曰："敬者，彻上彻下工夫。"③（卷十八）

问"涵养须用敬，进学则在致知"。④曰："二者偏废不得。致知须用涵养，涵养必用致知。"（卷十八）

学者工夫，唯在居敬、穷理二事。⑤此二事互相发。能穷理，

---

① 《二程遗书》卷七："致知，但知止于至善，为人子止于孝、为人父止于慈之类，不须外面，只务观物理，泛然正如游骑无所归也。"这里涉及朱熹格物论的一个重要问题：格物穷理所穷的"理"是什么"理"？在朱熹看来，物实际上包含了天地间一切物，按从内到外的次序来说，有自心与自身之物（如"身"），有伦常之物（如"家"），有国与天下，也有动植物。同时，无论怎样的物，其物之理有怎样的所以然之故，最终这些不同的物及其理，都可以汇归至作为最根本的理——性理之理上去。这正如一棵大树，其根是性理，即自心、自身之物及其所蕴含的理；其主干则是伦常之物及其理，延伸出去，即是国与天下等物及其理，而其末节，则是动植之物及其理。因此，朱熹强调，眼前虽然无非是物，只要是物，则此物之理必有可能最终通于性理，因此一草一木都是理，都需要格。但是，因为格物的最终方向是要究明、充实自我心中对于性理的体认，因此格物者不能只是"泛穷天下之理"，而不知穷天下之理，最终是要"切己""致我之知"。

② 在这里朱熹明确以心统性情、心贯未发已发的义理结构，与心的主敬涵养、格物穷理的两行工夫，相互协调、搭配。

③ 在朱熹，主敬涵养的工夫，一方面主要与心之未发的状态相配合，但另一方面亦能、亦应贯彻于未发、已发的全过程。彻上：指主敬涵养工夫通于未发的状态。彻下：指主敬涵养工夫贯于已发的状态。

④ 语在《二程遗书》卷十八。这是宋明理学中程朱理学的共法，并与朱子"心统性情"的结构相配合。"涵养用敬"即主敬涵养，"进学致知"即格物致知，前者偏向内，后者偏向由外而内，内外交养，双管齐下。

⑤ 居敬：主敬。"居敬"一词典出《论语·雍也》："仲弓曰：'居敬而行简，以临其民，不亦可乎？居简而行简，无乃大简乎？'"

则居敬工夫日益进;能居敬,则穷理工夫日益密。譬如人之两足,左足行,则右足止;右足行,则左足止。又如一物悬空中,右抑则左昂,左抑则右昂,其实只是一事。(卷九)

"敬"之一字,真圣门之纲领,存养之要法。一主乎此,更无内外精粗之间。(卷十二)

敬,只是此心自做主宰处。(卷十二)

学者当知孔门所指求仁之方,日用之间,以敬为主。不论感与未感,平日常是如此涵养,则善端之发,自然明著。少有间断,而察识、存养,扩而充之,皆不难乎为力矣。[①]造次颠沛,无时不习。此心之全体皆贯乎动静、语默之间,而无一息之间断,其所谓仁乎!(卷十二)

---

① 此处朱子对"为仁之方"做出理学的诠释。《论语》强调"能近取譬"的方法,而朱子则强调"敬"的德性工夫。二者之间的区别是:孔子以身之所行之事为例子向其他人或事的方向推扩出去,朱子则强调道德主体的真诚与笃敬的心态。察识:在已发之际省察,以求当下识得本心、性理。存养:即涵养,在未发之时收摄身心,令心专一,使得性理呈现出来。为力:用力,用功。

十三　王阳明著作选

题解：王阳明（1472—1529），字伯字，名守仁，号阳明子，浙江余姚人，明代最重要的思想家，《传习录》是其代表性作品。中年以后的王阳明通过对朱子学的批评而极大的影响了明代中后叶的思想走向，学界有人称，王阳明是明清时期影响最大的思想家。

传习录·答顾东桥书

题解：《传习录》是记录王阳明平时讲学、答问和书信的集子。《答顾东桥书》是其中一篇较为完整、系统地反映王阳明思想的长文。顾东桥名顾璘（1476—1545），是明代政治家、文学家，也是明代重要的朱子学学者之一。顾氏站在他所理解的朱子学的立场上，主要从知行为二的角度对王阳明的"知行合一"或"致良知"之说提出质疑与批评。顾氏认为：儒者的致知、穷理之学，是需要一步一步地推进与落实的。而王阳明单提"致良知"或"知行合一"，只守住了一个孤零零的本心良知，就算是完成格物穷理并达到所谓心与理一了，这样不免会陷入偏蔽。而王阳明本于其"致良知"之学的立场,对顾氏的质疑逐一作出回应。他认定朱熹的格物穷理之说存在着根本的问题。朱子强调"在物为理",如此则理在外物,那么格物就是以心去格外物之理,这就不能保证心必然能与理为一、知必然能与行合一,最终儒者的成德之事就会付诸空谈。王阳明经过长期的思考与体会,最终确立了他自己的格物论,此即"致良知"之说。他遥承陆九渊"心即理"的立场,指出良知本即心体、天理,因此良知之发动必然即是天理之发动。据此,在王阳明,学者先须发明自己心中所本具的天理良知,并在天理良知的主宰与充实之下,诚其心中之意,同时本着诚意而与事物互动,使得事事物物在本心良知的通达与照明之下归于正。这样一来,"致良知"之说便能保证心、意、知、物是内在一体的,由此"心与理一""知行合一"便可得到确立。

从学派的谱系来看,虽然王阳明远承陆九渊的心学思想,陆、王合称心学二大家,但王阳明之所以能建立自己的心学系统,是和他与朱子理学的深度纠缠息息相关的。因此,如果我们对朱子理学缺乏基本的了解,就难以把握王阳明一些重要观点的立义之处。当然,王阳明对于朱子理学的批评,是否完全合理,仍可深入讨论。

为便于读者理解此一哲学名篇,本书将其分为两大部分,第一部分根据阳明回信摘录的问题,又分为十二个小的段落,以彰显此文的具体问题。第二部分即是此信末尾的"拔本塞源论",是阳明学的集中而鲜明的表达。本书选文参考了吴光、钱明、董平、姚延福编校的《王阳明全集》(上海古籍出版社1992年版)卷二《传习录》中《答顾东桥书》一文。

一

（一）

来书云："近时学者，务外遗内，博而寡要。①故先生特倡'诚意'一义，针砭膏肓，诚大惠也！"②

吾子洞见时弊如此矣，亦将何以救之乎？然则鄙人之心，吾子固已一句道尽，复何言哉！复何言哉！若"诚意"之说，自是圣门教人用功第一义，但近世学者乃作第二义看，故稍与提掇紧要出来，非鄙人所能特倡也。③

（二）

来书云："但恐立说太高，用功太捷，后生师传，影响谬误，未免坠于佛氏明心见性、定慧顿悟之机，无怪闻者见疑。"④

区区格、致、诚、正之说，是就学者本心日用事为间，体究

---

① 博而寡要：学识丰富而不得要领。司马迁《太史公自序》："博而寡要，劳而少功。"

② "诚意"之说，出《礼记·大学》："古之欲明明德于天下者，……欲正其心者，先诚其意。"（见本书《大学》篇）王阳明对于"诚意"之义，有自己的界定与解说。

③ 此段中"第一义"，本为佛教用语，指最本源或最重要的道理。如《维摩诘经》云："能善分别诸法相，于第一义而不动。"第二义：次要的道理。提掇紧要：提起并予以强调。提掇，duō，提起。紧要，当时口语，使之变得重要。

④ 此段顾氏批评阳明良知说与禅宗很类似。这种批评在当时是很要命的事情。捷：快也。师传：传授。影响：虚幻不实。

践履,实地用功,是多少次第、多少积累在!正与空虚顿悟之说相反。①闻者本无求为圣人之志,又未尝讲究其详,遂以见疑,亦无足怪。若吾子之高明,自当一语之下便了然矣,乃亦谓"立说太高,用功太捷",何邪?

(三)

来书云:"所喻知行并进,不宜分别前后,即《中庸》'尊德性而道问学'之功交养互发,内外本末一以贯之之道。然功夫次第,不能无先后之差,如知食乃食,知汤乃饮,知衣乃服,知路乃行。未有不见是物,先有是事。此亦毫厘倏忽之间,非谓截然有等,今日知之而明日乃行也。"②

既云"交养互发,内外本末一以贯之",则知行并进之说无复可疑矣。又云"功夫次第,不能无先后之差",无乃自相矛盾已乎?"知食乃食"等说,此尤明白易见。但吾子为近闻障蔽,自不察耳。夫人必有欲食之心,然后知食——欲食之心即是意,即是行之始矣。食味之美恶,必待入口而后知,岂有不待入口,而已先知食味之美恶者邪?必有欲行之心,然后知路——欲行之心即是意,即是行之始矣。路岐之险夷,必待身亲履历而后知,岂有不待身亲履历,而已先知路岐之险夷者

---

① 阳明回复强调他的学说包含着儒家"格物致知"的实学,故不会陷入禅宗。格:格物。致:致知。诚:诚意。正:正心。

② 此一段,顾氏从朱子"知先行后"说立论,批评阳明的"知行合一"说。倏忽:瞬间,转眼间。截然有等:截然分明而有次第。

邪？①"知汤乃饮""知衣乃服"，以此例之，皆无可疑。若如吾子之喻，是乃所谓不见是物而先有是事者矣。吾子又谓"此亦毫厘倏忽之间，非谓截然有等，今日知之而明日乃行也"，是亦察之尚有未精。然就如吾子之说，则知行之为合一并进，亦自断无可疑矣、

（四）

来书云："真知即所以为行，不行不足谓之知，此为学者吃紧立教，俾务躬行则可。若真谓行即是知，恐其专求本心，遂遗物理，必有暗而不达之处。抑岂圣门知行并进之成法哉？"②

知之真切笃实处即是行；行之明觉精察处即是知。知行工夫，本不可离。只为后世学者分作两截用功，失却知、行本体，故有合一并进之说。"真知即所以为行，不行不足谓之知"，即如来书所云"知食乃食"等说可见，前已略言之矣。此虽吃紧救弊而发，然知、行之体本来如是，非以己意抑扬其间，姑为是说，以苟一时之效者也。③"专求本心，遂遗物理"，此盖失其本心者也。夫物理不外于吾心，外吾心而求物理，无物理矣。遗物理而

---

① 此一段，阳明引入"意"的观念，以之作为人的行动的开始，并称此意即是"行"。这与朱子学"知行"关系论中"行"的意义不一样。故二人后面的讨论，实际上并不在同一个界面中。路岐：岔道也。

② 顾氏此处同意阳明真知即能行的道理，但对阳明"行可兼知"的说法，从他所理解的朱子学的角度提出了质疑。遗物理：舍弃事物之理则。成法：公认的法则。

③ 上述阳明回答，意在表明他自己"知行合一"理论的真诚意图，是深思熟虑的结果。抑扬：抬高或压低。苟一时之效：暂且凑合偶然场合的效果。苟，暂且凑合。

求吾心，吾心又何物邪？①心之体，性也，性即理也。故有孝亲之心，即有孝之理；无孝亲之心，即无孝之理矣。有忠君之心，即有忠之理；无忠君之心，即无忠之理矣。理岂外于吾心邪？晦庵谓："人之所以为学者，心与理而已。心虽主乎一身，而实管乎天下之理；理虽散在万事，而实不外乎一人之心。"②是其一分一合之间，而未免已启学者心、理为二之弊。③此后世所以有"专求本心，遂遗物理"之患，正由不知心即理耳。④夫外心以求物理，是以有暗而不达之处。此告子义外之说，孟子所以谓之"不知义"也。⑤心，一而已，以其全体恻怛而言，谓之仁；以其得宜而言，谓之义；以其条理而言，谓之理。⑥不可外心以求仁，不可外心以求义，独可外心以求理乎？外心以求理，此知行之所

---

① 此一段进一步阐述心外无物，但同时亦不能遗弃物理而求心的"心物"关系。
② 晦庵：朱熹之号。此处所引朱子之说出自朱熹《大学或问》。
③ 一分一合：指朱熹先分出心与理二者，然后又试图以心合理。"心、理为二"，是王阳明对朱子理学的核心性批评。阳明认为朱熹格物说强调理在外物中，人当向外求理，而不易与心相通，因此容易导致心、理二分。阳明认为，如果将心体当作是天理良知之心，良知之发动即是天理之发动，则必然能够保证心与理相一致。故阳明的"心即理"之说的意图即此。
④ "心即理"是心学区别于程朱理学的关键性主张，理学只讲"性即理"而不讲"心即理"。理学、心学在思想上之所以有此差别，源于两者对于"心"的理解有所不同。心学所说的"心"指的是天理之发动的"本心"，因此说"心即理"；而理学虽然也强调心可管乎理，但理学更侧重在对于现实的心的考察与省思，而现实的心的活动，往往不即是天理的体现。因此，理学更强调"心统性情"，认为"性即理"而非"心即理"。
⑤ 义外：认为义在心之外。《孟子·公孙丑上》："是集义所生者，非义袭而取之也。行有不慊于心，则馁矣。我故曰，告子未尝知义，以其外之也。"
⑥ 恻怛：心之不忍、悲痛、恻隐。怛，dá。

以二也。求理于吾心，此圣门知行合一之教，吾子又何疑乎！

（五）

来书云："所释《大学》古本，谓'致其本体之知'，此固孟子'尽心'之旨。朱子亦以'虚灵知觉'为此心之量。然尽心由于知性，致知在于格物。"①

"尽心由于知性，致知在于格物。"此语然矣。②然而推本吾子之意，则其所以为是语者，尚有未明也。朱子以"尽心、知性、知天"为物格、知致，以"存心、养性、事天"为诚意、正心、修身，以"夭寿不贰、修身以俟"为知至、仁尽、圣人之事。若鄙人之见，则与朱子正相反矣。③夫"尽心、知性、知天"者，生知安行，圣人之事也；"存心、养性、事天"者，学知利行，贤人之事也；"夭寿不贰、修身以俟"者，困知勉行，学者

---

① 顾东桥在这里站在朱子学的立场上，指出尽心工夫，需要先格物致知，然后心知其性；心知其性，然后才能尽心。而不可以像王阳明所说的一般，当下推致本心良知，就可以称作"尽心"的。又孟子"尽心"之说在《孟子·尽心上》："孟子曰：'尽其心者，知其性也。知其性，则知天矣。存其心，养其性，所以事天也。夭寿不贰，修身以俟之，所以立命也。'"王阳明与朱子对于孟子此段文献的解读，都有自己特定的哲学立场，与孟子所言之义不一定相同。

② 此处有限度地肯定了顾东桥的说法。然矣：对的。

③ 朱熹在《四书或问》卷十三云："大概此章所谓'尽心'者，物格知至之事，曾子所以一唯而无疑于夫子之言者是也；所谓'事天'者，诚意、正心、修身之事，曾子所以临深履薄，而无日不省其身者是也；所谓'立命'者，如是而没身焉，曾子所以启手足而知免、得正、毙而无求者是也。以是推之，则一章之旨，略可见矣。"阳明对朱子原文的概述是准确的。下文他正面表达了自己异于朱子的观点。

之事也。岂可专以尽心、知性为知,存心、养性为行乎?①吾子骤闻此言,必又以为大骇矣。然其间实无可疑者,一为吾子言之:夫心之体,性也;性之原,天也。能尽其心,是能尽其性矣。《中庸》云:"惟天下至诚,为能尽其性。"又云:"知天地之化育。""质诸鬼神而无疑,知天也。"此惟圣人而后能然。故曰此生知安行,圣人之事也。②存其心者,未能尽其心者也,故须加存之之功。必存之既久,不待于存,而自无不存,然后可以进而言"尽"。盖"知天"之"知",如"知州""知县"之"知"。知州,则一州之事皆己事也;知县,则一县之事皆己事也。是与天为一者也。"事天"则如子之事父,臣之事君,犹与天为二也。天之所以命于我者,心也,性也。吾但存之而不敢失,养之而不敢害,如"父母全而生之,子全而归之"者也。故曰此学知利行,贤人之事也。③至于"夭寿不贰",则与存其心者又有间矣。④存其心者,虽未能尽其心,固已一心于为善。时有不存,则存之

---

① "生知安行""学知利行""困知勉行"之说,见《礼记·中庸》:"或生而知之,或学而知之,或困而知之,及其知之一也;或安而行之,或利而行之,或勉强而行之,及其成功一也。"王阳明批评朱子将"尽心、知性"与"存心、养性"割裂开来,将之分属知与行两个方面。王阳明认为,这些工夫都是知行并举、知行合一之事,只是分属于生知安行、学知利行、困知勉行之事而已。下文分别从生知、学知、困知三类人来进一步阐发自己的观点。

② 此处一大段展开的阐述,主要从"生知安行"的角度阐述了阳明自己有关人的善性本于天命的观点。

③ 此一大段主要从"学知利行"的角度阐述人的善性与天命的关系。以《礼记·祭义》中"父母全而生之,子全而归之"一句经文总结自己的观点。

④ 此处王阳明辨析了"夭寿不贰"与存心养性者在境界上的区别。间:距离。

而已。今使之"夭寿不贰",是犹以夭寿贰其心者也。^①犹以夭寿贰其心,是其为善之心犹未能一也。存之尚有所未可,而何尽之可云乎?今且使之不以夭寿贰其为善之心,若曰死生夭寿,皆有定命,吾但一心于为善,修吾之身,以俟天命而已,是其平日尚未知有天命也。^②"事天"虽与天为二,然已真知天命之所在,但惟恭敬奉承之而已耳。若俟之云者,则尚未能真知天命之所在,犹有所俟者也,故曰"所以立命"。"立"者,创立之立,如"立德""立言""立功""立名"之类。凡言"立"者,皆是昔未尝有,而今始建立之谓,孔子所谓"不知命,无以为君子"者也。故曰此困知勉行,学者之事也。^③今以"尽心、知性、知天"为格物致知,使初学之士,尚未能不贰其心者,而遽责之以圣人生知安行之事,如捕风捉影,茫然莫知所措其心,几何而不至于"率天下而路"也?^④今世致知格物之弊,亦居然可见矣。吾子所谓"务外遗内,博而寡要"者,无乃亦是过欤?此学问最紧要处。于此而差,将无往而不差矣!此鄙人之所以冒天下之非笑,忘其身之陷于罪戮,呶呶其言,其不容已者也!^⑤

---

① 以夭寿贰其心:因为寿命的短长,心意不能专一。在此一段中,王阳明对于"夭寿不贰"一句经文的阐释,颇为细腻,是他个人的独特体证。

② 王阳明认为,"夭寿不贰"者在日常生活中并不体会到"天命"。这也是王阳明独特的解经思想。俟:等待。

③ 此一大段引经文来证明自己对"夭寿不贰"的解读是合适的,并以此来证明自己所提出的"困知勉行"的说法是能够成立的。孔子之语的原文出自《论语·尧曰》:"子曰:'不知命,无以为君子也。'"

④ 遽:立即。

⑤ 此一段表明自己倡导知行合一的内在意向,比较真实。由此可知,朱子与阳明关于儒家经典的不同理解与争论,其方向有一致性,都是为了自我之成德,以及德性之教化。呶呶:喧嚷不停。呶,náo。不容已:无法停止。

（六）

来书云："闻语学者，乃谓'即物穷理'之说亦是'玩物丧志'；又取其'厌繁就约''涵养本原'数说标示学者，指为'晚年定论'，此亦恐非。"①

朱子所谓"格物"云者，在即物而穷其理也。即物穷理，是就事事物物上求其所谓定理者也，是以吾心而求理于事事物物之中，析心与理为二矣。②夫求理于事事物物者，如求孝之理于其亲之谓也。求孝之理于其亲，则孝之理其果在于吾之心邪？抑果在于亲之身邪？假而果在于亲之身，则亲没之后，吾心遂无孝之理欤？见孺子之入井，必有恻隐之理，是恻隐之理果在于孺子之身欤？抑在于吾心之良知欤？其或不可以从之于井欤？③其或可以手而援之欤？④是皆所谓理也。是果在于孺子之身欤？抑果出于吾心之良知欤？以是例之，万事万物之理，莫不皆然。是可以知析心与理为二之非矣。夫析心与理为二，此告子义外之说，孟

---

① 晚年定论：王阳明认为当时学者所熟悉的朱熹"即物穷理"等观点，虽然是其思想成熟时期的观点，但朱熹晚年已经悔悟过来，知道自己将心与理分而为二的观点是错误的。王阳明更将朱熹晚年书信中的相关文字收集起来，编成《朱子晚年定论》一书，认为朱陆"早异晚同"。但后世有学者对阳明此书考证的准确性，提出了质疑。

② 析心与理为二：此是王阳明批评朱子学的关键命题。王阳明主张"心即理"，并认为朱子将心与理看作是两件事。析，分也。

③ 此处典出《论语·雍也》："宰我问曰：'仁者，虽告之曰："井有仁焉。"其从之也？'子曰：'何为其然也？君子可逝也，不可陷也；可欺也，不可罔也。'"

④ 典出《孟子·离娄上》："天下溺，援之以道；嫂溺，援之以手。子欲以手援天下乎？"

子之所深辟也。"务外遗内，博而寡要"，吾子既已知之矣，是果何谓而然哉？谓之"玩物丧志"，尚犹以为不可欤？若鄙人所谓致知格物者，致吾心之良知于事事物物也。吾心之良知，即所谓天理也。致吾心良知之天理于事事物物，则事事物物皆得其理矣。致吾心之良知者，致知也。事事物物皆得其理者，格物也。是合心与理而为一者也。①合心与理而为一，则凡区区前之所云，与朱子晚年之论，皆可以不言而喻矣。

（七）

来书云："人之心体，本无不明，而气拘物蔽，鲜有不昏。非学问思辨，以明天下之理，则善恶之机，真妄之辨，不能自觉，任情恣意，其害有不可胜言者矣。"②

此段大略，似是而非。盖承沿旧说之弊，不可以不辨也。夫学、问、思、辨、行，皆所以为学，未有学而不行者也。③如言学孝，则必服劳奉养，躬行孝道，然后谓之学。岂徒悬空口耳讲说，而遂可以谓之学孝乎？学射，则必张弓挟矢，引满中

---

① 王阳明在这里提出他自己的格物论。在他看来，格物是致良知的落实，良知是天理、本心，格物是"致吾心之良知于事事物物"，这就能保证本心良知之天理，与物之理的合一，从而避免朱子格物说析心与理为二的问题。

② 顾东桥在信中批评王阳明单提"致良知"或"知行合一"，过于简单直接。他认为，道德修养需要经历艰苦的学、问、思、辨工夫，不只是守住本心这样简单、直接。顾氏是从朱子学的立场来批评阳明学的"致良知"学说。

③ 此处典出《礼记·中庸》："博学之，审问之，慎思之，明辨之，笃行之。"阳明认为，博学、审问、慎思、明辨、笃行五者，都是讨论如何学的问题。而真正的"学"会自然地付之于行，否则不足以称之为"学"也。

的；学书，则必伸纸执笔，操觚染翰①——尽天下之学，无有不行，而可以言学者。则学之始，固已即是行矣。笃者，敦实笃厚之意。已行矣，而敦笃其行，不息其功之谓尔。盖学之不能以无疑，则有问，问即学也，即行也；又不能无疑，则有思，思即学也，即行也；又不能无疑，则有辨，辨即学也，即行也；辨既明矣，思既慎矣，问既审矣，学既能矣，又从而不息其功焉，斯之谓笃行，非谓学、问、思、辨之后而始措之于行也。是故以求能其事而言，谓之学；以求解其惑而言，谓之问；以求通其说而言，谓之思；以求精其察而言，谓之辨；以求履其实而言，谓之行。盖析其功而言，则有五；合其事而言，则一而已。②此区区心理合一之体，知行并进之功，所以异于后世之说者，正在于是。今吾子特举学、问、思、辨以穷天下之理，而不及笃行，是专以学、问、思、辨为知，而谓穷理为无行也已。天下岂有不行而学者邪？岂有不行而遂可谓之穷理者邪？明道云："只穷理，便尽性至命。"③故必仁极仁，而后谓之能穷仁之理；义极义，而后谓之能穷义之理。仁极仁，则尽仁之性

---

① 操觚染翰：觚，木简。翰，墨汁。意为学书法在木简上沾墨书写，正如学游泳要下水游泳一样。

② 一：指心理合一、知行合一。王阳明的意思要在行中体现知，而学也必须是通过行去真正的把握知。

③ 此处以程颢之语来证明自己"知行合一"之说，尤其是以行求知、以行验知的观点。程颢之语的原文参见《二程遗书》卷十。王阳明在这里只提及程颢（程明道）而未提程颐，是因为朱子理学的源头在程颐，故不提程颐。实际这是二程的共同见解。

矣；义极义，则尽义之性矣。①学至于穷理至矣，而尚未措之于行，天下宁有是邪？是故知不行之不可以为学，则知不行之不可以为穷理矣；知不行之不可以为穷理，则知知行之合一并进，而不可以分为两节事矣。夫万事万物之理，不外于吾心。而必曰穷天下之理，是殆以吾心之良知为未足，而必外求于天下之广，以裨补增益之，是犹析心与理而为二也。夫学、问、思、辨、笃行之功，虽其困勉至于人一己百，而扩充之极，至于尽性知天，亦不过致吾心之良知而已。②良知之外，岂复有加于毫末乎？今必曰穷天下之理，而不知反求诸其心，则凡所谓"善恶之机""真妄之辨"者，舍吾心之良知，亦将何所致其体察乎？吾子所谓"气拘物蔽"者，拘此蔽此而已。今欲去此之蔽，不知致力于此，而欲以外求，是犹目之不明者，不务服药调理以治其目，而徒伥伥然求明于其外。③明岂可以自外而得哉？"任情恣意"之害，亦以不能精察天理于此心之良知而已。此诚毫厘千里之谬者，不容于不辨。吾子毋谓其论之太刻④也！

---

① 仁极仁，义极义：此一段中"极"字作动词，穷尽之意也。意谓知仁、义之德者必于穷尽仁、义之行中方能得仁、义之内涵。下文亦是从"行"的角度立论强调良知必于道德践履中得到体现。

② 人一己百：语出《礼记·中庸》："人一能之，己百之；人十能之，己千之。果能此道矣，虽愚必明，虽柔必强。"

③ 伥伥然：无所适从之状。伥，chang。《礼记·仲尼燕居》："治国而无礼，譬犹瞽之无相与？伥伥乎其何之？"明：这里指本心良知的作用。王阳明此处将"明"比喻成眼睛的视力，不可能得之于外物之理，而只能得自本心良知的觉醒。正如眼睛失明而必用药调理以使眼睛恢复视力一样，只能得之于眼睛本身。

④ 太刻：过于苛刻。此处王阳明希望顾氏不要责怪自己以行论知的观点要求过于苛刻。此为书信体哲学文本的表达方式。

（八）

来书云："教人以'致知明德'，而戒其'即物穷理'，诚使昏暗之士，深居端坐，不闻教告，遂能至于知致而德明乎？纵令静而有觉，稍悟本性，则亦定慧无用之见。果能知古今，达事变，而致用于天下国家之实否乎？其曰：'知者意之体，物者意之用，格物如"格君心之非"之格。'①语虽超悟独得，不蹈陈见，抑恐于道未相吻合。"②

区区论致知格物，正所以穷理，未尝戒人穷理，使之深居端坐而一无所事也。若谓即物穷理，如前所云"务外而遗内"者，则有所不可耳。昏暗之士，果能随事随物精察此心之天理，以致其本然之良知，则虽愚必明，虽柔必强，大本立而达道行，九经③之属，可一以贯之而无遗矣。尚何患其无致用之实乎？彼顽空虚静之徒，④正惟不能随事随物精察此心之天理，以致其本然之良知，而遗弃伦理，寂灭虚无以为常，是以要之不可以治家国天下。孰谓圣人穷理尽性之学，而亦有是弊哉！心者，身之主也，而心之虚灵明觉，即所谓本然之良知也。其虚灵明觉之良知，应感而动者，谓之意。有知而后有意，无知则无意矣。知非意之体乎？意之所用，必有其物，物即事也。如意用于事亲，即事亲为

---

① 格君心之非：语出《孟子·离娄上》。格，正也。
② 此一段是王阳明总结顾氏对自己的观点的批评之言。下文是为自己辩解，并进而阐发自己的理论要旨。蹈：跟随。
③ 九经：九大原则。《礼记·中庸》："凡为天下国家有九经，曰：修身也，尊贤也，亲亲也，敬大臣也，体群臣也，子庶民也，来百工也，柔远人也，怀诸侯也。"
④ 顽空虚静之徒：对佛教徒的贬称。

一物，意用于治民，即治民为一物，意用于读书，即读书为一物，意用于听讼，即听讼为一物——凡意之所用，无有无物者。有是意即有是物，无是意即无是物矣。物非意之用乎？"格"字之义，有以"至"字训者，如"格于文祖"，"有苗来格"，是以"至"训者也。①然"格于文祖"，必纯孝诚敬，幽明之间，无一不得其理，而后谓之"格"；有苗之顽，实以文德诞敷②而后格，则亦兼有"正"字之义在其间，未可专以"至"字尽之也。如"格其非心""大臣格君心之非"之类，是则一皆"正其不正以归于正"之义，而不可以"至"字为训矣。且《大学》"格物"之训，又安知其不以"正"字为训，而必以"至"字为义乎？③如以"至"字为义者，必曰"穷至事物之理"，而后其说始通。是其用功之要全在一"穷"字，用力之地全在一"理"字也。若上去一"穷"、下去一"理"字，而直曰"致知在至物"，其可通乎？夫"穷理尽性"，圣人之成训，见于《系辞》者也。苟"格物"之说而果即"穷理"之义，则圣人何不直曰"致知在穷理"，而必为此转折不完之语，以启后世之弊邪？盖《大学》"格物"之说，自与《系辞》"穷理"，大旨虽同而微有分辨。"穷理"者，兼格、致、诚、正而为功也。故言"穷理"，则格、致、诚、正之功皆

---

① 格于文祖：语出《尚书·舜典》。文祖，旧说为尧始祖之庙。有苗来格：出《尚书·大禹谟》："帝乃诞敷文德，舞干羽于两阶，七旬有苗格。"

② 诞敷：遍布。

③ 朱熹释格物之"格"为"至"，王阳明则将"格物"之"格"训为"正"，格物即是以良知、诚意以正物，正其不正以归于正。此是王阳明通过经学训诂的方法来批评朱子学。后来在清人处，经学训诂的方法得到了扩展、深化。参见本书最后一篇戴震《孟子字义疏证·理》篇部分。

在其中；言"格物"，则必兼举致知、诚意、正心，而后其功始备而密。今偏举"格物"而遂谓之"穷理"，此所以专以"穷理"属"知"，而谓"格物"未常有"行"，非惟不得"格物"之旨，并"穷理"之义而失之矣。此后世之学所以析知、行为先后两截，日以支离决裂，而圣学益以残晦者，其端实始于此。吾子盖亦未免承沿积习，则见以为于道未相吻合，不为过矣。①

（九）

来书云："谓致知之功，将如何为温清，如何为奉养，即是诚意，非别有所谓格物，此亦恐非。"②

此乃吾子自以己意揣度鄙见而为是说，非鄙人之所以告吾子者矣。若果如吾子之言，宁复有可通乎！盖鄙人之见，则谓意欲

---

① 此一段话是理解王阳明的"知行合一"或"致良知"心学思想的关键。而"致良知"之说的确立，则与阳明对朱子格物说的批评息息相关。朱子将格物解释为"即物穷理"，其本意是让人们通过格物穷理，以充实心中之性理。但不善体会者，往往以为理在外物那里。王阳明就以此批评朱子将心与理分裂为二。为避免这个问题，王阳明一反朱子格物说中的"格物—致知—诚意—正心"的顺序，而将致知之"知"，提升为本心良知或天理良知，并将本心良知、天理良知视作格物的源头。本心良知有所感动，而形成一种良知的意向。而良知自身会自知自己的意向是偏是正、是诚是不诚，故有诚意之事。诚意是本心良知、天理良知充实出来的一个环节。其次，意必有其所向，意与意之所向是同出性、互动性、动态性的关系，因此意之所向的"物"，必然是动态性的"事"。如父母并不是物，事父母这个过程才是物。因此，在王阳明处，格物就是本心良知充实到各种事中去，使得各种事从不正而归于正的过程。所以"格物"就是"正物"。据此，王阳明通过"良知—诚意—格物—致良知"的顺序，扭转了朱子格物说的顺序，并保证了心必与理为一、知必与行相通。

② 温清：冬温夏清的简称，即冬天为父母温被，夏天为父母扇席。清，寒也。音 qing。

温清、意欲奉养者，所谓"意"也，而未可谓之"诚意"。必实行其温清奉养之意，务求自慊而无自欺，然后谓之"诚意"。①知如何而为温清之节，知如何而为奉养之宜者，所谓"知"也，而未可谓之"致知"。必致其知如何为温清之节者之知、而实以之温清，致其知如何为奉养之宜者之知、而实以之奉养，然后谓之"致知"。温清之事，奉养之事，所谓"物"也，而未可谓之"格物"。必其于温清之事也，一如其良知之所知，当如何为温清之节者而为之，无一毫之不尽；于奉养之事也，一如其良知之所知，当如何为奉养之宜者而为之，无一毫之不尽，然后谓之"格物"。温清之物格，然后知温清之良知始致；奉养之物格，然后知奉养之良知始致。故曰"物格而后知至"。致其知温清之良知，而后温清之意始诚；致其知奉养之良知，而后奉养之意始诚。故曰"知至而后意诚"。此区区"诚意、致知、格物"之说盖如此。吾子更熟思之，将亦无可疑者矣。②

---

① 自慊：自足。慊，qiè。《礼记·大学》："所谓诚其意者：毋自欺也，如恶恶臭，如好好色，此之谓自谦，故君子必慎其独也！"。
② 上述王阳明回应顾东桥的这段话，系统展示了其格物论的义理结构，以将之与朱子的格物说区别开来。同时，他还澄清致良知、知行合一之说，并非"稍悟本性"即可。其格物论的义理结构如下：一、心自觉到有本心良知；二、有知而后有意，良知是意的本体，意作为心、知之发动，是有善有恶的，实其好善恶恶之意，称作诚意；三、诚意之本，则又在于致知，即把本心良知充实、推扩出来，知善知恶并推致此知；四、致知也不是悬空的致知，而是本于良知之所知，在遇到具体的事时，为善去恶，正其不正以归于正，这称作格物。这个义理结构，后来被王阳明总结为"四句教"："无善无恶心之体，有善有恶意之动，知善知恶是良知，为善去恶是格物。"

（十）

来书云："道之大端，易于明白，所谓良知良能，愚夫愚妇可与及者。至于节目时变之详，①毫厘千里之谬，必待学而后知。今语孝于温清定省，孰不知之？②至于舜之不告而娶，武之不葬而兴师，养志养口，小杖大杖，割股庐墓等事，处常处变，过与不及之间，必须讨论是非，以为制事之本，然后心体无蔽，临事无失。"③

道之大端易于明白，此语诚然。顾后之学者忽其易于明白者而弗由，而求其难于明白者以为学，此其所以"道在迩而求诸

---

① 节目：具体情况。时变：变化过程。此一段概述顾东桥来信的文字，主要体现出顾氏这样的思想取向，即在生活中要时时处处注意行为的具体节目是否合乎天理之规范。他通过经典中的例子，指出我们需要步步踏实的格物工夫，以尽其曲折、微妙，方可真正致知。下面阳明的回应就是针对顾氏这一思想而发出的议论。思想观点之间正好针锋相对。

② 定省：早晚向父母问安。《礼记·曲礼》："凡为人子之礼，冬温而夏清，昏定而晨省。"

③ 舜之不告而娶：指舜不先告知父母即娶妻。《孟子·离娄上》："孟子曰：'不孝有三，无后为大。舜不告而娶，为无后也，君子以为犹告也。"武之不葬而兴师：指周武王父死不葬，即兴师伐纣。《史记·伯夷列传》："西伯卒，武王载木主，号为文王，东伐纣。伯夷、叔齐叩马而谏曰：'父死不葬，爰及干戈，可谓孝乎？以臣弑君，可谓仁乎？'左右欲兵之。太公曰：'此义人也。'扶而去之。"养志养口：指养心志与养口体是有区别的，典见《孟子·离娄上》："曾子养曾晳，必有酒肉。将彻，必请所与。问有余，必曰：'有。'曾晳死，曾元养曾子，必有酒肉。将彻，不请所与。问有余，曰：'亡矣！'将以复进也，此所谓养口体者也。若曾子，则可谓养志也。事亲若曾子者，可也。"小杖大杖：指父母轻打则受，重打则走，《说苑·建本》："小箠则待，大箠则走，以逃暴怒也。"割股、庐墓：泛指父母病亡，孝子当通过具体行动以孝、报父母。

远,事在易而求诸难"也。①孟子云:"夫道若大路然,岂难知哉?人病不由耳!"②良知良能,愚夫愚妇与圣人同。但惟圣人能致其良知,而愚夫愚妇不能致,此圣愚之所由分也。"节目时变",圣人夫岂不知?但不专以此为学。而其所谓学者,正惟致其真知,以精审此心之天理,而与后世之学不同耳。吾子未暇真知之致,而汲汲焉顾是之忧,此正"求其难于明白者以为学"之蔽也。夫良知之于节目时变,犹规矩尺度之于方圆长短也。节目时变之不可预定,犹方圆长短之不可胜穷也。故规矩诚立,则不可欺以方圆,而天下之方圆不可胜用矣;尺度诚陈,则不可欺以长短,而天下之长短不可胜用矣;良知诚致,则不可欺以节目时变,而天下之节目时变不可胜应矣。毫厘千里之缪,不于吾心真知一念之微而察之,亦将何所用其学乎?是不以规矩而欲定天下之方圆,不以尺度而欲尽天下之长短,吾见其乖张谬戾,日劳而无成也已。吾子谓"语孝于温清定省,孰不知之",然而能致其知者鲜矣。若谓粗知温清定省之仪节,而遂谓之能致其知,则凡知君之当仁者,皆可谓之能致其仁之知,知臣之当忠者,皆可谓之能致其忠之知,则天下孰非致知者邪?以是而言,可以知致知之必在于行,而不行之不可以为致知也,明矣。知行合一之体,不益较然③矣乎?夫舜之不告而娶,岂舜之前已有不告而娶者为之准则,故舜得以考之何典,问诸何人,而为此邪?抑亦求诸其心一念之真知,权轻重之宜,不得已而为此邪?武之不葬而兴

---

① 道在迩而求诸远,事在易而求诸难:语出《孟子·离娄上》。
② 语见《孟子·告子下》。
③ 较然:明显。可通"皎然"。

师,岂武之前已有不葬而兴师者为之准则,故武得以考之何典,问诸何人,而为此邪?抑亦求诸其心一念之良知,权轻重之宜,不得已而为此邪?使舜之心而非诚于为无后,武之心而非诚于为救民,则其不告而娶与不葬而兴师,乃不孝、不忠之大者。而后之人不务致其良知,以精察义理于此心感应酬酢①之间,顾欲悬空讨论此等变常之事,执之以为制事②之本,以求临事之无失,其亦远矣!其余数端,皆可类推,则古人致知之学,从可知矣。

(十一)

来书云:"谓《大学》'格物'之说,专求本心,犹可牵合。至于六经、《四书》所载'多闻多见''前古往行''好古敏求''博学审问''温故知新''博学详说''好问好察',是皆明白求于事为之际,资于论说之间者,用功节日固不容紊矣。"③

"格物"之义,前已详悉;牵合之疑,想已不俟复解矣。至于"多闻多见",乃孔子因子张之务外好高,徒欲以多闻多见为学,而不能求诸其心,以阙疑殆,此其言行所以不免于尤悔,而

---

① 酬酢:与人、事周旋互动。
② 制事:处理事情。
③ 多闻多见:出《论语·述而》:"子曰:'盖有不知而作之者,我无是也。多闻,择其善者而从之,多见而识之,知之次也。'"前言往行:出《周易·大畜》:"君子以多识前言往行,以畜其德。"好古敏求:出《论语·述而》:"子曰:'我非生而知之者,好古,敏以求之者也。'"温故知新:出《论语·为政》:"子曰:'温故知新,可以为师矣。'"博学详说:出《孟子·离娄下》:"博学而详说之,将以反说约也。"好问好察:出《礼记·中庸》:"子曰:'舜其大知也与!舜好问而好察迩言,隐恶而扬善,执其两端,用其中于民,其斯以为舜乎!'"紊:乱也。

所谓见闻者，适以资其务外好高而已。^①盖所以救子张多闻多见之病，而非以是教之为学也。夫子尝曰："盖有不知而作之者，我无是也。"^②是犹孟子"是非之心，人皆有之"之义也。^③此言正所以明德性之良知非由于闻见耳。若曰"多闻，择其善者而从之，多见而识之"，则是专求诸见闻之末，而已落在第二义矣，故曰"知之次也"。夫以见闻之知为次，则所谓知之上者果安所指乎？是可以窥圣门致知用力之地矣。夫子谓子贡曰："赐也，汝以予为多学而识之者欤？""非也，予一以贯之。"^④使诚在于"多学而识"，则夫子胡乃谬为是说，以欺子贡者邪？"一以贯之"，非致其良知而何？《易》曰："君子多识前言往行，以畜其德。"夫以畜其德为心，则凡多识前言往行者，孰非畜德之事？此正知行合一之功矣。"好古敏求"者，好古人之学，而敏求此心之理耳。心即理也。学者，学此心也；求者，求此心也。孟子云："学问之道无他，求其放心而已矣。"^⑤非若后世广记博诵古人之言词，以为好古，而汲汲然惟以求功名利达之具于其外者也。"博学审问"，前言已尽。"温故知新"，朱子亦以"温故"属之"尊德性"矣。德性岂可以外求哉？惟夫"知新"必由于"温故"，而"温故"乃所以"知新"，则亦可以验知行之非两节矣。

---

① 以阙疑殆：即阙疑阙殆，阙疑指保留有疑问之处，阙殆指不做危险之事。尤悔：过失与悔恨。《论语·为政》："子张学干禄。子曰：'多闻阙疑，慎言其余，则寡尤。多见阙殆，慎行其余，则寡悔。言寡尤，行寡悔，禄在其中矣。'"

② 语见《论语·述而》。

③ 语见《孟子·告子上》。

④ 语见《论语·卫灵公》。

⑤ 语见《孟子·告子上》。

"博学而详说之"者,"将以反说约也",若无"反约"之云,则"博学详说"者,果何事邪?舜之"好问好察",惟以用中而致其精一于道心耳。道心者,良知之谓也。君子之学,何尝离去事为而废论说?但其从事于事为、论说者,要皆知行合一之功,正所以致其本心之良知,而非若世之徒事口耳谈说以为知者,分知行为两事,而果有节目先后之可言也。

(十二)

来书云:"杨、墨之为仁义,乡愿之辞忠信,尧、舜、子之之禅让,汤、武、楚项之放伐,周公、莽、操之摄辅,漫无印正,又焉适从?①且于古今事变,礼乐名物,未常考识,使国家欲兴明堂,建辟雍,制历律,草封禅,又将何所致其用乎?②故《论语》曰'生而知之'者,义理耳。若夫礼乐名物,古今事变,亦必待学而后有以验其行事之实。此则可谓定论矣。"③

所喻杨、墨、乡愿、尧、舜、子之、汤、武、楚项、周公、莽、操之辨,与前舜、武之论,大略可以类推。古今事变之疑,

---

① 杨:杨朱。墨:墨子。杨、墨之为仁义:指杨、墨虽不知仁义,但也自认为其行仁义之道。乡愿:外貌似忠厚,而实则苟合世俗名利之人。辞忠信:以忠信为辞,即将忠信挂嘴边。子之(?—前314),战国时燕国权臣,燕王哙年老不问政,国事皆决于子之。子之后为齐人所杀。楚项:项羽。莽:王莽。操:曹操。漫:通漫,不切实际。顾氏以上述诸事质疑阳明,仅凭内心良知,不足以说明上述诸事是否合乎儒家的规范。

② 明堂:古代朝廷宣明政教、举行大典之处。辟雍:古代天子教育贵族子弟的大学处所。

③ 此处顾氏认为,孔子讲的"生而知之",其具体内容只能是义理,其他"礼乐名物"类的知识均是经验性的,必须学而后知。

前于良知之说，已有规矩尺度之喻，当亦无俟多赘矣。至于明堂、辟雍诸事，似尚未容于无言者。然其说甚长，姑就吾子之言而取正焉，则吾子之惑将亦可少释矣。夫明堂、辟雍之制，始见于吕氏之《月令》，汉儒之训疏，六经、四书之中，未尝详及也。①岂吕氏、汉儒之知，乃贤于三代之贤圣乎？齐宣之时，明堂尚有未毁，则幽、厉之世，周之明堂皆无恙也。②尧、舜茅茨土阶，明堂之制未必备，而不害其为治；幽、厉之明堂，固犹文、武、成、康之旧，而无救于其乱。何邪？岂能"以不忍人之心"而"行不忍人之政"，③则虽茅茨土阶，固亦明堂也；以幽、厉之心，而行幽、厉之政，则虽明堂，亦暴政所自出之地邪！武帝肇讲于汉，而武后盛作于唐，其治乱何如邪？④天子之学曰辟雍，诸侯之学曰泮宫，皆象地形而为之名耳。⑤然三代之学，其要皆所以明人伦，非以辟不辟，泮不泮为重轻也。孔子云："人而不仁，如礼何！人而不仁，如乐何！"⑥制礼作乐，必具中和之德，声为律而身为度者，然后可以语此。若夫器数之末，乐工之事，祝史之守，故曾子曰"君子所贵乎道者三""笾豆之事，则

---

① 吕氏：本指吕不韦。在这里指《吕氏春秋》一书。
② 王阳明此说本《孟子·梁惠王下》。
③ 语见《孟子·公孙丑上》。
④ 此所引的两个典故，一是指汉武帝即位之初，即议立明堂之事；二是指武则天亦曾毁乾元殿而立明堂。
⑤ 辟雍、泮宫之详细内容，参见《礼记·王制》。
⑥ 语见《论语·八佾》。

有司存"也。①尧命羲、和,"钦若昊天,历象日月星辰",其重在于"敬授人时"也。②舜"在璇玑玉衡",其重在于"以齐七政"也。③是皆汲汲然以仁民之心,而行其养民之政,治历明时之本,固在于此也。羲、和历数之学,皋、契未必能之也,禹、稷未必能之也,"尧、舜之知而不遍物",虽尧、舜亦未必能之也。④然至于今,循羲、和之法而世修之,虽曲知小慧之人、星术浅陋之士,亦能推步占候而无所忒。⑤则是后世曲知小慧之人,反贤于禹、稷、尧、舜者邪?"封禅"之说,尤为不经,是乃后世佞人谀士,所以求媚于其上,倡为夸侈,以荡君心,而靡国赞。盖欺天罔人,无耻之大者,君子之所不道,司马相如之所以见讥于天下后世也。⑥吾子乃以是为儒者所宜学,殆亦未之思邪? 夫圣人之所以为圣者,以其生而知之也。而释《论语》者曰:"'生而知之'者,义理耳。若夫礼乐名物,古今事变,亦必待学而后有以

---

① 《论语·泰伯》:"曾子有疾,孟敬子问之。曾子言曰:'鸟之将死,其鸣也哀;人之将死,其言也善。君子所贵乎道者三:动容貌,斯远暴慢矣;正颜色,斯近信矣;出辞气,斯远鄙倍矣。笾豆之事,则有司存。'"笾豆:笾和豆两种祭礼器皿,引申为具体的礼器及其仪节。

② 详细内容见《尚书·尧典》。

③ 详细内容见《尚书·舜典》。璇玑玉衡,指北斗七星中的天璇、天玑、玉衡三星。七政:日、月、金、木、水、火、土七星。古人没有现代天文学中恒星与行星相区别的观念。

④ 《孟子·尽心上》:"尧、舜之知而不遍物,急先务也;尧、舜之仁而不遍爱人,急亲贤也。"此一段旨在说明,古代圣王在具体的历物知识方面并非精通,这不是他们所要关注的重点。他们关注的是"德性之知"。

⑤ 忒:差错。

⑥ 司马相如曾依据武帝要求而撰有《封禅书》,但因此被后世儒者所耻笑。

验其行事之实。"夫礼乐名物之类,果有关于作圣之功也,而圣人亦必待学而后能知焉,则是圣人亦不可以谓之"生知"矣!谓圣人为"生知"者,专指义理而言,而不以礼乐名物之类,则是礼乐名物之类无关于作圣之功矣!圣人之所以谓之"生知"者,专指义理而不以礼乐名物之类,则是"学而知之"者,亦惟当学知此义理而已,"困而知之"者,亦惟当困知此义理而已。今学者之学圣人,于圣人之所能知者,未能学而知之,而顾汲汲焉求知圣人之所不能知者以为学,无乃失其所以希圣之方①欤?凡此皆就吾子之所惑者,而稍为之分释,未及乎拔本塞源之论也。②

二

夫拔本塞源之论不明于天下,则天下之学圣人者,将日繁日难,斯人沦于禽兽夷狄,而犹自以为圣人之学。吾之说虽或暂明于一时,终将冻解于西而冰坚于东,雾释于前而云滃③于后,呶呶焉危困以死,而卒无救于天下之分毫也已!夫圣人之心,以

---

① 希圣之方:效法圣人的方法。此处阳明反对顾氏将"生知"解释成"义理",而将"礼乐名物"看成对象性知识,强调圣人的生知(义理)统率礼乐名物,两者是一体两面。

② 拔本塞源:拔本,举本也。塞源,堵塞祸患害之漫衍、流行也。语出《左传·昭公九年》:"伯父若裂冠毁冕,拔本塞源,志弃谋主,虽戎狄其何有余一人。"原文"拔本塞源"意为举起树根,堵塞源头。此处阳明所言之"本",即"致良知""知行合一"之说。而所欲塞之源,则是遮蔽了阳明良知学意义上的"天地万物一体之仁"的各种流俗之见,特别是所谓的"功利之见"。"拔本塞源"一语,亦见《二程集》卷十八伊川语录。

③ 滃:云气腾涌之貌。

天地万物为一体，其视天下之人，无外内远近。凡有血气，皆其昆弟赤子之亲，莫不欲安全而教养之，以遂其万物一体之念。天下之人心，其始亦非有异于圣人也，特其间于有我之私，隔于物欲之蔽，大者以小，通者以塞，人各有心，至有视其父子兄弟如仇雠者。圣人有忧之，是以推其天地万物一体之仁以教天下，使之皆有以克其私，去其蔽，以复其心体之同然。其教之大端，则尧、舜、禹之相授受，所谓"道心惟微，惟精惟一，允执厥中"。而其节目，则舜之命契，所谓"父子有亲，君臣有义，夫妇有别，长幼有序，朋友有信"五者而已。① 唐、虞、三代之世，教者惟以此为教，而学者惟以此为学。当是之时，人无异见，家无异习，安此者谓之圣，勉此者谓之贤，而背此者，虽其启明如朱，亦谓之不肖。② 下至闾井、田野、农、工、商、贾之贱，莫不皆有是学，而惟以成其德行为务。何者？无有闻见之杂，记诵之烦，辞章之靡滥，功利之驰逐，而但使之孝其亲，弟其长，信其朋友，以复其心体之同然。是盖性分③之所固有，而非有假于外者，则人亦孰不能之乎？学校之中，惟以成德为事。而才能之异，或有长于礼乐，长于政教，长于水土播植者，则就其成德，而因使益精其能于学校之中。迨夫举德而任，则使之终身居

---

① 此一大段是阳明有关"仁者与万物一体"思想的集中表达。此为宋明儒者关于"仁"的新解。始于张载《乾称篇》，同时代二程及其弟子，南宋朱子、陆九渊等，皆大体认同此说，只是具体表述或有差异，并带有各自的学术取向。此处有关"五伦"的具体说法，参见《孟子·滕文公上》。

② 启明：开明通达。朱：丹朱，尧之子。不肖：不贤无才。《孟子·万章上》："丹朱之不肖，舜之子亦不肖。"

③ 性分：每个人心中的本性。分：音 fèn。

其职而不易。用之者惟知同心一德，以共安天下之民，视才之称否，而不以崇卑为轻重，劳逸为美恶；效用者亦惟知同心一德，以共安天下之民，苟当其能，则终身处于烦剧而不以为劳，安于卑琐而不以为贱。当是之时，天下之人熙熙皞皞①，皆相视如一家之亲。其才质之下者，则安其农、工、商、贾之分，各勤其业，以相生相养，而无有乎希高慕外之心。其才能之异，若皋、夔、稷、契者，则出而各效其能。若一家之务，或营其衣食，或通其有无，或备其器用，集谋并力，以求遂其仰事俯育之愿，惟恐当其事者之或怠而重己之累也。故稷勤其稼，而不耻其不知教，视契之善教，即己之善教也；夔司其乐，而不耻于不明礼，视夷之通礼，即己之通礼也。②盖其心学纯明，而有以全其万物一体之仁，故其精神流贯，志气通达，而无有人己之分，物我之间。譬之一人之身，目视，耳听，手持，足行，以济一身之用。目不耻其无聪，而耳之所涉，目必营焉；足不耻其无执，而手之所探，足必前焉。盖其元气充同，血脉条畅，是以痒疴③呼吸，感触神应，有不言而喻之妙。此圣人之学所以至易至简，易知易从，学易能而才易成者，正以大端惟在复心体之同然，而知识技能非所与论也。

---

① 熙熙：和乐之状。皞皞：广大自得之状。皞，音hào。《孟子·尽心上》："王者之民，皞皞如也。"

② 稷、契、夔、夷都是舜的四位大臣。稷：舜时农官。契：舜时教官。夔：舜时乐官。夷：舜时礼官。称伯夷。具体内容参见《尚书·尧典》《尚书·舜典》。

③ 痒疴：指疾病。

十三　王阳明著作选

三代之衰，王道熄而霸术焻①；孔、孟既没，圣学晦而邪说横。教者不复以此为教，而学者不复以此为学。霸者之徒，窃取先王之近似者，假之于外，以内济其私己之欲，天下靡然而宗之，圣人之道遂以芜塞。相仿相效，日求所以富强之说，倾诈之谋，攻伐之计，一切欺天罔人，苟一时之得，以猎取声利之术，若管、商、苏、张之属者，至不可名数。②既其久也，斗争劫夺，不胜其祸，斯人沦于禽兽、夷狄，而霸术亦有所不能行矣。世之儒者，慨然悲伤，搜猎先圣王之典章法制，而掇拾修补于煨烬之余；盖其为心，良亦欲以挽回先王之道。圣学既远，霸术之传积渍已深，虽在贤知，皆不免于习染，其所以讲明修饰，以求宣畅光复于世者，仅足以增霸者之藩篱，而圣学之门墙，遂不复可睹。于是乎有训诂之学，而传之以为名；有记诵之学，而言之以为博；有词章之学，而侈之以为丽。若是者，纷纷籍籍，群起角立于天下，又不知其几家，万径千蹊，莫知所适。世之学者，如入百戏之场，谨谑跳踉③，骋奇斗巧，献笑争妍者，四面而竞出，前瞻后盼，应接不遑，而耳目眩瞀④，精神恍惑，日夜遨游淹息⑤其间，如病狂丧心之人，莫自知其家业之所归。时君世主，亦皆昏迷颠倒于其说，而终身从事于无用之虚文，莫自知其所谓。间有觉其空疏谬妄、支离牵滞，而卓然自奋，欲以见诸行事之实

---

① 焻：chàng，盛行。
② 管、商、苏、张：管，管仲。商，商鞅。苏，苏秦。张，张仪。
③ 跳踉：跳跃。踉，liáng。
④ 眩瞀：眼花。瞀，mào。
⑤ 淹息：停留。

者，极其所抵，亦不过为富强功利、五霸之事业而止。圣人之学日远日晦，而功利之习愈趋愈下。其间虽尝瞀惑于佛、老，而佛、老之说卒亦未能有以胜其功利之心；虽又尝折衷于群儒，而群儒之论终亦未能有以破其功利之见。盖至于今，功利之毒沦浃于人之心髓，而习以成性也几千年矣。相矜以知，相轧以势，相争以利，相高以技能，相取以声誉。其出而仕也，理钱谷者则欲兼夫兵刑，典礼乐者又欲与于铨轴①，处郡县则思藩臬②之高，居台谏③则望宰执之要。故不能其事，则不得以兼其官；不通其说，则不可以要其誉；记诵之广，适以长其敖也；知识之多，适以行其恶也；闻见之博，适以肆其辨也；辞章之富，适以饰其伪也。是以皋④、夔、稷、契所不能兼之事，而今之初学小生皆欲通其说，究其术。其称名僭号⑤，未尝不曰"吾欲以共成天下之务"，而其诚心实意之所在，以为不如是则无以济其私而满其欲也。呜呼！以若是之积染，以若是之心志，而又讲之以若是之学术，宜其闻吾圣人之教，而视之以为赘疣枘凿⑥。则其以良知为未足，而谓圣人之学为无所用，亦其势有所必至矣！呜呼！士生斯世，而尚何以求圣人之学乎！尚何以论圣人之学乎！士生斯世，而欲以为学者，不亦劳苦而繁难乎！不亦拘滞而险艰乎！呜呼，可悲也

---

① 铨轴：犹衡轴，这里指中枢要职。
② 藩臬：藩司和臬司的合称，即布政使和按察使。
③ 台谏：谏官。宰执：宰相也。
④ 皋：即皋陶，舜时刑官。
⑤ 僭号：超越本分的称呼或说法。
⑥ 赘疣：肉瘤，比喻无用之物。枘凿：原指榫头和卯眼，若两者一方一圆，则不相吻合。

已！所幸天理之在人心，终有所不可泯，而良知之明，万古一日，则其闻吾拔本塞源之论，必有恻然而悲，戚然而痛，愤然而起，沛然若决江河，而有所不可御者矣！非夫豪杰之士，无所待而兴起者，吾谁与望乎！①

---

① 王阳明结尾处呼唤"无所待"而一本自心之天理良知的豪杰，以振拔人心，化民成俗。无所待而兴起：典出《孟子·尽心上》："待文王而后兴者，凡民也。若夫豪杰之士，虽无文王犹兴。"

十四　黄宗羲著作选

题解： 黄宗羲（1610—1695），字太冲，号南雷，别号梨洲，浙江余姚人，明清之际重要的思想家之一。其重要的作品有《明夷待访录》《明儒学案》这两部著作。《明夷待访录》极富民主性的思想精髓，而《明儒学案》在一定的意义上开创了断代儒学思想史的写作方式。

原　君

题解：《明夷待访录》较为系统地反思了传统君主专制政治在根本制度上的缺陷，并针对明代政治的具体问题，在建都、财政、科举制度、阉宦制度等具体政治学问题方面，亦有诸多颇有见地的论述。该书最具有政治哲学意味的篇章是《原君》《原臣》《原法》《置相》四篇。因"精读"选本的体例限制，今暂选《原君》一篇。原君，即推源君之所以为君的职分。按照黄宗羲的理解，理想中的"国君"应该"兴公利，除公害"，而不把天下视为一家一姓的私有财产。黄氏将这一理想中的君，以托古的方式称之为"古之君"，而与尧舜以后私天下的"后之君"区别开来。"今之君"将"天下"视为自己的私有财产，而且将自己的私利冒充为天下人的公利，禁止天下人为自己的私利而劳作。"今之君"与天下人为敌，实际上是天下的罪魁祸首。故而其君位被天下人所觊觎。历史上的政治悲剧之所以一幕接一幕地重演，主要是"后之君"不理解君之为君的"职分"。故《原君》篇试图在政治哲学的理论层面阐明为君之"职分"，进而消除历史上不断重演的政治悲剧。该篇还从政治哲学的视角阐明了人性本私的特质，以及作为普遍的人性之特质的自私性的合理性。这一点是儒家人性论思想的一种突破。

有生之初，人各自私也，人各自利也；天下有公利而莫或兴之，有公害而莫或除之。① 有人者出，不以一己之利为利，而使天下受其利；不以一己之害为害，而使天下释其害；此其人之勤劳必千万于天下之人。夫以千万倍之勤劳，而己又不享其利，必非天下之人情所欲居也。② 故古之人君，去之而不欲入者，许由、务光是也；入而又去之者，尧舜是也；初不欲入而不得去者，禹是也。岂古之人有所异哉？好逸恶劳，亦犹夫人之情也。③

---

① 此为假设语。黄宗羲认为，人类开初之际，就其自然的倾向而言，是自私、自利的，整个社会上的公利没有人去提倡，公害没有人起来消除。莫或：没有人。

② 人情：即人性所生发出来的一种自然的心理倾向，是一种带有普遍性的自然人性。居：安享也。黄氏此处所论，颇有新意。若有人兴公利，除公害，勤苦超过普通人的千万倍而自己又不享受这种勤苦带来的好处，这是不符合"人情"的。言下之意，依据人情，有所劳，必有所得。

③ 黄氏将"好逸恶劳"看作是普遍的"人情"，尧舜、大禹这样的儒家大圣人也不能违背这种"人情"，可见，作为人性的自然表现，即一种自然的人性，凡人与圣人，在"好逸恶劳"这一点上都是相同的。这一思想与李贽在《焚书》中提出的圣凡均有"势利之心"等论述，有高度的相似性。

后之为人君者不然,以为天下利害之权①皆出于我,我以天下之利尽归于己,以天下之害尽归于人,亦无不可;使天下之人不敢自私,不敢自利,以我之大私为天下之大公。②始而惭焉,久而安焉,视天下为莫大之产业,传之子孙,受享无穷;汉高帝所"某业所就,孰与仲多"者,其逐利之情,不觉溢之于辞矣。③此无他,古者以天下为主,君为客,凡君之所毕世而经营者,为天下也。④今也以君为主,天下为客,凡天下之无地而得安宁者,为君也。⑤是以其未得之也,屠毒天下之肝脑,离散天下之子女,以博我一人之产业,曾不惨然。⑥曰:"我固为子孙创业也。"其既得之也,敲剥天下之骨髓,离散天下之子女,以奉我一人之

---

① 利害之权:即趋利避害的取舍力。此处即可解释为趋利避害的政治权力。

② 此一段所论,对历史上的王权或皇权做了一个颠覆性的论断,即王权或皇权,实际上是将自己的私利冒充为代表天下人的公利,而且让天下的人都不敢自私自利。

③ 某业所就,孰与仲多:语出《史记·高祖本记》。汉高祖刘邦夺取天下后,向自己的父亲夸耀道:看看我的事业所得到的结果,与二哥做生意所得的家产哪个更多一些?逐利之情:追逐利益的心理状态。此处"情"字,与上文所提及的"人情"不是同一个概念。此处,黄氏非常深刻而辛辣地讽刺了秦汉以后的君主把天下当作个人家产经营的错误观念。

④ 此处黄氏所论,需要深入分析。他的假设是:古代君王是出于公心为天下服务。因为是为天下服务而又不能享受好处,所以他们总希望把天下让出去。"天下为主君为客"的命题,是明末清初先进士人重新复活先秦诸子优秀政治思想的典型命题,成为中国社会内部萌芽的早期民主政治思想。

⑤ 秦汉以后的君王(即今之君主)将自己看作是天下的主人,百姓为天下的客人,故而天下之大,没有一个地方是安宁的,原因就在于他们将天下人的利益收归己有。上下文中的"古今"并无确定的时间界限,只是一种方便的论述方式。这是"古今对立"的早期表述形式之一。

⑥ 博我一人之产业:博,获取,夺取也。曾不惨然:并不以之为惨烈之状。曾不,类似现代汉语"并不"的意思。

淫乐，视为当然。曰："此我产业之花息也。"然则为天下之大害者，君而已矣。① 向使无君，人各得自私也，人各得自利也。② 呜呼！岂设君之道固如是乎？③

古者天下之人爱戴其君，比之如父，拟之如天，诚不为过也。今也天下之人怨恶其君，视之如寇仇，名之为独夫，固其所也。④ 而小儒规规焉⑤ 以君臣之义无所逃于天地之间，⑥ 至桀纣之暴，犹谓汤武不当诛之，而妄传伯夷、叔齐无稽⑦之事，乃兆人万姓崩溃之血肉，曾不异夫腐鼠。岂天地之大，于兆人万姓之

---

① 此一段论述，可谓石破天惊。庄子、鲍敬言、无能子、邓牧等人的"无君论"思想，虽也暗含"君害论"的思想萌芽，但没有黄宗羲如此明确地宣称君为"天下之大害"，而且黄氏是在肯定万民私利具有合理性的新思想基础上来宣扬"君害论"。

② 黄宗羲的"无君论"思想是以肯定"人各自私，人各自利"的正当性为其思想前提。但黄宗羲似乎并未意识到"人各自私，人各自利"是否会导致丛林法则的问题。他似乎只是隐约地意识到公利莫兴，公害莫除，需要有大公无私的圣人出来，"兴公利，除公害"。

③ 此处对"设君之道"提出新的追问，具有思想的启蒙意义。

④ 此处两句话，将"古之君"与"今之君"对立起来，肯定古代君臣如父子的关系。同时也肯定后来"君臣如寇仇"的关系，理由是古之君爱民，今之君祸民。独夫：此语从《孟子·梁惠王下》"闻诛一夫纣，未闻弑君也"化出。独夫，一夫也。固其所：即本来得其所当得之位或之名。固，本来。

⑤ 规规焉：浅陋拘泥的样子。

⑥ 君臣之义无所逃于天地之间：此本为《庄子·人间世》中的一句话，是庄子借孔子之口道出的人生在世的两大约束之一。后来宋明儒在天理论的视域下，将其转为一种普遍而客观的人伦法则。

⑦ 无稽：没有根据。

中，独私其一人一姓乎！①是故武王圣人也，孟子之言，圣人之言也，后世之君，欲以如父如天之空名，禁人之窥伺者，皆不便于其言，至废孟子而不立，②非导源于小儒乎！

虽然，使后之为君者，果能保此产业，传之无穷，亦无怪乎其私之也。既以产业视之，人之欲得产业，谁不如我？摄缄縢，固扃鐍，③一人之智力，不能胜天下欲得之者之众，远者数世，近者及身，其血肉之崩溃在其子孙矣。昔人愿世世无生帝王家，而毅宗之语公主，亦曰"若何为生我家"！④痛哉斯言！回思创业时其欲得天下之心，有不废然摧沮⑤者乎！是故明乎为君之职分，

---

① 此处以反问的口气道出了"公天下"的政治理想。不以天下私一人一姓，天下乃天下人之天下，先秦诸子中也有这种思想，是上古公天下的"史影"在诸子思想中的投射。黄宗羲、王夫之、顾炎武等一批思想家，在新的思想基础上重新提倡"公天下"的政治理想，具有鲜明的反对明代专制政治的进步意义，可以说具有近代性的启蒙意义。

② "废孟子不立"之事，是指朱元璋于洪武二十七年（1394年）删除《孟子》一书中有关内容，刊印《孟子节文》作为科举的官方教材。其主要原因是《孟子》一书中有"民贵君轻"等不利皇权专制的思想内容。他甚至想取消孟子"亚圣"的称号，但最终没有成功。而朱元璋死后，《孟子节文》一书也就很少见到了。此处黄宗羲不便直接指责朱元璋，仅托之于对"小儒"的批判而暗暗地指向朱元璋。

③ 摄缄縢，固扃鐍：即拿着捆信件的绳索，加固锁钥门闩之类的东西。此处意为严防死守自己的私有财产。摄，拿也。缄縢，皆绳索也。固，加固也。扃鐍，锁钥、门闩之类的东西。语出《庄子·胠箧》篇。

④ 毅宗：明末崇祯皇帝朱由检。他在北京景山上吊自杀之前，命周皇后、袁贵妃自尽，又亲手用剑砍掉十五岁的女儿长平公主双臂，长平公主当场昏死。接着又砍死了几位嫔妃，并命左右催懿安张皇后自尽。若何：你们为什么。若：你们。何：为什么。

⑤ 废然摧沮：沮丧失望而受挫的样子。

则唐虞之世,①人人能让,许由、务光非绝尘也;不明乎为君之职分②,则市井之间,人人可欲,许由、务光所以旷后世而不闻也。③然君之职分难明,以俄顷④淫乐不易⑤无穷之悲,虽愚者亦明⑥之矣。

明儒学案序⑦

题解:此段节选出来的序文,主要体现了黄宗羲开放的学术史观。大体上有三层意思:其一曰,人与天地万物一体,理在吾人心中,故探求天地万物之理,可以通过探求先儒之心而得之;其二曰,道体广大,先儒在道体所探求的一得之见,相反之论均有价值,可以构成儒家殊途百虑之学而最终归于道;其三曰,明代先儒

---

① 唐虞之世:即尧舜的时代。唐尧虞舜,尧初封于陶,后又封于唐,又称陶唐氏。舜属于古代有虞氏部落,曾定都蒲坂(今山西永济蒲州镇),后简称虞舜。尧以封地称唐氏或陶唐氏,舜以部落称虞氏或有虞氏。

② 职分:词汇的浅表意思是指职责上应尽的义务。实际上类似"天职"的概念。为君的职分,即作为国君这一职位所应当有的天然责任与义务。《吕氏春秋》中有"立君为民""为天下",非为一人等诸论述,可以作为黄宗羲所理解的"职分",与现代汉语所讲的某一具体工作岗位的责任还不完全相同。黄宗羲此处提出的"职分"概念,可以作为一个具有特殊含义的政治哲学概念来加以理解。

③ 许由、务光:传说中的道家人物,他们蔑视王权,放弃可以拥有的王位。宁愿过一种自由自在的生活。旷后世:空后世也。意谓后无来者。

④ 俄顷:片刻,一小会儿。

⑤ 不易:不交换。

⑥ 明:明白,理解也。

⑦ 此序是黄宗羲的第三稿。《明儒学案序》共有三稿。第二段文字所选,为第一稿的片断。

在学术研究方面有众多贡献，特别是在廓清佛、老异端思想方面有特殊的贡献。要而言之，明代诸先儒的讲学，各家主旨不尽相同，然而对于儒家广大的道体皆有所见，因而对于丰富儒学都做出了各自的贡献。《明儒学案》的主旨就在于揭示明儒各自的独特学术贡献，而不持守狭隘的门户之见。虽然，黄宗羲在主观上表现出开放的儒学观念，但对李贽等"异端"思想家还是采取了坚决的排斥态度。故《明儒学案》也有自己鲜明的"党性"原则。

  盈天地皆心也。^①人与天地万物为一体，故穷天地万物之理，即在吾心之中。后之学者，错会前贤之意，以为此理悬空于天地万物之间，吾从而穷之，不几于义外乎？^②此处一差，则万殊不能归一。夫苟工夫著到，不离此心，则万殊总为一致。^③学术之

---

  ① 盈天地皆心："盈……皆……"，是明清时期哲学家惯用句式，类似的表达有"盈天地皆气""盈天地皆道"等。心：黄宗羲思想中核心概念之一。其核心意思是"气之条理"的状态，就人而言，是指人所具有的能动的、理性的精神状态，他具有一定的个体性特征。此处将"穷理"转化成"穷心"，与朱子学有异，与阳明学有内在联系。但此处的"心"不是阳明学中先验的良知，而是明代诸儒对于儒家所坚持的根本秩序——天理的独特性理解。序文主要揭示《明儒学案》的主旨，让读者理解为何肯定不同儒者的"一得之见"，甚至是"相反之论"的道理。

  ② 此处借孟子义内、义外之辨，来讨论宋明儒者长期争论的理心关系问题。朱子学坚持"理"是先验的，逻辑上是先于心而不外于心。陆九渊、王阳明等心学家，则坚持心即理，理在心中。但陆、王之"心"的核心内容是指先验的道德理性，其次才是一般意义上的灵明、知觉。黄宗羲此序中所指之"心"，则主要是指诸儒对儒家经典独到的思想认识与学术主旨。此处不可不辨。

  ③ 工夫著到：即此个人的学术努力过程及其方法到了应到的火候。不离此心：此心即是"盈天地皆心"的"心"，是"道体"在个别儒者精神中的体现。虽为万殊，然不离道体。

不同，正以见道体之无尽，即如圣门师、商之论交，游、夏之论教，何曾归一？终不可谓此是而彼非也。①奈何今之君子，必欲出于一途，剿其成说②，以衡量古今，稍有异同即诋之③为离经畔道，时风众势，不免为黄茅白苇之归耳。④

夫道犹海也，江、淮、河、汉以至泾、渭、蹄涔，⑤莫不昼夜曲折以趋之，其各自为水者，至于海而为一水矣。使为海若者汰然⑥自喜曰："咨尔⑦诸水，导源而来，不有缓急平险、清浊远近之殊乎？不可谓尽吾之族类也，盍⑧各返尔故处。"如是则不待尾闾⑨之泄，而蓬莱有清浅之患矣。今之好同恶异者，何以异是？

---

① 道体无尽：道体广大无边，非一人所能独占。诸儒之心的丰富性，恰能见证道体的广大无边。此处，黄宗羲用古色古香的经学语言，阐发着现代性的学术自由、多元的意蕴。师、商论交：子张，名颛孙师，子夏，名卜商。他们二人论交友之道的观点，见《论语》第十九篇。子夏的观点是："可者与之，其不可者拒之。"子张的观点是："君子尊贤而容众，嘉善而矜不能。我之大贤与，于人何所不容。我之不贤与，人将拒我，如之何其拒人也。"游、夏论教：游，子游，名偃。孔门十哲之一。夏，子夏。子夏认为，君子之学，下学而上达，故"洒扫应对进退"都是儒家的学问。子游则认为，这是儒家学问的细枝末节。二人论教的主张见《论语·子张》第十二。

② 剿其成说：剿，取也。成说：固有之学说、思想或观点。此处指不正确的旧学说、成见。

③ 诋之：呵斥之。

④ 黄茅白苇之归耳：黄茅、白苇，两种草本植物，不像树木比较坚挺，随风而倒。此处喻指学者没有主见，随风而倒。

⑤ 蹄涔：牛马之蹄坑中的积水。"道犹海"之喻，无非是揭示道体广大，像大海可纳任何细流之水一样，可以包容各种言之成理，持之有故的学术观点。

⑥ 海若：《庄子·秋水》篇中寓言人物，海神。汰然：骄傲的样子。

⑦ 咨尔：咨，通兹。兹尔，你们这些。

⑧ 盍：何不。

⑨ 尾闾：传说中大海的尾部，每天有大量的海水从中泄出。

有明事功文章，未必能越前代，至于讲学，余妄谓过之。诸先生学不一途，师门宗旨，或析之为数家，终身学术，每久之而一变。二氏①之学，程、朱辟之未必廓如②，而明儒身入其中，轩豁呈露③。用医家倒仓之法④，二氏之葛藤⑤，无乃为焦芽⑥乎？诸先生不肯以懵懂精神冒人糟粕⑦，虽或浅深详略之不同，要不可谓无见于道者也。

明儒学案序（原稿）

盈天地皆心也，变化不测，不能不万殊。心无本体，工夫所至，即其本体。故穷理者，穷此心之万殊，非穷万物之万殊也。是以古之君子宁凿五丁之间道⑧，不假邯郸之野马，⑨故其途亦不

---

① 二氏：指佛教与老子为代表的道家学说。

② 廓如：干干净净。

③ 轩豁呈露：轩豁，开朗。意谓明儒介入对二氏学说的批判，使得儒家学说朗然呈现，完成了宋儒批判佛、老二氏未竟之事业。

④ 倒仓之法：属于医学治疗胃胀病的一种方法，或使呕吐，或使腹泻，要之使病人清空胃中所积之陈物。

⑤ 葛藤：一种蔓状植物，此处喻指纠缠。

⑥ 焦芽：焦死之状的植物之芽。

⑦ 懵懂精神：昏暗不清晰的思想。冒人糟粕：贪取他人学术的糟粕。

⑧ 五丁之间道：典故见扬雄《蜀王本纪》，意谓秦惠王为了讨伐蜀国，刻五头大石牛，后面放着黄铜。蜀王以为此五牛为神牛，产金，于是便命五壮士开凿山道，把石牛拉回去。秦惠王因此而可以有通道伐蜀了。此处黄宗羲仅取此典故中五壮士不辞辛苦，开辟新途的创新意义项，其他的意思皆不取。

⑨ 不假邯郸之野马：野马，古代北方的一种良马。古代邯郸盛产此种良马，但属于现成的，固有的。黄宗羲在此主要取其守旧之意，即不利用现成的好的东西。两句合在一起，意思主张学术创新，而不取现成的好的东西。

得不殊。奈何今之君子，必欲出于一途，使美厥灵根①者，化为焦芽绝港②。夫先儒之语录，人人不同，只是印我之心体变动不居。若执定成局，终是受用不得。此无他，修德③而后可讲学。今讲学而不修德，④又何怪其举一而废百乎！

---

① 美厥灵根：即本根也。此处黄宗羲借扬雄《太玄经·养之初一》中"藏心于渊，美厥灵根"一句的后半句之词，喻儒家的心性与道德。

② 绝港：与外在水源断绝的断头港口，不能外航。两句合在一起，黄宗羲旨在批评使学术必出一途的害处在于，让事物丧失生长、发展的机会。此处实从"用"的角度来阐发"体"，无"用"则"体"亦能发挥作用。明代诸儒在学术方面所展示出的"心"，即一得之见，可使儒家之道体广大、流行。

③ 修德：此处即是根据自己的人生体证，以个体化的方式来体现儒家之道体。无道德的独特体证，即不可讲学。此处黄氏强调道德实践的"工夫"。没有自己在人生实践中的工夫，即不配去讲儒学。

④ 讲学而不修德：即是照着经传的文本、定解来阐述儒家之道，故只能墨守一家之言，儒家之道的广大、多元的特性就被遮蔽了。

十五　王夫之著作选

题解：王夫之（1619—1692），字而农，号姜斋，湖南衡阳人，明末清初著名思想家。他的主要哲学著有二十余种，此处节选了他的《周易外传》和《尚书引论》。

周易外传

题解：《周易外传》是王夫之三十六岁时撰写的一部哲学著作，他利用经学史上"外传"这一相对比较自由的解经体例，阐发自己的哲学思想。《周易外传》鲜明地坚持了气本论的朴素唯物论的思想路线，在道器观方面阐发出了非常精彩的道者器之道，道不离器，即器言道，圣人治器而非治道等系统的唯器论思想体系。下文所选的三段文献，主要从三个方面简明地展示王夫之朴素的唯物论以及朴素的辩证法思想。"大有"卦所选段落着重从世界的客观实在性——大有的角度，来揭示王夫之哲学唯物论立场与认识世界的方法。《系辞》（上传）所选，着重揭示王夫之"唯器论"思想体系中重视研究具体实在物的思想倾向，以及所包含的"对他年之道"的憧憬。《说卦传》部分所选的文字，主要突出王夫之的辩证法思维，反对以邵雍为代表的象数易学所坚持的反辩证法的"形而上学"的思维方式。

夫之五十岁时自撰观生堂对联：六经责我开生面，七尺从天乞活埋。在"天崩地解"的明清之际，王夫之自觉地从"六经"出发，努力发掘中华民族文化的生机与希望。同时，他对老子为代表的道家与佛教的"异端"思想，又采取了"入其垒，袭其辎，暴其恃而见其瑕"的批判继承的方法。

此处选文，均依据岳麓书社出版的湖湘文库2011年版《船山全书》。

大有

天下之用，皆其有者也。①吾从其用而知其体之有，岂待疑哉！用有以为功效，体有以为性情，体用胥有而相需以实，故盈天下而皆持循之道。②故曰："诚者物之终始，不诚无

---

① 用：作用。泛指一切现象，现实的功能与机能。有：实有。泛指人的理性认知可以把握的客观实体。故此处之"有"实际上可视之为"体"或"实体"。传统中国哲学中"体"或"实体"，与西方哲学的本体之体有某些方面的类似性，但在整体的哲学思维框架上不可完全等同视之。

② 用有：用的实在性。用的实在性表现为物的客观、实际功效。体有：体的实在性。体的实在性表现为物的性情。以中医为例，每一种草药，如大黄等均有其实体形态，其性情则表现为寒凉，其功效为通便利尿，总的效用是解毒。而这种功用在临床实践中也是实在的，而不是想象的。胥有：都有。胥，都也。体用胥有相需以实：即体与用都表现为实在客观性，相互之间以实际的、实在的效果呈现出来。盈天下：盈，充也。盈天下，即充满整个世界。持循之道：可以客观把握并且必须遵循的根本法则。此处，王夫之将宋明理学的伦理学思维转向一种带有近代认识论特色的思维，要求我们学会把握客观世界的实体及其功能的客观性，从而达到对客观世界的准确认识。《周易外传》可以说开创了中国传统哲学近代认识论的转向。

物。"①

何以效之？②有者信也，无者疑也。昉③我之生，洎④我之亡，祖祢⑤而上，子孙而下，观变于天地而见其生，⑥有何一之可疑者哉？桐非梓，梓非桐；狐非狸，狸非狐。⑦天地以为数，圣人以为名。⑧冬不可使炎，夏不可使寒；参不可使杀，砒不可使活。⑨此春之芽絜彼春之苗，而不见其或贸。⑩据器而道存，离

---

① 此处引文出自《中庸》下篇。然王夫之主要是从认识论的角度来解释传统儒家"诚"的概念。此处的"诚"就是"大有"，即今天辩证唯物论哲学所讲的客观实在。然王夫之还只知道自然世界的客观实在性，对人类社会活动所具有的客观性，似乎还没有明确的意识，因而基本上是朴素的唯物论者，与费尔巴哈类似。

② 效之：验之也。何以效之：以何效之。

③ 昉：始也。昉，音 fǎng。

④ 洎：到某某为止。洎，音 zì。

⑤ 祖祢：祖，指祖父或曾祖父。祢，死去的父亲在庙中称之为祢。此处代指亡父。祢，音 mí。

⑥ 观变于天地见其生：从天地（体）审察变化的现象（用）而看到生生不已的变化效用。祖、父、子、孙是体而他们的生命存在表现为生死变化的现象——用，也是实在的。我们不能因为没有见过祖父或者曾祖父，就可以否认曾祖父的存在（有）。

⑦ 此一句主要是讲物皆有其体，不同的物有不同的体，因而也有不同的用。这是不用怀疑的。桐梓：桐，中国的梧桐树，非今日的法国梧桐。梓，楸树也。

⑧ 此两句当是对上一句的总结，桐梓狐狸四物，从天地的角度看是万物之数而已，在圣人看来，这四物即是不同的名。数与名皆可视之为用，而数、名必依有——具体之实物而产生，非无故而有数与名也。

⑨ 此一句强调物性之客观实性与不以人的意志为转称的特征。人无法使冬天变得炎热，同理人也不能使夏天变得寒凉。不能用人参杀人，不能用砒霜来活人。当然，这并不妨碍人防寒消暑，偶用少量砒霜攻治特殊恶症。

⑩ 絜：结也，挈也，音 xié。贸：变迁。人看不见春天的变迁而只看此处春芽与彼处春芽次第而展开。

器而道毁。①

其他光怪影响、妖祥倏忽②者，则既不与生为体③矣。不与生为体者，无体者也。④夫无体者，惟死为近之。⑤不观天地之生而观其死，岂不悖与！

圣人之于祭祀，于无而聚之以有，以遇其忾息。⑥异端之于水火，于有而游之以无，以变其濡爇，则何其言之河汉也。⑦

……

---

① 此两句是王夫之道器观的典型主张。万物皆器，道依存于器而存在，离开了具体的器物就没有所谓的道。作为一种系统的哲学主张，王夫之的道器观非常深刻，但不是绝对的真理。上述的具体论证也有可以商榷的地方。

② 光怪影响、妖祥倏忽：指自然界一切偶然、临时性的现象。

③ 则既不与生为体：既，结束。不参与生生之实在的过程之中。与，音yù。人类的生命结束了，则有后代。故每一个体生命结束了，但因为他参与了生生的过程之中，故可以称之为"死而不亡"。光怪影响、妖祥倏忽的偶发现象却不是这样的。

④ 王夫之的意思是：有体必用。若如妖祥等现象不参与到体之中，则实际上是没有体。没有体则是暂时的、偶发的现象。

⑤ 王夫之此处所说的"无体"，是相对天地以"生生"为体而言的。那种偶发的现象，倏忽而现，倏忽而灭，无以为继，是真正的死亡。王夫之囿于易哲学"生生之谓易"的经学思想束缚，以为天地之体所展示出的用即是生生不已的现象和过程。人当观其生生而不当观其死亡。"光怪影响、妖祥倏忽"等现象，如果是现象，或者是"用"，必有其体。上述王夫之所论并不圆通。

⑥ 圣人：儒家思想中尽伦尽制的伟人。萃：聚集。忾息：太息，至息。此句意谓：圣人祭祀，是在看不见人的地方聚集起天地的"生生"之体，以便于与至息的气相遇。无：祖先逝世已久，后人无法看见故曰无。有：祭祀时面对逝去的祖先而团聚起天地"生生"不绝之意，让人遥想祖先。故曰"萃之以有"。王夫之从大有、生生的本体角度来阐述儒家祭祀活动的意义。

⑦ 异端：实指佛老。游之以无：游词以使之为无。濡爇：濡，湿也。爇，热也。河汉：本义指黄河与汉水。喻指语言夸诞，不切实际。全句意谓：佛道二教对水火这种实体，用游词来说它们是虚幻的，从而改变水之湿与火之热的性质。这种观点与儒家在无之处萃聚已有的做法有巨大的区别。

故善言道者，由用以得体；不善言道者，妄立一体而消用以从之。①"人生而静"以上，②既非彼所得见矣。偶乘其聪明之变，施丹垩③于空虚，而强命之曰体。聪明给于所求，测万物而得其影响，则亦可以消归其用而无余，其邪说自此逞矣。④则何如求之"感而遂通"者，日观化而渐得其原也？⑤故执孙子而问其祖考，则本支不乱。过宗庙墟墓而求孙子之名氏，其有能亿中之者哉？⑥此亦言道者之大辨⑦也。

系辞（上传）第十二章

天下惟器而已矣。⑧道者器之道，器者不可谓之道之器也。⑨

---

① 此处王夫之将言道之人分成两类，善言道者与不善言道者。善言道者，提供正确的理论思维，通过用可以回溯到体。不善言道者，提供错误的理论思维，错误地设立一个体，从而将现实之"用"在其体之中取消掉，如异端妄用游词以取消水之湿与火之热的属性之类。

② 人生而静以上：程子："'人生而静'以上不容说，才说性时，便已不是性也。"（《二程集上·河南程氏遗书第一卷》，中华书局1981年版，第10页。）此处王夫之引此语着重对宋明理学传统中虚设的形上本体的否定，并非针对《礼记》原文而言。

③ 丹垩：指油漆粉刷。丹，红漆。垩，白土，音è。

④ 此处王夫之主要批评一切不善言道的唯心论与粗糙的唯物论者，将真正发于本体之大有的用消除殆尽，以至于各种错误的理论在世上盛行。

⑤ 用易哲学"感而遂通"的思想，从天地生生之本体考察万事万物之变化而上溯自天地之本原。用这种正确的思想来替代以上各种错误的理论及其思维方式。

⑥ 亿中：通过猜测的方式把问题碰巧搞对了。上述两句对如何溯源的方法问题进行了非常鲜明的区分，正确的方法是通过孙子来追溯祖父，错误的方式是通过宗庙或者是墟墓石碑上的名字来推测其历代先人的名字。

⑦ 大辨：根本区别。

⑧ 此为王夫之借"五经"之一的《周易》而阐发的"唯器论"哲学主张。世界的一切都是具体的器，没有任何非"器"的东西存在。器，任何一个具体的实物也。

⑨ 王夫之认为，对"道器"之间关系的正确理解是：道总是具体的器之道，但器不是先验的道所派生出的器。这一思想是典型的经验论的思维方式，与唯理论的思维方式是相对立的。

无其道则无其器，人类能言之。^①虽然，苟有其器矣，岂患无道哉？君子之所不知，而圣人知之。圣人之所不能，而匹夫匹妇能之。人或昧于其道者，其器不成；不成非无器也。^②

无其器则无其道，人鲜能言之，而固其诚然者也。^③洪荒无揖让之道，唐、虞无吊伐之道，汉、唐无今日之道，则今日无他年之道者多矣。^④未有弓矢而无射道，未有车马而无御道，未有牢醴璧币、钟磬管弦而无礼乐之道；则未有子而无父道，未有弟而无兄道，道之可有而且无者多矣。^⑤故无其器则无其道，诚然之言也，而人特未之察耳。

---

① 此一句是王夫之针对之前理学家们惯于阐发唯理论思想的总结性概述。人类能言之：学界的人们大多数能够述说"无其道则无其器"的思想观念。类，大多数。

② 此处将"器"之成和不成与"器"之有无区别开来，意在强调"器"的第一性，道的第二性和派生性。

③ 王夫之要阐发的"无其器则无其道"的新观念。鲜能言之：即很少有人能阐述这样的道理。

④ 此一段话是非常典型的朴素的历史唯物论思想。洪荒：前文明时代。揖让：人们见面时的一种相互作揖的礼节。此礼节是文明时代才有的。唐虞：尧与舜的时代。吊伐：王者凭借礼制规范慰问诸侯国出现的灾难与丧事，讨伐不正义的侵略行为。揖让之道，吊伐之道均是抽象的原则，它们是从长期的、具体的揖让、吊伐的政治与军事斗争实践（器）之中总结出来的。下文所言，是同类举证，以加强论证的力度。

⑤ 道：此处指一种系统的思想或制度。道之可有而实际上还没有建立起来的，是很多的。此处体现了王夫之在"道"的问题上所具有的开放性。但王夫之不主张人们凭空造道，而是通过研器、审器而立道。这一思想实际上开辟了认识现实世界（包括大自然）的新的哲学认识论路线。

故古之圣人，能治器而不能治道。①治器者则谓之道。道得则谓之德。器成则谓之行。器用之广则谓之变通。器效之著则谓之事业。②

故《易》有象，象者像器者也；卦有爻，爻者效器者也；③爻有辞，辞者辨器者也。故圣人者，善治器而已矣。④自其治而言之，而上之名立焉。上之名立，而下之名亦立焉。⑤上下皆名也，非有涯量之可别者也。⑥

形而上者，非无形之谓。既有形矣，有形而后有形而上。无形之上，亘古今，通万变，穷天穷地，穷人穷物，皆所未有者

---

① 治：攻玉曰治。引申为精心琢磨、研究某一物。王夫之认为，即使像周公那样治礼作乐，也是治器，而非治道。

② 此四句"谓之"，皆王夫之对道、德、行、变通、事业等概念、范畴的独特解释，并非传统经文的本义。传统经学中"外传"的体例为王夫之对《周易》经文的解释提供了广阔的理论空间。某一器制作完成便可称之"行"。行，可用之义也。一器的用途广泛，便称之为"旁通"。旁通，广泛可行之义也。某一器的现实效用非常显著，可以称之"事业"。事业本指人的巨大成就，王夫之将器之显著效用称之为"事业"，则高度肯定了百工劳作成果及其社会价值。

③ 《周易》六十四卦三百八十四爻，本是由阴阳二爻叠变而成。阴阳二爻是极其抽象的形式化符号，有多重意思。然其基本意思是男女二个性别的人。爻虽有效法之义，然并非仅仅是像器。此处的解释，以及下面两句的解释，都是王夫之借"外传"的解经形式，表达自己"尚器"的哲学思想。

④ 圣人者，善治器：器为具体之物。王夫之以为圣人以善于处理具体事物而见长。以经学的语言讲述自己面向具体事物的哲学主张。

⑤ 此就《易传》"形而上者谓之道，形而下者谓之器"两句而言。就其所治之器而言，才有形而上，无器则无形，无形则无形而上。故"而上"之名是以器为基础，无其器则无形而上。依器而有形而上，故依器才有形而下。

⑥ 上、下两个字都无非是"名"，两者之间并没有巨大的区别。涯量：巨大的差异。

也。① 故曰"惟圣人然后可以践形",践其下,非践其上也。②

故聪明者耳目也,睿知者心思也,仁者人也,义者事也,中和者礼乐也,大公至正者刑赏也,利用者水火金木也,厚生者谷蔬丝麻也,正德者君臣父子也。如其舍此而求诸未有器之先,亘古今,通万变,穷天穷地,穷人穷物,而不能为之名,而况得有其实乎?

老氏瞀于此③,而曰道在虚。虚亦器之虚也。释氏瞀于此,而曰道在寂。寂亦器之寂也。淫词炙輠,④而不能离乎器,然且标离器之名以自神,将谁欺乎?

器而后有形,形而后有上。无形无下,人所言也。无形无

---

① 无形之上:没有任何器物存在的虚无世界。王夫之认为,对于一个没有任何器物的虚无世界,从古到今,从此到彼的任何地方,都不存在。王夫之后来注张载的《正蒙》一书时,对于张载"知太虚即气则无无"的命题完全认同。《周易外传》一书已经表达了与张载"气论"类似的思想。

② 惟圣人然后可以践形:语出《孟子·尽心上》。孟子的原意是,只有圣人才能将道德原则落实在个人的生命活动之中,自己的身体形态与举止都体现出一种由仁义行的道德修养。王夫之此处所讲的"践形",虽不排斥这种道德方面的践形内涵,但又不止是这一方面,还有各种非道德的,而与改造自然、改造社会相关的"治器"方面的内容。下文所举的正德、利用、厚生诸事,皆是"践形"的内容。

③ 瞀于此:瞀,目之不明状。音 mào。此,代指上文所讲的"道是器之道"的道理。

④ 淫词炙輠:淫词,不切实际的夸诞之言。炙,灼也。中医的一种疗病方法。輠,车上盛润滑油之器皿。意谓以淫词充当行车的润滑剂。音 guǒ。王夫之此处为让步论证方式,意谓:即使用夸诞之词充当润滑剂,但也要针对具体之器物,离开了具体的器物,语言将指向什么呢?由此可见,离器则语言无内容,无意义。

上,显然易见之理,而邪说者淫曼以衍之①而不知惭。则君子之所深鉴其愚而恶其妄也。

故"作者之谓圣",作器也;"述者之谓明",述器也。②"神而明之,存乎其人",③神明其器也。识其品式,辨其条理,善其用,定其体,则"默而成之,不言而信"④。成器在心,而据之为德也。⑤

呜乎!君子之道,尽夫器而止矣。辞,所以显器而鼓天下之动,使勉于治器也。王弼曰:"筌非鱼,蹄非兔。"⑥愚哉,其言之乎!筌、蹄一器也,鱼、兔一器也,两器不相为通,故可以相致,而可以相舍。⑦形而上者谓之道,形而下者谓之器,统之乎

---

① 淫曼以衍之:以过分夸诞、枝蔓的方式以推理。衍,推演。庄子有"以卮言为曼衍"之说。曼衍,超越形式逻辑分类的推演。王夫之此处应该是化用了庄子之语。

② 此两句的引文,出自《礼记·乐记》:"故知礼乐之情者能作,识礼乐之文者能述。作者之谓圣,述者之谓明。明圣者,述作之谓也。"王夫之将《乐记》中的意思加以改铸,以作器、述器来代替制礼作乐。

③ 此为《易传·系辞》(上传)中的原文。王夫之亦是从"明器"的角度来解释经文的,与原文的意思有所不同。

④ 此为《易传·系辞》(上传)中的原文。从全面把握"器"的角度来解释经文,与原文意思有所不同。

⑤ 据心中之成器,则可成德。此"德"非狭义的道德,而是一种品性。

⑥ 王弼的原文见《周易略例·明象》:"故言者所以明象,得象而忘言;象者,所以存意,得意而忘象。犹蹄者所以在兔,得兔而忘蹄;筌者所以在鱼,得鱼而忘筌也。"

⑦ 王夫之上引王弼语,着重在批评王弼忘言、忘象的目的论。以为蹄、兔,筌、鱼都是器,正因为两器不同而可以致用,亦可以分离。王夫之所言与王弼所言,理论的目标不同,故王夫之对王弼的批评未必能够成立。相致:相及,相会之意也。

一形，非以相致，而何容相舍乎？① "得言忘象，得意忘言"，以辨虞翻之固陋则可矣，而于道则愈远矣。②

说卦传

天下有截然分析而必相对待之物乎？求之于天地，无有此也；求之于万物，无有此也；反而求之于心，抑未谂其必然也。③故以此深疑邵子④之言《易》也。

阴阳者二仪也。刚柔者分用也。⑤八卦相错，五十六卦错综相值。⑥若是者，可谓之截然而分析矣乎？天尊地卑，义奠于位。

---

① 王夫之此论甚妙，形上、形下都以形为基础而分出上、下。这是从器物存有的空间角度立论。后来戴震将"形而上"解释为形以前，"形而下"解释为形以后，是从时间的角度立论的。两者都以"器之形"为立足点讨论形而上、下的问题，与程朱理学将形而上与形而下截然分开的解释完全不同。

② 虞翻：东汉末年象数派易学大家，主要以"卦变说"来解释《周易》一书所包含的阴阳互变的道理。王弼以简明的思辨易学思想力扫汉代象数易学的繁琐，故王夫之称赞王弼的"得言忘象，得意忘言"的思想，以之区别虞翻象数易学的狭隘、繁琐是可以的。如果从儒家之道的角度看，王弼的易学更加偏离了儒家之道；因为王弼的易学思想更接近老子之学，而又提倡以"无"为本。

③ 截然分析而相对待：完全不同而相对立。抑：或者。未谂：不能告诉。谂，音 shěn。

④ 邵子：北宋易学大家邵雍，象数易的代表人物，将天地万物还原为数，以元会运世，岁月日辰八个数字来描述天地之数。元为1，会为 $1 \times 12=12$，运为 $1 \times 12 \times 30=360$，世为 $1 \times 12 \times 30 \times 12=4320$，如此类推。最后一元有十二万九千六百岁，或五亿五千九百八十七万二千个辰。邵雍以此方式来讨论《易》的变化，一切皆可推算。故夫之从事物无绝对相区别的辩证思维出发，对邵雍的"易学"提出质疑。

⑤ 分用：阳刚阴柔，故刚柔实为阴阳的不同功能，故曰分用。

⑥ 八卦相错：指八个本卦如乾坤坎离震兑艮巽相对的爻是相错的。乾坤两卦从第一爻到第六爻是相错的，坎离两卦亦如此。震巽、艮兑皆如此。五十六卦错综：八本卦之外的其他五十六卦，有相错，有相综。泰否、既济未济均相错。相综，

进退存亡,义殊乎时。是非善恶,义判于几。立纲陈常,义辨于事。①若是者,可谓之截然而分析矣乎?

天尊于上,而天入地中,无深不察;地卑于下,而地升天际,无高不彻;其界不可得而剖也。②进极于进,退者以进;退极于退,进者以退;存必于存,邃古③之存,不留于今日;亡必于亡,今者所亡,不绝于将来;其局不可得而定也。天下有公是,而执是则非;天下有公非,而凡非可是;善不可谓恶,盗跖亦窃仁义;恶不可谓善,君子不废食色;其别不可得而拘也。君臣有义,用爱则私,而忠臣爱溢于羹墙④;父子有恩,用敬则疏,而孝子礼严于配帝⑤。其道不可得而歧也。

故麦秋于夏,萤旦其昏,一阴阳之无门也。金炀则液,水冻

六十四卦中两卦的上下卦颠倒之后相同的两个卦之间的关系为相综,如需卦与讼卦,否卦与泰卦,既济卦与未济卦。由六十四卦或相错,或相综之现象,说明邵氏用"截然分析"的眼光来处理世间万事万物的复杂关系,是一种教条的方法,不足得相信。下文从"义"的不同表现,继续驳斥这一观点。

① 从位、时、几、事的四个不同方面,考察"义"的不同表现方式,以之驳斥邵氏"截然分析"的观点。

② 此处王夫之是在古典社会及传统的自然科学的认知范围内讨论问题,主要阐述事物之间并不是截然分析的道理。在现代天文学的视域中,这一论证是不成立的。

③ 邃古:远古也。

④ 羹墙:《后汉书·李固传》载,尧去世后,舜仰慕三年,坐则看见尧在墙边,吃饭时看见尧在汤里,以此可见舜是何等地孝敬尧!这种对尧的孝敬成为所有臣子对国君的典范。此是儒家构造的政治神话。

⑤ 礼严于配帝:严,通俨,端庄、整齐、肃敬。意谓孝子对于父的祭祀,其端庄肃静,如同对待上帝一般,此时是敬,而不再是生时父子之间注重亲情的恩爱。

则坚，一刚柔之无畛①也。齿发不知其暗衰，爪甲不知其渐长，一老少之无时也。云有时而不雨，虹有时而不晴，一往来之无法也。截然分析而必相对待者，天地无有也，万物无有也，人心无有也。然而或见其然者，据理以为之铢两②已尔。

今夫言道者而不穷以理，非知道者矣；言道者而困其耳目思虑以穷理于所穷，吾不敢以为知道者也。③夫疏理其义而别之，有截然者矣；而未尽其性也，故反而求之于吾心无有也；而未至于命也，故求之于天地无有也，求之于万物无有也。④天地以和顺而为命，万物以和顺而为性。⑤继之者善，和顺故善

---

① 无畛：无边界。畛，领域，范围。

② 铢两：在小事上斤斤计较。铢，有两解。一是十粒黍为一铢。二是十粒黍为一累。十累为一铢。要之，很轻很小之物也。两，古代称重之单位也。十两为一斤（500克）。故一两为50克。

③ 此句话有两层意思。其一曰：不仔细考察万事万物之理，则不足以说某人知"道"。其二曰：仅仅凭借感性认识来探究万事万物之理，并且认为事物之理仅仅是这个层面的理，也不能算是知"道"。故知"道"必先知理，而知理非仅仅感性认识所能用任。

④ 此一大段，王夫之有限承认"截然分析"的现象存在，即梳理万事万物之义（宜）而后分类以区别，这时候可以有一种"截然分析"的现象。这也是我们认识世界时所必须采用的基本方法，否则万物模糊一片，无法认知。但上升到理性认识，通观万事万物时，用这种"截然分析"的方法就不够了。动、植物分类学中，均有少量动植物无法明确归为哪一类的现象。如灵长类的大猩猩，与人类之间的差异就十分的微小。故从普遍的、更具有广泛性的角度看，用"截然分析"的方法来处理复杂世界现象，王夫之原则上是持否定态度的。

⑤ 命、性：儒家哲学的最核心概念之一。王夫之认为，天地之命是和与顺。整个宇宙是太和的状态，天地万物都有内在的规定性与运动的必然性，故曰之为顺。万物是天地间的万物，是器，就其整体的状态而言，是和。此种先天性的和，可以从两个层面来理解，一是作为整体的万物之间是和的，即我们今天所说的物态、生态是

也；① 成之者性，和顺斯成矣。②

尚书引义

题解：《尚书引义》也是王夫之的著名经学著作之一，他采取了"引义"这种相对比较自由的释经方式来阐述自己的哲学思想。王夫之四十多岁时就着手写作此书，六十多岁时一直在修改，能够代表其中晚年成熟的思想。此处所选《太甲二》《说命中二》两篇中的两段文字，一是着重介绍其光辉的人性论思想，二是介绍其"重行"的哲学思想。该书中其他方面的思想暂不予以介绍。

太甲二

习与性成者，习成而性与成也。③ 使性而无弗义，则不受不

均衡的、平衡的。二是一物之为一物，其性状在一个时间段内是稳定的，故也是和的。顺：万物就其整体状态是顺应天地的整体状态，并以此构成他们的内在本质属性。某些物是在特定的环境里生存的，也必然顺应某些特殊环境，故顺就成为物的内在属性。

① 继天地之大和顺而为善。所以万物展示出和顺的性质就是善的。

② 人如果能在现实生活中能做到和顺之要求，则人性就真正地圆成了。从这一角度说，王夫之的伦理学是前现代的。现代性的伦理学是基于主客对立的新理论基础上的，是逆天地而表现为人的主体性，然后是个体的主体性，既不和顺于天地，亦不合顺于传统与社会的既有规制。现代性的伦理未必都是合理的，然而却是人类社会发展的一种阶段性的思想样态。

③ 习成而性与成：习，日常生活之常态、常规。性，人的本质规定性，主要由道德理性、认知理性和情感、欲望所构成。作为"成性"，即比较成熟的人性来说，以道德理性和认知理性为主导，统率情感与欲望。王夫之此处提出人性是由先天之性与后天之习结合而成。这是一种比较富有新意的人性理论。

义;不受不义,则习成而性终不成也。① 使性而有不义,则善与不善,性皆实有之;有善与不善而皆性,气禀之有,不可谓天命之无。② 气者天,气禀者禀于天也。故言性者,户异其说。今言习与性成,可以得所折中矣。

夫性者生理也,日生则日成也。③ 则夫天命者,岂但初生之顷命之哉!④ 但⑤初生之顷命之,是持一物而予之于一日,俾牢持⑥终身以不失。天且有心以劳劳于给与,而人之受之,一受其成形而无可损益矣。

夫天之生物,其化不息⑦。初生之顷,非无所命也。何以知其有所命?无所命,则仁、义、礼、智无其根也。⑧ 幼而少,少而壮,壮而老,亦非无所命也。何以知其有所命?不更有所命,则年逝而性亦日忘也。

---

① 王夫之的意思是:如果人性不是先验的包含着不义的属性,那么在现实生活中,人们就不会接受不义;其结果是,人性只剩下习的影响结果,而人性本身没有完全实现,因而也就未完成人性。
② 王夫之的意思是:人性中的善与不善,都是气禀的结果;故天命之性中就包含着善与不善二重性。
③ 生理:生生不息的根本法则,所以然的道理。具体生活中的个人,其人性永远是未完成状态。每天都在生长,每天皆有所成,但不是结束。
④ 岂但:岂止是。顷命:一刹那时间里被给予。
⑤ 但:只是。
⑥ 俾牢持:俾,使也。牢持,固持。
⑦ 不息:不止也。
⑧ 此处表明,王夫之强调人性有"天命"的内容,主要是为仁、义、礼、智诸道德价值确立一个先天的根据。这种先天的根据使仁、义、礼、智具备客观性、普遍性与神圣性。

形化者化醇也，气化者化生也。^①二气之运，五行之实，始以为胎孕，后以为长养，取精用物，一受于天产地产之精英，无以异也。形日以养，气日以滋，理日以成；方生而受之，一日生而一日受之。受之者有所自授，岂非天哉？^②故天日命于人，而人日受命于天。故曰性者生也，日生而日成之也。^③

夫所取之精，所用之物者，何也？二气之运，五行之实也。二气之运，五行之实，足以为长养，犹其足以为胎孕者，何也？皆理之所成也。^④阴阳之化，运之^⑤也微，成之也著。小而滴水粒粟，乍闻忽见之天物，不能破而析之以画^⑥阴阳之畛，斯皆有所翕合^⑦焉。阴为体而不害其有阳，阳为用而不悖其有阴；斯皆有所分剂^⑧焉。川流而不息，均平专一而歆合^⑨。二殊五实之妙，翕合分剂于一阴一阳者，举凡口得之成味，目得之成色，耳得之成声，心得之成理者皆是也。是人之自幼讫老，无一日而非此以

---

① 化醇：渐变而厚实也。醇，厚也。化生，渐变而生机不已也。生，生生不已。

② 天：此处"天"，非仅大自然之"天"，亦指人类社会客观而自然存有的状态与过程。可以看作是王夫之哲学中的"人之天"。

③ 性者生也，日生而日成：是对"性，习成而性与成"命题的分析性的解释。王夫之的人性论从原则上说没有超出孔子的"性相近，习相远"命题所包含的可能性指向，但毕竟丰富化、具体化了，因而可以说是一种理论的创新。

④ 此处所言之理，气之理也。非别有气之外虚悬孤立之理而使其成也。下文"心得之成理"一句，即可为证。

⑤ 运之：变化的过程。

⑥ 画：区分也。

⑦ 翕合：敛合。翕，敛也，闭也。翕合相对于分剂而言。

⑧ 分剂：分际也，即区别。

⑨ 歆合：欣然而合。歆，此处通欣。

生者也，而可不谓之性哉！①

　　生之初，人未有权②也，不能自取而自用也。惟天所授，则皆其纯粹以精者矣。天用其化以与人，则固谓之命矣。生以后，人既有权也，能自取而自用也。自取自用，则因乎习之所贯③，为其情之所歆④，于是而纯疵莫择矣。

　　乃其所取者与所用者，非他取别用，而于二殊五实之外亦无所取用，一禀受于天地之施生，则又可不谓之命哉？天命之谓性，命日受则性日生矣。目日生视，耳日生听，心日生思，形受以为器，气受以为充，理⑤受以为德。取之多、用之宏而壮；取之纯、用之粹而善；取之驳、用之杂而恶；不知其所自生而生。是以君子自强不息，日乾夕惕⑥，而择之、守之，以养性也。于是有生以后，日生之性益善而无有恶焉。

　　若夫二气之施不齐，五行之滞于器，不善用之则成乎疵者，人日与婾暱苟合⑦，据之以为不释之欲，则与之浸淫披靡，以与性相成，而性亦成乎不义矣。

---

　　① 此处王夫之所言之性，不再是宋儒以纯粹的天理——道德理性为性，而是将经过理性过滤后的感性内容，如食色之欲，男女之情亦纳入人性之"性"的范畴之内。故夫之的人性之"性"是饱满而丰富的。

　　② 权：动词，本意为称量、权衡。此处引申为依据情境，自我作主以变化，权变之意。

　　③ 贯：通贯也。

　　④ 歆：感也，合也。

　　⑤ 二气五行之纯、精者为理，故人受此气中之理而存之以为德。参上文对"理"字的注释。

　　⑥ 日乾夕惕：《易》乾卦九三爻："君子终日乾乾，夕惕若。"意谓每天从早到晚都保持一种刚健警醒的状态。

　　⑦ 婾暱：即愉妮，无原则的亲近。苟合：无原则的合作。

然则"狎于弗顺"之日，太甲之性非其降衷之旧；①"克念允德"之时，太甲之性又失其不义之成。②惟命之不穷也而靡常③，故性屡移而异。抑惟理之本正④也而无固有之疵，故善来复而无难。未成可成，已成可革。性也者，岂一受成形，不受损益也哉？故君子之养性，行所无事，而非听其自然，斯以择善必精，执中必固，无敢驰驱而戏渝⑤已。

……

周子曰："诚无为。"⑥无为者诚也，诚者无不善也，故孟子以谓性善也。诚者无为也，无为而足以成，成于几也。⑦几，善恶也，故孔子以谓可移也。⑧

有在人之几，有在天之几。⑨成之者性，天之几也。⑩初生

---

① 狎于弗顺：当太甲狎妮于声色犬马而不顺于天命之性的岁月里，其所表现出来的人性不是天命之性。降衷之旧：即天命所降于人性之中的故有之善性
② 克念允德：当太甲能够关注诚信美德的时候，他又丧失了人性中不义的内容。
③ 靡常：无常也。
④ 理之本正：阴阳二气、五行之实中的彝纯、精者，固为理也，故曰理之本正。
⑤ 戏渝：游戏放纵也。
⑥ 诚无为：此为周敦颐《通书·诚几德第三》中的文字。下一段文字中的"几善恶"一句亦出于此部分。
⑦ 几：事物变化最初之端倪也。而人当于此时入手把握事物的发展趋势，则事物将朝着有利于人的方向发展。几，善恶也：几可善可恶也。
⑧ 孔子以谓可移：孔子说"惟上智与下愚不移"，学而时习，则人性可变，故王夫之称孔子在人性的问题上持"可移"的观点。
⑨ 在人之几，在天之几：依据下文，人之几，乃人的主动选择而导致变化的端倪。天之几，乃客观变化之端倪。
⑩ 王夫之将"成之者性"视之为"天之几"，实际上是说，天命日授人而人日受于天命，天人之间的每日授受，则人性每日皆有所成，故"天之几"即天命之日授也。

之造，生后之积，俱有之也。取精用物而性与成焉，人之几也。初生所无，少壮日增也。苟明乎此，则父母未生以前，今日是已；太极未分以前，目前是已。悬一性于初生之顷，为一成不易之形，揣之曰："无善无不善"也，"有善有不善"也，"可以为善可以为不善"也，①呜呼，岂不妄与！

说命中二

《说命》曰："知之非艰，行之惟艰"。② 千圣复起，不易之言也。

夫人，近取之而自喻其甘苦者也。子曰："仁者先难"③，明艰者必先也。先其难，而易者从之易矣④。先其易，而难者在后，力弱于中衰，情疑于未艾⑤，气骄于已得，矜觉悟以遗下学，其不倒行逆施于修涂⑥者鲜矣。知非先，行非后，行有余力而求知，圣言决矣。而孰与易之⑦乎？

---

① 此处，王夫之将中国历史上的人性论归纳为三种主要类型：其一是先秦告子一系的观点。其二是汉代扬雄的观点；其三是以董仲舒为代表的儒家人性论，宋儒程朱一系，陆王一系都可以归到这一类的人性论范式之中。

② 这是中国古典哲学中知行问题的典型命题。《说命》是《伪古文尚书》中的一篇，王夫之在此没有纠缠于经学中的今古文问题，而是着眼于哲学问题的讨论。他认为，行比知更难。强调行重于知。从今天的哲学认识论来看，在何种意义上行比知更难呢？这要在不同的语境、不同的领域里来讨论，不能简单地说二者谁更难或更易。

③ 语出《论语·公冶长》："仁者先难而后获，可谓仁矣。"

④ 易矣：很明白啊。

⑤ 未艾：未止。

⑥ 修涂：研习之途。修，学习，研习。

⑦ 易之：改变。

若夫陆子静、杨慈湖、王伯安①之为言也,吾知之矣。彼非谓知之可后也,其所谓知者非知,而行者非行也。知者非知,然而犹有其知也,亦惝然②若有所见也。行者非行,则确乎其非行,而以其所知为行也。③以知为行,则以不行为行,而人之伦、物之理,若或见之,不以身心尝试④焉。

浮屠⑤之言曰,"知有是事便休。"⑥彼直以惝然之知为息肩⑦之地,而顾⑧诡其辞⑨以疑天下,曰:"吾行也,运水搬柴也,行住坐卧也,大用赅乎此矣。"⑩是其销行以归知,终始于知,而杜足于履中蹈和之节文⑪;本汲汲⑫于先知以废行也,而顾诎⑬先知之说,以塞君子之口而疑天下。其诡秘⑭也如是,如之何为其所罔⑮,而曰"知先行后",以堕其术中乎?

---

① 陆子静、杨慈湖、王伯安:分别指陆九渊、杨简、王阳明。
② 惝然:惘然。惝,音 chǎng。
③ 此处批评陆、王心学,以心理活动作为行,如阳明将闻恶臭为知,恶恶臭为行。故王夫之批评陆王心学所理解的"行"并不是传统道德哲学的道德实践行为。
④ 尝试:实行,实践。
⑤ 浮屠:佛教之音译。
⑥ 此言不知出于何僧之口。暂阙。
⑦ 息肩:古人挑担歇肩,休息一下,称之为息肩。即停步之意。
⑧ 顾:但,只也。
⑨ 诡其辞:怪异其语言。
⑩ 此当概述之词,不知出于何种佛教典籍。暂阙。
⑪ 这一句话的意思是止步于实践中和之礼仪规范。杜足:绝足也。履中蹈和,实践中和。节文,礼为天理之节文。故节文即是具体的礼仪规范。
⑫ 汲汲:致力于。
⑬ 顾诎:只是一味地贬低,诘责。诎,音 qū。
⑭ 诡秘:诡诈而隐秘。
⑮ 所罔:所欺罔。

夫知之方①有二,二者相济也,而抑各有所从。博取之象数,远证之古今,以求尽乎理,所谓格物也。虚以生其明,思以穷其隐,所谓致知也。非致知,则物无所裁而玩物以丧志;非格物,则知非所用而荡智以入邪。二者相济,则不容不各致焉。②

今辟异学之非,但奉格物以为宗,则中材以下,必溺焉以丧志,为异学所非,而不能不为之诎。若奉致知以为入德之门,乃所以致其知者,非力行而自喻其惟艰,以求研几而精义,则凭虚以索惝怳③之觉悟,虽求异于异学,而逮乎④行之龃龉⑤,不相应以适用,则亦与异学均矣。⑥

……

且夫知也者,固以行为功者也。行也者,不以知为功者也。⑦行焉可以得知也,知焉未可以收行之效也。将为格物穷理之学,抑必勉勉孜孜,而后择之精,语之详,是知必以行为功

---

① 知之方:获得知识的途径。此处,王夫之对格物、致知作了独特的规定,与传统训诂,甚至与他之前的思想史上对此两个概念的理解,并不相同。

② 上文王夫之将格物、致知看成二种获得知识的途径。"格物"是研究经验世界的万物而获取知识,"致知"是抽象的理论思考。两者有不同,但可以相互补充,并非是对立的。

③ 惝怳:失意者。怳,音 huǎng。

④ 逮乎:逮于,及于之意也。

⑤ 龃龉:互相矛盾。

⑥ 王夫之认为,偏于"格物",与偏于"致知",两者都会像异端之学一样导致求知方面的错误。

⑦ 功:实效也。此处鲜明地体现了王夫之在知行问题上的态度与理论主张。认识的目的在于将所得的知识有效地运用于社会生活中。而"行"的目的则在不于求知,尽管可能会产生知识。可以说,这是王夫之对《尚书》重行思想的一种发挥与引申。

也。行于君民、亲友、喜怒、哀乐之间，得而信，失而疑，道乃益明，是行可有知之效也。

其力行也，得不以为歆①，失不以为恤②。志壹动气，惟无审虑却顾③，而后德可据，是行不以知为功也。冥心而思，观物而辨，时未至，理未协，情未感，力未赡④，俟之⑤他日，而行乃为功，是知不得有行之效也。行可兼知，而知不可兼行，下学而上达，岂达焉而始学乎？君子之学，未尝离行以为知也必矣。

离行以为知，其卑者，则训诂之末流，无异于词章之玩物而加陋焉；其高者，瞑目据梧，⑥消心而绝物，⑦得者或得，而失者遂叛道以流于恍惚之中。异学之贼道也，正在于此。而不但异学为然也，浮屠之参悟者此耳。抑不但浮屠为然也，黄冠⑧之炼己沐浴，⑨求透帘幕之光者亦此耳，皆先知后行，划然⑩离行以为

---

① 歆：通欣。
② 恤：忧也。
③ 却顾：瞻前顾后。
④ 赡：丰厚也。
⑤ 俟之：等待到。之，介语，取消"俟"的谓语动词性质。
⑥ 瞑目据梧：靠着梧桐树，闭着眼睛空想。据梧，借用庄子批评惠施之语。《齐物论》有批评惠施"据梧"而辩的文字。
⑦ 消心而绝物：消心，消除理性思维。绝物，不研究具体事物。
⑧ 黄冠：代指炼丹的道教之徒。
⑨ 炼己沐浴：炼己，气功内丹学的术语，即是排除杂念，集中注意力以专心练功。《悟真篇》云："若要修成九转，先须炼己持心。"炼己，是道教修行的基础，故又称"筑基"。沐浴，道教的科仪之一，为表示对神灵的尊敬，在举行宗教仪式前，主持者要洗涤自己的身体，以使之干净。
⑩ 划然：截然分开。

知者也。而为之辞曰,"知行合一",吾滋①惧矣:惧夫沉溺于行墨者②之徒为异学哂③也,尤惧夫浮游于惝悦者之偕异学以迷也。"行之惟艰",先难者尚知所先哉!

---

① 滋:更加。此处,王夫之要把自己的重行思想与墨家区别开来,更要与儒家内部的异端之学区别开来。

② 墨者:先秦墨家学派亦重"行",然不是儒家所重之"行"。

③ 哂:讥笑。

十六　戴震著作选

题解：戴震（1724—1777），字慎修，因与其师江永之字重合，后字东原，安徽休宁人。自幼随父经商，颇知民间疾苦。早年以精湛的学术闻名，并以考据学家的面貌为世人称赞，中晚年致力于哲学。《孟子字义疏证》是其晚年最杰出的代表作，也是清代乾嘉时期最为著名的代表作。

孟子字义疏证·理

题解：《孟子字义疏证》一书共分上中下三卷，上卷共分十五条，仔细考察了宋儒程朱一系的核心哲学范畴"理"，在"道恒赅理气"的道论前提下，将程朱理学的"理"范畴解构为"在物之质"的"分理"，以经文"有物有则"为证据，阐明"物"为第一性的实存，"则"是人察物至于几微而区以别焉的认识结果，属于"名"的范畴，是第二性的依存。又将人情、欲望看作是与"物"相同的"事"，而所谓的"理"应当是由人情、欲望出发被发现的"分理"，并不是宋儒先验的理或天理。此处节选的"理"的这一部分内容，展示了戴震"分理说"的最主要观点：一是具有普遍性的"分理"；二是作为"絜矩之道"的伦理；三是真正的"理"与"意见"的区别；四是"血气心知"与人的理性认识的最高境界——"神明"如何达至；五是对宋儒"理欲之辩"的批评；六是戴震理想中的王道政治目标——达情遂欲。节选的文字当然不足以完整地揭示戴震的思想，但其关于"理"的主要思想、反宋儒的基本思想倾向以及他的政治理想的大致轮廓，是相当清晰的。如果细究，从下面所选的文字中，大体上也可以看出其思想的不足之处。他严格区分的"私"与"欲"的问题，在理论上既有较大的创新，又有不周延之处。他在整体思想框架上是以认识论的方式来讨论伦理学问题；反过来说也可以成立，他是从伦理学的角度来讨论认识论问题，因此在思考的路径上就有问题。此一问题，戴震本人似乎缺乏知觉。

原文出自《戴震全书》（张岱年编，黄山书社1995年版），同时参照《孟子字义疏证》（中华书局1982年版），《戴震全集》第一册（清华大学出版社1991年版）和《戴震集》（上海古籍出版社2009年版）。个别地方的标点符号，选编者根据自己的理解，有所改变，并未一一注明。

1. 理者，察之而几微必区以别之名也，是故谓之分理；① 在物之

---

① 理：本是宋明理学的最重要概念，有时叫天理。戴震在此将朱子的"理"全面下降为具体事物的条理，是清代思想史的一大变化。此变化，当然从明末清初的王夫之等人已经开始了。此一句是从普遍性的角度来定义"分理"的概念。透过人的理性认知而析出万物之间极其精微而又带有本质属性的差异与区别，就是一事物之条理。"理"为名，不是实在之物，故可称之为"依存"。这就把宋明理学客观化的天理或理，转化为人类的一种精神现象，即正确地把握了事物性质之差异的认识结果。

质①,曰肌理,曰腠理,曰文理;【亦曰文缕。理、缕,语之转耳。】得其分②则有条而不紊,谓之条理。孟子称"孔子之谓集大成"③曰:"始条理者,智之事也;终条理者,圣之事也。"④圣智至孔子而极其盛,不过举条理以言之而已矣。《易》曰:"易简而天下之理得"⑤。

2.问:古人之言天理,何谓也?

曰:理也者,情之不爽失也。⑥未有情不得而理得者也。⑦凡有所施于人,反躬而静思之:"人以此施于我,能受之乎?"凡有所责于人,反躬而静思之:"人以此责于我,能尽之乎?"以我絜之人⑧,则理明。天理云者,言乎自然之分理也;自然之分理,以我之情絜人之情,而无不得其平是也。⑨

---

① 质:体也,实也。在现代汉语里,可释为物之质料性的实体。
② 分:类别也。
③ 此为《孟子·万章下》称赞孔子之语。孟子的意思是说,孔子为古代圣贤的集大成之人。
④ 此处戴震以孟子的圣贤观为依据,表明自己所阐明的条理符合圣贤的事业。原话出于《孟子·万章下》。
⑤ 语出《易传·系辞》(上传)。此处戴震仍然以经文来证明自己的观点是正确的,表明自己关于条理的阐述符合经义。
⑥ 此处对宋明理学所共享的"天理"概念做了一个新的规定、解释与定义,即以普遍的人情无爽失的理想状态来规定天理。情之不爽失,即是指社会生活中人们的正当要求都得到了充分的实现,这种状态就是天理。情:泛指人的正当需求,本意是情实。因此,天理,绝对不是一种先验的秩序,而是社会生活中人的正当需求得到满足的理想状态。
⑦ 社会生活中人们的正当需求不能实现,就不可能是有"天理"的秩序状态。
⑧ 絜:结也,挈也。音xié。君子有絜矩之道。以我絜人,即推己而及人,设身处地的为对方思考。
⑨ 自然之分理,是一物与另一物相区别的类本质属性。我之情、人之情,均为人的类情,而非私人性的偏好。人皆有饮食男女之情,以我的饮食男女之情设身处地地思考对方的类似之情。平:均衡,恰到好处。并非现代伦理学、政治哲学中的公平、平等。

3.问：以情絜情而无爽失，于行事诚得其理矣。情与理之名何以异？

曰：在己与人皆谓之情，无过情无不及情之谓理。① 诗曰："天生烝民，有物有则；民之秉彝，好是懿德。"② 孔子曰："作此诗者，其知道乎！"孟子申之曰："故有物必有则，民之秉彝也，故好是懿德。"③ 以秉持为经常曰则，以各如其区分曰理，以实之于言行曰懿德。④ 物者，事也；语其事，不出乎日用饮食而已矣；舍是而言理，非古贤圣所谓理也。⑤

问：孟子云："心之所同然者，谓理也，义也；圣人先得我心之所同然耳。"⑥ 是理又以心言，何也？

---

① 情：己与人的正当需求。理：在人与己的关系中每个人正当需求恰当的得到满足的一种均衡状态。
② 此四句诗出自《诗经·大雅·烝民》。烝民：万民。秉彝：持执常伦。懿德：即美德。有物有则：物，事也。则：法则。《烝民》将事物法则看成是内在于事物之中的秩序，具有先天性。戴震引用此句经文，旨在说明他所阐发的"理"也是内在地蕴涵于人、己之情当中。
③ 此一段话出自《孟子·告子上》。
④ 则：即是民众将其当作常伦来坚持的规范。理：每类事物先天具有的不同性质。懿德：将"则"与"理"在日常的言行中实践出来，从而成为人的美好的类特性。
⑤ 以"事"来训释"物"，虽是古代汉语的词语训诂的义项，但在宋明理学的传统里，已经成为理学与心学共同遵守的思想传统。朱熹与阳明都选择了这个义项。戴震与宋明儒对"事"的解释则不一样，戴震以"日用饮食"的客观物质需求来解释"事"，而不是朱子、王阳明思想体系中比较泛泛的人的活动。戴震以生活中每个人的客观物质需求恰到好处的满足来描述"理"，并认为这是古圣贤所认定的"理"。由此可以看出，戴震所坚持的"分理"不是一先天的道德法则，而是基于物质生活需求基础之上，具有公共性意味的经验性法则。
⑥ 此句话出于《孟子·告子上》。下文戴震以设问的方式提出"理"与"心"的关系，表面上是反驳上文提出的"以事言理"的说法，实则是深化对于"理"的认识。主要揭示作为名的"理"如何获得普遍性，如何能成为真正的理（亦可以说是真理），而不是个人或某个学派的"意见"。

曰：心之所同然始谓之理，谓之义；则未至于同然，存乎其人之意见，非理也，非义也。①凡一人以为然，天下万世皆曰"是不可易也"，此之谓同然。举理，以见心能区分；举义，以见心能裁断。②分之，③各有其不易之则，名曰理；如斯而宜，④名曰义。是故明理者，明其区分也；精义者，精其裁断也。⑤不明，往往界于疑似而生惑；不精，往往杂于偏私而害道。⑥求理义而智不足者也，故不可谓之理义。⑦自非圣人，鲜能无蔽；有蔽之深，有蔽之浅者。⑧人莫患乎蔽而自智，任其意见，执之为理义。⑨吾惧求理义者以意见当之，孰知民受其祸之所终极也哉！⑩

---

① 心之所同然：大家一致认为是对的。戴震此处所界定的理、义，具有超越时空的绝对普遍性与正确性。自然科学的某些定律（类似此处之理、义）具有相当大的普遍性，如圆的定义。但人文、社会、政治、法律中的很多理、义，就很难符合戴震提出的要求。戴震"分理说"的内在思想张力由此而凸显出来。

② 此两句从理、义的角度来讨论作为认识之心的功能。作为一种理性的认识之心，它具有区分不同事物性质的认识能力。作为一种具有综合判断能力的实践理性之心，它具有判断是非、对错，给出选择决断的能力。

③ 分之：以类分而别之。

④ 如斯而宜：将所分之理则施之于具体情境之中而恰好如此。

⑤ 明理：理性认识能力。精义：理性在具体情境里所展示出的实践智慧。

⑥ 不明：不明于理的省略句式。不精：不精于义的省略句式。

⑦ 智：戴震此处所讲的"智"，实际包含理性认识能力与实践智慧两个方面。

⑧ 蔽：认识的偏颇与不周延。荀子有《解蔽》篇。

⑨ 自智：自以为是无蔽的圣人。任其意见：凭借着自己的有蔽的认识。执之：固执地将意见当作是"理义"。

⑩ 当之：称之。即把"意见"视之为"理义"。此处戴震担心一些有权势的人，或者是权威者，把自己有蔽的认知当作是理义，然后在社会生活中加以推广，从而对广大民众产生无穷的灾难。此处触及哲学认识与权力及其效果的复杂关系。戴震由认识论的理论分析转向了对社会实践效果的关怀。这可以看出，以戴震为代表的乾嘉学者，实际上体现了通经致用，明道救世的现实关怀。

4.问：学者多识前言往行，可以增益①己之所不足；宋儒谓"理得于天而藏于心"，殆因问学之得于古贤圣而藏于心，比类②以为说欤？

曰：人之血气心知本乎阴阳五行者，性也。③如血气资饮食以养，其化也，即为我之血气，非复所饮食之物矣；心知之资于问学，其自得之也亦然。④以血气言，昔者弱而今者强，是血气之得其养也；以心知言，昔者狭小而今也广大，昔者闇昧而今也明察，是心知之得其养也，故曰"虽愚必明"。人之血气心知，其天定者往往不齐，得养不得养，遂至于大异。苟知问学犹饮食，则贵其化，不贵其不化。⑤记问之学，入而不化者也。自得之，则居之安，资之深，取之左右逢其源，我之心知，极而至乎圣人之神明⑥矣。神明者，犹然心也，非心自心而所得者藏于中

---

① 增益：补充。
② 比类：类比推理。
③ 性：戴震论人性，紧扣阴阳五行的材质之气，此材质之气具体地表现在人性方面，就先天地表现为血气与心知两个方面。"血气"容易理解，即人的材质生命及其机体。"心知"，实为人类先天的知觉能力。此知觉能力，在一些飞禽、走兽身上也存在，只是程度要低很多，而且它们不能够像人类一样，通过后天的学习，可以进于"神明"的境界。
④ 此处虽以饮食长养血气来喻证学问可以滋养心知，但在戴震看来，这不是一般意义的比喻之词，而只是一种言说的方便而已。戴震的真实意思是说：学问对于人的心知的滋养，在原理上与饮食对于血气的补充是一致的，而非日常生活中张三很像李四一样，或某人像花一样的修辞学的喻词。故与上文所讲的"比类"是一致的。
⑤ 闇昧：指理智上的不清明，无知状态。化：即将学来的东西通过自己的综合吸收，化为自己的认识能力与综合判断能力。正如饮食转化为营养的要素一样。
⑥ 神明：类似今日所说的智慧。《庄子·天下》篇中的"神明"一词，既可分言之神与明，如"神何由降，明何由出？"亦可理解为一个合成词："澹然与神明居。"《黄帝内经》中的"神明"一词，是指人与血气盈虚状态相关的一种精神状态。

之谓也。① 心自心而所得者藏于中，以之言学，尚为物而不化之学，况以之言性乎！②

5.问：宋以来之言理也，其说为"不出于理则出于欲，不出于欲则出于理"，故辨乎理欲之界，以为君子小人于此焉分。今以情之不爽失为理，是理者存乎欲者也，然则无欲亦非欤？③

曰：孟子言"养心莫善于寡欲"④，明乎欲不可无也，寡之而已。人之生也，莫病于无以遂其生。⑤欲遂其生，亦遂人之生，仁也；欲遂其生，至于戕人之生而不顾者，不仁也。⑥不仁，实始于欲遂其生之心；使其无此欲，必无不仁矣。然使其无此欲，则于天下之人，生道穷促，亦将漠然视之。己不必遂其生，而

---

① 此句意谓："神明"仍然是心的一种状态，故还不是心。但心并不先验地具备神明境界，由人所得而储藏于人的身体之内，遇事而体现出来。

② 此句意谓：如果将心的认识能力看作是先验的，那么人后天习得的学问就会像一个没有被消化的食物一样存于体内，怎么可能再进一步地去讨论人性？戴震的意思是说，血气心知，是人性得以长养的基础，也为人性的发展以进于神明的境界提供了潜在的可能性。我们要讨论人性，一定要从后天的长养的角度来展开。

③ 此一段提问，包含了两个哲学问题：一是宋儒的"理欲之辩"的命题；二是戴震以"情之不爽失"来界定"理"，是不是表明，宋儒批评欲望的观点是错的？

④ 此句话出于《孟子·尽心下》。戴震引孟子之语，从相反的角度予以解释，寡欲，不是无欲，而且也更进一步说明欲望只能是减少，而不能完全剔除。戴震显然是采用"六经注我"的方式，让经典中的观点成为自己思想的注脚，进而增加自己论说的正当性与合理性。

⑤ 莫病于：没有什么比某某更能对人造成伤害。无以遂其生：没有基本的物质产品来长养人的物质生命。此处表明戴震的伦理学具有一种朴素的唯物论的思想基调。

⑥ 仁：戴震不是从很抽象的爱人的角度来规定仁，而是从"欲遂其生"的物质需求满足与基本的生存权的相互关怀之中来展现仁之实质性内容。

遂人之生，无是情也。① 然则谓"不出于正则出于邪，不出于邪则出于正"②，可也；谓"不出于理则出于欲，不出于欲则出于理"③，不可也。欲，其物；理，其则也。④ 不出于邪而出于正，犹往往有意见之偏，未能得理。而宋以来之言理欲也，徒以为正邪之辨而已矣，不出于邪而出于正，则谓以理应事矣。⑤ 理与事分为二而与意见合为一，是以害事。夫事至而应者，心也；心有所蔽，则于事情未之能得，又安能得理乎！自老氏贵于"抱一"，贵于"无欲"，庄周书则曰："圣人之静也，非曰静也善，故静也；万物无足以挠心者，故静也。水静犹明，而况精神，圣人之

---

① 戴震在此提出了一个颇有新意的观点，即人必首先满足自己的生命需求，然后才可能去满足他人的需求。而且，戴震将这种行动的次第，亦可以说是价值秩序，看作是真实的"人情"。此一思想观点，也不违背原始儒家的精神。孔子讲"己欲立而立人，己欲达而达人"。《中庸》讲"成己成物"。戴震只是从"遂生"的具体生命需求满足的角度立论，将人与人之间的道德、伦理关系奠定在自然生命的物质需求满足的基础之上，具有朴素的唯物论思想色彩。

② 此语是戴震对朱子学思想的概述，目前朱子的作品没有与此相一致的文献，但有类似的说法。可参见《朱子语类》卷十三《力行》部分相关论述。

③ 与上文性质相似。可参见《朱子语类》卷十三《力行》部分相关论述。

④ 欲，其物：在戴震的"分理说"之中，人的欲望如大自然的万物一样，具有客观实在性。是第一性的实存。理，其则：人所认识的事物之条理，是人命名的结果，是一种法则，是第二性的依存。从认识的理想状态看，则与物不应该分离，则应该是对物内在条理的正确认识。戴震引用《诗·烝民》"有物有则"一句，实在是借经文来证明自己的观点是正确的。既可说是"依经立义"，亦可说"借经注我"。

⑤ 以理应事：此处的"理"是指宋儒以先验的"理"来应对经验中的"事"，故下文说宋儒以理、事分为二的思维方式来处理经验生活中的事情，其得出的认识结论往往是"意见"，而不可能是"事物之理"。王夫之批评宋儒"立理以限事"的先验论的思维方式。在这个问题上，戴震与王夫之的认识是高度一致的，虽然我们无法判断戴震是否读过王夫之的著作。

心静乎!夫虚静恬淡,寂寞无为者,天地之平,而道德之至。"周子《通书》曰:"'圣可学乎?'曰,'可。''有要乎?'曰,'有。''请问焉。'曰,'一为要。一者,无欲也;无欲则静虚动直。静虚则明,明则通;动直则公,公则溥。明通公溥,庶矣哉!'"此即老、庄、释氏之说。朱子亦屡言"人欲所蔽",皆以为无欲则无蔽,非《中庸》"虽愚必明"之道也。①有生而愚者,虽无欲,亦愚也。凡出于欲,无非以生以养之事,欲之失为私,不为蔽。②自以为得理,而所执之实谬,乃蔽而不明。天下古今之人,其大患,私与蔽二端而已。③私生于欲之失,蔽生于知之

---

① 《中庸》"虽愚必明"的上下文是:"人一能之,己百之;人十能之,己千之。果能此道矣,虽愚必明,虽柔必强。"戴震引"十三经"之一的《中庸》语言,以证明自己所主张的"由愚到明"的心知提升过程合乎儒家经典的原意。而朱子、周敦颐等人主张的"无欲则无蔽"的说法,不合乎儒家经典的原意,因而是错的。戴震此处试图从理论上指出,宋以来的儒者将人的欲望看作是人错误认识的来源的理论观点,是站不住脚的。而他们之所以有这种错误的观念,原因是受到佛老庄子等人的无欲思想的影响。戴震的这一批评策略与朱子等人批评其理论对手的一样,都是打着维护正统思想的旗号,实际上与佛、老并无多少联系。

② 此处戴震明确地指出:人在欲望方面的失误,是自私,即往往是遂己之欲而不能做到遂人之欲。这与认识事物之理的"蔽"没有直接的关系。

③ 戴震在此试图将人生的最主要灾难归结为两个方面的主体原因,一是道德上的自私,二是认识上的不正确。他认为,道德上的自私并不会直接引起认识上的蒙昧,因为私与蔽分属两个不同领域的问题。这种二分有理论上的合理性,但也未必完全正确。在人类具体的事务上,道德上的自私往往会使人心胸狭隘,对于很多世事做出错误的判断。纯粹的科学认知可能与人性的自私没有直接的关系。但在科学知识的应用,以及科学实验的设计过程中,如果出于自私的考虑,也会引发出某些低级或一时不易觉察的高级错误。

失;欲生于血气,知生于心。①因私而咎欲,因欲而咎血气;因蔽而咎知,因知而咎(心),老氏所以言"常使民无知无欲";彼自外其形骸,贵其真宰;后之释氏,其论说似异而实同。②

6.圣人治天下,体民之情,遂民之欲,而王道备。③人知老、庄、释氏异于圣人,闻其无欲之说,犹未之信也;于宋儒,则信以为同于圣人;理欲之分,人人能言之。故今之治人者,视古贤圣体民之情,遂民之欲,多出于鄙细隐曲,不措诸意,④不足为怪;而及其责以理也,不难举旷世之高节,着于义而罪之,⑤尊者以理责卑,长者以理责幼,贵者以理责贱,虽失,谓之顺;卑者、幼者、贱者以理争之,虽得,谓之逆。于是下之人不能以天下之同情、天下所同欲达之于上;上以理责其下,而在下之罪,人人不胜指数。人死于法,犹有怜之者;死于理,

---

① 从比较初级的需求来看,可以说自私是由于满足欲望所引起的过失。但比较高级的自私,可能正是由于接受某种关于自私是合理的系统而精致的理论而引起的。同理,比较初级的欲望与血气有直接的关系,但追求奢侈的消费,则生于心知,即一种消费观念。"蔽生于知之谬",原则上是正确的,但"蔽"也有可能因为自私而引起。戴震此处所论并不是很周全。

② 戴震此处对老子、佛教"无欲"观念的批评并不完全正确。这种批评思路,是张载、王夫之等具有较多正确思想因素的大思想家也不能免俗的地方。他们往往视佛、老为异端,而自认为自己阐发与维护的儒家思想是正统。

③ 戴震将王道的理想状态看作是"体民之情,遂民之欲"。体情:根据实际的状态而给予同情的理解,酌情而予以满足。遂欲:完全满足民众的基本物质生活需求。

④ 不措于意:不放在心上加以思考。措于,放置在某某之上。意,心思。

⑤ 着于义:放置到义的道德标准之上。罪之:加以罪责而处罚他们。

其谁怜之!①呜呼,杂乎老释之言以为言,其祸甚于申、韩如是也!六经、孔、孟之书,岂尝以理为如有物焉,外乎人之性之发为情欲者,而强制之也哉!②孟子告齐、梁之君,曰"与民同乐",曰"省刑罚,薄税敛",曰"必使仰足以事父母,俯足以畜妻子",曰"居者有积仓,行者有裹(囊)〔粮〕",曰"内无怨女,外无旷夫",③仁政如是,王道如是而已矣。

---

① 此一段批评宋儒道德哲学在实际应用过程中所产生的负面效果,历来被当作典型材料加以引用。人死于法,有时还可以得到人们的同情。因为古代法律审判有时明确不合乎人们关于正义的直觉认知。而人们被作为社会主流意识理学思想所杀死,则没有人去同情那些死去的人。可见,宋儒所坚持和主张的道德、伦理思想有比当时社会的法律更可怕的地方。戴震对作为意识形态理学的批评,已经远远地超出了他所处的那个社会所能接受的程度。这一属于中国早期的启蒙思想,其现代性的因素虽然还很微弱,但已经不再是一种中世纪的"异端"思想了。此问题十分复杂,需要在一些理论的框架下加以讨论,此处只予以提示。

② 戴震批评宋代理学的一个核心观念就是:反对宋儒将理或天理客观化,视为一物。戴震的观点是:人的欲望、情(社会性的需求),才是如物一样的客观实在,自然的客观实在是"物",人的欲与情是"事"。物与事具有同等的客观性。理与则只能是人察物之几微而必区以别焉的认识结果,属于"名"的范畴,是第二性的依存。只有正确地反映物与事的"条理"——分理,也即现代哲学所说的真理,才是真正的"理"。依据这一具有真理性的分理去经世治民,才可以实现王道的政治目标。戴震对于宋儒理或天理的批评,有一定的真理性成分。但很遗憾的是,他最终又落入了宋儒的理论框架之中,将义、礼等儒家的根本伦理法则客观化。

③ 以上所引孟子的文字,均出于《梁惠王》(上下)。

后　记

　　这本《中国哲学原著导读》得以成为大学教材而出版，主要来自两个因缘：一是自2009年以来，武汉大学研究生教育实行改革，学制由以前的三年变成两年，哲学学院的所有研究生原则上都要接受中国哲学原著的教育，为此开设了研究生一级学科通开课《中国哲学原著》，学分是2个学分。后来，文科的研究生培养又改回三年，但这门学院层面的通开课并没有取消，学分仍然是2个学分。2009—2012年，由杜小安、秦平副教授与我共同授课。自2013年以来，由秦平、刘乐恒副教授与我共同授课。二是自2019年以来，学校的研究生教育又启动教材建设，我们这门院级通开课向学校申请教学改革项目，有幸获得通过。这就迫使我们要完成此项目的任务。

　　除此两个因缘之外，幸得商务印书馆领导的青目，愿意接受此书稿，使我们备受鼓舞。

　　此书稿的初期分工是：《〈尚书〉选》《〈周易〉选》《〈道德经〉选》《〈庄子〉选》《黄宗羲著作选》《王夫之著作选》和戴震《孟子字义疏证·理》七部分内容，由我本人选文、注释。《〈论语〉选》《〈孟子〉选》《〈荀子〉选》《〈礼记〉选》四部分内容，由秦平副教授选文,并给出了第一稿的注释。《〈肇论〉选》《〈坛经〉选》《张载著作选》《朱熹著作选》《王阳明著作选》五部分内容,由刘乐恒副教授选文,并负责全过程的注释。其中虽有具体问题讨论的往复,但目前呈现出来的主要是刘乐恒副教授个人的学术心得,十分感谢。故此书体例上虽为通常的选本注释,然其注释所蕴含的学术个性并不逊于一般的学术著作。面市之后,细心的读者定当能体会出其中的学术三昧。

全书的注释体例、侧重点与方法,由我最后统一修订;在交稿之前,秦、刘二君分别通读了他们自己选文注释的部分。全书的体例,在征求了他们的意见之后,由我个人拟出,交稿之时也让秦、刘二君提出了补充性的意见。序言是由我执笔完成的,最后交稿时,他们二人也提出了宝贵的意见。

本书所选文献,在讲课时虽然都比较熟悉,但要真正作为教材正式出版,仍然有很多工作需要去做。口语与书面语之间,还是有较大的差异,形式上也要保证统一性。在最后打印、校对的过程中,博士生刘思源君帮我做了很多琐碎的工作。

本书的出版经费,由武汉大学研究生院、武汉大学哲学学院共同支持。

本书在注释的过程中,借鉴了学界很多同仁的一些学术成果,仅列出了参考书目,未明确注明所有的借用之处。在此也一并感谢。

感谢为此书的最终出版做出贡献、给予帮助和支持的个人与组织。

由于我们的学术水平有限,书中的个别注释,难免会存在不妥之处，也恳盼学界同仁赐教，努力避免谬误长期流传。如果有不妥的地方，请向我的个人邮箱赐教。我个人的邮箱是：gywu1963@163.com，涉及其他两位作者的，我将代为转达。

吴根友

2022年1月20日

2022年4月28日晚改